Understanding by Design: Handbook

거꾸로 생각하는 교육과정 개발

—핸드북—

Jay McTighe & Grant Wiggins 공저

강현석 · 이원희 · 박영무 · 최호성
박창언 · 경북대학교 교육과정연구팀 공역

학지사

The Understanding by Design: Handbook
by Jay McTighe and Grant Wiggins

| 역자 서문 |

이 책은 McTighe와 Wiggins가 1999년에 출간한 『The Understanding by Design: Handbook』을 우리말로 옮긴 것으로 Backward Design 방식을 보다 쉽게 이해하고 적용하는 데 도움을 주도록 집필되었다. 이것은 1998년에 Wiggins와 McTighe가 집필한 『Understanding by Design』을 보다 용이하게 적용할 수 있도록 하였다.

이 책에서 제안하는 새로운 교육과정 설계 방식은 Backward Design 방식이다. 이 방식은 여러 가지 의미로 풀이할 수 있다. 즉, 역방향 설계, 후방위 설계, 역으로 생각하는 설계 방식, 거꾸로 하는 설계 방식, 역행 설계, 백워드 디자인 등이 그것이다. 여러 가지 말로 표현할 수 있는 이 설계의 핵심은 3단계를 통해 이루어지는 방식에 있다. 즉, 첫째 바라는 결과 확인하기, 둘째 수용 가능한 증거 결정하기, 셋째 학습 경험과 수업 계획하기가 그것이다. 이러한 방식은 기존의 방식에서 보면 둘째 단계와 셋째 단계 순서가 역전되어 있다. 왜 순서를 바꿔야 하는지, 순서를 바꾸면 무엇이 좋은지, 기존 방식과는 어떻게 차이가 나는지 등이 이 책에서 주장하는 핵심적인 내용이다.

이 책은 21개의 모듈로 구성되어 있으며, 전체적으로 모듈에 의한 본문과 각주, 용어 해설이 실려 있어서 책의 내용을 토대로 독자가 이해하는 데 많은 도움을 제공한다. 본문은 설계 단계에 따라 구성되었는데, 크게 구분해 보면 5개 부분으로 되어 있다. 첫째 부분은 이 책의 설계 방식에 대한 전반적인 설명이다. 여기에는 도입 부분과 이해를 이해하는 일, 모듈 1부터 모듈 3까지로 이해를 명료하게 하는 일, 백워드 설계 과정, UbD 템플릿을 소개한다.

단계 1은 바라는 결과를 확인하는 단계로서, 모듈 4에서 6까지로 이루어져 있다. 여기에서는 영속적인 이해를 확인하기, 토픽과 기능에서 이해로, 본질적 질문을 중심으로 단원을 구성하는 방법이 논의된다.

단계 2는 수용 가능한 증거를 결정하는 단계로, 모듈 7에서 11까지로 구성되어 있다. 여기에서는 이해의 증거, 이해를 수행으로 전환하기, 수행 과제를 설계하기, 채점 루브릭을 설계하기, 단원 설계를 앵커링하는 방법이 제시되고 있다.

단계 3은 학습 경험과 수업을 계획하는 단계로, 모듈 12에서 19까지로 구성되어 있다. 여기에서는 매력적이고 효과적인 단원, 심층적 학습, 오해, WHERE, 교수를 안내하는 질문, 교수 접근법, 교육과정 설계를 위한 스토리 구조, 과제 분석으로서의 교육과정이 제시된다.

다음으로는 UbD 설계 방식에 대한 검증과 동료평가를 실시하는 부분으로, 모듈 20과 21이 있다. 여기에서는 기준에 비추어서 설계를 테스팅 하는 것, 동료평가하는 방법이 제시되고 있다.

요컨대, 이 책은 백워드 설계 방식을 크게 3단계, 19개의 모듈, 그리고 2개의 모듈을 추가적으로 제시하고 있다. 단계 1은 3개의 모듈, 단계 2는 5개의 모듈, 단계 3은 8개의 모듈로 이루어져 있어 현장교사나 독자들이 손쉽게 이해하고 실제에 적용하는 데 유익하다.

이 책에서 겨냥하는 교육과정 개발의 수준은 단원에 있다. 즉, 이 책은 일차적으로 단원 설계에 초점을 맞춘다. 원 저자들은 기존의 교실 수업의 문제점을 개선할 수 있는 획기적인 방안을 제안함으로써 이론적으로나 실제적이고 국제적인 차원에서 중요한 주목을 받고 있다. 독자 여러분이 이 책에서 그 가치나 중요성을 발견하기를 기대한다.

이 책은 대학에서 교육과정과 수업, 평가를 전공하는 학부생, 대학원생, 교수, 전문가, 현장 교사들에게 매우 유익하다. 특히, 이 책은 여러 권이 하나로 합본된 시리즈 형태로 구성되어 있다. 현장 교사나 전문가가 이 책의 내용을 보다 쉽게 이해하고 실제에 적용하기 쉽게 핸드북뿐만 아니라 워크북이 동시에 제공된다. 따라서 독자들은 책의 내용을 이해 할 때에 연도순으로 보면 1999년 핸드북 → 2004년 워크북 → 2005년 제2판으로 보는 것이 좋다. 그런데 내용의 이해를 위해서는 2005년 제2판 → 1999년 핸드북 → 2004년 워크북 순으로 읽는 것이 좋다.

이 책은 책임 역자와 경북대학교 교육과정연구팀이 공동으로 2년간에 걸쳐서 작업하였다. 이 분야에 아직도 식견이 모자라고 전문성도 짧아 많은 오역이 있을 것으로 생각한다. 이것은 전적으로 책임 역자의 잘못이다. 독자 여러분의 많은 지적을 기대한다. 장차 여러 지적을 반영하여 보다 완성도 높은 모습으로 다시 한 번 독자에게 다가 가고자 한다. 책임 역자는 이 책의 초벌 작업 부분을 가지고 대학원 수업과 현장 교사 연수 시에 사용해 본 적이 있다. 수업에서 이 책을 같이 읽고 좋은 의견을 내준 수강생들에게 감사의 말을 전한다. 그리고 연수 시에 현장 교사들의 관심과 호응이 많았다. 보다 시간을 많이 들여서 완성도 높은 역서를 출간해야 함에도 불구하고 작업을 서두르는 일을 부추긴 것은 현장에서 핸드북과 워크북을 기다리는 교사들의 기대도 한 몫을 했다고 자위해 본다.

오늘날 교육과정-수업-평가 영역에서 교사 전문성에 대한 기대와 교사의 역할이 강조되는 시점에서 이 책은 매우 중요한 역할을 할 것으로 기대한다. 그리고 교사 연수를 보다 획기적으로 실시하는 데에도 크게 기여할 것으로 본다. 이 소중한 책이 세상에 나오게 된 데에는 출판계 사정이 어려움에도 불구하고 작업을 허락해 주신 학지사 사장님과 관계 직원 여러분의 노고가 크다. 그 분들에게 감사의 말씀을 전한다.

2008년 가을의 한복판에서
역자 일동

|차 례|

Understanding by Design *Handbook*

개 관

백워드 설계 과정		
1단계: 바라는 결과 확인하기	2단계: 수용 가능한 증거 결정하기	3단계: 학습 경험과 수업 계획하기
A ▸ 영속적인 이해	D ▸ 수행 과제	H ▸ 학습 경험과 교수의 계열
B ▸ 본질적 질문	● 수행 과제 청사진(D)	
C ▸ 지식과 기능	E ▸ 퀴즈, 테스트, 단서	
	F ▸ 자발적인 증거	
	G ▸ 자기평가	
	● 다른 증거들을 위한 설계(E, F, G)	

Introduction 소 개

동전의 양면처럼 UbD 핸드북은 UbD(ASCD, 1998)와 한 짝을 이룬다.
UbD는 이해의 여섯 가지 측면에 근거하고 있는 이해의 이론에 대한 개념적 기초를 제공한다.
이 책은 교육과정, 평가, 수업의 계획에 대한 백워드 설계 접근의 논리에 대해 논의하고,
이해 문제를 선택하기 위한 준거, 질 통제를 위한 설계 기준, 오개념과 오해에 대해 논의한다.
핸드북에서는 단원 설계 템플릿, 워크시트, 실습, 설계 도구, 설계 기준과 검사,
그리고 UbD에서 아이디어를 학습하고 적용하기 위한 동료평가 과정 등의 실제적인 측면을 제안한다.

개 관

핸드북은 학생들의 이해를 깊이 있게 개발하는 데 초점을 둔 교수 요목(course of study)과 설계 단원에 관심이 있는 교육자를 돕기 위해 개발되었다. 또한 대학과 대학원 수준의 교과목을 위한 자원, 그리고 현직 연수 전문성 개발을 위한 자원으로써 기여하도록 의도되었다. 우리는 교사(초등학교에서 대학원까지)를 포함해서 다양한 사용자, 즉 학교 관리자, 교육과정 감독관, 교과 전문가, 현직연수자, 그리고 사정(평가) 관련 인사들이 핸드북에서 귀중한 아이디어와 자원을 얻을 것이라고 믿는다.

핸드북에 등장하는 많은 연습 과제는 UbD 책(1998)에서도 나온다. 그러나 예민한 독자는 UbD 책과 핸드북의 차이점을 알아차렸 것이다. 핸드북은 많은 워크숍에서 사용되었다. 우리 동료들로부터의 비평뿐만 아니라 워크숍 참가자로부터의 피드백은 우리가 핵심적 아이디어에 명칭을 붙이고, 설명하고, 분석하여 더 나은 것으로 정련하는 데 사용되었다. 우리가 수행하는 단원 설계 과업은 반복적이다. 우리는 이러한 방식의 개정 작업이 UbD 이론의 이해와 유용성을 확장시킬 것이라고 믿는다.

목 차

사용자에게 최대한의 유연성을 제공하기 위해 우리는 핸드북을 여섯 개의 목차로 나누었다. 그리고 여섯 개의 목차 아래에 21개의 모듈을 제시하였다. 모듈은 백워드 설계 과정의 세 단계에 따라 구분된다. 다음은 여섯 개의 목차에 대한 간단한 설명이다.

- 개관: 개관은 소개와 '이해에 대한 이해'의 장과 모듈 1~3을 포함한다. '이해에 대한 이해'의 장은 이해의 특성을 설명하고, 이해의 여섯 가지 측면에 대해 논의한다. 이는 UbD 접근의 틀을 제공한다. 모듈 1~3은 백워드 설계 과정을 설명하고, UbD 템플릿을 독자들에게 보여 준다. 5페이지짜리 템플릿은 설계자들이 단원을 계획하기 위해 완성하는 최종 결과물이다. 사용자들은 당장에 핸드북을 통해 그것을 완성하는 방법을 이해하기는 힘들 것이다. 핸드북의 나머지는 템플릿을 완성하는 것과 템플릿 페이지의 특정 요소에 집중하면서 백워드 설계 과정의 세 단계를 독자들에게 안내한다.
- 1단계(모듈 4~6): 템플릿의 1쪽을 완성하기 위한 정보를 포함한다.
- 2단계(모듈 7~11): 템플릿의 2~4쪽을 완성하기 위한 정보를 포함한다.
- 3단계(모듈 12~19): 템플릿의 5쪽을 완성하기 위한 정보를 포함한다.
- 검사와 동료평가(모듈 20~21): 모듈 20은 자기평가와 동료평가를 사용하는 데 필요한 기준과 검사를 포함한다. 모듈 21은 동료평가를 수행하기 위한 정보를 포함하고, 모듈 20의 기준과 검사를 사용한다.
- 용어 해설과 참고문헌: 우리는 가능한 한 자기충족적인 모듈을 만들려고 하겠지만 용어 해설을 핸드북 말미에 포함시켜서 자주 언급되는 핵심 용어를 필요할 때 돌아가서 찾아볼 수 있도록 하였다. 참고문헌에는 다른 관련 출판물과 핸드북에서 참고한 문헌을 포함시켰다.

모듈

각각의 모듈은 UbD에 대한 특별한 아이디어를 설명한다. 모듈 그림과 워크시트는 이러한 아이디어를 명료화하는 것을 도와주기 위해 그래픽 조직자, 설계 도구, 그리고 실습(연습)을 사용한다. 워크시트는 학습을 귀납적으로 안내하고, UbD 접근에서 주요 아이디어에 대한 반성을 자극하기 위해 설계되었다. 설계자들은 자신의 단원을 계획하기 위해 워크시트를 사용할 수 있다. 많은 워크시트는 그림과 일치하는데, 이때 그림은 완성된 워크시트를 의미한다. 예를 들어, [그림 3-5]는 〈워크시트 3-1〉의 완성된 판이다. 아이디어와 그것들의 적용에 대한 독자들의 오개념을 미리 예상해서 '오개념 주의하기'를 포함했고, 이것은 모듈 본문에 제시하였다.

모듈은 가상의 5학년 교사인 Bob James의 반성과 숙고를 포함한다. James와 그의 영양 단원은 UbD 책에 소개되었다. 핸드북에서는 James가 영양에 관한 3주 단원을 개발할 때 UbD 단원을 적용하려고 시도하는 과정을 제시하였다.

핸드북 사용에 대한 충고

핸드북의 사용자들은 두 가지 질문에 직면할 것이다. 첫째, 어디에서 시작해야 하는가? 둘째, 어떤 순서로 가야 하는가? 우리는 이 질문에 답하기 어려운 이유와 이러한 점이 핸드북의 구조에 어떻게 영향을 미쳤는지를 설명하려고 한다.

우리가 이 책 전체를 통해 반복적으로 언급하고 있듯이, 교육과정 설계는 반복적인 과정이며, 선형적이거나 단계적이지 않으며 표준화된 과정이 아니다. 성공적인 설계자들은 반성이나 숙고, 타인으로부터의 피드백, 그리고 학습자들과의 경험이라는 견지에서 전체적으로 개정되거나 재고할 필요가 있는 설계의 측면을 지속적으로 한 바퀴 돌면서 반복적으로 반성하고 수정하는 과정을 거친다. 그러나 설계 과업은 반복적인 것 이상이다. 그것은 독특하고 특유의 성질을 가진다. 설계의 출발점, 순서 그리고 도구들은 각기 다른 상황적 맥락 속에서 사용되기 때문에 개별 사용자들의 수만큼 다양할 것이다.

단원 설계는 한 단계 한 단계 기계적으로 그림을 그리는 것이라기보다 빈 캔버스에 그림을 그리는 행위와 유사하고, 요리법 사용서를 보면서 요리하는 것이라기보다 이용할 수 있는 여러 다양한 재료로 요리하는 것과 유사하다. 교육 설계자로서 우리는 청사진을 개발하는 건축가와 비슷한 일을 한다. 건축가는 단번에 고객의 말을 듣고, 설계 의도를 평가하고, 자료와 노동 비용을 탐구하여, 단계별 절차에 따르거나 자신이 가진 비법에 따라 청사진을 개발할 수 없다. 청사진은 아이디어를 구현하려고 시도해 보는 가운데, 아이디어에 대한 피드백을 주고 받으며 이를 가용한 공간의 실제에 연결하고, 고객들의 희망을 충족시키는 과정을 통하여 구체화된다. 하나의 설계 아이디어는 다른 설계 아이디어에 영향을 미친다. 그리고 보다 많은 변화를 요구하면서 아마도 예상하지 못한 고객의 새로운 반응을 유도해 낸다.

건축은 설계 의도, 예산 그리고 방의 수와 방의 기능과 같은 중요한 사항을 포함한다. 설계에서의 도전은 상상력을 동원하여 주어진 모든 것이 제 가치를 발휘하여 훌륭한 위치를 확보할 수 있도록 보장해 주면서 일을 수행해 나가는 것이다. 교육과정 설계 역시 이와 유사한 도전을 수행하는 것이다. 설계자는 모든 종류의 훌륭한 가능성을 생각할 수 있지만 학습활동에 대한 새로운 아이디어는 제안된 평가 계획안을 재고하는 것을 요구한다. 객관적으로 주어진 것들, 예를 들어 주의 내용 기준,

실제 시간과 자원의 제한 조건, 학생 성취 수준과 관심은 우리의 상상 속에서 균형이 잡혀야 한다.

이 핸드북은 단원 설계를 위한 단계별 절차를 제공하지 않는다. 대신에 우리는 전체적인 논리(백워드 3단계와 일치되는)를 제공하는 모듈로 핸드북을 조직하였다. 그러나 여러 다른 지점에서 단원 설계를 시작하는 것도 가능하고, 같은 목적—기준을 충족하는 완성된 설계—을 성취하기 위해 많은 다른 통로를 거치는 것도 가능할 것이다.

단원 설계는 다음 네 가지 지점에서 시작한다. 즉, 첫째 주의 내용 기준, 둘째 선호하는 학습활동, 셋째 수행평가 과제를 가지고 시작하거나, 넷째 이벤트, 아이디어 혹은 우리가 학생들이 이해하기를 원하는 교재를 가지고 시작한다.

분명히 네 가지 시작점의 각각은 우리에게 상이한 순서를 따르게 한다. 예를 들어, 주의 내용 기준으로 시작할 때 우리는 정확하게 그것이 의미하는 것과 그 기준을 성취했다는 증거를 무엇으로 할 것인지를 결정해야 한다(2단계). 그리고 우리는 학습활동과 수업이 기준을 충족하게 될 것으로 기대한다(3단계). 다른 한편으로, 수행 과제에서 시작할 때 우리는 다소간 반대 방향으로 가고 싶어 한다. 우리는 수행 과제가 평가할 수 있는 것이 어떤 구체적인 이해인지(1단계), 단원을 통해 어떤 주의 내용 기준을 다룰 수 있는지, 그리고 보다 타당한 측정이 이루어지도록 하기 위해 과제와 채점 기준에 어느 정도의 변화를 주어야 할지를 구체적이고 분명하게 결정해야 한다. 두 가지 경우 모두 설계는 반복적으로 이루어질 것이다. 우리는 설계를 할 때 전 과정에서 바람직한 이해와 적절한 평가를 지속적으로 재고하고 수정해 나가게 될 것이다.

그러므로 구체적인 절차나 비법이 가능하지 않을지라도, 우리는 일반적인 몇 가지의 충고를 하고자 한다. 핸드북은 백워드 설계의 논리를 반영하기 위해 조직되고, 모듈의 계열은 세 단계의 백워드 설계의 논리와 설계 템플릿의 순서를 반영한다. 각 모듈 내의 워크시트는 더욱 간편한 설계 연습을 위해 난이도에 따라 조직된다. 모듈이 다른 모듈과 비교적 독립적으로 작성된다 하더라도 전체 모듈은 조화로운 설계가 가능하도록 배열된다. 설계자는 집중적이고 심층적인 설계 작업을 시작하기 전에 모든 모듈의 내용을 간략하게 훑어봄으로써 많은 도움을 받을 것이다. 출발점과 관계없이, 설계자는 목적의 1단계 질문에 가능한 빨리 대답할 수 있어야 한다. 이것은 어떤 중요한 이해, 지식과 기술을 목적으로 하는가를 확인하는 일이다. 그렇지 않다면 설계자들은 부적절하거나 타당하지 않은 학습활동이나 평가의 위험을 무릅쓰게 된다. 우리가 설계자들에게 던지는 충고는 단계 1과 단계 2에서 바라는 결과와 수용 가능한 평가를 명료화할 때까지 흔히 가장 만족할 만한 것일지라도 세부적인 학습활동에 대한 계획을 연기하는 것이다(3단계).

■ ■ ■ ■ ■

우리는 이 책의 정보가 각 개인에게는 반성을 자극하고 동료 간에는 사려 깊은 대화를 촉진시키기를 희망한다. 우리는 템플릿, 설계 도구, 검사가 개선된 설계—이해할 만한 가치가 있는 본질적 질문과 주요 아이디어에 구체적으로 초점을 두는 교육과정, 학생의 이해를 보다 확신하게 하는 증거, 그리고 학생과 교사들이 모두 좋아하는 보다 매력적인 수업과 학습—로 이끌 것이라는 것을 믿는다. 궁극적으로 학습과 수행에서 관찰 가능하고 측정 가능한 개선이 나타나게 될 것이다.

독자들은 이 핸드북에서 제공된 아이디어를 최신의 것으로 확장, 응용하기 위해서는 인터넷상에 있는 ASCD 웹 사이트 http://ubd.ascd.org를 참조하기 바란다. 이 사이트에서는 한 단계 업데이트된 정보가 실린 UbD 설계 홈페이지, 자주하는 질문, UbD 포맷에 따라 설계된 단원의 온라인 자료에 대한 정보, 저자에 관한 질문 등을 살펴볼 수 있다.

Understanding 이해에 대한 이해

이해에는, 중복되지만 서로 환원할 수 없는 여러 가지 상이한 이해의 방식이 있다.
그리고 이에 상응하게, 이해하기 위하여 가르치는 데에도 여러 가지 상이한 방식이 있다.
–PASSMORE(1982; 210)

우리는 '이해'를 충분히 이해한 것처럼 '이해'에 대해 말하고 진술해 왔다. 우리는 교사로서 늘 주장해 왔지만, 아이러니한 것은 우리가 목표를 충분히 이해하지 못할 수도 있다는 것을 나중에야 이해한다는 점이다. 이것은 이상하게 들릴지도 모른다. 교사들은 매일 이해에 목표를 두고 있다. 그렇지 않은가? 교사들은 그들이 무엇을 목표로 하는지를 어떻게 모를 수 있는가? 그러나 '이해하는 것'과 '이해를 가르치는 것'은 애매하고 불안정한 용어라는 것을 제안하는 증거가 많다.

우리는 이러한 개념적인 불확실성을 『교육목표분류학』에서 볼 수 있다(Bloom, 1956). Bloom과 그 동료들은 인지적으로 쉬운 단계에서 어려운 단계까지 가능한 지적인 목표를 분류하고 명료화 하였다. 그것은 이해의 정도를 분류하는 것이었다.

그러나 분류학의 소개에서 Bloom(1956)과 그 동료들은 덜 정의된 목표이지만, 일반적으로 추구되는 '이해하기'에 대해 다음과 같이 말하고 있다.

> 예를 들어, 어떤 교사들은 학생들이 '실제로 이해했다.' 고 믿고, 다른 교사들은 학생들이 '지식을 내면화하기' 를 희망하고, 또 다른 교사들은 학생들이 '핵심적인 본질을 이해하기' 를 바란다. 그들은 모두 어떤 것을 의미하는가? 특히 학생이 이해하지 못했을 때 그가 무엇을 할 수 있으며, 누군가가 '실제로 이해했다.' 면 무엇을 할 수 있겠는가? 분류학의 진술에 따라 교사들은 그러한 명료하지 않은 용어를 정의할 수 있게 될 것이다(p. 1).

혼동의 정점으로 우리는 이해가 지식과는 다르다고 믿는다. 물론 이해는 교과 지식에 의존하지만, 교실 장면에서 알 수 있듯이, 이해는 지식 그 이상이다. 한때 우리는 지식이 의미하는 것과 같이 학생이 제한된 이해지만 많은 지식을 가질 수 있다고 생각했었다. 우리는 또한 그 반대로도 생각했었다. 학생은 완전히 혹은 주의 깊게 과제를 읽지 않았지만, 그럼에도 불구하고 미묘한 아이디어를 알아차렸고, 겉으로 착실한 학생에게는 효과가 없는 것처럼 보였다. 사실을 안다고 해서, 그리고 지식에 대한 검사에서 점수가 높다고 해서 그들이 알고 있는 것을 이해하고 있다는 것으로 반드시 간주해서는 안 된다. 그리고 사실적 지식에 대한 검사에서 잘 못하는 것이 학생들이 토픽의 핵심 아이디어에 대한 통찰을 결여하고 있다는 것을 의미하지는 않는다.

이와 같은 점은 학식 있는 사람들에게도 동일한 하나의 진실이다. 연구자 Frank Sulloway(1996)는 Charles Darwin에 대해서 다음과 같이 말한다.

> 혁명적 사고자와 비혁명적 사고자 간의 차이점은 결코 누가 사실에 관해 지식을 많이 알고 있는가 하는 문제에 있는 것은 아니다. 적게 알고 있는 다윈이 좀 더 많이 이해했을 뿐이다(p. 20).

참 이해와 분명한 이해

지식과 지식에 근거한 이해 사이의 핵심적 차이는 이해가 늘 새로운 맥락에 전이 가능하며, 새로운 이론으로 변형이 가능하다는 점이다. 단순한 지식은 기계적인 것이 될 수 있고, 통찰보다 더욱 정확한 신념에 가깝다고 볼 수 있다. 하버드 대학교의 심리학자이자 교육연구가인 Howard Gardner(1991)가 언급하였듯이, 이해의 진정한 수행은 "학생들이 정보와 기능을 습득하고, 그것을 새로운 그리고 최소한 예기치 못한 상황에서 유동적이고 적절하게 적용할 때 발생한다."(p. 9) 그러한 수행은 "가르쳐진 특정 사실, 개념, 문제를 기억해 냄으로써 학생들이 단순히 반응하는 '의례적인(ritualistic)' 수행과는 반대가 된다."(p. 9)

Bloom(1956)과 그의 동료들은 유명한 John Dewey의 이야기에 대해 자세히 언급하면서, 이해가 단순히 정확한 지식과 어떻게 다른지에 대해 우리에게 특별한 것을 상기시켜 주었다.

> 대부분의 사람은 기억을 요구하는 어떤 질문에 답하지 못한 경험이 있다. 그 질문이 다른 형태로 진술되면 쉽게 답할 수 있는 것인데도…… '만약 여러분이 지구를 계속 파내려 간다면 무엇을 발견할 수 있을까?' 에 대해 수업시간에 질문한 Dewey의 이야기를 통해 잘 설명된다. Dewey는 답이 없자, 학생들에게 반복해서 똑같은 질문을 하였다. 그러나 학생들은 계속 침묵하였다.
>
> 교사는 Dewey에게 불만을 표시하였다. '선생님은 잘못된 질문을 하고 있어요.' 그녀는 수업 분위

> 기를 전환하면서 "지구 중심의 상태는 어떤가요?"라고 물었다. 학생들은 한 목소리로 '용암'이라고 대답했다(p. 29).

Dewey의 이야기는 역시 지식 학습에서 전형적으로 볼 수 있는 기계적인 재생적 특성을 잘 나타내 주고 있다. 기억하고 재생하는 것과 관련되는 지식을 강조하는 것은 '실제로 아는 것'이나 '진실된 지식'(Bloom, 1956: 29)으로 표현되는 통찰 혹은 이해를 포함하는 지식의 개념과는 구별되는 것이다.

극단적이지만 이러한 사례는 일반적인 문제를 잘 설명한다. 교사들은 종종 학생들이 올바른 단어, 정의, 공식을 제시하는 것과 같은 분명한 이해의 표시에 만족한다. 질문이나 용어를 바꾸게 되면, 학생들은 교사들이 자신들이 가르쳤다고 생각한 것을 학생들이 정말로 이해하지 못하고 있다는 것을 드러낼지도 모른다.

이 문제는 성취가 낮은 학생이 아니라 매우 성공적인 학생들에게 영향을 미친다. 교사와 교육과정 설계자로서 문제를 더욱 악화시키는 것은 주요 아이디어에 대한 학생 오개념의 현상이다. 철저한 교수와 시험에서 이해한 것으로 평가되었음에도 불구하고, 오해는 오래도록 잔존한다(모듈 14 참고).

참된 이해로부터 분명한 이해를 구분해 내는 문제는 고부담 검사나 등급 매기기의 문제 때문에 더욱 절박해진다. 학생들이 배우도록 되어 있는 것을 이해한 것으로 생각하도록 하려고 학생들에게 인센티브를 제공하는 교육에서 끊임없이 경쟁이 있는 한, 이해를 위한 교수와 평가의 도전은 상당할 것이다.

그러나 만약 '정확한' 해답이 이해의 부적절한 증거를 제공한다면, 혹은 훌륭한 검사 결과가 오해를 숨길 수 있다면 참된 이해는 무엇인가? 더욱 효율적이고 신뢰할 수 있는 설계가 되려면 어떻게 해야 하는가? 이해를 가르치기 위한 시도—무언의 요행과 반대되는 설계를 통해—를 위해서는 세 가지 질문에 대답해야만 한다.

이해는 그것들을 효율적으로 사용하기 위한 능력과 통찰을 포함한다. 그러나 우리는 이해가 이와는 다른 것을 의미한다는 것을 일상 언어 용법에서 알아차린다. 때때로 사람들은 이해를 매우 이론적인 것으로 간주한다. 다른 경우에 사람들은 이해를 효과적이고 실제적인 실세계 적용에서 드러나는 것으로 본다. 가끔 그들은 이해를 객관적이고도 비판적인 분석으로 간주하며, 다른 때는 공감적 반응으로 간주한다. 가끔은 직접 경험에 달려 있는 것으로 간주하기도 한다. 공평한 반성을 통해 얻은 것으로 간주되는 경우도 있다. 이해는 형태와 방법이 다를 수 있으며, 다른 인지적 목표와 중복되기도 한다.

그러므로 비록 이해가 중복되고 이상적으로 통합되었다 하더라도 이해의 상이한 양식을 확인하는 것은 의미가 있다. 이제 더욱 철저하고 정확한 이해의 이론을 살펴보자.

이해의 여섯 가지 측면

우리는 성숙하고 잘 발달한 이해를 구성하고 있는 다면적 관점(여섯 가지 관점)을 개발하였다. 이 여섯 가지 관점은 설명, 해석, 적용, 관점, 공감, 그리고 자기지식이다. 여섯 가지 관점은 각 관점이 나타내는 특정 성취를 상술함으로써 요약된다. 정말로 이해한다면 우리는 다음을 할 수 있어야 한다.

- **설명할 수 있다**: 현상, 사실, 자료에 대하여 충분하고, 지지가 되는, 그리고 정당화가 가능한 설명을 제공한다.
- **해석할 수 있다**: 의미 있는 이야기를 말하고, 적절한 번역을 제공하며, 사상과 사건에 역사적 혹은 개인적 차원의 의미를 드러내도록 하고, 이미지, 일화, 비유, 모델을 통해서 그것을 개인에게 의미 있게 하거나 접근하기 쉽도록 한다.
- **적용할 수 있다**: 우리는 알고 있는 것을 다양한 맥락에서 효율적으로 사용하고 적응시킨다.
- **관점을 지닌다**: 비판적인 눈과 귀로 관점을 파악한다. 큰 그림을 알아차린다.
- **공감할 수 있다**: 다른 사람이 이상하고 특이하며, 믿기지 않는다고 생각하는 것에서 가치를 찾는다. 이전의 직접 경험에 기초하여 민감하게 인식한다.
- **자기지식을 가진다**: 개인 스타일, 편견, 투사, 자신의 이해를 형성하고 방해하는 마음의 습관을 지각한다. 우리는 무엇을 이해하지 못하고, 왜 이해가 어려우며, 어떻게 해서 이해가 되는지를 알고 있다.

이상의 이해의 측면은 이해에 대한 상이한 의미를 나타내지만, 완전하고 성숙한 이상적 이해는 다소간 완전한 이들 여섯 종류의 이해의 개발을 포함한다. 앞의 세 가지 측면은 이해를 가지고 사람이 행할 수 있는 수행의 종류를 나타내며, 뒤의 세 가지는 통찰의 형태를 의미한다.

이러한 이해의 여섯 가지 측면은 다르지만, 상이한 기준들이 수행의 질을 판단하는 데 동일한 방식으로 이용된다는 점에서 서로 관련이 있다. 예를 들어, '훌륭한 수필'은 설득력 있고 조직적이며, 명료한 산문으로 구성되어 있다. 세 가지 모든 기준은 충족될 필요가 있지만 각각은 서로 다르며, 다소간 다른 두 가지와는 독립적이다. 그 글은 명료하지만 설득적이지 못할 수도 있다. 잘 조직되었지만 불명료하고 어느 정도 설득적일 수 있다. 이와 유사하게 학생은 완전하고 역설적인 설명을 할 수 있을지도 모르지만 그것을 적용할 수 없거나, 비판적 거리에서 사건을 파악하면서도 그것에 대한 공감이 부족할 수도 있다.

이해는 늘 정도의 문제고, 전형적으로 반성, 토의, 아이디어의 이용에서 발생하는 질문과 탐구 방향에 의해 심화된다. 그러므로 각 측면에 대해서 우리는 다음과 같은 것을 논의하고자 한다.

- 누군가가 이해의 여섯 가지 측면이 의미하는 것이 무엇인지를 보다 잘 이해하고 싶을 때 전형적으로 제시되는 적절한 인용과 질문을 하면서 각 측면에 대한 간단한 정의를 소개한다.
- 교실과 일상의 공적인 생활에서 이해의 측면들이 무엇을 의미하는지에 대한 사례와 이러한 유형의 이해가 결여되어 있는 경우의 사례를 제공한다.
- 수업과 평가상의 함의점을 간단히 조사하면서 이해의 측면들에 대해 분석한다〔이러한 함의점에 대한 상세한 논의를 위해서는 UbD(Wiggins & McTighe, 1998)를 참고하라〕.

오개념 주의하기!

우리는 이러한 여섯 가지의 구분이 다소 임의적이며 유일한 대책이 아니라는 점을 환기시키고자 한다. 숫자 6은 신성한 것이 아니며, 다섯 문단 이상의 에세이는 산만하게 글쓰는 유일한 방법이다. 우리가 제안하는 분석적 틀은 교과 숙달을 위한 교수와 평가를 보다 다루기 쉽게 한다. 또 다른 분석은 단지 세 가지(적용, 설명 그리고 공감) 혹은 다섯 가지(우리의 초기 이론이 제안했던 것처럼) 측면들을 산출한다. 보다 심층적인 분석은 상이한 수많은 개념적 구별과 위계를 산출한다. 그리고 우리 역시 독자들로부터 듣고 보다 깊이 있게 숙고해 나가면서 변화를 만들어 나갈 수 있는 것이다.

그 측면의 수와 이름은 결코 이해라는 용어의 의미의 차이를 말하는 것이 아니다. 중요한 것은 이해가 관련된 능력의 집합으로 이해되어야 한다는 것이다. 우리는 'UbD'가 우리가 여기서 만들어 놓은 구분들의 종류를 통해 보다 잘 수행된다는 점을 독자들이 이해할 것이라고 믿는다.

측면 1: 설명

정의: 정교하고 적절한 설명과 이론이며, 사건, 행위, 아이디어에 대해 식견이 있는 정당하고도 타당한 근거를 제공한다.

> 우리는 움직이는 어떤 것을 보고, 예상하지 못한 소리를 듣고, 특이한 냄새를 맡고, 그리고 질문한다. 즉, 그것은 무엇인가? ……우리가 그것이 뜻하는 것, 즉 달리는 다람쥐, 대화하는 두 사람, 화약의 폭발을 알아냈을 때, 흔히 우리는 이해한다고 말한다. –Dewey, 1933, pp. 137, 146

그것은 왜 그러한가? 그러한 사건을 설명하는 것은 무엇인가? 그러한 행위를 설명하는 것은 무엇인가? 우리는 그것을 증명할 수 있는가? 이것은 무엇과 연결되어 있는가? 예가 되는 사례로는 어떤 것이 있는가? 이 일은 어떠한가? 암시하는 것은 무엇인가?

✓ 한 요리사가 기름과 식초에 약간의 겨자를 넣는 이유를 설명한다. 겨자는 유화제 역할을 한다.
✓ 10학년 역사과 학생은 충분히 지지할 수 있는 미국 혁명의 경제적이고 정치적인 관점을 제공

한다.

✗ 10학년 학생은 Boston Tea Party와 the Stamp Act의 사실은 알지만, 그것들이 왜 일어났고 무엇을 유도하고 야기하였는지는 모른다.

측면 1에 해당되는 설명은 건전한 이론, 즉 당황하게 하고 고립된 혹은 불투명한 현상, 자료, 감정 또는 아이디어를 이해하는 설명 그 자체를 드러내고, 거기서 나타나는 이해의 종류를 포함한다. 그것들은 일들이 어떻게 처리되는지, 그것들이 무엇을 암시하는지, 그것들은 어디서 관련을 맺는지, 그리고 그것들은 왜 일어나는지를 분명하고 철저하게, 그리고 교훈적으로 설명하는 수행과 산출물을 통해 나타난 이해다.

Dewey(1933)가 말했듯이, 무언가를 이해하는 것은 '다른 사물과의 관련 속에서 그것을 아는 것이다. 즉, 그것이 어떻게 움직이고 기능하는지, 그것에서 어떤 결과가 나오는지, 그것의 원인이 무엇인지를 언급하는 것'이다(p. 137)(최초로 강조함). 학생은 사물에 대한 이해, 즉 경험, 교사가 가르치는 수업, 개념 혹은 개인의 수행에 대한 이해를 나타낸다. 학생이 적절한 이유와 관련성을 설명할 수 있고, 주장을 뒷받침하는 증거를 말할 수 있을 때가 그때다.

이유와 방법에 관한 지식

이해는 단순히 사실에 관한 지식이 아니라 이유와 방법에 관한 지식이다. 우리는 시민전쟁이 발발한 것을 알고 연대순으로 열거할 수 있다. 그러나 그것이 왜 발발하였는지, 그것의 충격은 무엇인지, 증기, 물, 얼음이 표면적으로 다르다 하더라도 왜 똑같은 화학물질인지를 설명할 수 있는 중학교 학생은 설명할 수 없는 학생보다 H_2O를 더 잘 이해하고 있다. 이런 의미에서 이해하는 것은 사실과 아이디어(이상하게 보이고, 반직관적이거나 모순된 것을 포함하여)를 연결하는 것이고, 그것들을 작용하는 이론으로 관련시키는 것이다. 보다 철저한 혹은 심층적인 이해는 다양한 사건이나 자료가 더욱 강력한 원리 아래 연결되고 포함되는 곳에서 더욱 통찰력이 있고 체계적인 설명을 내포한다.

이런 방식으로 이해할 때, 우리는 추론할 수 있고 예상을 하게 된다. 우리는 연결과 연합을 위해 주어진 정보를 넘어설 수 있다. 우리는 사실을 설명하고 사실에 가치를 부여하는 지도 원리를 이해한다. 정신적이고 물리적 모델을 설명하고 해명하는 것은 그러한 이해의 결과다. 우리는 이질적으로 보이는 분리된 사실을 정합적이고, 총괄적이며 유용한 설명으로 통합시킬 수 있다. 우리는 원치 않거나 검증되지 않은 결과를 예측할 수 있고, 낯설거나 검증되지 않은 경험을 설명할 수 있다.

근거 있는 적정한 의견

설명적 이해는 진실된 견해(단순한 정답)를 넘어서 적정한 의견으로 나아간다. 적정한 의견이란 자신이 거기에 어떻게 도달하였는지, 그리고 왜 그것이 옳은지를 정당화할 수 있도록 자신의 의견(견해)을 설명하는 능력을 말한다. 평가할 때 우리는 학생들로부터 좋은 설명을 기대하고 찾는다. 이것은 지지하다, 정당화하다, 일반화하다, 예언하다, 입증하다, 증명하다, 구체화하다와 같은 동사들을 사용함으로써 자신들의 이해를 드러내도록 학생들에게 요구한다. 교과 내용, 나이, 학생의 지적 교양에 관계없이 학생이 측면 1의 의미를 이해할 때, 학생은 '자신의 연구를 보여 줄' 능력을 가지고 있고, 하나의 답이 옳거나 그른지를 설명하고, 한 관점에서 타당한 증거와 논쟁을 제공하며, 필요하다면 다른 관점에 대해 방어도 한다. 이런 점에서 가장 심층적인 이해를 가진 학생은 여러 가지 자료를 더욱 정교하게 알고 설명한다. 그리고 더욱 미묘한 사고의 양상이나 질문 내의 경험을 파악한다.

교사들은 여전히 이해를 통찰력이 있고, 철저하며, 뉘앙스를 풍기거나 사려 깊게 훌륭한 것으로 기술한다(단지 피상적이고, 고립되어 분리된, 그럴듯하고 대강적이거나 과장된 이론에 반대되는 것으로). 이러한 이해가 결여된 설명이나 이론은 불완전하거나 서툰 것이라기보다는 오히려 전형적으로 잘못된 것이다. 시민전쟁은 노예 해방으로 일어났다고 말하는 것은 잘못이 아니다. 혹은 아무리 단순하거나 간단한 대답이 생겨난다 하더라도 문학이 종종 선과 악을 내포한다고 말하는 것도 잘못이 아니다.

단순히 시험으로 되돌아가고 교재나 교사에 대한 공식적 이론을 학습하는 것은 적절한 이해의 증거가 아니다. 측면 1은 우리가 그 학생이 배운 것을 이해한다고 결정 내리기 전에, 다양하고 새로운 사건에 대한 설명을 요구하는 과제와 평가가 학생들에게 주어져야 한다고 말한다.

수업과 평가상의 함의

교육적으로 이 측면은 우리가 한편으로는 지식 전달(교사와 교과서를 통해)과 한편으로는 학생이 이론을 구성하고 검증하는 것 사이에서 더 나은 균형을 추구할 것을 제안한다. 이런 목표를 성취하기 위한 간단한 전략은 수업과 평가에서 저널리즘의 요체와 같이 학생들이 5W 질문—누구, 무엇, 어디, 언제 그리고 왜—을 제기하도록 확실하게 하는 것이다.

측면 1은 문제중심학습과 효율적인 과학 프로그램에서 발견되었던 것과 같은 이론과 설명을 학생들에게 요구하는 중요한(본질과 단위) 질문, 논점, 문제를 중심으로 단원을 만들도록 요구한다. 평가를 위한 함의는 직접적이다. 단순히 회상이 아닌 그들 자신의 설명을 제공할 것을, 더 큰 아이디어로 특정의 사실과 관련짓고 그 관계를 정당화할 것을, 단지 정답을 제공하는 것이 아닌 그들의 작업을 보여 줄 것을, 그들의 결론을 지지할 것을 학생들에게 요청하는 평가(수행 과제, 프로젝트, 단서, 검사 등)를 사용하라.

측면 2: 해석

정의: 의미를 제공하는 해석, 내러티브, 번역

> Juzo Itami의 영화는 그들이 결코 존재했던 것을 몰랐던 일본인에게 진실을 드러냈다. 비록 그들이 일상생활에서 옳았다 하더라도 말이다. 영화 평론가 Jun Ishiko는 '그는 사람들이 이해한다고 생각한 것에 대해 내부 이야기를 표현할 수 있었지만 정말로 이해한 것은 아니었다.' 고 말했다.
>
> –*Washington Post*, 1997, p. A1

> 해석의 목적은 이해이지 설명이 아니다. 이해는 근본적으로 논쟁의 여지가 있고, 불완전하게 입증할 수 있는 명제를 어떤 체계적인 방식으로 맥락화한 결과라고 볼 수 있다. 그렇게 하기 위한 우리의 주요한 방법 가운데 하나는 내러티브를 통한 방법이다. 즉, 이야기를 통해서 어떤 것이 '무엇에 관한 것' 인지에 대한 스토리를 이야기하는 것이다. 그러나 키르케고르가 수년 전에 분명히 밝힌 것처럼 이해하기 위하여 이야기하는 것은 단지 마음만을 풍요롭게 하는 것에 불과한 것이 아니다. 그의 표현을 빌리자면 우리가 스토리를 말하지 않는다면 우리는 두려움과 전율에 사로 잡혀 있게 된다.
>
> –Bruner, 1996, p. 90.

그것은 무엇을 의미하는가? 그것은 왜 문제인가? 그것은 어찌 되는가? 그것은 인간 경험에서 무엇을 설명하고 있는가? 그것은 나와 어떻게 관계 있는가? 의미는 어떻게 형성되는가?

- ✓ 할아버지는 만일의 경우에 대비하여 저축의 중요성을 예를 들어 설명하기 위해 불경기에 대한 이야기를 들려준다.
- ✓ 11학년 학생은 『걸리버 여행기』가 영국 지성인들의 삶에 대한 풍자로써 읽힐 수 있는지를 보여 준다. 그것은 전적으로 비현실적인 이야기가 아니다.
- ✗ 중학생은 모든 스페인어 단어를 번역할 수는 있지만, 스페인어 문장의 의미를 이해할 수는 없다.

우리는 훌륭한 스토리가 우리를 계몽시키고 즐겁게 해 주기 때문에 매력적인 이야기꾼을 가치 있게 평가한다. 분명하고 주목하지 않을 수 없는 내러티브는 이미 추상적이거나 부적절할지도 모르는 것 속에서 우리가 의미를 찾을 수 있도록 도와준다. 이야기들은 역사, 문학, 예술 어디서든 간에 우리의 삶과 우리 주변의 삶을 이해하도록 도와준다. 물론 가장 깊고 가장 뛰어난 의미는 이야기, 우화, 신화에서 발견된다. 이야기는 단순한 기분 전환이 아니다. 가장 좋은 이야기는 우리의 삶을 더 이해할 수 있고 관심을 갖게 한다.

의미: 이해를 전환하기

우리가 모든 사건, 자료 혹은 경험에 속하는 것으로 생각하는 의미와 패턴들은 특정 사실에 대한 우리의 이해와 지각을 전환시킨다. 이런 이해를 소유하는 학생은 사건의 중요성을 보여 줄 수 있고, 생각의 중요성을 드러낼 수 있고, 인식과 반향의 깊은 심금을 울리는 해석을 제공할 수 있다. 시민운동에 가려진 많은 복잡한 사고와 감정을 구체화한 Martin Luther King Jr.'s 목사의 워싱턴 연설('나에겐 꿈이 있다')을 생각해 보라. 혹은 가장 훌륭한 신문 편집자들이 어떻게 복잡한 정치적 흐름과 아이디어의 의미를 이해하는지에 대해 생각해 보라.

물론 의미는 제 눈에 안경이다. 1963년 11월 22일(Kennedy 대통령 암살사건)은 1960년대를 살아온 우리에게 얼마나 중요한 사건인지를 생각해 보라. 하지만 그날이 오늘날의 학생들에게는 얼마나 보잘것없는 의미를 지니는가? 독자가 엄마, 경찰관, 양부모 슬하의 화목한 집에서 자란 청소년들은 심각한 아동학대에 대한 동일한 신문 내용을 읽고 각기 다른 반응을 보인다는 사실을 고려해 보라. 사회학자와 심리학자들은 측면 1의 의미에서 아동학대에 대한 수용된 이론을 가지는 것은 당연하다. 그러나 사건의 의미, 즉 그것을 이해하는 것은 이론과 전혀 관련이 없는 것일지도 모른다. 이 경우 이론은 사건과 세계에서 학대받는 아동들의 관점과 관련 없는, 단지 과학적 설명뿐일 수도 있다.

타인의 이야기를 이해한다는 것은 번역과 해석을 포함한다. 독일어 I을 공부하면서 고군분투하고 있는 학생, Charlotte's web을 읽고 있는 4학년 학생, 사해문서를 열심히 연구하는 학자, 이들 모두에게 도전 과제란 똑같은 것이다. 이해라는 단어는 저자의 의도에 뿌리를 두고 있지만, 분명한 이해의 중요성을 알지 못하는 독자에게는 당황스러운 것이다. 유사하게 역사나 고고학 같은 분야에서 우리는 역사적 기록에 의해 밝혀진 단서로부터 사건과 인공물의 의미를 재구성해야 한다. 경제학에서 의미는 가장 두드러진 소비자와 비즈니스 지표를 해석함으로써 더 넓은 경제학의 흐름을 결정하기 위한 능력에서 기인한다. 수학에서 해석은 한정된 자료로부터 결론을 이끌어 내도록 요구된다. 이런 유형의 이해로 교사들은 학습자들에게 이해할 것을, 중요성을 보여 줄 것을, 설명할 것을 요구하고, 의미 있는 이야기를 만들 것을 요구한다.

설명과 해석

그래서 설명과 해석은 서로 관련이 있지만 한편으로는 서로 다르다. 우리는 관련이 있는 사실과 이론적 원리를 알지만, 여전히 그것이 모두 무엇을 의미하는지, 그것의 중요성은 무엇인지를 물을 수 있고, 물어야만 한다. 아동학대의 경우를 이해하기 위해 애쓰는 배심원은 이론적 학문이나 과학에서의 일반화가 아닌 그것이 의미하는 중요성과 의도를 찾는다. 이론가들이 학대라고 부르는 현상에 대해 객관적이고 일반적 지식을 설정하지만, 법률가, 증인 혹은 저널리스트들이 말한 이야기는 보다 많은 통찰을 부여한다.

그 예가 드러나듯이 해석의 모든 행위는 이론 구축과 검증 행위보다 많은 애매성으로 가득 차 있다. 텍스트 혹은 화자의 말은 상이하지만 타당한 의미를 지닐 수 있다. Bruner(1996)가 말한 것처럼 '내러티브와 그 해석들은 의미상 교섭이 일어나고, 의미는 서로 양보하지 않는 매우 큰 다양성을 지닌다.' (p. 90) 이론이 잘 돌아가기 위해서는 진실될 필요가 있다. 이야기는 단지 계몽적이고 매력적일 필요가 있으며, 있음직한 가능성을 필요로 한다. 똑같은 물리적 현상을 놓고 각기 다른 세 가지의 정확한 설명을 할 수는 없지만, 같은 이야기와 세상만사에 대해서는 많은 상이한, 그럴듯하고 교훈적인 다양한 해석을 할 수 있다.

이런 내러티브 구성(측면 1에 해당하는 이론 구성뿐만 아니라)은 구성주의의 진정한 의미를 가리킨다. 우리가 학생들이 그들 자신의 의미를 구성해야 한다고 말할 경우에 그것은, 학생들이 거기에 관련된 이슈를 제대로 파악하게 하지 않고 학생들에게 미리 포장된 '해석'이나 '중요성'에 대한 진술을 건네는 것은 헛된 일이라는 것을 의미한다.

그 해석에 대한 순수하게 설교적인 교수는 오해와 망각된 지식으로 이끌 가능성이 매우 높고, 논쟁적인 해석의 성격을 무시하게 되어 결국 학생들을 잘못 인도할 것이다. 특정의 구체적인 텍스트, 자료, 그리고 경험들이 본질적으로 지니는 애매한 성격은 교사와 교과서 집필자들이 아니라 학생들이 해석을 개발할 수 있도록 하는 교육을 요구한다. 그뿐만 아니라 학생의 아이디어는 지속적인 검증을 받아야 하고, 그러한 검증받은 생각을 다시 바꾸어야 하는 데 필수적인 피드백을 받는다는 점을 확실하게 해 주는 교육을 필요로 한다.

수업과 평가상의 함의

수업에 대한 함의점은 다른 측면에 대한 함의점과 유사하다. 교사는 학생들이 성인과 같이 지적으로 사고할 수 있도록 교육하기 위해서는 학생들이 공식적으로 수용되는 것을 단순히 수동적으로 받아들이게 하기보다는 이야기와 해석을 구성하는 것을 학습하게 해야 한다. 학생들은 지식이 '내부에서' 형성되는 방법을 알 필요가 있다. 예를 들면, 교사는 여러 이질적인 인터뷰로부터 구술사를 형성하고, 복잡한 자료로부터 분리된 자료에서 수학적 공식과 그래프를 형성하고, 신중하고 주의 깊은 독서로부터 이야기의 해석을 형성하도록 학생들에게 질문한다. 의미 만들기를 모형화하는 방식으로서 혹은 어떤 가능성을 보다 잘 이해하기 위해 해석을 검증하기 위한 전조로서 의미를 제외한다. 학습은 그 밖의 누군가가 말하는 것이 어떤 것에 대한 의미라고 단순히 받아들이는 과정일 수는 없다.

측면 3: 적용

정의: 지식을 새로운 상황이나 다양한 맥락에 효과적으로 사용하는 능력

이해라는 것은 현재 자신의 능력이 어떤 방식으로 충분한 것인지, 그리고 새로 기능이나 지식을 어떤 방식으로 요구할 수 있는지를 결정하면서, 새로운 문제와 상황에 그것들을 가지고와서 관련 지을 수 있도록 개념, 원리나 기능을 충분히 파악하는 것을 의미한다. —Gardner, 1991, p. 18

나는 이런 지식, 기술, 과정을 어떻게, 어디에서 사용할 수 있는가? 사람들은 사고와 행위가 이런 특별한 상황의 요구에 직면해서 어떻게 조절될 수 있는가? 나의 사고와 행동이 이런 특별한 상황의 요구에 직면하기 위해 어떻게 변경되어야 하는가?

✓ 젊은 부부는 경제학에 대한 그들의 지식을 저축과 투자를 위한 효과적인 재정적 계획을 개발시키기 위해서 사용한다.

✓ 7학년 학생은 자신의 통계적 지식을 활용하여 학생 자치로 운영하는 문구사의 내년 예산을 정확하게 산출한다.

✗ 물리학 교수는 깨진 램프를 진단하고, 수리할 수 없다.

이해한다는 것은 지식을 사용할 수 있다는 것이다. 이것은 미국 교육의 전통적인 아이디어다. 실제로 미국 실용주의의 오랜 전통과 학문적 사고 위주의 상아탑에 대한 문화적 경멸에서 비롯된 아이디어인 것이다. 우리는 남녀노소에게 똑같이 말한다.

'여러분은 단지 말만 할 것이 아니라 실제에 적용해 볼 필요가 있다.'

아이디어를 맥락과 연결하기

앞에서 언급된 Gardner의 참 평가에 대한 정의는 Bloom(1956)과 동료들이 분류학에서 말한 것을 되풀이한 것에 지나지 않는다. 그들은 적용을 이해의 중심으로 보고, 많은 교실에서 발견되고 있는 제한적 관련짓기나 빈 칸 메우기 식의 가짜 적용과는 다른 것이라고 보았다.

교사들은 자주 말한다. '만약 학생이 정말로 어떤 것을 이해한다면 그는 그것을 적용할 수 있다……' 적용은 지식과 단순한 이해와는 두 가지 면에서 다르다. 학생들은 특정의 구체적인 지식을 말하도록 격려되지도 않으며, 낡고 진부한 문제를 표명하도록 자극받지도 않는다(p. 120).

적용은 실 세계 상황을 반영할 필요가 있다.

문제는 학자, 예술가, 기술자 혹은 다른 전문가들이 그러한 문제를 다루고 착수하는 상황에 가능한 밀접해야 한다. 허용된 시간과 작업 조건 등이 가능한 전형적으로 통제된 시험 상황에서 멀어져야 한다(Bloom, Madaus, & Hastings, 1981, p. 268).

이해는 우리의 맥락에 아이디어, 지식, 실천을 연결하는 것을 포함한다. 우리는 무언가를 이해하는 것을 보여 주기 위해서 지식을 판에 박힌 방식으로 단순히 끼워넣기 위해서가 아니라 그것을 사용하고, 적응하고, 개인에게 맞추는 능력을 보여 줌으로써 어떤 것에 대한 이해를 보여 준다. 우리가 상이한 제한 조건, 사회적 맥락, 목적, 청중과 교섭해야만 할 때, 이해는 어려운 조건 속에서도 능숙하게, 그리고 구체적인 상황에서 재치 있게 성공적으로 과업을 성취시킬 수 있는 능력, 즉 수행 노하우로 드러난다(James, 1899/1958, p. 24).

스위스의 아동 심리학자 Jean Piaget(1973/1977)는 보다 근본적으로 학생 이해는 지식을 적용할 때 학생의 혁신에 의해 드러난다고 주장하였다. 그는 대부분, 특히 수학에서 적용문제라고 부르는 것은 실제로 새로운 것이 아니며, 이 때문에 진실한 이해를 나타내는 것이 아니라고 말하였다.

> 어떤 생각이나 개념 혹은 이론에 대한 진정한 이해는 이 이론을 학생이 재발명하는 것을 함의한다. 아이들은 어떤 개념을 반복하고 학습 상황에서 이것들을 적용할 수 있기 때문에 종종 이해의 느낌을 주게 된다. 그러나 이것은 재발명의 조건을 충족시키는 것은 아니다. 진실한 이해는 새로운 자발적 적용에 따라 그 자체를 분명하게 한다(pp. 726-732).

수업과 평가상의 함의

그래서 측면 3에 대한 수업과 평가상의 함의는 수행중심학습, 즉 보다 전통적인 검사에 의해 보충된, 보다 진정한 과업에 초점을 두고 거기에서 학습의 정점에 달하는 그런 학습을 강조할 것을 요청한다(Wiggins, 1998; McTighe, 1996-1997 참고).

측면 4: 관점

정의: 비판적이고 통찰력 있는 시각

> 교육의 이익은 외양을 꿰뚫어 구별되는 특징을 알아차리게 하는 역량에 있다. ……사람은 소리와 감각 사이의 차이점, 두드러진 것과 특징적인 것 사이의 차이점, 뚜렷한 것과 중요한 것 사이의 차이점을 알고 있다.
>
> – Dewey: in Johnson, 1949, p. 104

> 이해가 나타나는 중요한 징후는 수많은 상이한 방식으로 문제를 제시하고 표현하는 능력이며, 다양한 관점에서 그 해결에 접근하는 능력이다. 하나의 경직된 묘사는 충분하지 않다.
>
> – Gardner, 1991, p. 13

누구의 관점에서? 어떤 이점에서? 분명하고 고려할 만한 필요가 있는 가정된 것이거나 암묵적인 것은 무엇인가? 정당화되고 근거 있는 것은 무엇인가? 알맞은 증거는 있는가? 그것은 합리적인가? 그 아이디어의 장점과 단점은 무엇인가? 그것은 그럴듯한가? 그것의 한계는 무엇인가? 어째서 그런가?

✓ 10세 소녀는 TV 광고에서 생산품 판촉을 위해 인기 스타를 활용하는 오류를 알아차린다.
✓ 학생은 가자지구의 새로운 협의안에 대한 이스라엘과 팔레스타인 관점을 설명한다.
✗ 명석하지만 완고한 학생은 수학적으로 현상을 모형화하기 위한 또 다른 방법이 있다는 것을 고려하지 못한다. 그녀는 단지 오직 한 가지 방법만이 있다는 것을 알고 있다.

이런 점에서 이해한다는 것은 냉정하고 공평한 관점에서 문제를 바라보는 것이다. 이런 형태의 이해는 어떤 학생의 특정한 관점에 대한 것이 아니라, 복잡한 질문에 대한 대답이 하나의 관점을 전형적으로 포함한다는 신중한 인지에 대한 것이다. 그러므로 대답은 종종 많은 가능성 있는 그럴듯한 설명 중 하나다. 하나의 관점을 가진 학생은 연구나 이론에서 당연시되고, 가정되고, 방관적인, 혹은 그럴듯한 설명에 대해 경계하고 조심한다.

비판적 거리를 두고 바라보기

관점은 가까운 나무가 아니라 전체적인 숲을 바라보는 능력, 거리를 두고 바라보는 것을 암시한다. 다른 관점들은 종종 '관점이란 무엇인가?' 그리고 '심지어 교사나 교재의 답을 하나의 관점으로 바라보는 것은?' 같은 질문을 함으로써 발견된다. 또한 관점은 암묵적 가정을 명백하게 만드는 것, 사고와 행위의 검토되지 않은 습관을 분명하게 하고 분석하는 것을 포함한다. 하나의 관점을 가진 학생은 문제가 되고 의심스러운, 검토되지 않은 결론과 함의를 제기한다.

이러한 관점은 강한 통찰로 이끌 수 있다. 왜냐하면 관점의 전환과 새로운 입장을 가지고 친숙한 아이디어를 검토하기 때문에 사람들은 새로운 이론, 이야기, 적용을 만들 수 있다. 학생이 관점을 가지거나 얻을 수 있게 되면, 그때는 조심성이 덜하거나 덜 신중한 사고자들을 특징 짓는, 습관적이거나 반사적 신념, 감정, 이론, 그리고 호소들로부터 비판적 거리를 둘 수 있다. 그래서 사람은 자신의 관점을 전환할 수 있으며, 새로운 인식의 방법을 시도할 수 있으며, 새로운 이론과 해석을 발견할 수 있게 된다.

옥스퍼드 영어사전에서 '이해(understanding)'라는 동사의 정의는 '어떤 것의 의미를 아는 것'이다. 이 준거에 따르면, 우리의 교육 체제는 이해를 유발하는 데 성공적인 것이 아니다. 자신들이 수행하는 공부의 가치—그리고 학문을 배우도록 요구된 학문의 가치—를 이해하고, 학교를 떠나는 학생은 거의 없다. 학생들은 그 가치에 대해서 성공적으로 질문과 대답을 할 수 없다. 그러나 그러한 태도는 자유교육을 의미하는 것의 핵심이 된다.

관점은 질문을 제기하는 훈련을 포함하는데, 왜 이런 문제가 생기는가? 또 다른 견해에서 보면 그것의 가치를 어떻게 보는가? 예를 들어, 내 비판은 문제를 어떻게 보는가 하는 훈련이다. Darwin (1958)은 자서전에서 이런 비판적 입장은 그의 논쟁적인 이론을 방어하는 데 성공의 핵심이었다고 언급하고 있다.

> 나는 내가 내린 일반적 결과와 반대되는 사실이 발표되거나, 새로운 관찰이나 사고를 우연히 만나게 되면 그 즉시 메모를 하는 나의 행동규범을 따랐다. 경험상으로 보면, 이러한 것들은 내게 친숙한 것들보다 훨씬 쉽게 잊혀지기 때문이다. 이러한 습관으로 인해, 나는 적어도 내가 알지 못하거나 답을 구하려고 하지 않은 것에 대해 이의를 제기하지 않았다.

이해의 양상으로서 관점은 잘 발달된 성취, 즉 아이디어들이 다른 이점에서 바라보는 방법에 대해 얻게 된 이해를 의미한다. 단지 숙달에만 신경을 쓰는 초보 학습자들은 그들이 어떤 것에 대한 철저한 설명이 부족할 때 관점을 들추어 낼지도 모른다. 『임금님의 새옷(Emperor' s new clothes)』에서 아이들을 생각해 보라. 그러나 초보자들은 복합적 관점을 수용하는 능력이 부족하다.

세련된 관점을 가진 학생은 그것들을 관점을 표현하는 것으로 인식하면서 교사와 교재의 설명에 동시에 가치를 둘 수 있다. 진실, 입증, 그리고 중요한 것과 관련 있는 미국 역사와 물리학 교과서 저자의 관점은 무엇인가? 다른 저자들이 그러한 관점을 공유하는가? 다른 전문가, 교사 그리고 저자들은 다른 우선순위를 설정하는가? 만약 그렇다면 그들의 정당성은 무엇인가? 다른 사람의 관점은 어떤 장단점을 가지는가? 이런 방향으로 질문하기가 너무 난해하거나 이상하게 보일지도 모른다. 교육이라는 것이 학생에게 필요한 관점을 제공하는 것에서 얼마나 떨어져 있는지를 보여 주는 것이다. 모든 사람이 신문 보도를 통해 관점을 유지하는 문제를 인식하면서도 그것이 왜 교과서에 집필되지 않는가? 모든 사람은 저자의 관점이 내용, 강조, 스타일의 선택을 만들어 낸다는 것을 알면서, 왜 교육자들은 교과서를 이해하는 데 이런 언어와 기능을 사용하도록 학생들을 돕지 않는가?

수업과 평가상의 함의

측면 4는 수업은 학생들이 주요 아이디어에 관한 대안적 이론이나 다양한 견해를 다룰 수 있는 구체적인 기회를 포함해야 한다는 점을 시사한다. 그래서 본질적 관점은 학생들에게 용기를 심어 주고, 질문할 코스워크를 설계하며, 이들 질문에 대답하는 것을 포함한다. 즉, 무엇에 관해서? 그것은 무엇을 의미하는가? 무엇이 따라오는가? 이들 질문은 학생 경험에서 모든 핵심 지식과 교과서에서 요청될 필요가 있다. 이러한 질문과 그것에 대해 답변하기 위한 시도들은 자유롭게 교육받은 교양 있는 사람의 관점이라고 말할 수도 있다. 수업과 평가 전략은 자유교육의 목적과 수단을 더욱 강조할 필요가 있다. 즉, 학생들이 지적 생활에서 내재적이고 외재적인 가치를 둘 다 알 수 있도록 하기 위해서 본질적 질문과 아이디어를 잘 통제할 필요가 있다.

측면 5: 공감

정의: 타인의 감정과 세계관을 수용할 수 있는 능력

> 이해하는 것은 용서하는 것이다. – 옛 프랑스 격언

> 한 여성이 당신에게 다가와서 "당신은 그것을 어떻게 아느냐? 당신은 그것을 어떻게 느끼느냐?" 라고 묻는다. 처음으로 그는 돌아서서 나를 바라본다. 그는 "예, 그것은 정상적인 반응"이라고 갑자기 부끄럽지 않은 음성으로 말한다. '내가 다른 누구보다 더 잘 여성을 이해한다는 것은 아니다. 그러나 나는 감정을 이해한다. ……여러분이 해야 하는 것은 그 소녀가 경험한 것을 상상하는 것이다. 단지, 다른 사람의 입장에 서 보라. ……우리는 모두 똑같은 사람들이다.'
>
> – 가수 Babyface *New York Times Sunday Magazine*, 1997, Sec. 6, p. 22

그것은 당신에게 어떤 것인가? 그들은 내가 알지 못하는 것을 어떻게 아는가? 만약 내가 이해한다면 나는 무엇을 경험할 필요가 있는가? 작가, 예술가 혹은 연기자는 스스로를 느끼고 알기 위해 무엇을 노력하고 보고 느끼는가?

- ✓ 한 이스라엘 젊은이는 팔레스타인 시대의 제한받고 억압된 생활 양식에 공감을 느낀다.
- ✓ 자신을 줄리엣으로 생각하고, 왜 그런 절박한 행위를 하여야만 했는지를 설명하는 생각과 감정을 글로 써 보라.
- ✗ 한 운동선수는 코치가 되어 젊은 선수들을 종종 꾸짖었는데, 그 이유는 게임에 열중하여 학습하고 있는 선수들의 입장에서 생각하지 않았기 때문이다.

타인의 입장에서 사고하는 능력, 타인의 입장을 이해하기 위해 자신의 감정적 반응을 회피하는 능력인 공감은 이해라는 가장 일반적인 구어체의 사용에서 핵심적인 것이다. 타인, 사람, 문화를 이해하려 할 때 우리는 공감하기 위해 애쓴다.

공감은 누군가의 관점에서 세계를 이해하기 위해 학습된 능력이다. 그것은 타인이 보고 느끼는 것처럼 보고 느끼기 위해 상상을 사용하는 훈련이다. 공감은 관점에서 보는 것과는 다르다. 관점은 비판적인 거리에서 보고, 보다 객관적으로 보기 위해서 우리 자신을 냉정하게 분리하는 것이다. 그러나 공감을 통해 우리는 타인의 세계관을 들여다 볼 수 있다. 우리는 그들의 구두로 걷는다. 우리는

완전히 통찰을 받아들인다. 공감은 따뜻하다. 관점은 차갑고 분석적이고 자신의 감정과 분리된 초연함과 공평함이다.

독일학자 Theodor Lipps는 청중이 예술의 과업과 연기를 이해하기 위해 반드시 해야 하는 것을 기술하기 위해 20세기 전환기에 '공감'이라는 용어를 만들었다. 공감은 타인의 생각과 행위에서 그럴듯하고 분별력 있으며, 의미 있는 것을 찾으려고 노력하는 신중한 행동이다. 비록 그러한 생각과 행위들이 당혹스럽고 반감을 갖게 하더라도 말이다. 공감은 상황을 재고할 뿐만 아니라 우리가 이전에 이상하거나 낯설어 보이던 것을 이해하고 마음의 변화를 가지도록 우리를 이끌 수 있다.

이런 종류의 이해는 존재론적이거나 경험적인 필요조건을 함축한다. 만약 누군가가 가난, 학대, 인종차별주의, 혹은 고자세의 경쟁적 운동과 같은 경험을 지칭하면서 "거기에 있어 보지 않으면 여러분은 이해할 수 없다."라고 말한다면, 그것은 경험으로부터의 통찰이 이해를 위해 필수적인 것이라는 것을 함의하는 것이다. 작곡가 Paul Simon과 관련된 최근 논쟁은 이와 같은 동일한 주제를 의미하는 것이다(USA Today, 1997). 몇몇 푸에르토리코인들은 푸에르토리코인의 경험을 이해할 수 없는 유대인과 싸웠다. 그 주제는 Simon과 Reuben Blades가 새로운 뮤지컬 '카페먼(Capeman)'으로 공동집필하여 제작되었다. 우리가 개별적 감정에 동의하지 않더라도, 학생들이 그들이 공부하는 아이디어를 직접적으로 혹은 간접적으로 경험할 필요가 있거나 그들의 이해가 곤란하게 될 것이라는 것을 잘 인식하고 있다.

통찰의 형식으로서 공감

공감은 통찰의 형식이다. 왜냐하면 그것은 이상한, 낯선, 겉으로 이상한 의견 혹은 그것에서 의미 있는 것을 찾으려는 사람들을 뛰어넘는 능력을 포함하기 때문이다. 유사하게도 학생들이 더욱 친숙한 것과의 관련성과 그것들의 가치를 이해하려면 이상하고, 당혹스러우며, 접근하기 곤란할 것 같은 아이디어, 경험, 그리고 텍스트들을 열린 마음으로 받아들이는 방법을 학습해야만 한다. 우리가 습관적 반응을 극복할 때 이상하거나 '우둔한 벙어리' 아이디어가 어떻게 풍부해질 수 있는지 이해할 필요가 있고, 타인이 이해한 것에 대해 우리가 이해할 때 어떻게 방해할 수 있는지 알 필요가 있다.

공감은 자기지식(측면 6)과 연결되어 있다. 왜냐하면 공감하기 위해서는 우리의 편견을 없애야만 하기 때문이다.

> 해석학적 태도는 우리가 우리의 의견과 편견을 자의식적으로 나타내고 ……와 같은 것으로 의미를 부여한다고 가정한다. 이런 태도를 유지하면서 우리는 진실로 다른 존재로 나타나기 위한 기회, 그리고 선입견에 대항하여 뛰어넘으면서 우리 자신의 진실을 명백하게 증명하는 기회를 텍스트에 부여한다(Gadamer, 1994, pp. 238-239).

위대한 사고의 해석가와 역사가들은 공감을 필요로 한다. '만약 우리가 조상의 이론을 비웃는다면' 인류학자 Stephen Jay Gould(1980)가 말한 것처럼 우리는 '그들의 세계에 대한 이해'에서 실패할 것이다(p. 149). 아리스토텔레스의 연구물에서 천체의 운행에 대해 무엇이 부적절한 관점이었는지 새로운 의미를 찾기 위해 Kuhn(1977)은 자신의 경험으로부터 다음을 제안한다.

> 중요한 사상가의 저작물을 읽을 때, 우선 내용에서 분명한 모순을 찾고, 현명한 사상가가 그것들을 어떻게 써 올 수 있었는지 그 방법을 자신에게 물어라. 여러분이 답을 찾을 때, 단락들이 이해가 될 때, 여러분이 이전에 이해했다고 생각한 중심 단락의 의미가 변화했다는 것을 발견하게 될 것이다(p. xi).

공감에 대한 단순한 요구의 예는 미국의 정부 체제에서 발견된다. 100년 이상 미국의 의원들이 선거로 뽑히지 않고 단순히 임명되었다는 것을 아는 학생들은 거의 없다. 왜 이러한 관례가 좋은 생각과 유사한지를 이해하는 사람은 여전히 없다. 우리의 조상들이 잘못된 인식을 했다거나 위선자였다고 생각하는 것은 쉽다. 오늘날 교사는 학생들에게 미국 헌법의 작가로서 역할극을 하도록 요구하는 과제와 평가를 사용할 수 있다. 그러한 도전 과제는 지명된 직책이 그 시민의 최고 관심이었다는 것을 시민단체에게 하나의 사례로 만들 것이다. 이에 덧붙여 우리는 학생들에게 현재 대중적 투표 체제에 대한 찬반양론에 관한 수필이나 저널을 쓰도록, 그리고 만약 있다면 대통령 선거인단의 가치를 고려하도록 요구할 수 있다.

마음의 변화를 위한 요구

우리가 일찍이 언어에 대한 토의에서 말한 것처럼 대인관계의 의미에서 이해는 단순히 마음의 지적인 변화가 아니라 심정의 중요한 변화를 시사한다. 공감은 우리 자신과 다른 사람에 대한 존중을 요구하고, 그들이 말해야만 하는 것에 귀를 열어 둔다. 타인을 위한 존중은 그들이 우리와 다를 때 우리가 신중하게 타인의 관점을 고려하도록 하게 한다.

학생들이 연구 작업에 대해 당혹스러워 하는 것을 극복할 수 있는지를 알아보기 위해서 학생들에게 이상하거나 낯선 텍스트, 경험, 혹은 아이디어와 의도적으로 마주치게 하는 학교 공부를 가정해 보는 것은 더 쉬운 일이 된다. 사실 이러한 활동은 문화적인 논쟁을 강조하는 외국어 수업에서 흔한 활동이다. 많은 우화와 Shirley Jackson의 『복권(The Lottery)』, Camus의 『이방인(The Stranger)』과 같은 이야기를 사용하는 것이 중요하다. 역사 교수법에 관한 브래들리위원회에서 구성한 역사를 배우는 것이 핵심이다. 그것은 역사의 주요 목적이 학생들을 자민족중심주의와 현재 중심의 관점에서 벗어나도록 하는 것이었음을 논의하였다(Gagnon, 1989).

수업과 평가상의 함의

추상적 사고의 이해를 확신시키기 위해서 학생들은 가장 흔한 교과서 과정들이 인정하는 것보다 훨씬 더 직접적이고 가상적인 경험을 해야 한다. 우리는 요구된 변화를 포착하기 위해 UbD에서 '지적인 외부로의 경계'라는 아이디어를 언급한다. 즉, 학습은 보다 경험적일 필요가 있으며, 학생들이 사고, 이론 그리고 문제들의 효과, 그리고 감정에 직접적으로 직면할 수 있는 힘을 길러 주도록 조정할 필요가 있다. 다르게 생각해 보면, 그러한 경험의 부재는 왜 수많은 중요한 아이디어들이 오해되는지를 설명할 수 있고, 오개념에 관한 조사보고서가 나타내듯이, 학습이 쓸모없다는 것을 설명할지도 모른다. 평가도 학생들이 자기중심, 자민족중심 그리고 그들의 대답과 설명에서 현재 중심성을 극복하는 데 더 많은 주의를 해야 한다.

측면 6: 자기지식

정의: 자신의 무지를 아는 지혜, 그리고 자신의 사고와 행위를 반성할 수 있는 능력('나는 누구인가'가 어떻게 나의 관점을 결정하는가?)

> 모든 이해는 궁극적으로 자기 이해다. ……이해하는 사람은 그 자신을 이해한다. 어떤 무언가가 우리에게 말을 걸어올 때 이해는 시작된다. 이것은 ……우리 자신의 편견을 버릴 것을 요구한다.
>
> – Gadamer, 1994, p. 266

> 이해할 수 없는 일들이 있고, 그러한 일들이 무엇인지를 이해하는 것은 인간 이해의 임무다.
>
> –Kierkegaard, 1959, No. 1395, 1854 entry

나는 내 관점을 어떻게 형성하는가? 나의 이해의 한계는 무엇인가? 나의 맹점은 무엇인가? 편견, 습관, 스타일 때문에 내가 오해하는 것은 무엇인가?

✓ 수줍음을 많이 타는 딸을 둔 한 어머니는 딸에 대한 자신의 낙담이 자신의 어린 시절에 근거한다는 점을 깨닫는다.

✓ 그녀의 학습 양식에 대해 유념하면서, 한 중학생은 공부에 도움이 되는 그래픽 조직자를 신중하게 사용한다.

✗ 당신이 가진 것이 망치일 때 모든 문제는 못처럼 보인다.

깊은 이해는 궁극적으로 우리가 지혜라고 의미하는 것과 관련되어 있다. 세계를 이해하기 위해서는 우리 자신을 이해해야만 한다. 자기지식을 통해서 우리는 우리가 이해하고 있는 것이 종종 우리가 믿고 알기를 기대하는 것과 관련된 것임을 이해한다. 때때로 우리가 이해한 것이 '외부세계'에 있다고 생각하는 것은 실재에서 계획된 정신적 습관이다.

성숙함을 통해 우리는 이해하지 못한 것을 이해하게 된다. 그리스 철학에서 종종 말하는 것처럼 '자신을 안다는 것'은 진실로 이해하는 사람들의 격언이다. 소크라테스는 이해의 창시자다. 그는 자신이 무지함을 알았고, 계속적으로 신념을 반성하고 질문할 필요가 있음을 알았다.

일상생활에서 정확하게 자기평가와 자기통제를 하는 능력은 그런 이해 혹은 그것의 부재를 반영한다. 메타인지는 사고하는 방법과 이유에 대한 자기지식과 관련되어 있다. 그리고 선호하는 학습방식과 이해 혹은 이해의 부족 간의 연관성에 적용된다. 미성숙은 그래서 무지하고 무기술적인 것이 아니라 무반성적(unreflective)인 것이다. 순진한 학생은 아무리 명석하게 배웠다 하더라도 자기지식이 결여되어 있다. 즉, 아이디어가 객관적으로는 진실이지만 오로지 학생의 신념에만 적합할 때 혹은 지각에 대한 템플릿이나 틀이 형성되는 방법과 학생이 어떻게 이해하고, 무엇을 이해하였는지를 알아야 할 때 자기지식이 부족하다. 자기지식을 위한 도전은 통찰이 아닌 편견이 우리의 이해를 결정할 때 배우는 것이다.

하버드 대학교의 고생물학자이고 과학 분야에 인기 있는 저자 Stephen Jay Gould(1996)는 편견으로 통찰을 혼란시키는 위험에 대해 경고하였다.

> 우리의 편견은 종종 제한된 우리의 정보를 압도한다. ……자연은 객관적이지만 우리는 단지 어두운 유리잔을 통해서 자연을 볼 수 있다. 그리고 우리의 시야에 영향을 미치는 구름들, 즉 사회적이고 문화적인 편견, 심리학적 선호, 정신적 한계 등은 우리 자신이 만들어 놓은 것이다(p. 8).

이런 경고는 오래된 것인데, 300년 전 과학의 진보를 방해하는 '우상(환영)'에 대해 Francis Bacon이 저술한 것으로 거슬러 올라간다.

> 인간 이해는 본질적으로 그것이 찾는 것보다 세계에서 보다 질서 있고 규칙적인 존재를 가정하기 쉬운 법이다. 그것이 채택될 때 한 가지 의견은 그것을 동의하고 지지하기 위해 모든 것을 이끈다. ……그것은 부정적인 것보다는 긍정적이고 적극적인 것을 통해 감동받고 흥분되는, 지식인들이 지니고 있는 특이하고 영속적인 과실이다. 간단히 말하여, 감정이 이해에 색을 입히고 오염시키는 그러한 방식은 무수히 많고, 때로는 지각할 수 없을 만큼 많다(Aphorisms 46, 49, pp. 50, 52).

자기지식이 요구하는 것

자기지식은 이해의 핵심 측면이다. 만약 우리가 우리 자신을 더 잘 이해하려면—우리 자신을 넘어서서 더 잘 볼 수 있으려면—자의식적으로 세계를 바라보는 방법을 자문할 것을 요구하기 때문이다. 그것은 우리에게 불가피한 맹점, 편견 혹은 우리의 사고에서 간과하는 점을 찾거나 추구하기 위해, 그리고 효과적인 습관, 단순한 자신감, 강한 신념, 세계관 아래에 잠재되어 있는 불확실성과 불일치에 직면하여 용기를 가지도록 훈련할 것을 요구한다. 우리가 교과 학문에 대해 논할 때 그러한 용기와 인내는 독단적인 신념에 반대되는 것으로 합리적 이해의 본질적 원천이 된다.

수업과 평가상의 함의

실제적으로 말하자면 자기지식에 대해 많은 주의를 기울임으로써 교사로서 학생들에게 자기반성을 가르치고 평가하는 더 나은 일을 해야 한다는 것을 의미한다. 어떤 의미에서 우리는 학교교육을 잘하고 있다. 대부분의 프로그램과 전략들은 학생들 자신의 학습 양식의 메타인지와 의식을 발전시키는 데 도움을 준다. 그러나 우리가 이 책에서 표현하고자 하였던 아이디어는 선도적인 '인식론'에 해당하는 철학적 능력을 자기평가하는 데 보다 많은 주의와 관심이 요구되어야 한다는 것이다. 인식론이란 아는 것과 이해하는 것이 무엇인지, 지식이 신념과 의견과는 어떻게 다른지를 말해 주는 철학의 한 가지다.

오개념 주의하기!

이해에 관해 확실히 가르치기 위해서는 오해의 현상을 파악해야만 한다는 것을 이미 언급하였다. 이 책 전체를 통하여, 우리는 독자에게 다양한 관점에서 오해의 가능성을 경고한다. 지금 우리는 그 측면 자체에 이러한 주의와 관심을 기울이고 있다. 다음의 오개념 목록들은 철저하게 의도적으로 구성된 것이 아니라 단지 암시적이고 훈계하기 위해 제시된 것이다.

측면 1: 설명

오개념 1: 만약 학생이 복잡하고 힘든 질문에 정확한 답을 한다면 그는 완전히 이해한 것이다.

오개념 2: 만약 학생이 자신의 견해에 대해 설명할 수 없다면 이해가 부족한 것이다.

이들 오개념은 모두 그럴듯하지만 잘못된 관점을 포함한다. 잘못된 관점이란 테스트에서 정확한 답과 설명을 제공할 수 있는 학생이 그 답을 이해한다는 가정이다. 그러나 그 답이나 설명이 왜 정확한지를 이해하지 않고서, 학생이 학습한 것을 정확하게 되돌릴 수 있으면 우리는 그 학생이 모두 이해했다고 본다. 이러한 관심과 주의는 박사 수준에서 박사논문과 그에 적절한 디펜스가 요구되는 이유이기도 하다. 문서화된 정확한 답이란 이해되는 것이 아니라 단지 차용되는 것이다.

두 번째 오개념은 역으로 평가에서 흔한 문제다. 수행검사가 수행 능력(혹은 이런 경우 그것에 관해 부족한)이 답의 질을 결정할 때, 지식을 사정하는 타당한 방법이 될 수 있다. 예를 들어, 학생은 멋지고 좋은 평론을 쓸 수 있지만, 말하기에는 내용이나 진기함이 부족하다. 또 다른 학생은 서툰 답을 쓰지만 그의 수필은 통찰로 가득 차 있다. 부절적하게도, 이러한 평가에서 종종 쓰기의 질적 수준은 평가된 이해보다 중요하다. 만약 그 목적이 쓰기 능력을 평가하는 것이 아니라 이해를 평가하는 것이라면 말이다.

측면 2: 해석

오개념: 만약 학생이 문학에 흥미가 있고 풍부한 반응을 한다면 그는 그 문학 작품을 이해하고 있다.

이것은 언어학에서 흔한 오개념이다. 독자 반응은 그 책을 이해하는 것과 동등하거나 혼란스러운 것이다. 예를 들어, 책에 대한 학생의 유창한 반응이란 그 책에 대한 구체적이고 정교한 해석에 상응하는 것이라고 본다. 그러나 주로 몇몇 반응적으로 참여한 독자들은 모두 잘못된 의미를 얻고, 몇몇 분리되거나 싫증난 독자들은 책의 가장 중요한 생각과 의미의 핵심을 꿰뚫을 수도 있다.

측면 3: 적용

오개념 1: 지식을 보여 주는 효과적인 수행은 그 지식의 이해를 뜻한다.

오개념 2: 지식을 보여 주는 비효과적인 수행은 그 지식에 대한 이해의 부족을 뜻한다.

이들 오개념들은 활동중심 교수와 수행중심 평가에서 흔한 것이다. 학생이 잘 수행한다면, 잘 이해한 것이고, 설득력 있는 글쓰기 능력이나 축구의 기술을 학습하였다면 그는 무엇을 해야 하는지를 이해해야만 한다는 것을 가정하는 것은 쉬운 일이다. 그러나 이 두 가지가 같은 의미는 아니다. 교육자로서 우리는 그 학생이 설득을 이해하는가와 같은 질문을 함으로써 이러한 평가를 더욱 분명히 할 수 있다. 그 학생은 게임의 목적과 분명한 전략에서 행동을 이해하는가? 다시 말하여 수행에 신중한 목적과 반성이 있는가?

설득과 경기의 전략은 교수되고 학습되며 목적 있는 기술로부터 부차적인 수행을 사용하는 것으로 사정된다. 이 연구는 실제적 수행 적용에 더하여(측면 3), 학생들이 무엇을 하였고, 왜 그랬는지(측면 1)의 설명을 듣거나 읽을 필요가 있을 것이다.

그 역은 진실이다. 서툴게 특정 수행 과업을 하는 학생들은 반드시 그 토픽을 잘못 이해하는 것은 아니다. 설명으로써 그들은 수행에 미숙할지는 모르지만 그것을 이해한다. 예를 들어, 스포츠 해설가는 경기를 할 수 없지만, 그들의 심오한 이해 분석을 통해 표현한다는 것을 생각해 보라. 교육자들은 수행 결과에 기초하여 타당하지 못한 추론을 만드는 데 신중함에 틀림없다. 그 문제를 더욱 정교하게 다루기 위해서, 가장 적절한 이해의 수행을 확립해야 한다는 것을 확신할 필요가 있다.

오개념 3: 적용은 학생이 배운 것에 근거하여 교사가 부여한 문제에 정확하게 대답할 수 있다는 것을 의미한다.

이것은 교과서 장의 끝 문제와 표준화된 검사에 따라 선동된, 오래 지속된 오개념이다. 참 적용은 새로운 문제, 실질적으로 흐트러진 상황, 그리고 이론적 지식과 기술에 요구된 적응과 조정을 포함한다. 알고리즘 혹은 기술적 적용은 좀처럼 판단, 발견적 학습, 문제 해결, 그리고 피드백에 근거한 조정을 요구하는 참 상황에서 적절하지 않다.

측면 4: 관점

오개념 1: 의견을 가지는 것은 관점을 가지는 것과 같다.

오개념 2: 관점은 상대주의를 함축한다.

두 가지 관점은 옛날부터 다수의 사상가들이 드러내고 근절하기 위해 노력하였던 것이다. 단지 우리가 그럴듯한 혹은 잘 논의된 관점을 찾기 때문에 그것이 정확하다는 것을 의미하지는 않는다. 단지 우리가 모든 복잡한 이론과 논쟁에서 비평을 찾을 수 있기 때문에 모든 이론이 동등하다는 것을 의미하지 않는다. 반대로, 비평은 상대주의를 넘어서는 유일한 방법이다. 물론 그러한 관점은 정통적 신념에 근거한 권위를 유지하고 번창하는 사람들에게 위협적이다.

측면 5: 공감

오개념 1: 공감은 연민 혹은 마음으로부터의 동정과 유사한 감정이다.

오개념 2: 공감은 의문시되는 관점과 일치할 것을 요구한다.

공감은 연민이 아니다. 그것은 타인이 느끼는 감정의 질문이 아니라 무엇이 다른지를 이해하기 위해 훈련된 노력이다. 유사하게 단지 우리가 무엇이 다른지를 이해하려고 하기 때문에 우리가 그것에 동의한다는 것을 의미하지 않는다. 오히려 우리는 그럴듯한 것으로 그것을 이해하게 된다.

측면 6: 자기지식

오개념: 자기지식은 자기중심성과 동일하다.

자기지식은 자기중심성의 반대쪽에 있다. 우리 자신을 알 때 우리는 우리의 한계를 알고, 우리의 관점과 타인의 관점을 덜 혼동하며, 편견과 지식을 잘못 구분하는 일이 줄어들 것이다.

MODULE 1

이해를 명료화하기

교사로서 우리 모두는 이해를 가르칠 것을 주장한다.
그러나 아이러니하게도 우리는 이해를 이해하지 못한다.
이것은 이상하게 들릴지도 모른다.
교사들은 매일 이해를 목적으로 하고 있다. 그렇지 않은가?
그들이 목적으로 하고 있는 것을 어떻게 모를 수 있는가?
그러나 '이해하기'와 '이해를 위해 가르치기'라는 용어가
애매하다고 제안하는 증거들이 많다.

모듈 이용하기

모듈 1에 있는 워크시트는 이해에 대한 교육자들의 사고를 명료화하도록 돕기 위해 설계되었다. 우리는 각 워크시트를 개별적으로 완성하고, 그것을 모둠이나 소집단 내의 동료들과 토의할 것을 제안한다. 모둠이나 집단과 토의한 후에 여러분의 실례, 일반화, 통찰을 더 큰 집단과 공유하도록 한다.

〈워크시트 1-1〉은 이해의 여러 측면의 특성을 소개한다. 전형적으로 사람들은 여섯 가지 측면 모두가 아닌, 그중 몇 가지만을 확인한다. 연습은 [그림 1-1]에 요약되어 있는 여섯 측면의 개관에 자연스럽게 다가갈 수 있도록 해 준다. 〈워크시트 1-2〉는 지식, 기술, 이해 사이의 관계를 살펴본다. 워크시트가 정확한 답을 가지고 있지 않더라도 사용자들은 일반적으로 지식, 기술, 이해가 상호 관련되어 있지만 동일하지는 않다고 인식한다. [그림 1-2]는 두 가지 그래픽 표현을 보여 준다.

오개념 주의하기!

- '안다'와 '이해한다'는 말은 동의어가 아니다. 학생은 그 지식이 정당화되는 이유, 그 지식이 의미하는 것, 혹은 그 지식으로 행할 수 있는 것에 대한 이해 없이도 어떤 것에 대해 정확하고 철저한 지식을 가질 수 있다.

- 흔히 일어나는 오해는 이해할 수도 있고, 이해하지 못할 수도 있고, 이해하는 경우는 거기에 '아하'라는 심리적 상태가 있다고 생각하는 것이다. 그러한 반응은 심리학적 상태로 야기된 결과와 혼돈하게 된다. 학생은 복잡한 아이디어를 충분히 이해하는 것이 아니라 즉각적인 '아하'라는 심리적 상태 때문에 그가 이해했다고 생각한다. 혹은 학생은 자신이 상당한 노력이나 고군분투—또한 '아하'의 순간—한 후에 무엇인가를 이해한다고 생각할지 모른다. 누군가가 이해한다는 정도는 어떤 내적 감정을 가지든 그렇지 않든 간에 수행을 통해서 드러난다.

Bob James의 반성

나는 '안다(know)'와 '이해한다(understand)'라는 말을 서로 바꿔 가면서 늘 유사하게 사용해 왔다. 그러나 지금 그것에 대해 생각해 보면, 아이들이 나의 검사에서 지식-회상 질문을 정확하게 대답할 수 있을 때였다. 그리고 나는 그들이 정말로 그 문제를 이해하지 못한다는 것을 알았다.

나는 또한 많은 지식이 여러분이 알고 있는 것을 사용할 수 있다는 것을 의미하지 않는다는 것을 알고 있다. 나는 작년에 영양 단원에서 내 퀴즈와 검사를 했던 훌륭한 학생 두 명이 그들 가족의 식단 계획과 더 많은 영양적 계획을 만들기 위해 쇼핑하는 것을 분석할 수 없었을 때를 회상한다. 나는 또 그들이 거의 점심 때 정크푸드를 먹는다는 것을 알았다. 그래서 나는 Know, Know-how, understanding이 서로 다르다고 생각한다.

워크시트 1-1

이해를

명료화하기

백워드 설계 과정

1단계: 바라는 결과 확인하기	2단계: 수용 가능한 증거 결정하기	3단계: 학습 경험과 수업 계획하기
A ▸ 영속적인 이해 B ▸ 본질적 질문 C ▸ 지식과 기능	D ▸ 수행 과제 ● 수행 과제 청사진(D) E ▸ 퀴즈, 테스트, 단서 F ▸ 자발적인 증거 G ▸ 자기평가 ● 다른 증거들을 위한 설계(E, F, G)	H ▸ 학습 경험과 교수의 계열

이해는 무엇을 의미하는가? 다음 진술문에서 여러 가지 의미를 생각해 보라.

- 남자는 여자를 이해하지 못한다.
- 그는 역사적 사실을 알지만 그 사실이 의미하는 것을 이해하지 못한다.
- 나는 팔레스타인 관점을 이해한다.
- 나는 정말로 그것을 이해하고 나서야 그것을 사용한다.
- 누가 프랑스어를 이해하는가?
- 나는 그녀가 그 순간에 들을 필요가 있다는 것을 정확하게 이해하였다.
- 그녀는 답을 알지만 왜 그것이 정확한지를 이해하지 못한다.
- 경제공황에 대한 할아버지의 말씀은 우리에게 저축의 중요성을 이해하도록 해 주셨다.
- 나는 당신이 느끼는 것을 이해한다.

다음 칸에 이해의 다양한 의미를 열거하라.

이해하는 사람은……

-
-
-
-
-
-

그림 1-1

이해의 여섯 가지 측면

백워드 설계 과정

1단계: 바라는 결과 확인하기	2단계: 수용 가능한 증거 결정하기	3단계: 학습 경험과 수업 계획하기
A ▸ 영속적인 이해 B ▸ 본질적 질문 C ▸ 지식과 기능	D ▸ 수행 과제 ● 수행 과제 청사진(D) E ▸ 퀴즈, 테스트, 단서 F ▸ 자발적인 증거 G ▸ 자기평가 ● 다른 증거들을 위한 설계(E, F, G)	H ▸ 학습 경험과 교수의 계열

측면 1: 설명

정교하고 적절한 설명과 이론은 사건, 행위, 아이디어에 대해 정통하고 정당화되는 근거를 제공한다.

측면 2: 해석

의미를 제공하는 해석, 내러티브, 번역

측면 3: 적용

지식을 새로운 상황이나 다양한 맥락에 효과적으로 사용하는 능력

측면 4: 관점

비판적이고 통찰력 있는 견해

측면 5: 공감

타인의 감정과 세계관을 수용할 수 있는 능력

측면 6: 자기지식

자신의 무지를 아는 지혜 혹은 자신의 사고와 행위를 반성할 수 있는 능력('내가 누구인가?'가 어떻게 나의 관점을 결정하는가?)

워크시트 1-2

지식	**백워드 설계 과정**		
기능	1단계: 바라는 결과 확인하기	2단계: 수용 가능한 증거 결정하기	3단계: 학습 경험과 수업 계획하기
이해의 관계	A ◗ 영속적인 이해 B ◗ 본질적 질문 C ◗ 지식과 기능	D◗ 수행 과제 ● 수행 과제 청사진(D) E ◗ 퀴즈, 테스트, 단서 F ◗ 자발적인 증거 G◗ 자기평가 ● 다른 증거들을 위한 설계(E, F, G)	H ◗ 학습 경험과 교수의 계열

지식, 기능, 이해의 관계는 무엇인가?

이 세 가지가 어떻게 연관되는지(혹은 연관되지 않는지) 빈 공간에 그래픽 표현으로 나타내라.

당신의 그래픽 표현이 주어지면 다음의 칸 안에 수업의 방법과 과제, 활동의 종류, 작업의 계열, 평가 유형에 관해 제안된 것을 나열하라.

-
-
-
-
-

그림 1-2

지식 / 기능 / 이해의 관계 / 그래픽 표현	백워드 설계 과정		
	1단계: 바라는 결과 확인하기	2단계: 수용 가능한 증거 결정하기	3단계: 학습 경험과 수업 계획하기
	A ▸ 영속적인 이해 B ▸ 본질적 질문 C ▸ 지식과 기능	D ▸ 수행 과제 ● 수행 과제 청사진(D) E ▸ 퀴즈, 테스트, 단서 F ▸ 자발적인 증거 G ▸ 자기평가 ● 다른 증거들을 위한 설계(E, F, G)	H ▸ 학습 경험과 교수의 계열

세 개의 다리로 된 도구를 상상하라.

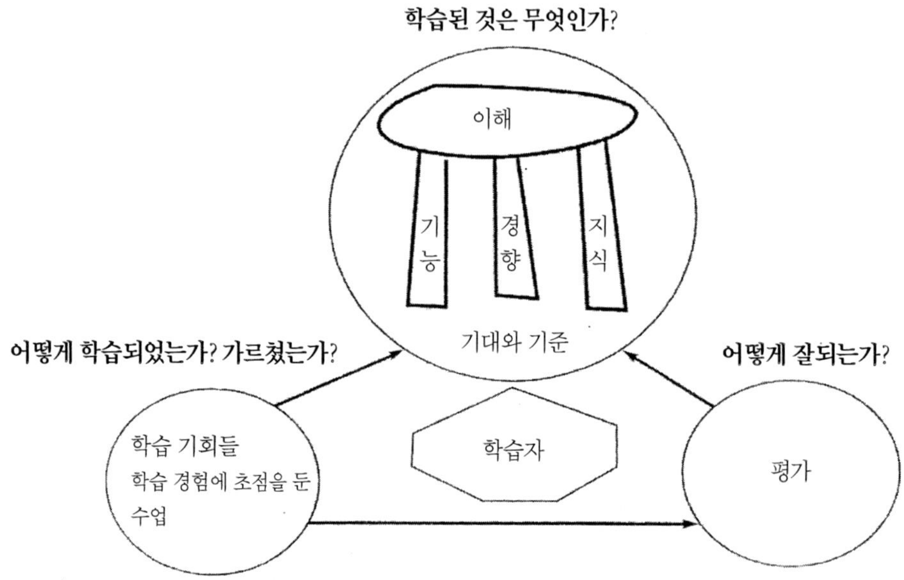

MODULE 2

백워드 설계 과정

교사는 설계자다.
가르치는 전문직으로서 우리 직업의 본질적 행위는 구체적인 특정 목적을
충족시켜 주는 교육과정과 학습 경험을 설계하는 일이다.
-Wiggins & McTighe, 1998, p. 7

모듈 이용하기

교육과정은 목적에 도달하는 수단이다. 특정한 토픽(인종 편견 등)에 초점을 둔 우리의 접근, 즉 UbD는 특정한 자료(『흉내지빠귀 죽이기(To Kill a Mockingbird)』 등)를 사용하고, 주어진 기준('학생은 편견의 특성을 이해할 것이고 일반화와 스테레오타입의 차이를 이해할 것이다.' 등)을 충족시켜 줄 학습을 일으키기 위해 구체적인 수업 방법(책에 대해 토의하기 위한 소크라테스식 세미나나 영화와 TV에서 진부한 이미지를 분석하기 위해 조직하는 협동적 집단 등)을 선택한다.

우리는 가장 효과적인 교육과정 설계가 백워드임을 믿는다. 백워드 설계는 유목적적인 과제 분석으로 인식될 수도 있다. 성취해야 할 과제가 주어진다면, 우리는 거기에 어떻게 도달할 수 있는가? 혹은 사람들은 그것을 계획된 안내로 불렀다. 어떤 종류의 수업과 실습이 핵심 수행을 숙달하게 하는 데 필요한가? 우리가 추천하는 교육과정 설계에 대한 접근은 논리적으로 순방향적이고 상식적이지만, 기존의 습관에 비추어 보면 역방향적이다. 여기에서 많은 교사가 타겟으로 삼는 목적이나 기준들로부터 그것들을 도출하기보다는 텍스트북, 선호된 수업, 그리고 전통적인 활동들로 시작한다. 우리는 그 반대를 지지하고 있다. 사람들은 목적—바라는 결과(목표 혹은 기준)—으로 시작하고, 목표와 기준에 따라 요청된 학습(평가를 통해 획득된)의 증거에 근거한 교육과정을 이끌어 낸다.

교육과정 설계에 대한 백워드 접근은 또 다른 일반적 실제에서 출발한다. 일단 교수가 끝났을 때,

교사들이 종점에서 행하는 그 어떤 것으로 평가를 생각하는 것이다. 학습 단원의 결론 가까이에서 평가를 만들어 내기보다는—혹은 교재출판업자가 제공하는 검사에 의존하기보다는(이것을 적절한 기준을 완전하게 혹은 적합하게 평가할 수 없다), 백워드 설계는 교사들이 단원이나 코스를 계획할 때 평가 증거에 비추어 목적이나 기준을 교사들이 조작할 수 있도록 요청하고 있다. 그러한 과정은 그들에게 교수와 학습 경험을 계획하기 위해 나아가기 전에 질문—나는 학생들이 바라는 이해와 숙달을 획득했다는 것을 무슨 증거로 받아들일 것인가?—을 시작하도록 상기시킨다. 이러한 설계 접근을 채택한 많은 교사는 학습의 증거에 대해 '평가자처럼 사고하기'의 과정이 그들의 목표를 분명하게 하도록 도울 뿐만 아니라, 학생들이 그들의 목표를 더 잘 알 수 있도록 더욱 세밀하게 정의된 교수와 학습목표를 초래한다. 바라는 결과, 핵심 수행, 교수와 학습 경험 사이에서 큰 일치성은 더 나은 학생 수행—설계의 목적—을 이끈다.

백워드 설계 과정은 [그림 2-1]과 같이 세 가지의 일반적인 단계로 구성되어 있다.

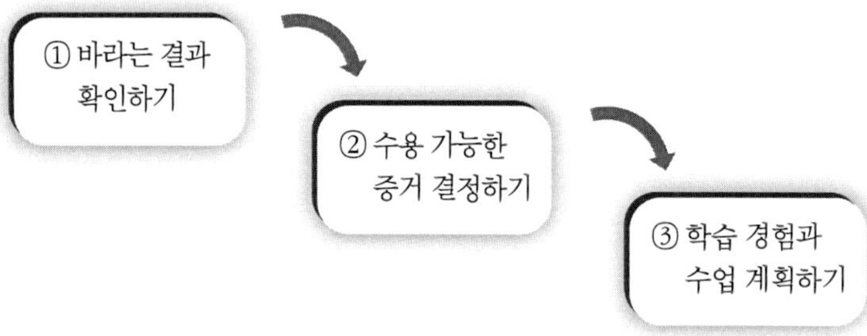

[그림 2-1] 백워드 설계 과정의 단계

1단계: 바라는 결과 확인하기

첫 번째 단계에서 우리는 목표를 고려하고, 설정된 내용 기준(국가, 주, 지역), 교육과정의 기대를 검토한다. 합리적으로 이용할 수 있는 수업시간보다 전형적으로 보다 많은 내용이 있기 때문에 우리는 선택할 수 밖에 없다. 학생들은 무엇을 알고 이해하며, 할 수 있는가? 이해할 만한 가치가 있는 것은 무엇인가? 어떤 영속적인 이해가 바람직한 것인가? 이런 형태의 이해는 새로운 상황으로 전이될 수 있는 중요한 아이디어 혹은 핵심 과정들이다.

2단계: 수용 가능한 증거 결정하기

우리는 학생들이 바라는 결과를 성취하고 그 기준에 도달하는지를 어떻게 알 수 있는가? 우리는 학생의 이해와 숙달의 증거로서 무엇을 받아들일 것인가? 두 번째 단계에서 백워드 설계에서 지향하는 것은 문서에서 요구되는 수집된 평가 증거에 따라 우리가 단원이나 코스에 대해 생각하고, 바람직한 학습이 성취되었는지—코스가 단순히 표층적이고 피상적인 내용이나 일련의 무의미한 학습활동이 안 되게 하려면—를 입증할 것을 제안한다. 이러한 접근은 첫째로 교사와 교육과정 설계자들에게 특정한 단원과 수업을 설계하기 전에 평가자처럼 생각하도록, 그리고 만약 학생들이 바라는 이해를 획득했다면 그들이 어떻게 그것을 결정할 수 있는지를 고려하도록 격려해 준다.

이해의 증거를 수집하기 위해 계획할 때 교사는 일련의 평가 방법을 고려해야만 한다. 이해에 초점이 주어진다면, 수행 과업은 한 단원이나 코스에 정착되어 있어야만 한다. 왜냐하면 그것들은 학생들이 영속적인 이해를 일으키고 그것을 평가하는 보다 적절한 수단의 맥락에서 그들의 지식을 사용할 수 있는 증거를 제공하기 때문이다. 퀴즈, 시험, 프롬프트와 같은 더욱 전통적인 사정은 수행의 최고조에 도달하도록 기여하는 본질적 지식과 기술에 접근함으로써 그림을 완성하곤 하였다. 우리는 학생들이 그들의 과업이 설계 기준 측정 방법에 대해 더욱 유의하도록 자기평가나 동료평가에 참여하기 위해 규칙적인 기회를 줄 것을 추천한다.

3단계: 학습 경험과 수업 계획하기

명백히 확인된 결과(영속적인 이해)와 이해에 대한 적절한 증거를 가지고서 교육자들은 수업활동을 계획할 수 있다. 이 백워드 설계의 단계에서 몇 가지 핵심 질문이 고려되어야 한다.

- 어떤 지식(사실, 개념, 원리)과 기능(절차)들이 학생들이 효과적으로 수행하고 바라는 결과를 성취하도록 할 것인가?
- 어떤 활동들이 학생들이 필요로 하는 지식과 기술을 갖추게 하는가?
- 학습되고 안내될 필요가 있는 것은 무엇이며, 그것은 수행 목표에 따라서 어떻게 최상으로 학습되어야 하는가?
- 어떤 자료와 원천들이 이러한 목표를 성취하는 데 가장 적절한가?
- 전반적인 설계는 일관되고 효과적인가?

수업설계에 대한 자세한 사항—교수방법, 수업설계, 원천 자료에 대한 선택—들은 바라는 결과와 평가가 확인된 뒤에 나타난다. 교수는 목표를 위한 수단이다. 분명한 목표를 가지는 것은 교수 계획에 초점을 맞추도록, 의도된 결과를 향한 유목적적인 행위를 하도록 돕는다.

■ ■ ■ ■ ■

백워드 설계 과정은 개별 단원뿐만 아니라 학습 코스와 프로그램의 설계에도 응용할 수 있다. 이 책에서 자료들이 주로 단원 수준에서 다루어진다 하더라도 단원 설계는 더 큰 맥락에서 고려되어야 한다. [그림 2-2]는 코스와 프로그램 틀을 형성해야 하는 범교과적인 포괄적 이해에 개별 단원의 연결을 나타낸다.

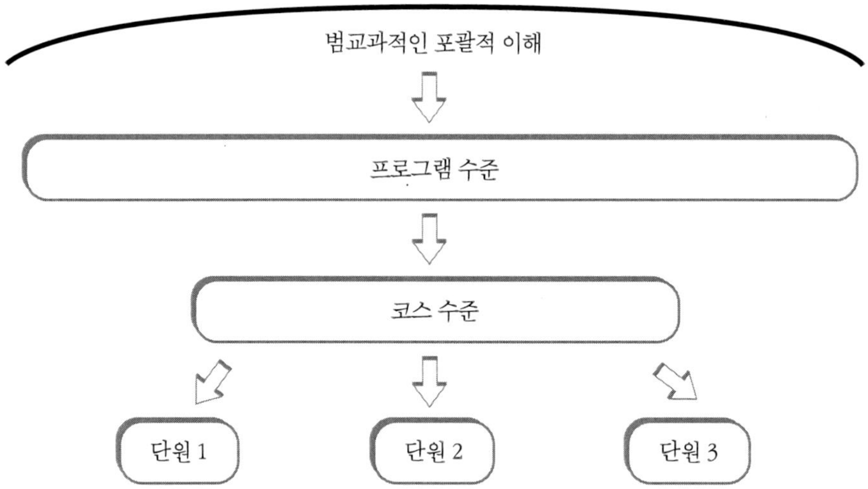

[그림 2-2] 보다 큰 맥락에서의 단원 설계

오개념 주의하기!

분명한 목적이나 결과로 시작하는 것, 그리고 일련의 적절한 수행중심탐구와 경험을 개발하는 것으로는 여전히 백워드 설계를 형성할 수 없다. 최고조에 이른 수행 과제와 다른 평가가 분명해질 때까지 어떤 구체적인 학습활동이 단원을 형성하는지에 관한 모든 생각을 지연시키는 것이 난제다. 교육자들은 어떤 구체적인 경험과 학습이 일어날 필요가 있는지를 알 수 있기 전에 단원 목적에 따라 어떤 수행이 요구되는지를 정확하게 알 필요가 있다.

선호하는 활동 중심으로 단원을 설계하려는 유혹은 대단한 것이다. 이 접근은 단원 설계에서 일관성이 낮고 학생들의 관점으로 목표를 지향하지 못하게 한다. 그리고 종종 교사로 하여금 그러한 활동, 즉 명세화된 주어진 목표에서 정확히 평가되어야 하는 것이 무엇인지를 충분히 고려하지 못하도록 한다. 평가는 종종 목표의 이해 대신에 활동의 세부적인 것들을 평가하는 것으로 종결된다. 결과적으로 명세적인 이해의 검사로써 사용될 때, 활동은 보통 부당하거나 불완전한 추론을 야기하는 것으로 끝이 난다.

Bob James의 반성

3주간 영양 단원을 설계할 때 Bob James의 사고 과정에서 펼쳐진 백워드 설계 과정을 살펴보자.

1단계: 바라는 결과 확인하기

건강에 대한 주(州) 기준을 검토하면서 연령별로 벤치마크된 영양에 대한 내용 기준을 발견했다.

- 기준 6: 학생들은 영양과 다이어트에 대한 본질적 개념을 이해할 것이다.
- 기준 6a: 학생들은 그들 자신과 타인을 위해서 적절한 다이어트를 계획하도록 영양의 이해를 사용할 것이다.
- 기준 6c: 학생들은 이들 습관이 개선된다는 점에서 자신의 식습관과 방법을 이해할 것이다.

이들 기준을 출발점으로 사용할 때 학생들에게 단원에서 성취하기를 원하는 영속적인 이해가 무엇인지를 결정할 필요가 있다. 정말로 학생들이 그들 자신과 타인을 위해 균형잡힌 식사를 계획하기 위해 좋은 영양 요소의 이해를 사용할 것이라고 생각된다.

이러한 이해는 분명히 중요하다. 왜냐하면 영양 메뉴 계획은 학생들이 철저한 청년시절에 사용할 수 있는 실생활 적용이기 때문이다. 나는 여전히 이해가 어떻게 구체적인 지식의 사용을 넘어서는지에 대해 약간 불확실하다.

2단계: 수용 가능한 증거를 결정하기

이것은 약간의 계기가 될 것이다. 이와 같은 전형적으로 3, 4주 단원에서 한두 가지 퀴즈를 낸다. 그리고 일반적으로 선다형 혹은 배합형의 단원 검사로 결론짓는다. 평가에 대한 이러한 접근은 등급을 쉽게 매기고 정당화한다 할지라도 이들 평가는 반드시 단원의 가장 중요한 이해를 반영하지 않는다는 것을 깨달았다. 솔직히, 가장 중요한 것, 즉 영양에 관한 사실보다 상위에 있는, 그리고 그것을 넘어서서 학생들이 성취해야 하는 이해와 태도를 평가하는 대신에 검사하기 쉬운 것을 검사하려는 경향이 있다. 늘 나에게 방해가 되었던 한 가지는 학생들이 학습보다는 성적 등급에 초점을 둔다는 사실이다. 아마도 내가 평가를 사용했던 방법—학습을 문서화하기보다는 등급화한 것—은 다소 그들의 태도에 영향을 미쳤을 것이다. 나는 내가 추구하는 영속적인 이해의 증거로써 실제로 기능하고 있는 것이 무엇인지 대해 생각할 필요가 있었다.

3단계: 학습 경험과 수업 계획하기

이것은 내가 선호하는 계획—학생들이 할 활동과 그 활동에 요구되는 자료와 원천이 무엇인지를 결정하는 것—의 부분이다. 그러나 백워드 설계에 대해 학습함에 따라 학생들이 중요한 이해를 증명하기 위해서 필요로 하는 본질적인 지식과 기술에 대해 생각할 필요가 있다. 그들은 다른 식품군에 대해 알 필요가 있을 것이고, 음식의 형태는 그들이 USDA 음식 피라미드 추천서를 이해도록 하기 위해서 각 식품군 내에서 발견했다. 그들은 또한 탄수화물, 단백질, 설탕, 지방, 소금, 비타민, 미네랄 등 인간의 영양적 요구에 대해 알 필요가 있다. 그리고 그들에게 제공되는 다양한 음식에 대해 알 필요가 있다. 그들은 이들 영양 요소를 위한 최소한의 하루 필요량과 영양 부족에서 오는 여러 가지 건강문제에 대해 배워야 한다. 기술을 통해서 그들은 음식에 관한 영양소 이름을 읽고 해석하는 방법, 그리고 요리법을 조절하는 방법을 배워야 한다. 왜냐하면 이들 기술은 그들의 계획을 최고점에 이르도록 하는 데 필요하기 때문이다.—3일간 캠프 프로그램을 위한 건강 메뉴 계획하기.

학습 경험에 따라 나는 과거 몇 년간 수집했던 자료— 식품군에 관한 USDA와 음식 피라미드 추천서로부터 팸플릿, 훌륭한 비디오 '영양과 당신' 그리고 내가 선택적으로 사용할 계획인 우리의 건강백서—들을 사용할 것이다. 내가 과거 3년 동안 가르쳐 왔듯이, 나는 식사와 건강에 대한 정보를 주고 건강한 메뉴를 계획하기 위한 방법을 토의하기 위해서 지방 병원의 영양사를 초대할 것이다. 나는 학생들이 정말로 그들이 배우고 있는 영양 정보의 실생활에서의 사용자에게 주의를 기울인다는 것을 알아차렸다.

나의 교수방법은 나의 기본적인 패턴—직접 교수의 통합, 귀납적(건설주의자) 방법, 협동적 학습집단 과업, 그리고 개별 활동들—을 따를 것이다.

백워드 계획은 어떤 지식과 기술이 나의 단원에 대한 목표로 주어진 정말로 특별하고 본질적인 것임을 더욱 분명히 생각하도록 만들었다. 나는 가장 중요한 토픽(그리고 모든 것을 다루지 않은 일부 잘못을 구제한다)에 더 잘 집중할 수 있을 것이다. 또한 나는 영양에 관한 교과서의 일부 장이 특히 유용하게(예를 들면, 영양 부족에서 오는 건강문제의 기술) 되더라도 다른 부분들이 지금 내가 사용(USDA와 비디오로부터 팸플릿)하려는 다른 자료만큼 유익하지 않다는 것을 안다. 나는 더욱 분명히 내가 전통적인 퀴즈와 검사를 사용하도록 접근할 필요가 있다는 것과 수행 과업과 계획이 왜 필요—학생들이 그들의 이해를 증명하기 위해서—한지를 안다. 나는 백워드 설계에 대해 감각을 지니고 이해하고 있다고 생각한다.

MODULE 3 설계 템플릿을 통한 이해

우리는 좋은 템플릿이나 설계 틀이 '지적' 도구로써 유익하게 사용된다고 생각한다.
그것은 우리의 아이디어를 기록하는 용도 그 이상의 역할을 한다.
설계 템플릿은 설계의 전 과정을 통해 생각을 집중하고 우리의 사고를 안내함으로써
질 높은 작업을 통해 보다 나은 결과를 가져오도록 돕는다.
—Wiggins & McTighe, 1998, p. 180

모듈 이용하기

UbD 템플릿은 학습 단원을 개발, 검토, 공유하는 형식을 제공한다. 5페이지 템플릿의 각 페이지는 사용자가 3단계 백워드 설계(바라는 결과 확인하기, 수용 가능한 증거 결정하기, 그리고 학습 경험과 수업 계획하기)에 초점을 둘 수 있도록 도와줄 핵심 질문을 담고 있다. 그래픽 조직자 형식은 초안과 최종 형식 모두에서 설계 아이디어를 기록할 공간을 제공한다.

템플릿 페이지는 이 모듈에서 세 가지 방식으로 나타나 있다.

- 빈칸으로 이루어진 템플릿 패킷의 버전은 이 모듈(〈워크시트 3-1〉~〈워크시트 3-6〉을 보라)의 마지막에 있다. 〈워크시트 3-1〉은 단원 커버 페이지이고, 〈워크시트 3-2〉~〈워크시트 3-6〉은 템플릿 페이지다.
- 이 페이지를 완성하기 위한 지시 사항은 [그림 3-1]~[그림 3-4]에 나타나 있다(〈워크시트 3-1〉과 〈워크시트 3-5〉는 지시 사항과 별 관계가 없다).
- 5학년 영양 단원을 위한 완전한 템플릿 패킷의 예는 [그림 3-5]~[그림 3-10]에 실려 있다.

템플릿 형식은 간결하게 단원 설계를 나타내기 위한 수단을 제공한다. 템플릿의 기능은 백워드 설

계 과정을 안내하는 것이다. 이것이 완성될 때 자기평가, 동료평가, 타인과 단원 설계 공유를 위해 사용될 수 있다.

단원 커버 페이지

단원 커버 페이지(〈워크시트 3-1〉)는 기본적이고 기술적인 정보를 기록해 주는 섹션을 포함한다. 즉, 적절한 국가, 주 혹은 지역구 내용 기준과의 연계성을 보여 주고, 단원을 요약하며, 학생들의 특정 요구와 심화 · 확장을 위한 조절을 포함해서 단원 설계 패킷의 내용을 열거한다. 핵심 단어(첫 번째 부분을 보라)를 첨가할 영역은 단원 설계의 전자자료를 검색하는 데 사용될 수 있는 부가적인 단어나 구를 나열하기 위해 포함된다.

하단 부분은 단원 개발 상태를 기록하기 위한 영역을 포함한다. 즉, 최초 초안, 개정된 초안, 동료평가, 내용전문가의 독립적 평가, 영역 검사(다양한 교실에서 단원을 시도하기), 확인(설계 기준에 대한 단원 검사) 그리고 앵커링(수행 수준을 설명해 주는 학생 작품의 예를 선택하기)— 모듈 20은 단원 설계를 검토하고 확인하기 위한 설계 기준과 동반되는 검사를 나타낸다. 모듈 21은 동료평가 과정을 상세히 설명한다.

1단계 템플릿 페이지

템플릿(〈워크시트 3-2〉)의 첫 페이지는 백워드 설계 과정의 1단계에 관심이 있다. 박스 A는 설계자에게 영속적인 이해할 만한 가치가 있는 주요 아이디어를 확인할 것을 요구한다. 영속적인 이해는 학생들이 단원 토픽에 대해 이해해야 하는 것을 구체화하는 범교과적인 포괄적 이해— 단원의 세부 내용을 능가하는 전이 가능한 아이디어— 를 포함할지도 모른다. 우리는 박스 A에서 나열된 이해가 토픽으로 진술되기보다는 오히려 일반화나 명제로 진술되기를 제안한다. 영속적인 이해의 틀을 이루기 위해 사용된 본질적 질문은 박스 B에 들어 있다. 마지막(박스 C)은 단원을 통해 개발될 핵심 지식과 기능을 나열하기 위한 영역이다.

2단계 템플릿 페이지

다음 템플릿의 세 페이지(〈워크시트 3-3〉~〈워크시트 3-5〉)는 2단계 백워드 설계에 관심이 있다. 2단계 템플릿 페이지에서는 1단계에서 확인된 결과에 따른 단원을 위해 평가 계획을 구체화할 그래픽 조직자를 제공한다. 그리고 단원에서 바라는 충분한 학습의 증거를 모으기 위해 가장 적합하고 다양한 평가 방법을 구체화하고 고려하도록 설계자를 자극한다.

〈워크시트 3-3〉은 설계자에게 단원을 위한 모든 평가를 요약하도록 요구한다. 〈워크시트 3-4〉는 학생 산출과 수행을 요구하면서, 더 완전한 참과제의 설명과 각 산출이나 수행이 판단될 것에 대한 준거를 기록할 수행 과제 청사진이다. 분리된 수행 과제 청사진은 단원 내의 각 과제를 위해 사용되었다. 2단계(〈워크시트 3-5〉)를 위한 마지막 템플릿 페이지는 충분히 평가(퀴즈, 단서, 관찰 등)가 설명될 수 있는, 즉 다른 증거를 위한 청사진을 제공한다. 이 워크시트는 두 가지의 충분한 평가를 설명할 영역이 있다.

3단계 템플릿 페이지

〈워크시트 3-6〉은 표적이 된 지식, 기능 그리고 이해를 개발하기 위해 요구된 학습 경험과 수업인 3단계 백워드 설계에 관심이 있다. 단원 설계자는 학생의 흥미를 유지하면서 학생들이 바라는 이해를 개발하는 것을 잘 돕도록, 그리고 수행 성취를 잘 갖추도록 할 것 같은 학습활동과 수업의 계열을 제공한다. 교사들은 그들이 주요 학습 경험을 계획할 때 학생의 관점에서 WHERE 요소를 고려하도록 권장된다. 이 템플릿 페이지는 철저한 수업 계획 없이 주요 활동과 수업을 나열하도록 요구한다.

세 단계 백워드 설계 과정을 통해 당신의 안내를 돕기 위해 도로 지도([그림 3-11])를 제공한다. 우리는 알파벳 문자(A~H)를 이 페이지를 완성할 방법을 설명하는 모듈의 UbD 템플릿 페이지(〈워크시트 3-2〉~〈워크시트 3-6〉)와 결합시킨다. 예를 들어, 모듈 4와 5는 1단계 백워드 설계 과정을 위한 템플릿 페이지에 관한 박스 A를 완성시킬 방법을 설명한다.

전자 설계 템플릿

여기에 제시된 UbD 설계 템플릿은 쉽게 전자 형식으로 성립될 수 있다. 전자 판은 몇 가지 이점을 제공한다.

- 설계자들은 직접적으로 그들의 아이디어를 컴퓨터를 사용하는 템플릿에 부가할 수 있다.
- 지속적인 개정은 높은 질의 교육과정 설계를 성취하는 데 중요하기 때문에 편집과 개정은 쉽지만 중요한 특성이 된다.
- 단원은 즉시 학교와 지역구를 횡적으로 공유하게 할 수 있다.

우리는 World Wide Web[1]에 접근하기 쉬운 템플릿을 사용하면서 이런 목적을 위해 설계자 협동을 형성하였다. 게다가 과업은 현재 UbD 템플릿에 근거한 국제 자료로 확인된 교육과정 단원을 세우기 위한 방법을 고려하고 있다. ASCD 웹 사이트(http://www.ubd.ascd.org)를 통해 인터넷에 접근하기 쉬운 검색 가능한 이 자료는 설계자들이 다른 사이트에서 확인된 수백 개의 단원에 접근할 수 있도록 할 뿐만 아니라, 그들의 최선의 설계를 공유할 수 있도록 할 것이다.

오개념 주의하기!

- UbD 템플릿은 아이디어를 만들어 내고 기록하기 위한 틀을 제공한다. 만약 정보가 필요하지 않다면 사용자들은, 템플릿 페이지의 모든 박스 안을 채우도록 강요받아서는 안 된다.
- 완성될 때, 템플릿은 단원의 주요 구성 요소에 대한 요약을 제공한다. 그러나 공간의 제한 요건은 페이지에 기록될 수 있는 정보의 양을 제한한다. 대부분의 경우에 학생과 다른 교사들은 부차적인 지침과 내용을 필요로 할 것이다. 그러한 부가물은 템플릿에 추가될 수 있다.
- 단원 개발을 안내할 의도라 할지라도 템플릿은 완결된 산출을 완성하기 위해 필요로 하는 모든 과정 자료를 제공하는 것으로 간주되어서는 안 된다. 실제로 이 핸드북의 주된 목적은 교육자들이 단원을 설계할 때 그들을 돕기 위한 워크시트와 설계 도구를 제공하는 것이다. 그러면 템플릿을 1040 과세 형식과 동등한 것으로 간주해 보라. 즉, 그것은 요구된 정보를 위해 일반적 구조를 제공하지만, 1040 박스의 모든 것을 채우고 되돌린 과세를 완성하기 위해 다른 형식과 워크시트에 따라 추가된 것임에 틀림없다. 이 점에서 템플릿은 정렬된 일련의 과정 워크시트와 반대로 최종 단원(산출)을 기록할 영역으로 간주되어야 한다.
- 단원 설계 템플릿은 백워드 설계의 논리에 따라 구조화되었다. 바라는 결과 확인하기, 수용 가능한 증거 결정하기 그리고 학습 경험과 수업 계획하기다. 논리가 바람직하고 전체적인 전략으로 추천된다 할지라도 템플릿의 최초 사용자는 때때로 오개념—그들이 템플릿 표에 따라 설계된 계열을 따라야만 한다는 신념—을 보여 준다. 실제로 설계는 여러 다른 입장(내용 기준 혹은 효과적인 수행 과제로 시작하기 등)으로 시작할 수 있고, 또 그렇게 시작한다. 더욱이 하나의 설계 요소를 명료화하는 것은 이미 템플릿의 완성된 부분에 대해 종종 재고하도록 할 것이다. 비선형적 인식과 설계 과정의 반복적인 특성은 선형적이고 표준화된 것과 반대로, 순환적이고 개인적인 과정에서 요구된 계열의 유연성을 제공하기 위해 이 핸드북의 모듈 형식의 조직으로 안내된다.

Bob James의 반성

이 새로운 템플릿은 약간 압도적인 것처럼 보이지만, 나는 이런 자세한 방법에서 백워드 설계의 가치를 볼 수 있다고 생각한다. 예를 들어, 1단계에서 이해, 질문 그리고 지식 사이의 관련을 시각화하는 것은 그 우선순위를 분명히 하고, 영양학에 관한 교과서 내용을 가르치는 것을 넘어서서 그것을 습득할 수 있도록 도와줄 것이다. 비록 내 생각을 타인의 틀에 맞출 수는 없다고 할지라도 이 템플릿이 가르치는 것 혹은 가르치는 방법을 나에게 말하는 것 이상으로 계획을 조직화한다는 것을 알 수 있다. 그리고 그것은 단원 설계를 다른 교사와 공유하기 위한 실제적 형식을 제공한다. 나는 정말로 인터넷에서 많은 단원 자료에 접근할 수 있다는 것을 인정해야만 한다. 초보 교사와 노련한 교사 모두에게 매우 훌륭한 자원이 되는 것이다.

---

1) 설계자의 협동에 관한 정보는 그들의 e-mail 주소(gwiggins@classnj.org와 jmctigh@aol.com)로 저자와 접촉함으로써 혹은 http://www.classdesign.org의 협동 웹 사이트에 접속함으로써 접근 가능하다.

그림 3-1

〈워크시트 3-2〉에 해당하는

단계 1

바라는 / 결과 / 확인하기 / 방향

백워드 설계 과정

1단계: 바라는 결과 확인하기	2단계: 수용 가능한 증거 결정하기	3단계: 학습 경험과 수업 계획하기
A ▸ 영속적인 이해 B ▸ 본질적 질문 C ▸ 지식과 기능	D ▸ 수행 과제 ● 수행 과제 청사진(D) E ▸ 퀴즈, 테스트, 단서 F ▸ 자발적인 증거 G ▸ 자기평가 ● 다른 증거들을 위한 설계(E, F, G)	H ▸ 학습 경험과 교수의 계열

이 단원에서 개발될 영속적인 이해를 확인하라. 당신은 단원의 주제인 이해를 구체화할 뿐만 아니라 단원을 능가하는 범교과적이고 포괄적인 이해를 포함시키도록 선택할 수 있다. 이해는 일반화나 명제로 이루어져야 한다.

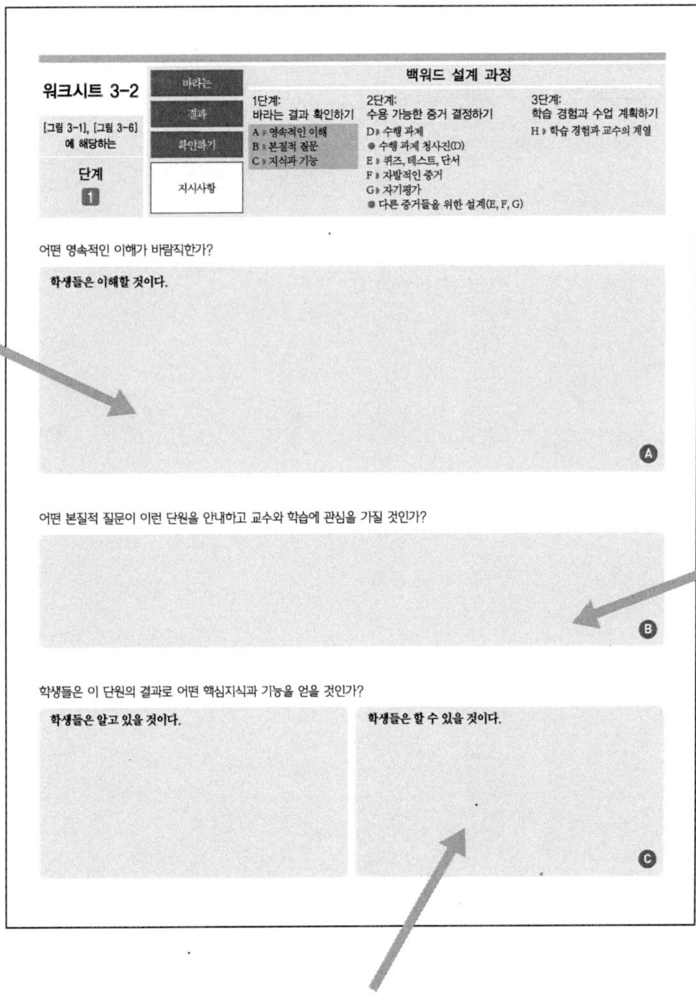
워크시트 3-2

[그림 3-1], [그림 3-6]에 해당하는

단계 1

바라는 / 결과 / 확인하기 / 지시사항

백워드 설계 과정

1단계: 바라는 결과 확인하기 — A ▸ 영속적인 이해, B ▸ 본질적 질문, C ▸ 지식과 기능

2단계: 수용 가능한 증거 결정하기 — D ▸ 수행 과제, ● 수행 과제 청사진(D), E ▸ 퀴즈, 테스트, 단서, F ▸ 자발적인 증거, G ▸ 자기평가, ● 다른 증거들을 위한 설계(E, F, G)

3단계: 학습 경험과 수업 계획하기 — H ▸ 학습 경험과 교수의 계열

어떤 영속적인 이해가 바람직한가?

학생들은 이해할 것이다.

A

어떤 본질적 질문이 이런 단원을 안내하고 교수와 학습에 관심을 가질 것인가?

B

학생들은 이 단원의 결과로 어떤 핵심지식과 기능을 얻을 것인가?

학생들은 알고 있을 것이다. | 학생들은 할 수 있을 것이다.

C

교수를 안내하고 바라는 제한적 이해에 대해 탐구를 자극하는 근본적 질문을 확인하라. 그러고 나서 범교과적 이해에 대한 토픽을 넘어서는 본질적 질문을 확인하라.

이 단원에서 개발될 지식과 기능을 확인하라. 두 가지 영역에서 핵심 사실, 개념, 원리, 기능, 그리고 과정을 포함하라.

- 그것들은 내용 기준에 따라 요청된다.
- 그것들은 바라는 이해에 도달하려는 학생들이 요구하였다.

(주) 이 부분은 교과서나 교육과정 지침서에 나열된 모든 분리된 목표가 아닌, 핵심 지식과 기능을 요구한다.

그림 3-2

〈워크시트 3-3〉에 해당하는

단계 2

수용 가능한 / 증거 / 결정하기 / 지시 사항

백워드 설계 과정

1단계: 바라는 결과 확인하기	2단계: 수용 가능한 증거 결정하기	3단계: 학습 경험과 수업 계획하기
A ▸ 영속적인 이해 B ▸ 본질적 질문 C ▸ 지식과 기능	D ▸ 수행 과제 ● 수행 과제 청사진(D) E ▸ 퀴즈, 테스트, 단서 F ▸ 자발적인 증거 G ▸ 자기평가 ● 다른 증거들을 위한 설계(E, F, G)	H ▸ 학습 경험과 교수의 계열

학생들이 이해한 증거를 제공하기 위해 새로운 맥락에서 학습한 것을 적용할 수행 과제의 제목을 나열하라. 각각의 과제를 위해 분리된 수행 과제 청사진(〈워크시트 3-4〉)을 완성하라. 관련 있는 점수 도구들(루브릭 등)을 첨부하라.

(주) 수행을 성취한 것뿐만 아니라 단원에서 사용된 형성 과제를 포함하라.

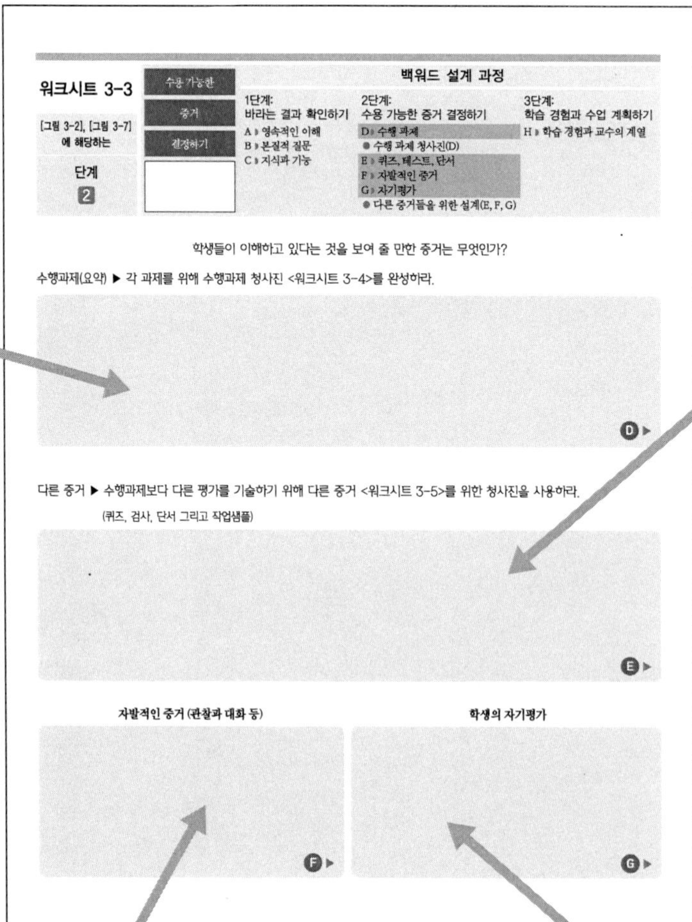

워크시트 3-3

[그림 3-2], [그림 3-7]에 해당하는

단계 2

수용 가능한 / 증거 / 결정하기

백워드 설계 과정

1단계: 바라는 결과 확인하기	2단계: 수용 가능한 증거 결정하기	3단계: 학습 경험과 수업 계획하기
A ▸ 영속적인 이해 B ▸ 본질적 질문 C ▸ 지식과 기능	D ▸ 수행 과제 ● 수행 과제 청사진(D) E ▸ 퀴즈, 테스트, 단서 F ▸ 자발적인 증거 G ▸ 자기평가 ● 다른 증거들을 위한 설계(E, F, G)	H ▸ 학습 경험과 교수의 계열

학생들이 이해하고 있다는 것을 보여 줄 만한 증거는 무엇인가?

수행과제(요약) ▶ 각 과제를 위해 수행과제 청사진 <워크시트 3-4>를 완성하라.

D ▸

다른 증거 ▶ 수행과제보다 다른 평가를 기술하기 위해 다른 증거 <워크시트 3-5>를 위한 청사진을 사용하라.
(퀴즈, 검사, 단서 그리고 작업샘플)

E ▸

자발적인 증거 (관찰과 대화 등) | 학생의 자기평가

F ▸ | G ▸

핵심 지식과 기능을 평가하기 위해 사용될 퀴즈, 검사, 단서 그리고 활동 실례들을 확인하라.

관찰, 자발적인 상호 작용, 그리고 다른 정보의 수단을 통해 획득될 평가 정보를 확인하라.

단원에서 요구된 학생 자기평가를 나열하라.

그림 3-3

〈워크시트 3-4〉에 해당하는

단계 2

수행 / 과제 / 청사진 / 지시사항	백워드 설계 과정		
	1단계: 바라는 결과 확인하기	2단계: 수용 가능한 증거 결정하기	3단계: 학습 경험과 수업 계획하기
	A ▸ 영속적인 이해 B ▸ 본질적 질문 C ▸ 지식과 기능	D ▸ 수행 과제 ● 수행 과제 청사진(D) E ▸ 퀴즈, 테스트, 단서 F ▸ 자발적인 증거 G ▸ 자기평가 ● 다른 증거들을 위한 설계(E, F, G)	H ▸ 학습 경험과 교수의 계열

학생들이 이해를 증명하는 것을 통해 수행 과제의 요약을 제공하라. 과제 설명에서 목적, 역할, 대상, 상황, 산출 혹은 수행; 그리고 기준(GRASPS)을 포함하라

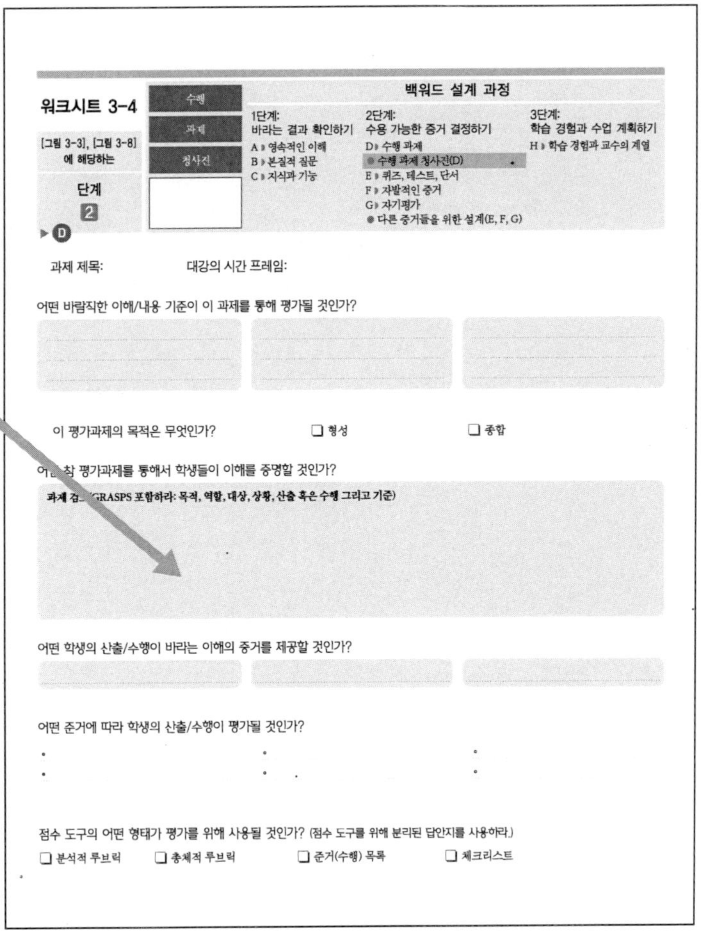

워크시트 3-4

[그림 3-3], [그림 3-8]에 해당하는

단계 2

▸ D

백워드 설계 과정

1단계: 바라는 결과 확인하기 — A ▸ 영속적인 이해, B ▸ 본질적 질문, C ▸ 지식과 기능

2단계: 수용 가능한 증거 결정하기 — D ▸ 수행 과제, ● 수행 과제 청사진(D), E ▸ 퀴즈, 테스트, 단서, F ▸ 자발적인 증거, G ▸ 자기평가, ● 다른 증거들을 위한 설계(E, F, G)

3단계: 학습 경험과 수업 계획하기 — H ▸ 학습 경험과 교수의 계열

과제 제목: 대강의 시간 프레임:

어떤 바람직한 이해/내용 기준이 이 과제를 통해 평가될 것인가?

이 평가과제의 목적은 무엇인가? ❑ 형성 ❑ 종합

어떤 참 평가과제를 통해서 학생들이 이해를 증명할 것인가?

과제 검토(GRASPS 포함하라: 목적, 역할, 대상, 상황, 산출 혹은 수행 그리고 기준)

어떤 학생의 산출/수행이 바라는 이해의 증거를 제공할 것인가?

어떤 준거에 따라 학생의 산출/수행이 평가될 것인가?

점수 도구의 어떤 형태가 평가를 위해 사용될 것인가? (점수 도구를 위해 분리된 답안지를 사용하라.)

❑ 분석적 루브릭 ❑ 총체적 루브릭 ❑ 준거(수행) 목록 ❑ 체크리스트

그림 3-4

〈워크시트 3-6〉에 해당하는

단계 3

학습 경험과 수업 계획하기	백워드 설계 과정		
	1단계: 바라는 결과 확인하기	2단계: 수용 가능한 증거 결정하기	3단계: 학습 경험과 수업 계획하기
지시사항	A ▸ 영속적인 이해 B ▸ 본질적 질문 C ▸ 지식과 기능	D ▸ 수행 과제 ● 수행 과제 청사진(D) E ▸ 퀴즈, 테스트, 단서 F ▸ 자발적인 증거 G ▸ 자기평가 ● 다른 증거들을 위한 설계(E, F, G)	H ▸ 학습 경험과 교수의 계열

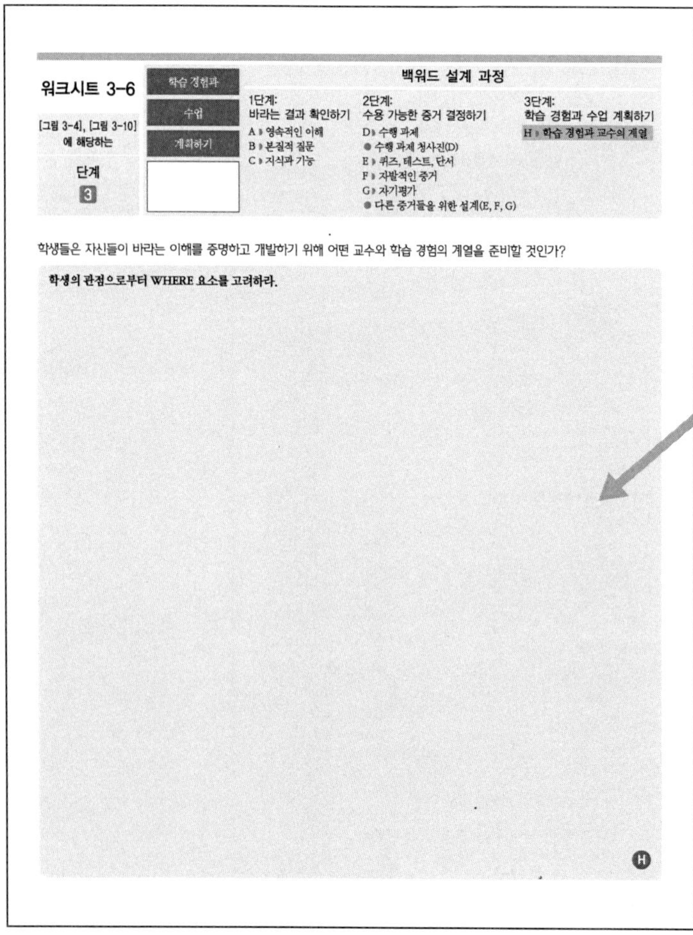

워크시트 3-6

[그림 3-4], [그림 3-10]에 해당하는

단계 3

학습 경험과 수업 계획하기	백워드 설계 과정		
	1단계: 바라는 결과 확인하기	2단계: 수용 가능한 증거 결정하기	3단계: 학습 경험과 수업 계획하기
	A ▸ 영속적인 이해 B ▸ 본질적 질문 C ▸ 지식과 기능	D ▸ 수행 과제 ● 수행 과제 청사진(D) E ▸ 퀴즈, 테스트, 단서 F ▸ 자발적인 증거 G ▸ 자기평가 ● 다른 증거들을 위한 설계(E, F, G)	H ▸ 학습 경험과 교수의 계열

학생들은 자신들이 바라는 이해를 증명하고 개발하기 위해 어떤 교수와 학습 경험의 계열을 준비할 것인가?

학생의 관점으로부터 WHERE 요소를 고려하라.

H

학생들을 주의시키고, 그들의 관심을 이끌고, 바라는 이해의 개발을 도울 수 있으며, 그들이 수행을 성취하도록 준비시킬 주된 교수와 학습 경험을 위한 계열을 제공하라.

WHERE 요소는 학생의 관점부터 고려하여야 한다.

W = 단원이 어디서 진행되는지 학생들이 알도록 도와라.

H = 학생들을 주의시키고 그들의 관심을 이끌어라.

E = 학생들을 준비시키고 이슈를 조사하며 아이디어를 경험하라.

R = 재사고하고 개정할 기회를 제공하라.

E = 학생들이 그들의 이해를 표현하고 그들의 활동을 평가하도록 허락하라.

(주) 이 부분은 세부 수업 계획이 아니라 주된 수업과 학습활동의 연대기를 요구한다.

그림 3-5

〈워크시트 3-1〉에 해당하는

단계 2

단원 / 커버 / 페이지	백워드 설계 과정		
영양 단원	1단계: 바라는 결과 확인하기	2단계: 수용 가능한 증거 결정하기	3단계: 학습 경험과 수업 계획하기
	A ▶ 영속적인 이해 B ▶ 본질적 질문 C ▶ 지식과 기능	D ▶ 수행 과제 ● 수행 과제 청사진(D) E ▶ 퀴즈, 테스트, 단서 F ▶ 자발적인 증거 G ▶ 자기평가 ● 다른 증거들을 위한 설계(E, F, G)	H ▶ 학습 경험과 교수의 계열

단원 제목: '당신은 당신이 먹는 것으로 나타난다.' 학년 수준: 5학년

주제/토픽 영역: 건강과 영양

핵심 단어: 영양, 건강, 행복, 균형 잡힌 식단, 음식 피라미드

단원 설계자: Bob James 기간: 3주

학교 지역구: Montgomery Knolls P. S. 학교: Cheshire Cat 초등학교

내용 기준과 연결

기준 6: 학생들은 영양과 식단에 관해서 필수적 개념을 이해할 것이다.

- 기준 6a: 학생들은 자신과 타인을 위한 알맞은 식단을 계획하기 위해 영양에 관한 이해를 사용할 것이다.
- 기준 6c: 학생들은 자신의 식단 형태와 방법을 이해하고 이를 통해 개선시킬 수 있다.

단원(교육과정과 단원 목표를 포함해서)의 간단한 요약

건강 교육과정의 소개 단원에서 학생들은 인간의 영양학적 요구, 식품군, 여러 음식의 영양학적 이점, USDA 음식 지침 피라미드, 영양 부족과 관련된 건강문제에 대해 배울 것이다. 그들은 건강한 삶을 위한 좋은 영양의 중요성에 대해 더 어린아이들을 가르치기 위해 가정된 가족 식단을 분석하기 위한 협동집단에서의 과업, 그것의 영양 가치를 개선하기 위해 추천하는 방법, 섭취 부족으로 일어나는 건강문제 연구 등을 예시한 영양 브로셔를 설계할 것이다. 수행 과제를 성취할 때 학생들은 다가오는 3일간의 교외 교육 캠프 프로그램을 위해 제안된 메뉴를 제시하고 개발할 것이다. 식단과 간식을 위한 그들의 메뉴는 USDA 음식 피라미드 추천서와 직면해야 한다. 이 단원은 학생들이 그들의 개인 식습관을 평가하고, 그들이 '건강하게 먹는 것' 정도로 결론 내릴 것이다.

단원 설계 패킷

내용	상황
☑ 완성된 템플릿 페이지	☑ 초안(날짜 : 3/12/98)
☐ 각 수행 과제를 위해 완성된 청사진	☑ 개정안(날짜 : 1/14/99)
☑ 다른 증거를 위해 완성된 청사진	☑ Peer reviewed
☐ 학생과 교사의 지침	☐ Content reviewed
☐ 내용과 자료의 목록	☐ Field-reviewed
☐ 제안된 적응	☐ Validated
☐ 제안된 확장	☐ anchored

그림 3-6

〈워크시트 3-2〉에 해당하는

단계 1

바라는 결과 확인하기	백워드 설계 과정		
	1단계: 바라는 결과 확인하기	2단계: 수용 가능한 증거 결정하기	3단계: 학습 경험과 수업 계획하기
영양 단원	A ▶ 영속적인 이해 B ▶ 본질적 질문 C ▶ 지식과 기능	D ▶ 수행 과제 ● 수행 과제 청사진(D) E ▶ 퀴즈, 테스트, 단서 F ▶ 자발적인 증거 G ▶ 자기평가 ● 다른 증거들을 위한 설계(E, F, G)	H ▶ 학습 경험과 교수의 계열

어떤 영속적인 이해가 바람직한가?

학생들은 이해할 것이다.

- 균형 잡힌 식단은 육체적, 정신적 건강에 기여한다.
- USDA 음식 피라미드는 영양에 관한 적절한 지침을 나타낸다.
- 음식에 필요한 것은 나이, 활동 수준, 몸무게, 그리고.전반적인 건강과 같은 다양성에 따라 개인마다 다르다.
- 건강한 삶은 식단, 운동, 잠, 건강법 실행이 안락한 습관을 깨뜨릴지라도 그러한 행위에 관한 이용할 수 있는 정보를 실행하도록 개인에게 요구한다.

Ⓐ

어떤 본질적인 질문이 이런 단원을 안내하고 교수와 학습에 관심을 가질 것인가?

- 건강한 식사는 무엇인가?
- 한 사람을 위한 건전한 식단이 다른 사람에게는 불건전한 것이 될 수도 있는가?
- 왜 미국에서는 모든 이용 가능한 정보에도 불구하고 불건전한 삶의 방식으로 야기되는 많은 건강문제를 가지고 있는가?

Ⓑ

학생들은 이 단원의 결과로 어떤 핵심 지식과 기능을 얻을 것인가?

학생들은 알고 있을 것이다.

- 핵심 용어들(단백질, 지방, 칼로리, 탄수화물 그리고 콜레스테롤 등)
- 각 식품군과 그들의 영양학적 가치 내 음식의 유형들
- USDA 음식 피라미드 지침들
- 영양에 영향을 미치는 다양한 요구들
- 영양 부족으로 생긴 건강문제들

학생들은 할 수 있을 것이다.

- 음식 이름에 관한 영양 정보를 읽고 해석하라.
- 영양학적 가치를 위해 식단을 분석하라.
- 그들 자신과 타인을 위해서 균형 잡힌 식단을 계획하라.

Ⓒ

그림 3-7	수용 가능한 증거 결정하기	**백워드 설계 과정**		
〈워크시트 3-3〉에 해당하는		1단계: 바라는 결과 확인하기	2단계: 수용 가능한 증거 결정하기	3단계: 학습 경험과 수업 계획하기
단계 2	영양 단원	A ▸ 영속적인 이해 B ▸ 본질적 질문 C ▸ 지식과 기능	D ▸ 수행 과제 ● 수행 과제 청사진(D) E ▸ 퀴즈, 테스트, 단서 F ▸ 자발적인 증거 G ▸ 자기평가 ● 다른 증거들을 위한 설계(E, F, G)	H ▸ 학습 경험과 교수의 계열

학생들이 이해하고 있다는 것을 보여 줄 만한 증거는 무엇인가?

수행 과제(요약) ▶ 각 과제를 위해 수행 과제 청사진 <워크시트 3-4>를 완성하라.

- 가족 식단—학생들은 가상의 가족에 대한 식습관을 평가하고 그들 식단의 영양적 가치를 개선시킬 식단을 추천한다.
- 당신은 당신이 먹는 것이다—학생들은 건강한 삶을 위해 좋은 영양의 중요성에 대해서 더 어린 아이들을 가르치기 위해 설명된 브로셔를 만든다.
- 식사—학생들은 다가오는 교외 교육 캠프 경험을 위해 3일간의 식사와 간식을 준비한다.

D ▸

다른 증거 ▶ 수행 과제보다 다른 평가를 기술하기 위해 다른 증거 <워크시트 3-5>를 위한 청사진을 사용하라.

(퀴즈, 검사, 단서 그리고 작업 샘플)

퀴즈 1: 식품군

퀴즈 2: USDA 음식 피라미드

단서: 영양 부족의 결과로 일어날 수 있는 두 가지 건강문제를 기술하고 이것들을 피할 수 있는 방법을 설명하라.

E ▸

자발적인 증거 (관찰과 대화 등)

- 수행 과제를 하고 있는 동안과 교사가 식당 임무를 하는 동안 구내식당에서 교사가 학생들을 관찰하라.

F ▸

학생의 자기평가

- 당신의 브로셔를 자기평가하라.
- 캠프 메뉴를 자기평가하라.
- 당신이 단원의 시작과 비교해서 단원의 마지막에 '건강하게 먹는다.'는 정도를 자기평가하라.

G ▸

그림 3-8

〈워크시트 3-4〉에 해당하는

단계 2

▶ D

수행 / 과제 / 청사진 / 영양 단원	1단계: 바라는 결과 확인하기	2단계: 수용 가능한 증거 결정하기	3단계: 학습 경험과 수업 계획하기
	A ▸ 영속적인 이해 B ▸ 본질적 질문 C ▸ 지식과 기능	D ▸ 수행 과제 ● 수행 과제 청사진(D) E ▸ 퀴즈, 테스트, 단서 F ▸ 자발적인 증거 G ▸ 자기평가 ● 다른 증거들을 위한 설계(E, F, G)	H ▸ 학습 경험과 교수의 계열

백워드 설계 과정

과제 제목: 식사 시간: 2주기(방과후 활동을 더해서)

어떤 바람직한 이해/내용 기준이 이 과제를 통해 평가될 것인가?

기준 6a. 학생들은 그들 자신과 타인을 위한 적절한 식단을 계획하기 위해 영양의 이해를 사용할 것이다.

이 평가 과제의 목적은 무엇인가? ☐ 형성 ☑ 총괄

어떤 참 평가 과제를 통해서 학생들은 이해를 증명할 것인가?

과제 검토(GRASPS 포함하라: 목적, 역할, 대상, 상황, 산출 혹은 수행 그리고 기준)

우리는 영양학에 관해서 배웠기 때문에 교외 교육센터의 캠프 지도자는 우리에게 올 후반기 센터에서의 3일간 여행을 위한 영양학적으로 균형 잡힌 메뉴를 제안할 것을 요구했다. USDA 음식 피라미드 지침을 활용하는 것과 음식 이름에 관한 영양 사실들은 3일간 식사와 간식(오전, 오후 그리고 캠프파이어 시간)을 포함해서 3일간의 계획을 설계한다. 당신의 목표는 맛있고 영양학적으로 균형 잡힌 메뉴다. 이에 더하여 당신의 메뉴가 USDA 영양학 지침과 어떻게 직면하는지를 설명하기 위해 지도자에게 한 통의 편지를 준비하라. 여기에는 지방, 단백질, 탄수화물, 비타민, 미네랄 그리고 칼로리의 소모를 보여 주는 표를 포함하라.

어떤 학생의 산출/수행이 바라는 이해의 증거를 제공할 것인가?

- 영양학적 가치의 표가 포함된 메뉴
- 캠프 지도자에게 편지하기

어떤 준거에 따라 학생의 산출/수행이 평가될 것인가?

- 메뉴는 USDA 지침과 직면한다.
- 영양학적 가치의 표는 정확하고 완전하다.
- 영양학적 가치의 설명과 제안된 메뉴의 맛에 대한 호소는 효과적이다.

점수 도구의 어떤 형태가 평가를 위해 사용될 것인가? (점수 도구를 위해 분리된 답안지를 사용하라.)

☑ 분석적 루브릭 ☐ 총체적 루브릭 ☐ 준거(수행) 목록 ☐ 체크리스트

그림 3-9

〈워크시트 3-5〉에 해당하는

단계 2 ▶ E F G

다른 증거를 위한 청사진

영양 단원

백워드 설계 과정

1단계: 바라는 결과 확인하기	2단계: 수용 가능한 증거 결정하기	3단계: 학습 경험과 수업 계획하기
A ▸ 영속적인 이해 B ▸ 본질적 질문 C ▸ 지식과 기능	D ▸ 수행 과제 ● 수행 과제 청사진(D) E ▸ 퀴즈, 테스트, 단서 F ▸ 자발적인 증거 G ▸ 자기평가 ● 다른 증거들을 위한 설계(E, F, G)	H ▸ 학습 경험과 교수의 계열

이 단원에서는 어떤 다른 평가 증거가 수집될 것인가?

무엇이 평가될 것인가?

☑ 지식 ☐ 목록: 음식 분류, USDA 음식 피라미드
☐ 기능
☐ 이해

증거는 어떻게 수집될 것인가?

☑ 퀴즈/검사 ☐ 과제
☐ 교사 기록물 ☐ 기타: ________

어떤 평가 형태가 사용될 것인가?

☑ 선택된 반응 ☐ 관찰
☐ 학문적 단서 ☐ 과업 실례
☐ 간단히 구조화된 반응 ☐ 기타: ________

평가의 목적은 무엇인가?

☐ 진단 ☑ 형성 ☐ 총괄

평가를 기술하고 단서를 설명하라(적절하다면).
교과서로부터 두 가지 다중선택 퀴즈는 식품군에 관한 지식과 USADA 음식 지침 피라미드를 검토하기 위한 단원에서 사용될 것이다.

학생의 반응은 어떤 준거에 따라서 평가될 것인가?
(적절하다면 완성하라.)

- ....
- ....

어떤 점수 도구 형태가 평가를 위해 사용될 것인가?

☐ 분석적 루브릭 ☐ 체크리스트
☐ 총체적 루브릭 ☑ 핵심 답안
☐ 준거 목록

무엇이 평가될 것인가?

☑ 지식 ☐ 목록: 식품군, USDA 음식 피라미드
☐ 기능
☐ 이해

증거는 어떻게 수집될 것인가?

☐ 퀴즈/검사 ☐ 과제
☑ 교사 기록물 ☐ 기타: ________

어떤 평가 형태가 사용될 것인가?

☐ 선택된 반응 ☐ 관찰
☑ 학문적 단서 ☐ 과업 실례
☐ 간단히 구조화된 반응 ☐ 기타: ________

평가의 목적은 무엇인가?

☐ 진단 ☐ 형성 ☑ 총괄

평가를 기술하고 단서를 설명하라(적절하다면).
단서: 영양 부족의 결과로 일어날 수 있는 두 가지 건강문제를 기술하고 이것들을 피할 수 있는 방법을 설명하라.

학생의 반응은 어떤 준거에 따라서 평가될 것인가?
(적절하다면 완성하라.)

- 정확한: 영양 결핍이나 과다로 발생한 건강문제와 정확하게 관련지어라.
- 완전한: 두 가지 건강문제와 그것과 관련된 영양 원인을 확인하라.

어떤 점수 도구 형태가 평가를 위해 사용될 것인가?

☑ 분석적 루브릭 ☐ 체크리스트
☐ 총체적 루브릭 ☐ 핵심 답안
☐ 준거 목록

그림 3-10

〈워크시트 3-6〉에 해당하는

단계 3

학습 경험과 수업 계획하기	백워드 설계 과정		
	1단계: 바라는 결과 확인하기	2단계: 수용 가능한 증거 결정하기	3단계: 학습 경험과 수업 계획하기
영양 단원	A ▶ 영속적인 이해 B ▶ 본질적 질문 C ▶ 지식과 기능	D ▶ 수행 과제 ● 수행 과제 청사진(D) E ▶ 퀴즈, 테스트, 단서 F ▶ 자발적인 증거 G ▶ 자기평가 ● 다른 증거들을 위한 설계(E, F, G)	H ▶ 학습 경험과 교수의 계열

학생들은 자신들이 바라는 이해를 증명하고 개발하기 위해 어떤 교수와 학습 경험의 계열을 준비할 것인가?

학생의 관점으로부터 WHERE 요소를 고려하라.

① 영양의 관계를 건강과 관련짓도록 학생들에게 주의시키기 위해 '신비한' 병(괴혈병)인 선원 이야기를 제시하라.

② 본질적 질문과 핵심 어휘 용어를 소개하라.

③ 식품군에 관한 개념 획득 수업을 제시하고, 음식들을 범주화하라.

④ 학생들이 USDA로부터 영양 브로셔에 대해 읽고 토의하도록 하라.

⑤ 음식 피라미드에 관한 수업을 제시하고 각 분류에서 음식을 확인하라.

⑥ 건강 교과서에서 적절한 선택을 읽고 토의하라.

⑦ 영양 비디오와 당신에 관한 것을 제시하고 토의하라.

⑧ 학생들의 건강한 삶을 위한 영양의 중요성을 어린아이들에게 가르치도록 설명된 영양 브로셔를 설계하라.

⑨ 브로셔에 관한 피드백을 주고 평가하라. 학생들이 수행 목록을 사용하면서 그들 자신과 그들 동료의 브로셔를 평가하도록 허락하라.

⑩ 협동집단을 활용해서 학생들이 가상의 가족 식단을 분석하고 개선된 영양에 대한 추천을 하도록 하라.

⑪ 집단 검토를 실시하고 식단 분석에 관한 피드백을 부여하라.

⑫ 학생들이 영양 부족으로 생긴 건강문제에 대해 관계자(병원 영양사 등)에게 질문하고 청취하도록 하라.

⑬ 학생들이 나쁜 식습관에서 생긴 건강문제를 연구하도록 하라.

⑭ 영양학적 가치에 관해 음식 이름 정보를 설명할 방법을 모델화하라. 학생들이 실습하게 하라.

⑮ 학생들이 혼자 힘으로 3일간의 캠프 메뉴를 개발하기 위해 활동하도록 허락하라.

⑯ 학생들이 그들의 메뉴로 활동할 때 관찰하고 안내하라.

⑰ 캠프 메뉴 기획에 관한 피드백을 주고 평가하라. 학생들이 루브릭을 사용하면서 그들 자신과 동료의 기획을 평가하도록 하라.

⑱ 학생들의 개인의 식습관(그들이 '건전하게 먹는 것' 정도 등)을 그들의 자기평가 단원으로 결정하라.

H

그림 3-11

백워드 설계 과정을 위한 지침

다음 지침은 백워드 설계 과정의 3단계를 나타낸다. UbD 템플릿 페이지에서 알파벳 문자들은 다음 과정의 알맞은 단계를 보여 준다. 또한 모듈의 숫자는 오른쪽에 보여 주는 페이지를 완성할 방법을 설명한다.

		모듈
	백워드 설계 과정 →	2
단계 1	**바라는 결과 확인하기**	
	Ⓐ 영속적인 이해 →	4~5
	Ⓑ 본질적 질문 →	6
	Ⓒ 지식과 기능 →	4~5
단계 2	**수용 가능한 증거 결정하기** →	7
	Ⓓ 수행 과제 →	8~11
	– 수행 과제 청사진(D) →	8~11
	다른 증거 →	7
	Ⓔ 퀴즈, 테스트, 단서 →	7
	Ⓕ 자발적인 증거 →	7
	Ⓖ 자기평가 →	7
	– 다른 증거를 위한 청사진(E, F, G) →	7
단계 3	**학습 경험과 수업 계획하기**	
	Ⓗ 학습 경험과 교수의 계열 →	12~19

워크시트 3-1

[그림 3-5]에 해당하는

단원
커버
페이지

백워드 설계 과정

1단계: 바라는 결과 확인하기	2단계: 수용 가능한 증거 결정하기	3단계: 학습 경험과 수업 계획하기
A ◗ 영속적인 이해 B ◗ 본질적 질문 C ◗ 지식과 기능	D◗ 수행 과제 ● 수행 과제 청사진(D) E ◗ 퀴즈, 테스트, 단서 F ◗ 자발적인 증거 G◗ 자기평가 ● 다른 증거들을 위한 설계(E, F, G)	H ◗ 학습 경험과 교수의 계열

단원 제목: 학년 수준:

주제/토픽 영역:

핵심단어:

단원 설계자: 기간:

학교 지역구: P. S. 학교:

내용 기준과의 연계

단원(교육과정과 단원목표를 포함해서)의 간단한 요약

단원 설계 패킷

내용	상황
❑ 완성된 템플릿 페이지	❑ 초안(날짜 : 3/12/98)
❑ 각 수행 과제를 위한 완성된 청사진	❑ 개정안(날짜 : 1/14/99)
❑ 다른 증거를 위해 완성된 청사진	❑ Peer reviewed
❑ 학생과 교사에 지침	❑ Content reviewed
❑ 내용과 자료의 목록	❑ Field-reviewed
❑ 제안된 적응	❑ Validated
❑ 제안된 확장	❑ anchored

워크시트 3-2

[그림 3-1], [그림 3-6]
에 해당하는

단계
1

바라는 결과 확인하기	백워드 설계 과정		
	1단계: 바라는 결과 확인하기	2단계: 수용 가능한 증거 결정하기	3단계: 학습 경험과 수업 계획하기
	A ▸ 영속적인 이해 B ▸ 본질적 질문 C ▸ 지식과 기능	D ▸ 수행 과제 ● 수행 과제 청사진(D) E ▸ 퀴즈, 테스트, 단서 F ▸ 자발적인 증거 G ▸ 자기평가 ● 다른 증거들을 위한 설계(E, F, G)	H ▸ 학습 경험과 교수의 계열
지시사항			

어떤 영속적인 이해가 바람직한가?

학생들은 이해할 것이다.

A

어떤 본질적 질문이 이런 단원을 안내하고 교수와 학습에 관심을 가질 것인가?

B

학생들은 이 단원의 결과로 어떤 핵심 지식과 기능을 얻을 것인가?

학생들은 알고 있을 것이다.	**학생들은 할 수 있을 것이다.**
	C

워크시트 3-3

[그림 3-2], [그림 3-7]에 해당하는

단계 2

수용 가능한 / 증거 / 결정하기

백워드 설계 과정

1단계: 바라는 결과 확인하기	2단계: 수용 가능한 증거 결정하기	3단계: 학습 경험과 수업 계획하기
A ▸ 영속적인 이해 B ▸ 본질적 질문 C ▸ 지식과 기능	D ▸ 수행 과제 ● 수행 과제 청사진(D) E ▸ 퀴즈, 테스트, 단서 F ▸ 자발적인 증거 G ▸ 자기평가 ● 다른 증거들을 위한 설계(E, F, G)	H ▸ 학습 경험과 교수의 계열

학생들이 이해하고 있다는 것을 보여 줄 만한 증거는 무엇인가?

수행 과제(요약) ▶ 각 과제를 위해 수행 과제 청사진 <워크시트 3-4>를 완성하라.

D ▶

다른 증거 ▶ 수행 과제보다 다른 평가를 기술하기 위해 다른 증거 <워크시트 3-5>를 위한 청사진을 사용하라.

(퀴즈, 검사, 단서 그리고 작업샘플)

E ▶

자발적인 증거 (관찰과 대화 등)

F ▶

학생의 자기평가

G ▶

워크시트 3-4

[그림 3-3], [그림 3-8]에 해당하는

단계 2 ▶ D

수행 / 과제 / 청사진

백워드 설계 과정

1단계: 바라는 결과 확인하기	2단계: 수용 가능한 증거 결정하기	3단계: 학습 경험과 수업 계획하기
A ▸ 영속적인 이해	D ▸ 수행 과제	H ▸ 학습 경험과 교수의 계열
B ▸ 본질적 질문	● 수행 과제 청사진(D)	
C ▸ 지식과 기능	E ▸ 퀴즈, 테스트, 단서	
	F ▸ 자발적인 증거	
	G ▸ 자기평가	
	● 다른 증거들을 위한 설계(E, F, G)	

과제 제목: 대강의 시간 프레임:

어떤 바람직한 이해/내용 기준이 이 과제를 통해 평가될 것인가?

이 평가 과제의 목적은 무엇인가? ❑ 형성 ❑ 총괄

어떤 참 평가 과제를 통해서 학생들이 이해를 증명할 것인가?

과제 검토(GRASPS 포함하라: 목적, 역할, 대상, 상황, 산출 혹은 수행 그리고 기준)

어떤 학생의 산출/수행이 바라는 이해의 증거를 제공할 것인가?

어떤 준거에 따라 학생의 산출/수행이 평가될 것인가?

-
-

점수 도구의 어떤 형태가 평가를 위해 사용될 것인가? (점수 도구를 위해 분리된 답안지를 사용하라.)

❑ 분석적 루브릭 ❑ 총체적 루브릭 ❑ 준거(수행) 목록 ❑ 체크리스트

워크시트 3-5

[그림 3-9]에 해당하는

단계 2 ▸ E F G

다른 증거를 위한 청사진

백워드 설계 과정

1단계: 바라는 결과 확인하기	2단계: 수용 가능한 증거 결정하기	3단계: 학습 경험과 수업 계획하기
A ▸ 영속적인 이해 B ▸ 본질적 질문 C ▸ 지식과 기능	D ▸ 수행 과제 ● 수행 과제 청사진(D) E ▸ 퀴즈, 테스트, 단서 F ▸ 자발적인 증거 G ▸ 자기평가 ● 다른 증거들을 위한 설계(E, F, G)	H ▸ 학습 경험과 교수의 계열

어떤 다른 평가 증거가 이 단원에서는 수집될 것인가?

무엇이 평가될 것인가?

❑ 지식 ❑ 목록: ______________
❑ 기능 ______________
❑ 이해 ______________

증거는 어떻게 수집될 것인가?

❑ 퀴즈/검사 ❑ 과제
❑ 교사 기록물 ❑ 기타: ______________

어떤 평가 형태가 사용될 것인가?

❑ 선택된 반응 ❑ 관찰
❑ 학문적 단서 ❑ 과업 실례
❑ 간단히 구조화된 반응 ❑ 기타: ______________

평가의 목적은 무엇인가?

❑ 진단 ❑ 형성 ❑ 총괄

평가를 기술하고 단서를 설명하라(적절하다면).

학생의 반응은 어떤 준거에 따라서 평가될 것인가?
(적절하다면 완성하라.)

•
•

어떤 점수 도구 형태가 평가를 위해 사용될 것인가?

❑ 분석적 루브릭 ❑ 체크리스트
❑ 총체적 루브릭 ❑ 핵심 답안
❑ 준거 목록

무엇이 평가될 것인가?

❑ 지식 ❑ 목록: ______________
❑ 기능 ______________
❑ 이해 ______________

증거는 어떻게 수집될 것인가?

❑ 퀴즈/검사 ❑ 과제
❑ 교사 기록물 ❑ 기타: ______________

어떤 평가 형태가 사용될 것인가?

❑ 선택된 반응 ❑ 관찰
❑ 학문적 단서 ❑ 과업 실례
❑ 간단히 구조화된 반응 ❑ 기타: ______________

평가의 목적은 무엇인가?

❑ 진단 ❑ 형성 ❑ 총괄

평가를 기술하고 단서를 설명하라(적절하다면).

학생의 반응은 어떤 준거에 따라서 평가될 것인가?
(적절하다면 완성하라.)

•
•

어떤 점수 도구 형태가 평가를 위해 사용될 것인가?

❑ 분석적 루브릭 ❑ 체크리스트
❑ 총체적 루브릭 ❑ 핵심 답안
❑ 준거 목록

워크시트 3-6

[그림 3-4], [그림 3-10] 에 해당하는

단계 3

학습 경험과 수업 계획하기

백워드 설계 과정

1단계: 바라는 결과 확인하기	2단계: 수용 가능한 증거 결정하기	3단계: 학습 경험과 수업 계획하기
A ▸ 영속적인 이해	D ▸ 수행 과제	H ▸ 학습 경험과 교수의 계열
B ▸ 본질적 질문	● 수행 과제 청사진(D)	
C ▸ 지식과 기능	E ▸ 퀴즈, 테스트, 단서	
	F ▸ 자발적인 증거	
	G ▸ 자기평가	
	● 다른 증거들을 위한 설계(E, F, G)	

학생들은 자신들이 바라는 이해를 증명하고 개발하기 위해 어떤 교수와 학습 경험의 계열을 준비할 것인가?

학생의 관점으로부터 WHERE 요소를 고려하라.

H

Understanding by Design *Handbook*

단계 1

바라는
결과
확인하기
모듈 4~6

백워드 설계 과정		
1단계: 바라는 결과 확인하기	2단계: 수용 가능한 증거 결정하기	3단계: 학습 경험과 수업 계획하기
A ▶ 영속적인 이해 B ▶ 본질적 질문 C ▶ 지식과 기능	D ▶ 수행 과제 ● 수행 과제 청사진(D) E ▶ 퀴즈, 테스트, 단서 F ▶ 자발적인 증거 G ▶ 자기평가 ● 다른 증거들을 위한 설계(E, F, G)	H ▶ 학습 경험과 교수의 계열

MODULE 4 영속적인 이해 확인하기

여러 내용 기준과 토픽 가운데에서 이해할 만한 가치가 있는 것이
무엇인지를 어떻게 결정하는가?
-Wiggins & McTighe, 1998, p. 10

모듈 이용하기

워크시트 3-2

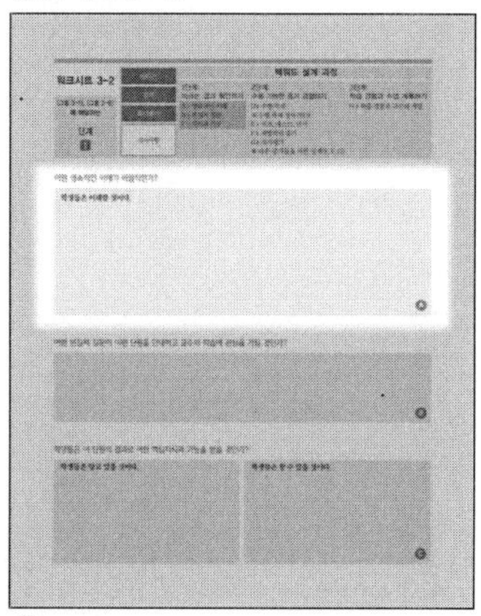

Ⓐ 영속적인 이해

이용 가능한 수업시간의 범위 내에 합리적으로 다룰 수 있는 것보다 많은 내용이 전형적으로 존재하기 때문에, 교사들은 항상 선택할 수 밖에 없다. [그림 4-1]에서 보여 주듯이, 교육과정의 우선순위를 설정하기 위한 유용한 프레임워크는 세 가지 종류의 타원을 이용하여 그래픽으로 그릴 수 있다.

중간 타원 내에 있는 빈 공간은 단원이나 코스 중에 검토할 수 있는 가능한 내용의 영역(토픽, 기능 그리고 자원)을 나타낸다. 분명히 교사로서 우리는 모든 것을 전혀 다룰 수 없다. 그래서 우리는 학생들이 친숙해질 필요가 있는 지식을 확인하기 위해서 가장 커다란 타원 안에 들어간다. 우리는 단원이나 코스를 통해 학생들이 무엇을 듣고, 읽고, 검토하고, 조사하거나, 혹은 무엇과 마주치기를 바라는가? 예를 들어, 교실에서 이루어지는 교실 평가의 소개 과정에서 성인 학생들이 미국과 다른 국가에서 표준화된 검사의 역사에 대해 정통해지는 것은 중요하다([그림 4-2] 참고). 전통적인 퀴즈나 검사 질문을 통해서 평가되는 대략적인 지식은 주어진 코스의 의도에 충분한 것이다.

중간 타원에서 우리는 중요한 지식(사실, 개념 그리고 원리)과 기능(과정, 전략 그리고 방법)을 명세화함으로써 우리의 선택을 뚜렷하게 한다. 우리는 만약 단원이나 코스가 이러한 필수적인 것을 마스터

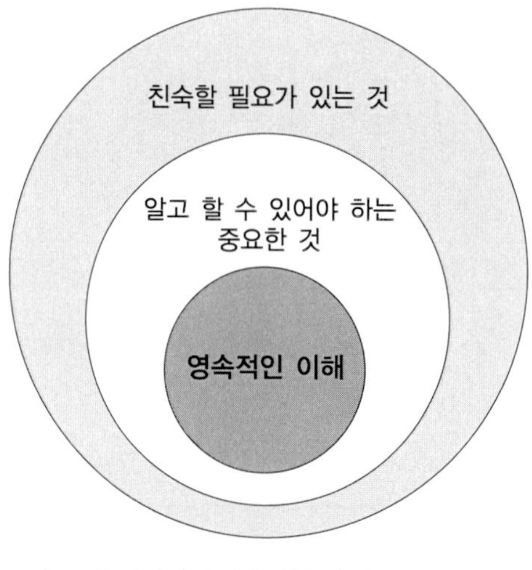

[그림 4-1] 교육과정의 우선순위를 수립하기 위한 프레임워크

하는 것 없이 끝난다면 학생들의 학습은 불완전하다고 말할 수 있다. 예를 들어, 규준참조평가와 준거참조평가 사이의 특징과 차이점이 평가 코스에서 필수적인 지식으로 고려되고, 이러한 지식에 대한 어느 정도의 이용은 적당히 기대된다. 여기에 중간 원에 관하여 생각하는 또 다른 방식이 존재한다. 즉, 학생들은 주요 수행을 성공적으로 달성하기 위해서 필요한 선수지식과 기능을 구체화한다.

가장 작은 타원은 상세하게 선택하는 것과 지적인 우선순위에 초점을 두는 것을 요구한다. 여기에서 우리는 단원을 정착시키고 그것에 대한 논거를 설정해 줄 영속적인 이해를 선정한다. 영속적이라는 용어는 학생들이 세부적인 수많은 것을 잊어버린 후라도 '내부로 들어가서' 오랫동안 파지하고 보유하고자 하는 주요 아이디어나 중요한 이해를 말하는 것이다. 바꾸어 말하면, 영속적 이해의 목표로 삼은 내용을 학습하는 보다 큰 의도나 목적을 제공한다. 즉, 그것은 이 토픽이 학습할 만한 가치가 있는가 하는 질문에 함축적으로 답변을 한다. 평가 코스의 경우에서 수업자는, 실제적인 검사 설계 작업이 뒤따르지만, 예비 검사의 분석과 비평을 통해 타당도와 신뢰도의 원리를 강조하고, 규준참조평가와 준거참조평가 사이에서의 이론과 실제의 특징을 강조한다.

교사들이 내용 기준, 토픽 그리고 목표와 명세 목표 범위에서 이해할 만한 가치가 있는 것이 무엇인지 어떻게 결정할까? 우리는 이해를 위해 교수하기 위한 주요 아이디어와 핵심적인 과정에 사용되는 네 가지 준거를 제공한다.

- 내용 기준과 토픽들은 어느 정도로 교실을 초월해서 가치를 가지는 영속적이고 전이 가능한 주요 아이디어들인가?

영속적인 이해는 광범위한 개념, 원리 혹은 절차에 초점을 둔 단편적인 사실을 초월한다. 그것은 새로운 상황 내에서, 혹은 교과를 초월하여 적용할 수 있고 전이 가능하다. 예를 들어, 우리는 보다 큰 아이디어에 대한 그것의 중요성 때문에 구체적이고 역사적인 사건으로써 Magna Carta 의 법규를 공부한다. 이 아이디어는 그러한 마땅한 절차와 같이 정부 권한의 한계를 구체화하고 개인적인 권리를 분명하게 하는 성문법으로써 '법의 규칙'이다. 이러한 주요 아이디어의 기원은 현대 민주주의 사회의 초석이 되는 13세기 영국으로 거슬러 올라간다. 학생들은 제3세계에서의 민주주의 출현을 공부했을 때와 같이 새로운 상황에서 이러한 이해를 사용할 수 있다.

주요 아이디어는 지적인 바퀴의 고정핀으로 기술할 수 있다. 바퀴의 고정핀은 차축에서 바퀴를 고정시키는 핀이다. 그래서 고정핀 아이디어는 이해를 위해서는 필수적인 것으로, 그것 없이 학생들은 어디에도 갈 수 없다. 예를 들어, 학생들이 미국의 역사와 법률의 사실에 관해서 고도로 지식화되고 명확하게 알고 있다고 하더라도 법률의 자구와 법의 정신 사이의 특징에 대한 이해 없이는 미국의 헌법과 법률 체제를 이해할 수 없다. 전이 가능한 것에 초점을 두지 않는 고정핀 아이디어는 지속적인 가치를 가지고 학생들은 쉽게 지식의 잊혀진 단편들로 활동력이 없는 상태로 놓이게 된다.

- 내용 기준과 토픽들이 해당 분야 학문의 핵심에서 어느 정도 주요 아이디어이며, 핵심적인 과정에 있는가?

과학에서 탐구를 수행하는 것, 실제 독자를 대상으로 하여 다른 의도(예를 들어, 정보를 제공하고, 설득하거나 즐겁게 하는 것)로 글쓰기를 하는 것, 역사에서 사건들과 1차적인 자료의 문서들을 해석하는 것, 실세계의 문제를 해결하기 위해서 수학적인 것을 적용하는 것, 조사하는 것, 책과 영화를 비평하는 것, 사회적이고 경제적인 정책의 이슈를 논쟁하는 것 등과 같이 특정 학문 내에서 사람들이 연구하고 작업하는 방식을 고려하라. 그러한 진정한 학습 경험은 학생들을 수동적인 지식의 수령인에서 능동적인 행위자와 의미의 검증자로 변화시킨다. 교과에서 학생들이 '행동' 하는 것을 포함시킴으로써 우리는 그들에게 어떻게 지식이 일반화되고 검사되고 사용되는지에 대한 통찰력을 제공한다.

- 내용 기준과 토픽들이 어느 정도로 추상적이고, 반직관적이며, 종종 오해되는지, 혹은 심층적인 학습이 요구되거나 쉽게 오해되는 아이디어인가?

분명하지 않고 반직관적일 수도 있는 이러한 개념과 원리, 즉 단원이나 코스에 있는 추상적인 아이디어에 관해 숙고하라. 예를 들어, 물리학에서 종종 학생들은 중력, 힘 그리고 운동과 관련된 아이디어들과 씨름한다. 공깃돌이나 볼링공 같은 물체를 같은 높이에서 일제히 떨어뜨렸을 때 최초로 바닥에 닿는 것을 예측하게 하면 많은 학생은 그릇되게 볼링공을 선택함으로써 흔한 오개념을 드러낸다.

학생들은 어떤 중요한 개념이나 절차를 어렵게 이해하는가? 그들은 흔히 무엇을 오해하는가?

그들이 전형적으로 실수하고 어려워하는 것은 무엇인가? 그들이 품기 쉬운 오개념은 어떤 주요 아이디어에 관한 것인가? 이것들은 이해를 위해 가르쳐야 하는 것으로, 선택하고 밝혀내야 할 풍부한 토픽들이다.

- **내용 기준과 토픽들은 어느 정도로 사실, 기능 그리고 활동에 내재된 주요 아이디어인가?**

겉으로 보기엔 많은 간단한 사실들은 그러한 사실들에 의미를 부여하는 기초적인 개념을 이해하지 않고서는 파악하기가 어렵다. 그리고 많은 기능은 단지 우리가 그들의 지적인 의도나 정당성을 이해할 때 성공적으로 숙달된다. 작은 물체가 같은 방식으로 땅에 떨어진다는 사실을, 그들은 유사하게 행성들이 궤도에서 유지시키는 중력의 힘의 아이디어를 통해서 이해할 수 있다. 이야기를 읽는 기능은 작가가 때때로 분명하게 진술하지 않는 이야기를 행간 사이에 놓아두는 그들의 의미로 이해하도록 요구한다.

더 나은 이해를 위해서 우선순위를 정하거나 설계하기 위한 이러한 아이디어는 모두 급진적이거나 새로운 것이 아니다. 실제로 『교육의 과정에서(The Process of Education)』(1960)에서 Bruner는 전이를 할 수 있는 강력한 아이디어가 무엇인지에 관한 문제에 초점을 두고 교육과정의 사례로 만들었다.

> 교과 교육과정은 교과에 구조를 제공하는 중요한 원리에 따라 획득할 수 있는 가장 기초적인 이해로 결정된다. ……지식 분야의 보다 넓은 기본 구조 내에서 맥락과 상황을 분명히 하지 않고서는 구체적인 주제나 기능을 가르치는 것은 비경제적인 것이다. ……기본적인 원리와 아이디어를 이해한다는 것은 훈련의 적절한 전이를 위한 주요 통로에 놓여 있음을 의미한다. 더욱이 기초적인 구조를 이해한다는 것이 무엇을 의미하는지에 관해서는, 우리가 어떤 것을 보다 일반적인 경우의 구체적 실례로 이해한다는 것을 의미하며, 그것은 구체적인 것을 학습할 뿐만 아니라 우리가 장차 마주치게 될 다른 어떤 것을 이해하기 위한 모델을 학습한다는 것이다(pp. 6. 25, 31).

■ ■ ■ ■ ■

우리가 워크시트와 필터 같은 도구를 제공한다는 것은 새로운 것이다. 이 도구들은 운이 좋아서가 아니라 설계에 따라 발생할 수 있는 교육과정의 우선순위를 선별하기 위한 것이다. 여러 설계 도구들은 교사들이 학습 단원이나 코스 내에서 주요 아이디에 초점을 두고 있고, 우선순위를 확인하기 위해서 노력하는 데 유용하다는 것이 증명되었다. [그림 4-3]과 [그림 4-4]는 영양과 미국의 혁명에 관한 단원의 예시를 제공하고 있다. [그림 4-5]~[그림 4-8]은 UbD 필터를 통해서 연속적인 다양한 내용 주제로부터 생겨나는 가능한 영속적 이해를 설명하고 있다. 당신의 교육과정으로부터 내용 기준과 주제를 가지고 이러한 설계 도구를 빈칸으로 제시된 버전을 가지고 이용하도록 해 보라.

오개념 주의하기!

필터는 모든 단원이 충족시켜야 하는 준거가 아니다. 그것은 단원을 이해할 만한 가치가 있는 중요한 아이디어에 초점을 두기 위한 지침이다. 필터를 통해서 가능한 주제들을 통과시키는 것은 단원 요소들의 질을 보장하지만, 최종 설계를 판가름하기 위해서는 충분하지 않다. 그 평가는 일단 단원이 완전해지면 설계 준거에 기초하여, 일련의 테스트를 필요로 한다.

우리의 필터 유추가 차용된, 드립식 커피 만들기에 대한 메타포를 고려하라. 종이는 커피(단지 물이나 커피 찌꺼기)가 유리로 된 물병으로 떨어지게 하고 찌꺼기만을 걸러낸다. 그러나 필터는 좋은 커피의 준거를 제공해 주지는 못한다. 커피의 최종 테스트는 훌륭한 맛에 있다. 유추하건대 우리가 주요 아이디어를 확인하였기 때문에 그것은 우리의 최종 단원이 그 아이디어를 정당하게 다룰 것이라는 것을 결론 내리지는 않는다. 이러한 필터도 단지 훌륭한 아이디어로 결론지어지는 방법은 아니다. 유사하게도(예를 들어, 우리는 집에 더 이상의 거름종이가 없을 경우 투박한 무명종이(cheesecloth)를 발견한다) 다른 필터나 임시적인 필터를 사용하여 맛좋은 커피를 만들 수 있다. 테스트에 따라서 그러한 모든 문제는 특정한 방식으로 만들어진 규칙에 맞는 것이 아니라 최종 단원(혹은 자바산 커피)에 적절한 것이어야 한다.

Bob James의 반성

영양 단원의 기초적인 개념은 꽤 단순한 것으로서 식단을 계획하는 기능처럼 서로 같은 것이다. 그러므로 이해할 만한 가치가 있는 중요한 아이디어는 무엇인가? 단원에서 심층적인 교수-학습을 요구하는 것은 무엇인가? 나의 학생에게 분명하지 않은 영양에 대한 한 측면은 USDA 음식 피라미드가 훌륭한 영양을 위한 일반적인 일련의 지침을 제공한다는 사실을 이해하는 것이다. 그러나 그 개인적인 차이(나이, 몸무게, 활동 수준 그리고 식이 요건 등)는 반드시 고려되어야 한다. 다시 말해서 한 개인을 위한 건강한 식단은 또 다른 사람에게 적당하지 않을 수도 있다.

영양을 가르치면서 느낀 것은 학생들이 '건강하게 먹기'를 배우고, 학생들은 그들이 배운대로 항상 따르지 않는다는 사실로 인해 혼돈스러웠다. 그들은 패스트푸드 음식은 너무 많이 먹고, 채소와 과일은 너무 적게 먹는다. 이것은 아마도 많은 식이(그리고 운동과 같은 다른 건강의 문제들과)에 관한 그들의 지식을 가지고 행동하지 않는 이유에 관한 아이디어를 탐구하면서, 심층적인 교수-학습을 필요로 하는 영양에 대한 또 다른 측면이다. 나는 기초적인 영양 정보를 가르치는 것에 더하여, 이러한 두 가지 아이디어를 밝히고자 한다.

그림 4-2

〈워크시트 4-1〉에 해당하는

단계 1

교육과정의 우선순위 설정하기	백워드 설계 과정		
	1단계: 바라는 결과 확인하기	2단계: 수용 가능한 증거 결정하기	3단계: 학습 경험과 수업 계획하기
평가 코스	A ▸ 영속적인 이해 B ▸ 본질적 질문 C ▸ 지식과 기능	D ▸ 수행 과제 ● 수행 과제 청사진(D) E ▸ 퀴즈, 테스트, 단서 F ▸ 자발적인 증거 G ▸ 자기평가 ● 다른 증거들을 위한 설계(E, F, G)	H ▸ 학습 경험과 교수의 계열

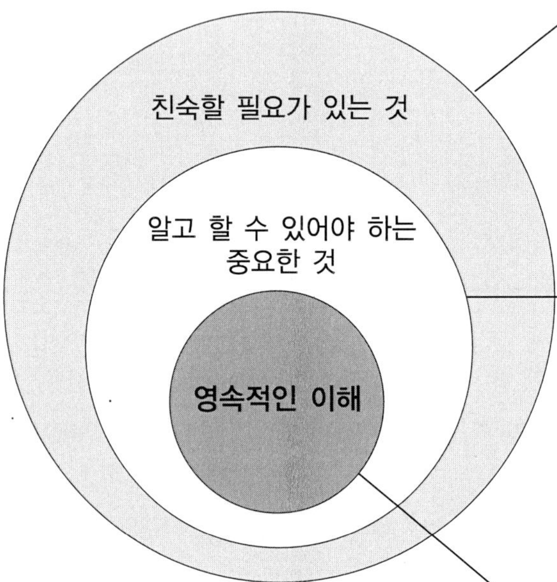

친숙할 만한 가치가 있는 지식

- 미국에서 표준화된 테스트의 역사, 표준화 검사가 어떻게 발전되어 왔는가?
- 상이한 의도와 표준화 검사의 사용

알고 할 수 있어야 하는 중요한 지식과 기능

- 타당도와 신뢰도의 개념
- 규준참조평가와 준거참조평가의 특성

영속적이 되는 이해

- 그들이 타당하고 신뢰할 수 있는지를 결정하기 위해서 어떻게 교실평가를 하는가?
- ______를 위한 타당하고 신뢰할 만한 평가를 어떻게 발전시키는가?

그림 4-3

〈워크시트 4-1〉에 해당하는

단계 1

교육과정의 우선순위 설정하기	**백워드 설계 과정**		
	1단계: 바라는 결과 확인하기	2단계: 수용 가능한 증거 결정하기	3단계: 학습 경험과 수업 계획하기
영양 단원	A ▶ 영속적인 이해 B ▶ 본질적 질문 C ▶ 지식과 기능	D ▶ 수행 과제 ● 수행 과제 청사진(D) E ▶ 퀴즈, 테스트, 단서 F ▶ 자발적인 증거 G ▶ 자기평가 ● 다른 증거들을 위한 설계(E, F, G)	H ▶ 학습 경험과 교수의 계열

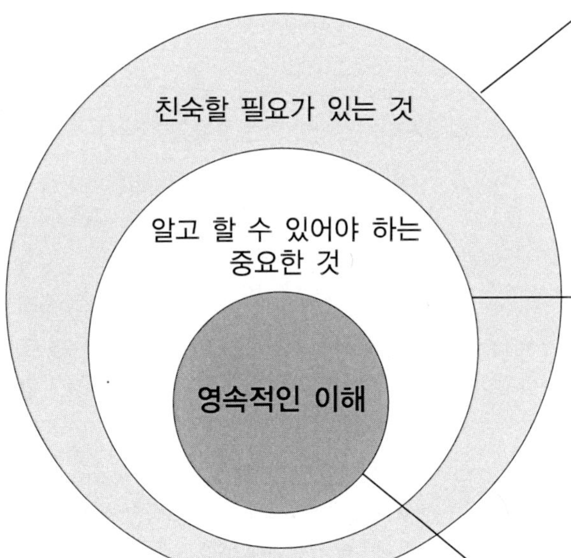

친숙할 만한 가치가 있는 지식

- 일반적인 식사 패턴과 과거로부터의 메뉴
- 식이 제한이 필요한 상이한 조건들(예를 들어, 고혈압, 당뇨병, 위궤양)

알고 할 수 있어야 하는 중요한 지식과 기능

- 각 식품군에서 음식의 유형과 그들의 영양적 가치
- USDA 음식 피라미드 지침들
- 음식 명칭에 대한 영양 정보의 이해

영속적이 되는 이해

- 균형 잡힌 식사는 육체적 건강과 정신적 건강에 기여한다.
- 식이 요건은 나이, 활동량, 몸무게, 그리고 총괄적인 건강 등 다양한 개인 상태에 따라서 다르다.

그림 4-4

〈워크시트 4-1〉에 해당하는

단계 1

교육과정의 우선순위 설정하기

미국혁명 단원

백워드 설계 과정

1단계: 바라는 결과 확인하기	2단계: 수용 가능한 증거 결정하기	3단계: 학습 경험과 수업 계획하기
A ▸ 영속적인 이해 B ▸ 본질적 질문 C ▸ 지식과 기능	D ▸ 수행 과제 ● 수행 과제 청사진(D) E ▸ 퀴즈, 테스트, 단서 F ▸ 자발적인 증거 G ▸ 자기평가 ● 다른 증거들을 위한 설계(E, F, G)	H ▸ 학습 경험과 교수의 계열

친숙할 만한 가치가 있는 지식

- 미국혁명의 원인과 이해에 대한 몇몇의 상반되는 이해들
- 미국의 특정 집단(뱃사람, 서부 개척민, 뉴잉글랜드의 농부, 상인과 수공업자, 아프리카 미국인, 노예와 해방된 노예, 그리고 미국의 인디언들)이 영국인과의 갈등에 반응하고, 그 기간 동안에 각 집단이 경험한 일종의 변화의 방식
- 17세기 초반부터 대서양 연안에서 일어난 영국 식민지의 혁명

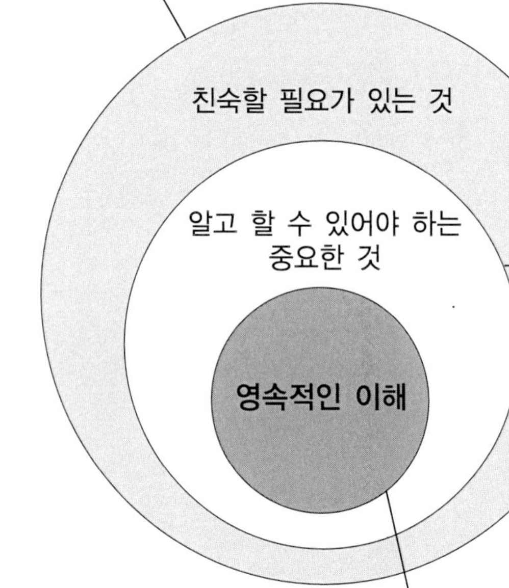

알고 할 수 있어야 하는 중요한 지식과 기능

- 사회적 · 경제적인 구조와 혁명 기간 동안의 사상들인 주요 사건들은 1763년 후에 식민지에 대한 영국의 정책 변화를 포함한다. 영국의 정책 운동에 대한 다양한 식민지의 반응, 상이한 지역에서 식민지 사회의 구조, 전쟁에서의 주요한 전환점, 파리협정에 따라서 정부에서의 변화와 1780년대의 법률, 혁명과 헌법의 주요한 특징, 그리고 비준 과정 동안의 주요 논의
- 역사가들은 인류평등주의와 자유주의의 원리에 기초한 새로운 국가와 자유를 위하여 애쓰는 사람들부터, 엘리트 식민지에 따라서 그들의 위치와 그들의 영역을 유지하고자 노력하는 사람들까지 미국혁명의 원인과 의미에 대해서 의견이 다르다.

영속적이 되는 이해

- 미국인들은 수많은 이유로 반란을 하지만 그들의 식민정부는 영국인들에게 오랫동안 억압받아 왔다. 자유와 평등(예를 들어, '조세 법정주의')에 대한 이상(ideal)은 반란을 정당화하는 이 기간 동안(오래된 생각들에 기초하여) 식민지 상류층이 발달시켰다. 일단 이상(ideal)이 개발되면, 그 이상은 다른 민족에게 다른 의미를 가진다.
- 새로운 국가는 미국 독립전쟁 동안에 만들어졌지만, 나중에 더 세월이 흐른 후에야 비로소 미국의 민족주의가 반란과 폭동에 대한 강한 동기 부여가 되었다.

그림 4-5

〈워크시트 4-2〉에 해당하는

단계 1

필터를 이용하여 가능한 이해를 목표로 삼기	백워드 설계 과정		
	1단계: 바라는 결과 확인하기	2단계: 수용 가능한 증거 결정하기	3단계: 학습 경험과 수업 계획하기
정부 단원	A ▸ 영속적인 이해 B ▸ 본질적 질문 C ▸ 지식과 기능	D ▸ 수행 과제 ● 수행 과제 청사진(D) E ▸ 퀴즈, 테스트, 단서 F ▸ 자발적인 증거 G ▸ 자기평가 ● 다른 증거들을 위한 설계(E, F, G)	H ▸ 학습 경험과 교수의 계열

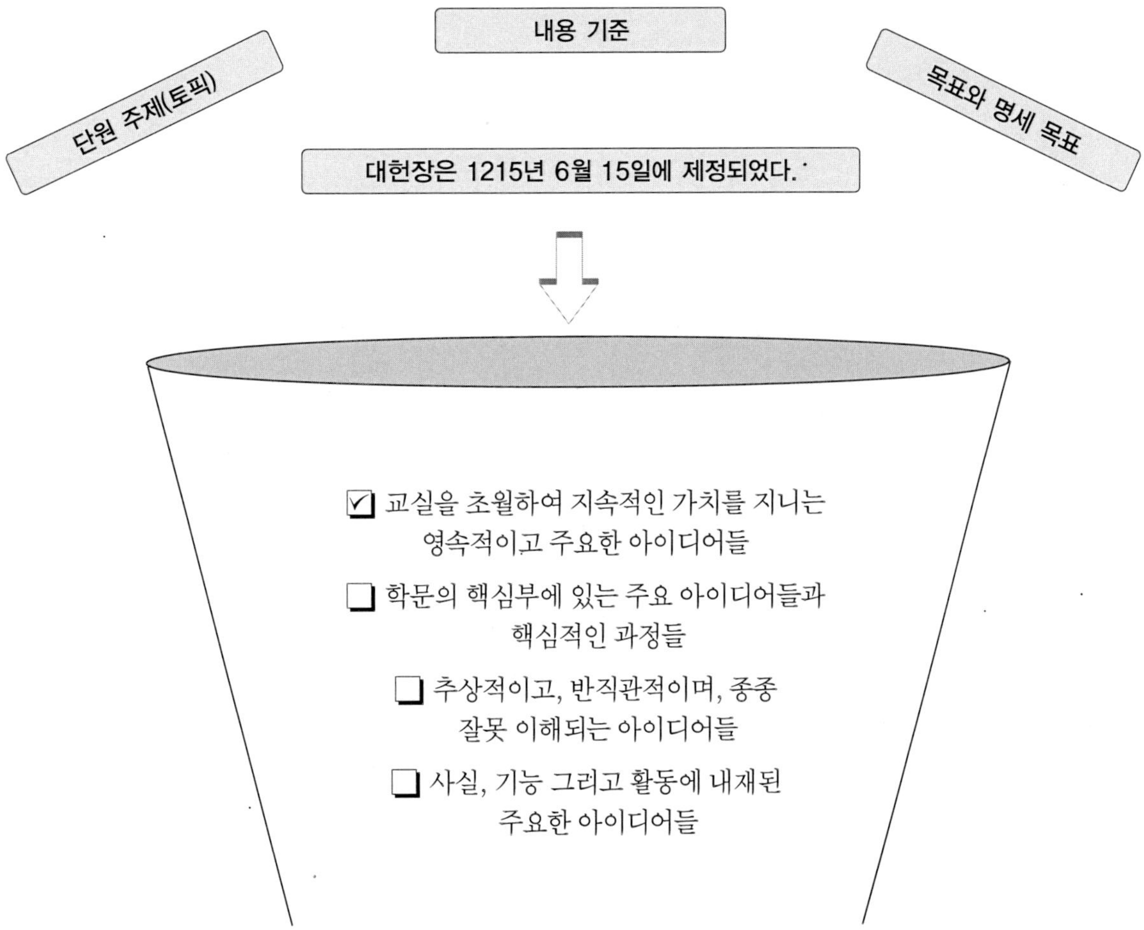

가능한 영속적인 이해

- 민주적인 정부는 개인의 권리와 공공선 사이의 균형을 맞추어야 한다.
- 성문법은 권리의 존속 기간과 정부 권한의 한계를 공포한다.

그림 4-6

〈워크시트 4-2〉에 해당하는

단계 1

필터를 이용하여
가능한 이해를
목표로 삼기

사과 단원

백워드 설계 과정

1단계: 바라는 결과 확인하기	2단계: 수용 가능한 증거 결정하기	3단계: 학습 경험과 수업 계획하기
A ▸ 영속적인 이해 B ▸ 본질적 질문 C ▸ 지식과 기능	D ▸ 수행 과제 ● 수행 과제 청사진(D) E ▸ 퀴즈, 테스트, 단서 F ▸ 자발적인 증거 G ▸ 자기평가 ● 다른 증거들을 위한 설계(E, F, G)	H ▸ 학습 경험과 교수의 계열

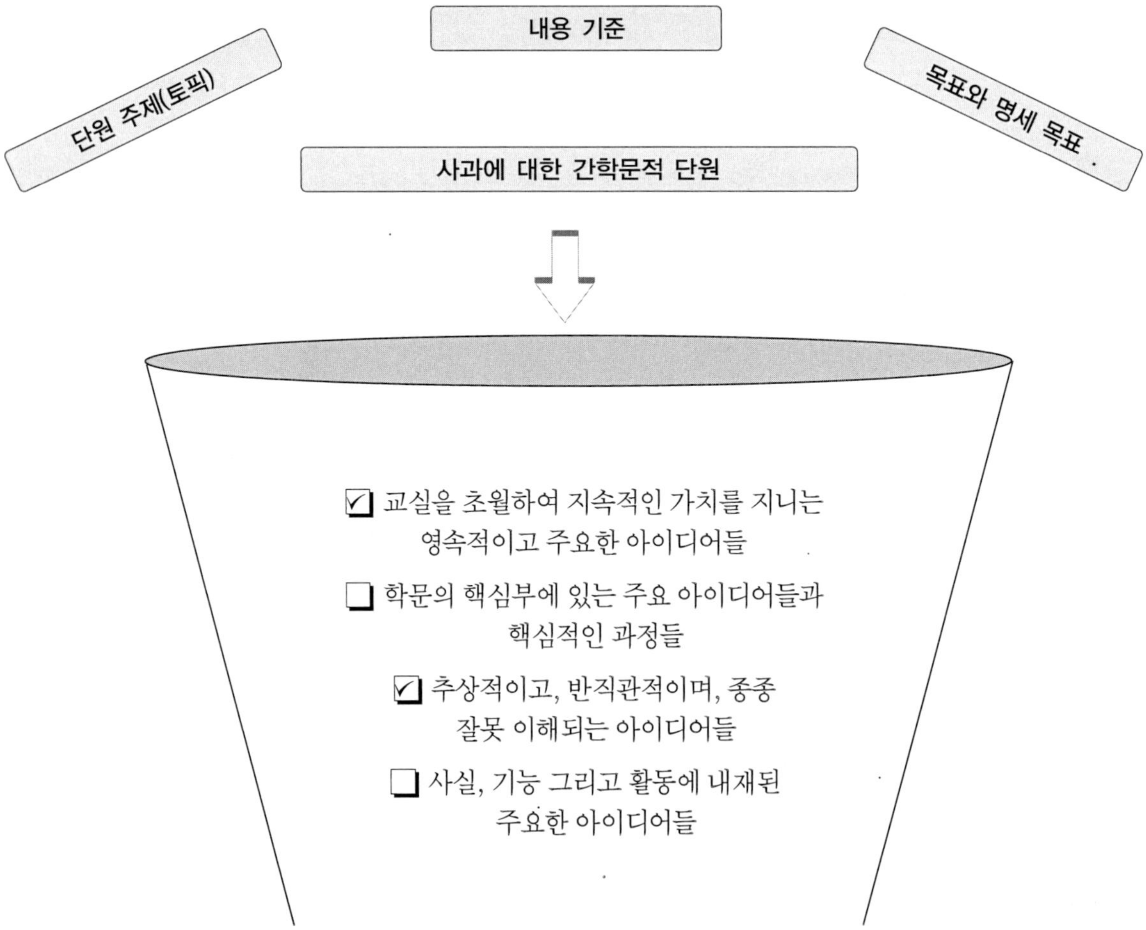

가능한 영속적인 이해

- 생물은 시간에 따라 성장하고 변화한다.
- 수확기에는 다양한 문화에 따라서 축하 행사를 갖는다.
- 지역의 자연자원은 주민의 생활 방식과 가계에 영향을 준다.

그림 4-7

〈워크시트 4-2〉에 해당하는

단계 1

필터를 이용하여 / 가능한 이해를 / 목표로 삼기

풍자 단원

백워드 설계 과정

1단계: 바라는 결과 확인하기	2단계: 수용 가능한 증거 결정하기	3단계: 학습 경험과 수업 계획하기
A ▸ 영속적인 이해 B ▸ 본질적 질문 C ▸ 지식과 기능	D ▸ 수행 과제 ● 수행 과제 청사진(D) E ▸ 퀴즈, 테스트, 단서 F ▸ 자발적인 증거 G ▸ 자기평가 ● 다른 증거들을 위한 설계(E, F, G)	H ▸ 학습 경험과 교수의 계열

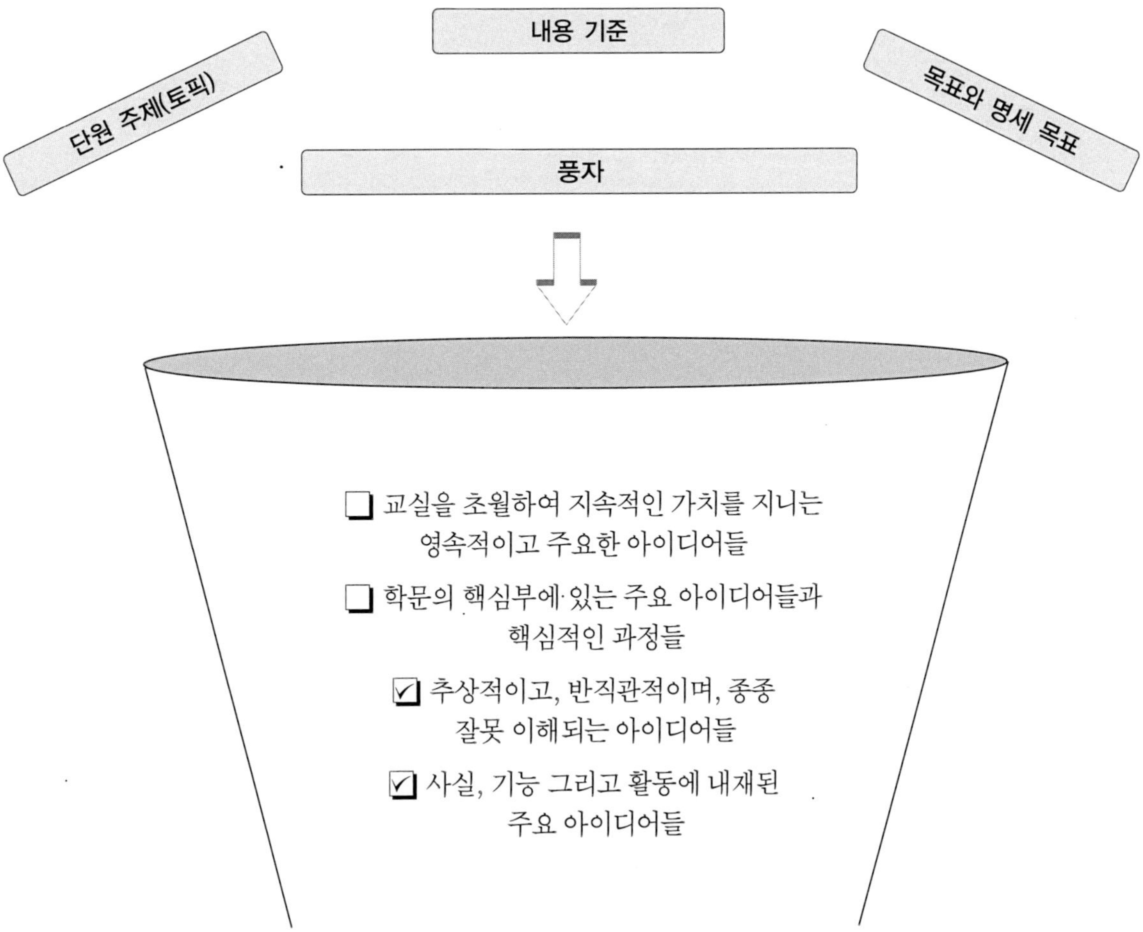

가능한 영속적인 이해

- 저자는 그들이 의미하는 것이 무엇이고 그들이 말하는 것이 무엇을 의미하는지를 항상 명확하게 표현하지 않는다(문학적으로).
- 풍자는 대중을 웃음거리로 만들고, 아이러니나 비꼬기, 빈정거림, 과장된 표현을 통해서 정치적으로 비도덕적이고 어리석음을 드러내고자 한다(풍자는 단지 타인을 웃기는 것은 아니다).

그림 4-8

〈워크시트 4-2〉에 해당하는

단계 1

필터를 이용하여 가능한 이해를 목표로 삼기	백워드 설계 과정		
과학적 방법 단원	1단계: 바라는 결과 확인하기 A ▸ 영속적인 이해 B ▸ 본질적 질문 C ▸ 지식과 기능	2단계: 수용 가능한 증거 결정하기 D ▸ 수행 과제 ● 수행 과제 청사진(D) E ▸ 퀴즈, 테스트, 단서 F ▸ 자발적인 증거 G ▸ 자기평가 ● 다른 증거들을 위한 설계(E, F, G)	3단계: 학습 경험과 수업 계획하기 H ▸ 학습 경험과 교수의 계열

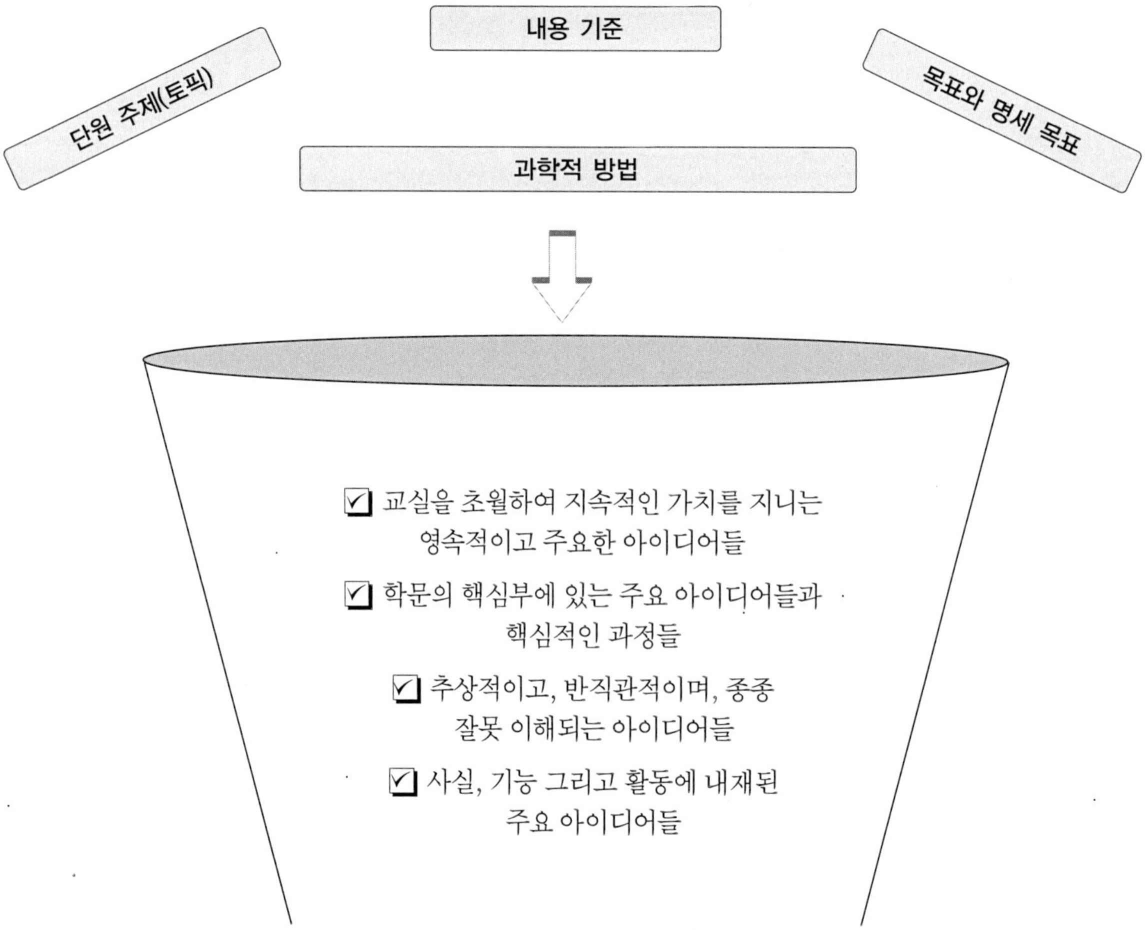

가능한 영속적인 이해

- 과학적인 지식은 신중하게 통제된 관찰을 통해서 발전된다.
- 과학적인 방법은 핵심적인 변인을 신중하게 분리하고 통제한다.

워크시트 4-1

[그림 4-2]~[그림 4-4]
에 해당하는

단계 1

교육과정의 우선순위 설정하기

백워드 설계 과정

1단계: 바라는 결과 확인하기	2단계: 수용 가능한 증거 결정하기	3단계: 학습 경험과 수업 계획하기
A ▸ 영속적인 이해 B ▸ 본질적 질문 C ▸ 지식과 기능	D ▸ 수행 과제 ● 수행 과제 청사진(D) E ▸ 퀴즈, 테스트, 단서 F ▸ 자발적인 증거 G ▸ 자기평가 ● 다른 증거들을 위한 설계(E, F, G)	H ▸ 학습 경험과 교수의 계열

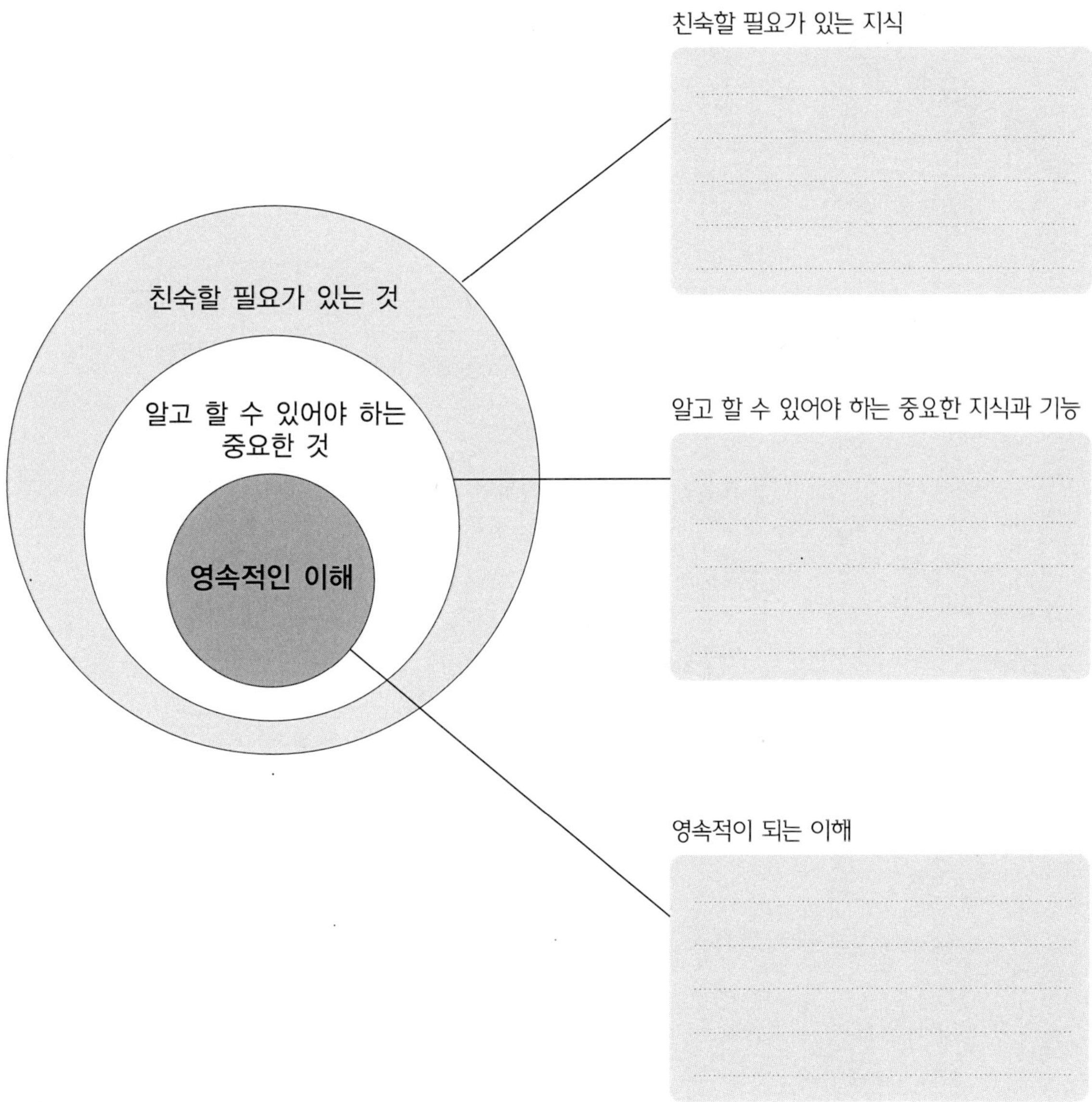

워크시트 4-2

[그림 4-5]~[그림 4-8]
에 해당하는

단계 1

수용 가능한 / 증거 / 결정하기

백워드 설계 과정

1단계: 바라는 결과 확인하기	2단계: 수용 가능한 증거 결정하기	3단계: 학습 경험과 수업 계획하기
A ▸ 영속적인 이해 B ▸ 본질적 질문 C ▸ 지식과 기능	D ▸ 수행 과제 ● 수행 과제 청사진(D) E ▸ 퀴즈, 테스트, 단서 F ▸ 자발적인 증거 G ▸ 자기평가 ● 다른 증거들을 위한 설계(E, F, G)	H ▸ 학습 경험과 교수의 계열

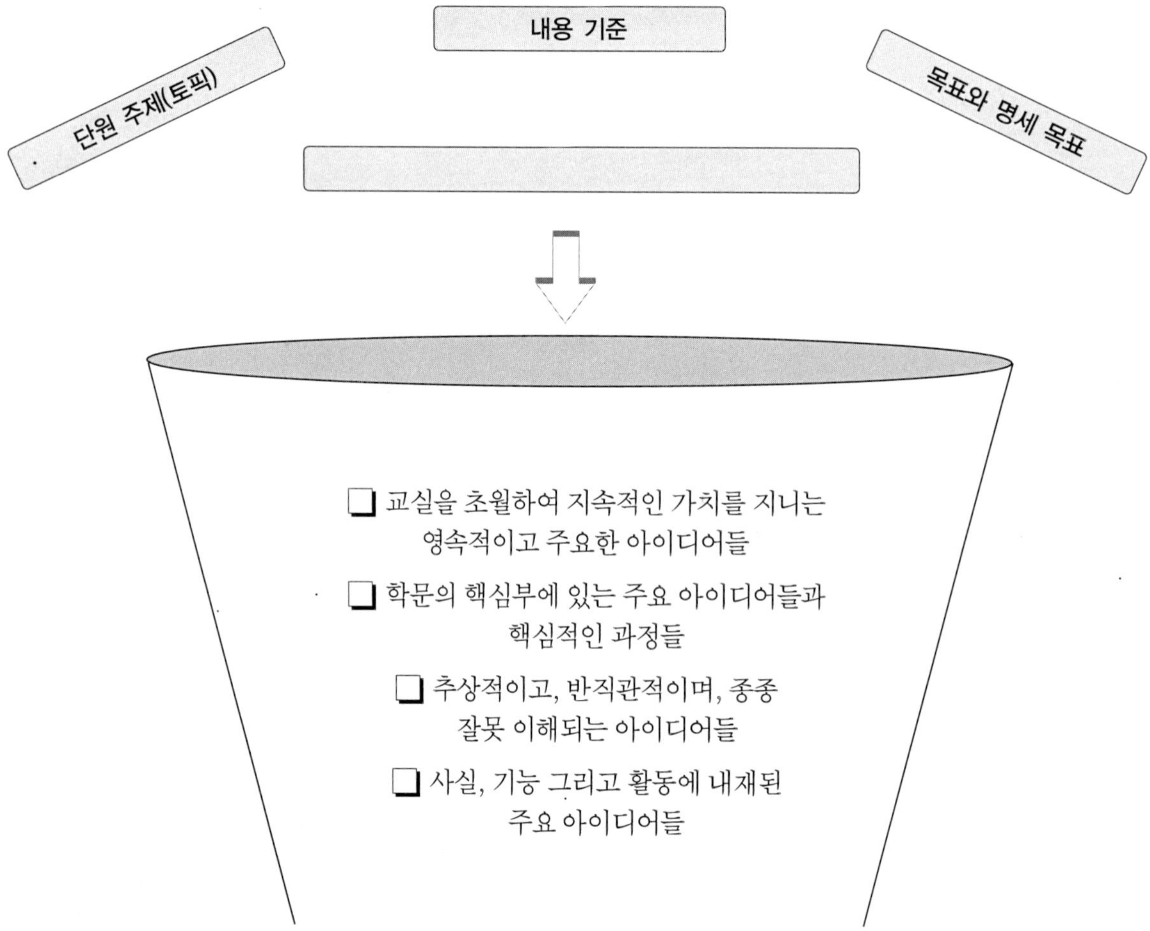

가능한 영속적인 이해

....

....

....

MODULE 5

토픽과 기능에서 이해로

설계 과정과 템플릿은, 목표로 삼은 이해를 진술하는 데 있어서
단지 토픽으로만 진술하는 것과는 대조적으로 명제의 형태로 진술할 것을 요구한다.
목적(목표)은 단지 탐구 영역이 무엇이 될 것인가가 아니라 학습되어야 할 것이 무엇인지를
명확하게 진술하는 것이고, 단지 교사가 커버해야 하는 것이 아니라
학생들이 성취해야 하는 것이다.

모듈 이용하기

워크시트 3-2

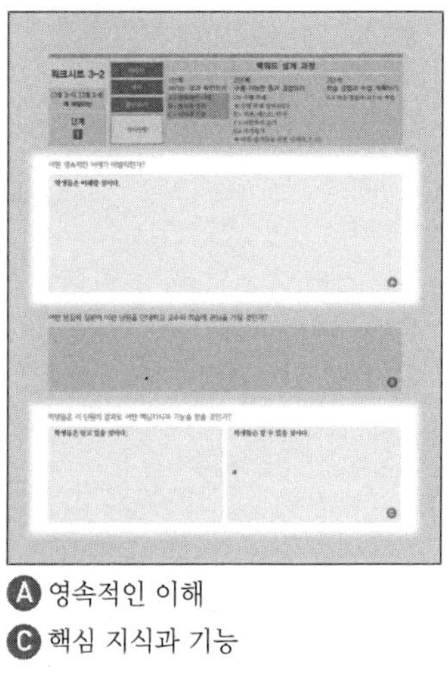

A 영속적인 이해
C 핵심 지식과 기능

단원이나 코스의 초점으로 이해를 선정할 때, 설계자는 이해되어야 할 것이 무엇인지를 분명하게 진술하도록 요청받는다. 목표로 설정된 이해를 단지 토픽으로만 진술하게 되면, 결과로 성취되어 나타났으면 하고 의도되는 구체적인 이해 대신에, 교사들은 전형적으로 내용에 관한 모호한 말이나 단어들만 제공하게 된다. '나는 학생들이 남북전쟁을 이해하기를 원한다.' 혹은 '나는 학생들이 우정을 이해하기를 원한다.'고 말하는 것은 구체적으로 학생들이 그 주제(토픽)에 관해서 이해해야 하는 것이 무엇인지에 관해서 아무것도 말하지 않는 것과 같다. 비록 '나는 학생들이 남북전쟁의 원인과 결과를 이해하기를 원한다.' 혹은 '친구는 가족과 다른 것이다.' 라는 주제에 대해 제한된 초점을 가지고 있더라도, 여전히 이러한 진술은 교사가 학생들이 이해하기를 원하는 원인과 결과에 대해서 통찰해야 할 것을 정확하게 열거하지는 못한다.

무엇이 가장 중요한지에 관해 교사나 학생에게 보다 명확한 것을 제공하기 위해서 우리는 바라는 결과를 용어나 단어가 아니라 일반화나 명제 형태로 진술할 것을 추천한다. 일반화로서 바라는 결과를 진술하는 것은 교수와 평가에 대한 보다 분명한 목표물을 제공한다. 예를 들어, 단원의 목표를 학

생들이 '남북전쟁의 원인'을 이해하는 것으로 진술하는 것은 예상되는 원인과 결과에 관해서 구체적으로 무엇을 이해하는지를 말하지 않는 것과 같다. 이와는 대조적으로 '남북전쟁은 노예의 도덕성보다 주 권리의 이슈들로 인해 일어났다.'는 것은 단지 그 주제(토픽)가 아니라 의도된 통찰을 요약한, 일반화된 완전한 문장이다. 바라는 이해를 구체적인 일반화로 진술하는 것은 그러한 이해를 지원하기 위해서 어떤 특정한 지식, 활동 그리고 평가가 필요한지를 설계자와 교사가 보다 쉽게 깨닫도록 해 준다. 이와 유사하게 '진정한 우정은 어려울 때 드러난다.'는 것과 같은 영속적인 이해는 우정에 대한 단원을 명확하게 한다.

아무리 구체적으로 진술된다고 하더라도 모든 일반화는 추상적인 것이다. 교사에게 분명한 것이 학생들에게는 분명한 것이 아닐 수 있다. 만약 진정한 이해가 달성되려면 사실상 이해하기 어려운 개념과 반직관적인 아이디어들이 탐구되고 이해되며, 검증되어야 한다.

이해를 단원의 목적으로 하는 것은 마치 그것이 사실인 것 같은 문장으로 일반화를 학습하는 것보다 많은 것을 포함하고 있어야 한다. 교수는 만약 학생들이 단지 주장에 보다 친숙해지고 그것의 의미와 중요성을 통찰한다면, 단지 표면적인 이해가 아니라 심층적인 이해를 수반하게 된다. 정말로 교사들이 의도된 이해를 단순하게 진술하거나, 의도된 이해를 교과서에서 단순히 지적하는 행위는 복잡한 아이디어를 학습하여야 할 단어들로 다루고 있는, 표면적인 학습이 저지르는 주요 실수다. 교사들은 다만 학생들이 아이디어의 의미를 탐구하고 자신들의 지혜를 확고하게 하는 것에 도움이 되어야 한다.

영속적인 이해: 범교과적이고 특정 토픽에만 제한적인

어떤 영속적인 이해는 다른 것보다 더 구체적이다. 〈표 5-1〉에 있는 일반화를 생각해 보라. 이 예시들은 이해가 추상적인 개념과 일반화의 상이한 정도를 포함하는 것을 제시하고 있다. 첫 번째 칸에서의 이해는 두 번째 칸에서의 이해보다 더 추상적이거나 일반적이다. 이러한 목표들은 그것들이 두 번째 칸에 있는 특정 단원의 이해에 대해서 보다 광범위한 맥락과 이론적인 해석을 제공해 주기 때문에 '포괄적인 이해'로 진술할 수 있다. 그것들은 보다 전이 가능한 지식을 지향하며, 특정한 지식들을 초월한다. 두 번째 칸은 우리가 그것들을 '특정 주제에 제한적인 이해'로 언급하는 것으로 특정 토픽에 한정되는 통찰을 보여 준다. 두 유형은 템플릿의 상자 A 안에 둘 수 있다.

전이 가능한 주요 아이디어에 초점을 두는 것은(포괄적인 이해로서 구조화된) 이해를 위한 효과적인 교수의 핵심이다. 교사로서 우리의 목표는 단지 우리가 즐겁게 발견하는 것, 혹은 이미 알고 있는 것을 가르치는 것이 아니다. 그것은 학생들에게 현재와 미래의 노력에서 관련성, 통찰 그리고 적용의 강력한 자원을 제공한다. 이러한 작업은 단원의 개별적인 내용을 넘어서는 주요 아이디어에 초점을 두는 것이며, 그래서 학교 공부를 좀 더 지적인 데 초점을 두고, 일관성과 적용 가능성을 제공하도록 하는

<표 5-1> 영속적인 이해: 범교과적인 것과 특정 토픽에 제한적인 것

영속적인 이해	
범교과적인 포괄적인 것	특정 토픽에 제한적인 것
예술 위대한 예술가는 종종 그들이 보고 느끼는 것을 보다 잘 표현하기 위해서 이미 만들어진 전통, 관습 그리고 기술을 깨뜨린다.	인상주의에 관한 단원 인상주의 화가들은 매일의 삶을 표현하기 위해서 창의적인 페인팅 기술을 사용하였다. 그들은 특정 순간에 반사적인 빛의 인상을 표현하기 위해서 색, 빛 그리고 그림자를 사용한다.
문학 현대 소설들은 보다 진실되고 참여적인 내러티브를 말하기 위해서 수많은 전통적인 스토리의 요소와 규준을 뒤집는다.	『호밀밭의 파수꾼』에 관한 단원 Holden Caulfield는 '뛰어난 모험심'에 관해서 보통의 아이가 아니라 친구들이 멀리하는 소외된 반영웅이다.
역사/정부 대통령도 법 앞에서는 평등하다. 민주주의는 단지 자유나 압력이 아닌 용기 있는 것을 요구한다.	미국 헌법에 관한 단원 Watergate 사건은 주요한 헌정상의 위기였다(세 번째 도둑질이나 정당 간에 유익한 경쟁이 아니다).
과학 중력은 물리적인 것이 아니라 떨어지는 물체의 가속도의 비율을 기술하는 용어다.	중력에 관한 단원 각과 하강 거리가 아닌 수직 높이는 떨어지는 물체의 최종 속도를 결정한다.
경제 가격은 공급과 수요의 작용이다.	현금과 도입 경제에 관한 단원 Beanie Baby의 초기 비용은 그것의 최후의 성과 가치와 관련이 없다. 수요와 효용은 주어진 시점에 그것의 가치를 결정한다.
수학 공준은 논리적으로 어떤 공리적인 체제에 선행하지만, 종종 그것들은 핵심적인 정리를 정당화해 주는 사실 이후 오랫동안 발전되어 왔다.	평행조건에 관한 단원 평행선 공리는 그것의 난해성과 정리 같은 성질에도 불구하고 유클리드 기하학에서 중요한 기초가 된다.

것을 의미한다.

특정 토픽에만 제한적인 이해와 범교과적인 포괄적 이해 사이에 차이점은 분명하지 않다. 교재 내용의 우선순위, 단원에 할당된 시간과 학생들의 나이, 코스 내용의 범위와 같은 변인은 목표로 설정된 이해의 폭에 영향을 준다. 그럼에도 불구하고 우리는 설계자들이 이해의 종류 둘 다를 선정하고 구조를 만들 때 다음의 원리를 고려하도록 권장한다.

- 영속적인 이해는 특정 토픽에 제한적인 것과 범교과적인 포괄적인 것 두 가지 종류가 있다. 특정 토픽에 제한적인 이해는 단원의 토픽에 대해서 구체적이다. 그것들은 단원의 구체적인 내용 지식과 기능에서 나온 일반화를 포함하고 있다. 포괄적인 이해는 범위에서 좀 더 광범위하다. 그것들은 단원의 내용 지식을 넘어서서 일반화를 포함한다. 그래서 다른 단원과 코스들을 연결

시키는 역할을 한다.

- 단원은 전이 가능한 작은 수의 주요 아이디어에 초점을 두어야 한다(포괄적인 이해).
- 두 종류의 영속적인 이해는 일반화나 명제로서 훌륭하게 진술된다.
- 비록, 추상적이더라도 목표로 설정된 이해는 구체적인 추상화로서 애매하지 않게 진술되어야 한다.
- 전형적으로 포괄적인 이해는 특정 토픽에 제한적인 이해보다도 보다 더 개념적인 관련성에 초점을 두어야 한다.

기능과 이해

우리가 이 핸드북에서뿐만 아니라 UbD에서 반복적으로 언급하고 있는 것은 우리의 설계 작업이 다음의 조건문에 기초하고 있다는 점이다. 즉, 만약 당신이 이해를 목적으로 삼고 있다면, 특정 설계는 다음에 따라 움직여야 한다. 이 조건문은 교육에서 수많은 적절한 목표가 깊이 있는 이해를 요구하지 않는다는 것을 반영하고 있다(예를 들어, 기능, 경향, 태도 그리고 사실적인 지식). 템플릿은 단원에 대한 분리된 지식과 기능 목표를 주목하기 위해서 공간(상자 C)을 제공함으로써 차별되는 특징을 반영한다.

그러나 기능과 이해 사이의 차별되는 특징은 그것이 처음 보이는 것만큼 그리 간단하지 않다. 예를 들어, 일기, 세계 언어, 체육 교육 그리고 대수학에서 기능에 초점을 둔 수많은 교사들은, 자신들의 교수가 그러한 아이디어를 거의 포함하지 않고 있기 때문에 그러한 주요 아이디어의 이해에 관해서 걱정할 필요가 없다고 본다고 이야기해 왔다. 그들은 종종 그러한 이해가 차지하고 있는 템플릿 상자 A를 빈칸으로 남겨 두길 원한다.

스페인어 문장을 영어로 번역하는 텍스트를 디코드하기 위한 학습, 농구공을 드리블하거나 연립 방정식을 푸는 것은 실제로 대부분의 기능을 포함한다. 여기에서 어떤 이해는 번역이나 적용의 규칙들과 질문에서 기능을 수행하기 위한 적절한 어휘를 이해하는 낮은 단계가 될 수 있다. 예를 들어, 실제로 무엇을 하고 있는 것인지에 대한 이해 없이도 사람들은 대수학에 매우 능숙하게 될 수 있는 것이다. 왜 알고리즘들이 정확한 대답을 찾아내기 위하여 작용하는지를 알 필요가 없다.

그러나 우리는 중요한 개념과 이해가 종종 모든 기능 발달에서 함축적이거나 포함되어 있다는 것을 논의해야 한다. 만약 기능에 함축되어 있는 기저 원리, 논거 혹은 전략들을 배우지 않는다면, 진정한 전문성을 개발하는 일은 최상의 수준에서 기능을 사용하는 것이 항상 혁신, 훌륭한 판단, 그리고 효율성과 관련되어 있기 때문에 불가능할 것이다. 숙련되기 위해서는 단지 단서에 따라 단편적이고 산발적인 움직임을 산출하는 것이 아니라 의도적이고 전략적으로 활동이 이루어져야 한다. 이러한 효율성과 효과성은, 비록 사람이 어떤 것을 수행해 나갈 때 그러한 원리에 관해서 자기의식적으로 사

〈표 5-2〉 기능과 이해 비교

기능	이해
텍스트 읽기	스토리에서 저자의 의미는 좀처럼 명백하지 않다. 우리는 행간을 읽어야 한다.
축구에서 득점 기회를 만들기	가능한 넓고 깊게 펼쳐진 방어를 위한 공간을 만들 필요가 있다.
스페인어로 방향 묻기	이해된 것이든 어떻든 간에 앎은 언어적인 것뿐만 아니라 비언어적인 피드백을 필요로 한다.
대중에게 설득적으로 말하기	종종 설득은 주장의 논리성과 합리성에 상관없이 특정한 바람, 필요, 희망, 그리고 청중의 두려움에 대해서 감정적으로 호소하는 것과 관련이 있다.

고하지 않거나 그것들을 언어화하지 않더라도 작동하고 있는 몇 가지 핵심적인 원리를 이해하는 것이 필요하다(이러한 주제는 기능과 이해의 참 수행평가에서 필요한 논의를 모듈 11에서 보다 더 상세하게 살펴본다).

〈표 5-2〉의 예시은 이러한 차이를 더욱 분명하게 보여 준다. 첫 번째 칸에서의 '기능'과 두 번째 칸에서 거기에 상응하는 '이해'를 고려해 보라. 이 예시들은 만약 교사들이 충분히 능숙하게 발전되기를 바란다면, 몇몇의 주요 전략적인 아이디어나 원리가 단편적인 기능에 따라서 가르칠 필요가 있다는 것을 제시한다.

이렇듯 포함되어 있는 이해를 얼마나 강조할 것이고, 귀납적이거나 직접적인 교수를 통해서 이해를 어떻게 기술할 것인지를 결정하는 것은 이 시점에서 이루어지는 것이 아니라 3단계에서 이루어져야 한다. 여기에서 우리의 목적은 반성과 토론에 기초해서 가치 있는 이해를 발견할 수 있도록 하는 것이다. 여기에서 가치 있는 이해란 기능 목표에 내재 되어 있다는 것을 교사들에게 경각시키는 것이다.

■ ■ ■ ■ ■

이 모듈에서 우리는 설계자가 토픽과 기능을 특정 토픽에 제한적이고 포괄적인 이해로 옮겨 갈 수 있도록 도울 수 있는 다양한 워크시트와 설계 도구를 제공한다.* 〈워크시트 5-1〉은 설계자가 범교과적이고 특정 토픽에 제한적·영속적인 이해의 두 가지 유형을 확인하는 데 도움을 준다. [그림 5-1]과 [그림 5-2]는 토픽에서 이해로 옮겨가기 위한 네 가지 예시를 제공한다. 설계자들은 그들

* 이러한 문제에 관한 우리의 생각을 세련되게 하는 데 도움을 주기 위해 Lynn Erickson을 소개한다. 이 모듈에 제시되는 대부분의 아이디어들은 그녀의 비평과 사례들에서 나온 것이다. 단순한 사실을 넘어서서 영속적인 이해에 관해 실제적 아이디어에 관심을 가지는 독자들은 그녀의 뛰어난 저서를 읽음으로써 고무될 것이다. 『개념중심 교육과정과 수업(Concept-Based Curriculum and Instruction)』(Erickson, 1998)

자신의 단원을 위해서 〈워크시트 5-2〉를 사용한다.

[그림 5-3]과 [그림 5-4]는 기능과 과정이 이해로 옮겨 갈 수 있도록 하는 네 가지 예시를 제공한다. 〈워크시트 5-3〉은 구체적인 단원에 사용할 수 있다. [그림 5-5]는 내용에서 특정 토픽에 제한적인 이해로 옮겨 가는 예시를 제공한다. [그림 5-6]은 특정 토픽에 제한적인 것에서 포괄적인 이해에 이르는 것이다. 각각은 여기에 해당되는 워크시트를 가지고 있다(각각 〈워크시트 5-4〉와 〈워크시트 5-5〉). [그림 5-7]은 일반화를 형성해 주는 개념들을 연결하기 위한 전략을 기술하고, 여기에 뒤따르는 워크시트를 가지고 있다(〈워크시트 5-6〉).

오개념 주의하기!

• 지역과 주의 내용 기준과 우리가 영속적인 이해라고 부른 것과 혼돈하는 일이 흔히 있다. 종종 초보 설계자는 템플릿의 상자 A 안에 그들의 주나 지역의 기준만을 진술할 필요가 있다고 생각한다. 그러한 기준은 단원 커버 페이지의 템플릿에 속한다. 비록 기준이 이해를 나타내고 있다고 하더라도 그들의 구조는 항상 단원 설계에서 부적합하다. 단원의 목표를 "학생들은 물의 순환을 이해하게 될 것이다."라고 말하는 것은 불충분하다. 설계자는 학생들이 물의 순환에 대한 그들의 학습으로부터 가져오게 되는 특정한 이해를 확인함으로써 한 단계 더 나아가게 된다. 다시 말해 목표들은 구체적인 일반화나 명제 형태로 구조화할 필요가 있다는 것이다.

일반화나 명제 형태로 이해를 구조화하는 것은 필요조건이지 충분조건은 아니다. 단순히 명제를 진술하는 것은 진술된 이해가 구체적이거나 영속적인 것이라는 것은 확실하게 해 주지는 않는다. 예를 들어, '인생은 불공평하다.'는 명제를 학생들이 이해하기를 원하는 것은 너무 모호해서 구체적인 기준과 관련된 단원의 설계를 제공하는 데 불충분하다.

유사하게 '명제'나 '일반화'를 문장과 동등하게 취급하는 것은 오개념이다. '학생들은 남북전쟁의 원인과 결과를 이해할 것이다.'라는 문장은 명제가 아니다. 이것은 이해할 가치가 있는 남북전쟁에 대한 구체적인 요구나 통찰을 제안하지 않는다. 단지 토픽들을 다루고 있고, 그것을 문장 형식으로 표현하고 있을 뿐이다(보다 적절하게 말로 표현된 예시들은 [그림 5-1]과 [그림 5-2]에서 보여 주고 있다).

• 기준 장면에서 흔히 사용되는 문구인 '학생들은 ~하는 것을 이해하게 될 것이다.'라는 문장은 이해를 구성하는 데 혼동의 잠재적인 자원을 제시한다.
• 종종 '~하는 것을 이해하는 것'의 용어는 느슨하게 사용되고, '~하는 것을 학습하는 것'과 비슷한 의미로 사용된다. 실제로 기술되고 있는 것이 단순하고 단편적인 기능(예를 들어, 필기체로 글을 쓰거나 농구공을 드리블하는 것)일 경우, 바라는 성취는 이해가 아니라 기능이다. 그러한 단편적인 지식과 기능의 명세 목표들은 템플릿에서 상자 C에 놓이게 된다.
• 단순한 기술이나 처방을 학습하는 것은 어떤 것을 하는 요령을 이해하는 것과 동일한 것이 아니다. 예를 들어, 흔한 실수는 학생들이 형식적이고 진부한 다섯 단락의 에세이를 쓰는 요령을 가르침으로써 '설득적인 글쓰기 요령을 이해하기'라는 기준을 단순하게 조작하는 것이다. 최소한 '~하는 것을 이해하는 것'은 학생들이 다양한 맥락에서 사용하는 전략의 다양성을 학습할 필요가 있다는 것을 암시한다. 주요 아이디어가 아니라 이해가 문제가 되는 경우에는 템플릿의 상자 C 안에 기능을 둔다.
• 그러나 '~하는 것을 이해하는 것'이 기저가 되는 개념과 원리에 대한 사려 깊은 주의를 필요로 하는 기능을 의미할 때, 교사들은 기능뿐만 아니라 이해를 다루게 된다. 예를 들어, '설득적으로 글을 쓰는 요령을 이해하는 것'은 상이한 맥락과 대상을 교차하여 사용하는 경우에 훌륭한 판단과 일련의 기능뿐만 아니라 설득의 개념에 대한 통찰력도 필요로 한다. 우리는

상자 C에 이러한 쓰기 기능을 두고, 상자 A에는 거기에 동반되는 이해를 둔다.

우리의 예시에서 학생들은 작가로서 수행하는 요령을 이해할 뿐만 아니라 설득적인 글쓰기 수행을 성취하는 데 작용하는 특정 원리를 이해하는 것을 필요로 한다. 다시 말해서 설득적으로 쓰기를 위한 학습에서 학생들은 모든 성공적인 설득 뒤에 놓여 있는 아이디어를 이해하는 것이 기대된다(예를 들어, 광고나 정치적인 선전이 어떻게 이루어지는지). 이러한 요소는 이해의 증거를 수집하기 위한 평가를 위한 중요한 함의점을 가진다. 학생들은 효과적으로 글쓰는 사람이 아니라 설득이 어떻게 이루어지는지(예를 들어, 비평적인 에세이, 광고나 선전)에 대한 이해를 보여야 한다. 혹은 그 반대가 일어날 수도 있다. 왜냐하면 교사들이 교사가 다섯 단락의 '설득적인 에세이' 쓰기에서 기능을 인식하는 것은 학생들이 실제로 설득을 이해하고 그것을 어떻게 달성하는지를 의미하지 않기 때문이다. 학생들은 단지 조리 있고 사려 깊은 글쓰는 사람이 될 수 있다.

여기서 또 다시 교사들은 설득(혹은 어떤 기능이 기술되는 것인가에 따라)에 관한 바라는 특정한 통찰을 진술하는 도전에 직면하게 된다. 우리는 학생들이 설득(혹은 '과학적인 방법' 또는 '가장 알맞은' 도표 혹은 항해술)에 관해서 무엇을 이해하기를 원하는가? 그래서 그들 각각의 상자 안에 이해의 요소와 기능의 요소 둘 다를 확인하는 것에 더하여, 교육과정 설계자들은 일반화로서 바라는 이해를 진술해야 한다. 예를 들어, '학생들은 종종 성공적인 설득이 대상에게 감정과 가치를 비합리적으로 호소하는 것을 가지고 있다는 것을 이해하게 될 것이다.'

Bob James의 반성

나는 단원에서 나의 원래 목표들이 불충분하다는 것을 깨닫기 시작했다. 영양 단원의 내용 기준은 나의 학생들이 획득하기로 되어 있는 특정한 이해를 구체화하지 않았다. 그 기준은 단지 학생들이 훌륭한 영양의 요소를 이해해야 한다는 것을 진술하고 있다. UbD 실습을 통해서 작업한 후에 나는 구체적인 명제로 단원 목표를 어떻게 만드는지에 관해서 더욱 명확해졌다. 나는 다음과 같은 주요한 세 가지 이해에 초점을 두고 있다.

① 균형 맞춘 식단은 신체적, 정신적 건강에 도움이 된다.
② USDA 음식 피라미드는 영양에 관련된 지침을 제공해 준다.
③ 식단의 조건은 나이, 활동 정도, 몸무게 그리고 전체적인 건강과 같은 다양한 것에 따라서 개인마다 다르다.

그림 5-1

단계 1

토픽에서 / 이해로	1단계: 바라는 결과 확인하기	2단계: 수용 가능한 증거 결정하기	3단계: 학습 경험과 수업 계획하기
남북전쟁과 영양 단원	A ▸ 영속적인 이해 B ▸ 본질적 질문 C ▸ 지식과 기능	D ▸ 수행 과제 ● 수행 과제 청사진(D) E ▸ 퀴즈, 테스트, 단서 F ▸ 자발적인 증거 G ▸ 자기평가 ● 다른 증거들을 위한 설계(E, F, G)	H ▸ 학습 경험과 교수의 계열

백워드 설계 과정

학생들이 특정한 주제(토픽)를 탐구한 결과로서 이해할 수 있게 되기를 원하는 주요 아이디어를 고려하라. 다음의 예시들은 광범위한 토픽에서 토픽의 특정 측면에 초점을 두는 것으로, 구체적인 이해로의 움직임을 기술한 것이다. 바라는 이해가 명세적인, 아직은 추상적인 일반화나 명제 형태로 진술된다는 점을 주목하라.

토픽으로 진술된 용어: 남북전쟁

보다 초점이 모인 토픽으로 진술된 용어: 남북전쟁의 원인과 결과

명세적(구체적)인 일반화로 진술

- 남북전쟁은 주로 지역 경제의 차별과 연관된 각 주들의 권리의 이슈로 인해 분쟁이 되었다.
- 전쟁의 결과는 국가의 정치, 지역의 경제 그리고 문화적 차별성에서 나타났다.

토픽으로 진술된 용어: 영양

보다 초점이 모인 토픽으로 진술된 용어: 좋은 영양 요소

구체적인 일반화로 진술

USDA 음식 피라미드는 음식물이 필요로 하는 것이 나이, 활동 정도, 몸무게 그리고 총괄적인 건강에 따른 다양한 개인차에 따라 다르기 때문에 균형 잡힌 식사를 위한 상관된 지침을 제시한다.

그림 5-2

단계 1

토픽에서 / 이해로	백워드 설계 과정		
	1단계: 바라는 결과 확인하기	2단계: 수용 가능한 증거 결정하기	3단계: 학습 경험과 수업 계획하기
우정 단원과 날씨 단원	A ▸ 영속적인 이해 B ▸ 본질적 질문 C ▸ 지식과 기능	D ▸ 수행 과제 ● 수행 과제 청사진(D) E ▸ 퀴즈, 테스트, 단서 F ▸ 자발적인 증거 G ▸ 자기평가 ● 다른 증거들을 위한 설계(E, F, G)	H ▸ 학습 경험과 교수의 계열

학생들이 특정한 주제(토픽)를 탐구한 결과로서 이해할 수 있게 되기를 원하는 주요 아이디어를 고려하라. 다음의 예시들은 광범위한 토픽에서 토픽의 특정 측면에 초점을 두는 것으로, 구체적인 이해로의 움직임을 기술한 것이다. 바라는 이해가 명세적인, 아직은 추상적인 일반화나 명제 형태로 진술된다는 점을 주목하라.

토픽으로 진술된 용어: 우정

보다 초점이 모인 토픽으로 진술된 용어: 친구, 가족, 아는 사람 그리고 같은 팀의 사람 간의 차이

구체적인 일반화로 진술

진실한 우정은 행복한 시간보다는 고난의 시간을 통해서 보다 잘 보인다.

토픽으로 진술된 용어: 날씨

보다 초점이 모인 토픽으로 진술된 용어: 여러 유형의 심각한 날씨가 초래되는 원인

구체적인 일반화로 진술

- 날씨와 기후 조건은 지구 대기의 안과 밖으로의 에너지 전이의 결과로 유발된다.
- 태양에서 온 에너지는 지구를 비균질적으로 가열하고, 공기의 움직임은 날씨 패턴의 변화를 가져온다.
- 예보를 할 때 날씨 예보자는 즉각적으로 발생하는 많은 다양한 것을 고려해야 한다.

그림 5-3

단계 1

기능이나 과정에서 이해로	백워드 설계 과정		
수영 코스와 설득적 글쓰기 단원	1단계: 바라는 결과 확인하기	2단계: 수용 가능한 증거 결정하기	3단계: 학습 경험과 수업 계획하기
	A ▸ 영속적인 이해 B ▸ 본질적 질문 C ▸ 지식과 기능	D ▸ 수행 과제 ● 수행 과제 청사진(D) E ▸ 퀴즈, 테스트, 단서 F ▸ 자발적인 증거 G ▸ 자기평가 ● 다른 증거들을 위한 설계(E, F, G)	H ▸ 학습 경험과 교수의 계열

당신이 가르치는 중요한 기능과 과정의 '이해' 요소들을 고려하라. 그러한 기능과 개념을 뒷받침해 주는 개념들을 확인하라. 기저가 되는 개념들이 주요 아이디어 이해를 형성하기 위해 어떻게 결합되는지를 알아보기 위해 다음의 사례를 학습하라. 이러한 이해는 구체적인 일반화나 명제 형식으로 진술된다는 것에 주목하라.

기능으로 진술된 용어: 수영: 자유형 기술

기저가 되는 개념들: 효율성, 순간적인 힘, 뒤로 차기, 수면 영역

이해를 위한 구체적인 일반화 진술

- 가장 효율적이고 효과적인 수영기술은 정반대 방향으로 물을 최대한 많은 양을 밀어 넣는 것이다.
- 평평한 손바닥(찻잔 모양과 반대인)은 최적의 수면 영역에 놓여야 한다.
- 팔을 구부려서 당기는 것은 수영하는 사람이 순간적인 최고의 힘으로 물을 뒤로 보낼 수 있도록 한다.

기능으로 진술된 용어: 설득적인 글쓰기 기술

기저가 되는 개념들: 설득, 목표, 대상, 영향력, 기술

이해를 위한 구체적인 일반화 진술

- 구체적인 다양한 기술(예를 들어, 시류, 개성의 표현, 데이터의 이용)들은 사람들의 사고와 행위에 영향을 미치는 데 이용된다.
- 특정한 설득적인 기술이 선정되는 것은 목표(예를 들어, 당신은 사람들이 무엇을 믿거나 하려고 하는지를 원하는가)와 대상에 달려 있다.

그림 5-4

단계 1

기능이나 / 과정에서 / 이해로

과학적인 방법과 미터법 전환 단원

백워드 설계 과정

1단계: 바라는 결과 확인하기	2단계: 수용 가능한 증거 결정하기	3단계: 학습 경험과 수업 계획하기
A ▸ 영속적인 이해 B ▸ 본질적 질문 C ▸ 지식과 기능	D ▸ 수행 과제 ● 수행 과제 청사진(D) E ▸ 퀴즈, 테스트, 단서 F ▸ 자발적인 증거 G ▸ 자기평가 ● 다른 증거들을 위한 설계(E, F, G)	H ▸ 학습 경험과 교수의 계열

당신이 가르치는 중요한 기능과 과정의 '이해'의 요소들을 고려하라. 그러한 기능들과 개념들을 뒷받침해 주는 개념들을 확인하라. 기저가 되는 개념들이 주요 아이디어 이해를 형성하기 위해 어떻게 결합되는지를 알아보기 위해 다음의 사례를 학습하라. 이러한 이해는 구체적인 일반화나 명제 형식으로 진술된다는 것을 주목하라.

과정으로 진술된 용어: 과학적인 방법

기저가 되는 개념들: 탐구, 변인, 독립, 통제

이해되어야 할 구체적인 일반화로 진술

- 과학적인 지식은 세심하게 독립과 통제된 연구의 결과물로 발전된다.
- 과학적인 방법은 신중하게 주요한 변인(그것은 시행착오와는 유사하지 않다)들을 분리하고 통제한다.

과정으로 진술된 용어: 미터 측정법으로 변환

기저가 되는 개념들: 측정, 표준, 정밀도, 변환

이해되어야 할 구체적인 일반화 진술

- 표준화된 측정은 사람들이 물리적인 세계를 보다 정확하게 기술하도록 한다.
- 우리는 여러 가지 측정법으로 동일한 사물을 측정할 수 있다.

그림 5-5

〈워크시트 5-4〉에 해당하는

단계 1

내용에서 제한적인 이해로	백워드 설계 과정		
통계와 데이터 분석 단원	1단계: 바라는 결과 확인하기	2단계: 수용 가능한 증거 결정하기	3단계: 학습 경험과 수업 계획하기
	A ▸ 영속적인 이해 B ▸ 본질적 질문 C ▸ 지식과 기능	D ▸ 수행 과제 ● 수행 과제 청사진(D) E ▸ 퀴즈, 테스트, 단서 F ▸ 자발적인 증거 G ▸ 자기평가 ● 다른 증거들을 위한 설계(E, F, G)	H ▸ 학습 경험과 교수의 계열

한 단원에 대해 제한적인 이해를 개발하기 위해 다음의 과정을 해 보라.

① 망의 중심에 있는 상자에 그 단원의 토픽을 작성하라.

② 망의 상자에 포함되고 그 망에 기술된 가능한 개념을 확인하라.

③ 그 주제에 대한 질문을 통해서 가능한 단원의 개념에 관한 당신의 생각을 밀고 나아가 확장해 보라.

- ____을 아는 것이 당신으로 하여금 무엇을 알 수 있도록 하는가?
- 어떤 아이디어가 ____ 기초를 두고 있는가?
- 만약 우리가 ____다면 우리는 무엇을 이해할 수 없을까?
- 사람들이 교실 밖에서 ____를 어떻게, 왜 사용하는가?
- ____에 어떤 기초적인 이슈/논쟁/딜레마가 포함되어 있는가?

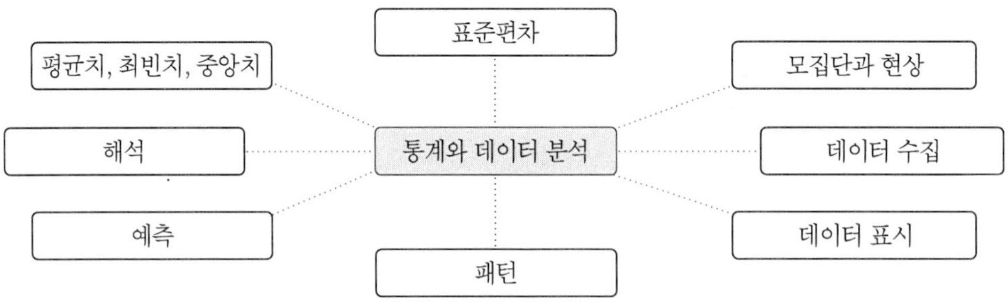

④ 두 개 또는 그 이상의 개념을 망에서 학생들이 그 단원으로부터 가져와야 하는 이해들을 총괄한 일반화된 문장으로 결합시켜라.

- 당신의 단원에 대한 스토리의 도덕성
- 기저가 되는 단원 주제나 학습되어야 할 불분명한 레슨
- ____ 학습을 하는 보다 폭넓은 목적이나 근거

가능성을 브레인스토밍 하기 위해서 망으로 연결된 워크시트(〈워크시트 5-6〉)를 이용하라. 당신의 목표는 단원의 이해로서 기능하는 하나 또는 그 이상의 구체적인 일반화를 개발하는 것이다.

학생들이 이해해야 하는 것은

- 통계는 모집단과 현상을 기술할 수 있다.
- 데이터 분석은 종종 패턴을 제시하고 예측을 가능하게 한다.
- 데이터 수집과 제시의 선택은 그들의 해석과 이용에 영향을 미친다.

그림 5-6

〈워크시트 5-5〉에 해당하는

단계 1

제한적인 이해에서 / 포괄적인 / 이해로

우정 단원

백워드 설계 과정

1단계: 바라는 결과 확인하기	2단계: 수용 가능한 증거 결정하기	3단계: 학습 경험과 수업 계획하기
A ▸ 영속적인 이해 B ▸ 본질적 질문 C ▸ 지식과 기능	D ▸ 수행 과제 ● 수행 과제 청사진(D) E ▸ 퀴즈, 테스트, 단서 F ▸ 자발적인 증거 G ▸ 자기평가 ● 다른 증거들을 위한 설계(E, F, G)	H ▸ 학습 경험과 교수의 계열

포괄적인 이해를 개발하기 위하여 다음의 과정을 해 보라.

단원

'개구리와 두꺼비의 우정'에 대한 이야기를 토대로 한 우정에 관한 기초적인 단원

① 단원으로부터 배워야 하는 주요한 교훈(제한적인 이해들)의 목록을 작성하라.

- 개구리는 밖에 있는 두꺼비의 마음을 사로잡기 위해서 악의 없는 거짓말을 기꺼이 사용할 것이다.
- 모든 친구처럼 개구리는 한 친구에게 용기를 북돋우기 위해서 계속 노력할 것이다.
- 그 이야기는 우리에게 우정과 우리의 동기가 복잡하다는 것을 상기시켜 준다.

② 이 교훈들에 포함되어 있는 중요하고 전이 가능한 개념을 확인하라.

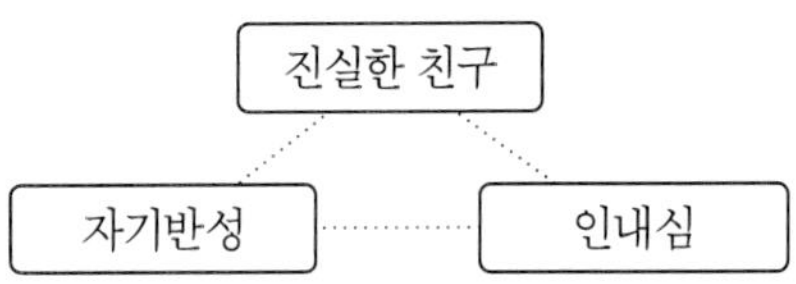

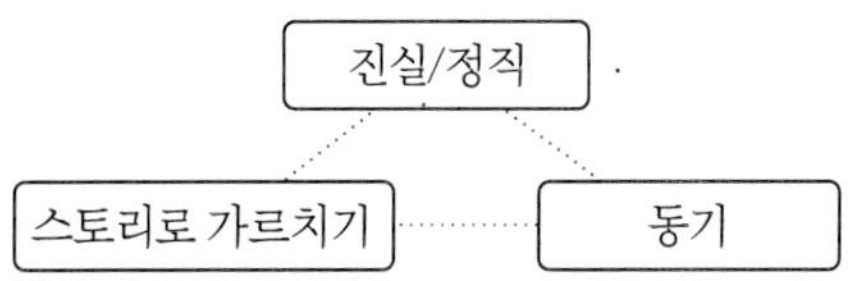

③ 둘 또는 그 이상의 개념을 보다 폭넓은 일반화나 추상적인 원리로 결합하라. 그 단원에 대한 질문, 즉 왜, 어째서 그런가, 그래서 그게 어쨌다는 것인가 등을 하고 그 질문에 대한 대답을 통해서 일반화를 세련화시켜라. 당신의 목표는 제한적인 이해에 해당하는 하나 또는 그 이상의 포괄적인 이해를 개발하기 위한 것이다.

- 우정은 진실과 정직을 필요로 하지만, 때로는 진실이라는 이름으로 왜곡되기도 한다.
- 스토리는 우리의 우정과 우리 자신에서 복잡성과 모순에 광명을 준다.
- 친구들은 온갖 고난을 무릅쓰고 서로를 위해서 존재한다.

④ 적용한 것을 체크하라. 당신의 이해는

❏ 주요 아이디어인가? ❏ 전이 가능한 일반화인가? ❏ 추상적임에도 불구하고 구체적인가?

그림 5-7

〈워크시트 5-6〉에 해당하는

단계 1

망으로 연결:

일반화를 형성하기 위한

개념들 연결 짓기

통계와 데이터 분석 단원

백워드 설계 과정

1단계: 바라는 결과 확인하기	2단계: 수용 가능한 증거 결정하기	3단계: 학습 경험과 수업 계획하기
A ▸ 영속적인 이해 B ▸ 본질적 질문 C ▸ 지식과 기능	D ▸ 수행 과제 ● 수행 과제 청사진(D) E ▸ 퀴즈, 테스트, 단서 F ▸ 자발적인 증거 G ▸ 자기평가 ● 다른 증거들을 위한 설계(E, F, G)	H ▸ 학습 경험과 교수의 계열

일반화를 형성하기 위해서 두 개 또는 그 이상의 개념을 결합하라. 그 개념들을 연결하기 위해서 연결동사들이나 동사를 사용하라.

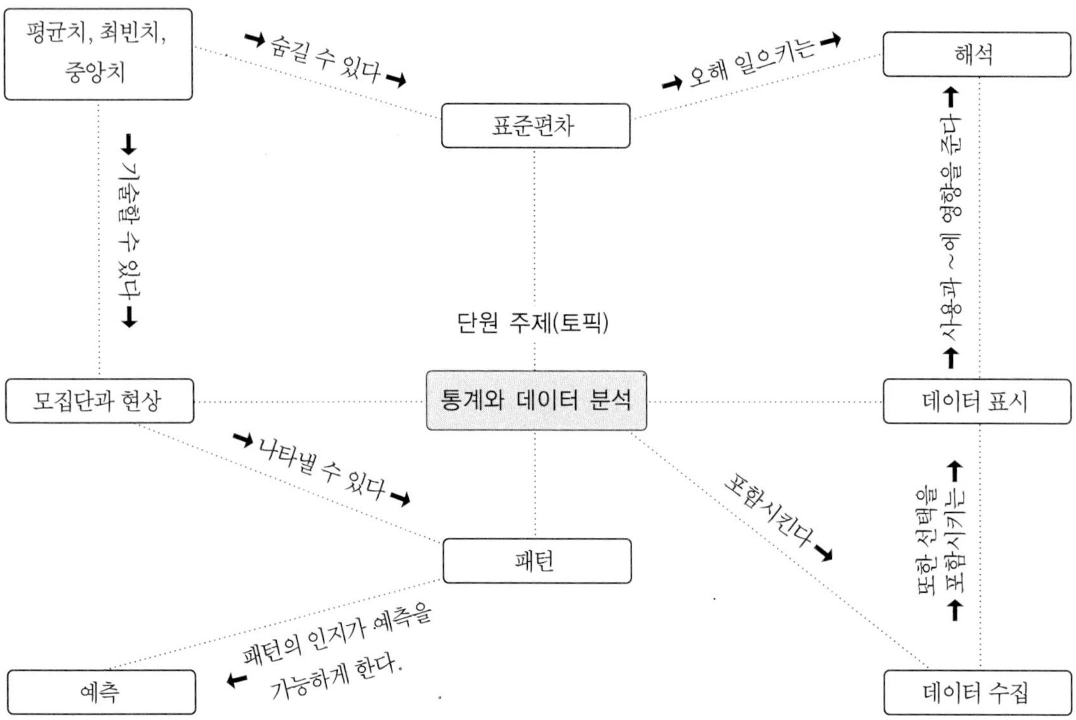

일반화

- 통계는 모집단과 현상을 기술할 수 있다.
- 데이터 분석은 종종 패턴을 제시하고 예측을 가능하게 한다.
- 데이터 수집과 표시에서 선택은 그것들의 이해와 사용에 영향을 준다.

워크시트 5-1

단계 1

제한적이고 포괄적인 이해 확인하기	백워드 설계 과정		
	1단계: 바라는 결과 확인하기	2단계: 수용 가능한 증거 결정하기	3단계: 학습 경험과 수업 계획하기
	A ▸ 영속적인 이해 B ▸ 본질적 질문 C ▸ 지식과 기능	D ▸ 수행 과제 ● 수행 과제 청사진(D) E ▸ 퀴즈, 테스트, 단서 F ▸ 자발적인 증거 G ▸ 자기평가 ● 다른 증거들을 위한 설계(E, F, G)	H ▸ 학습 경험과 교수의 계열

다음 표에서 학습 단원에 대한 가능한 영속적인 이해를 확인하여라. 첫 번째 칸에서 포괄적이고 전이 가능한 이해를 고려하라. 두 번째 칸에서 당신은 이 단원에서 특정한 주제에 관해 학생들이 이해하기를 원하는 것을 확인하라. 특히 일반화나 명제들로 바라는 이해를 진술하라.

제한적인 이해에서 포괄적인 이해로 진행하기 위하여 다음의 질문을 고려하라.

- 나는 학생들이 왜 ______________________ (제한적인 이해) 을 이해하기를 원하는가?
- ______________________ (제한적인 이해) 이해하는 광범위한 목표와 의도는 무엇인가?
- 어떤 일반적인 원리들이 ______________________ (제한적인 이해) 기저가 되는가?

포괄적인 이해에서 제한적인 이해로 진행하기 위하여 다음의 질문을 고려하라.

- 이러한 주제를 위한 어떤 구체적인 이해가 ______________________ (포괄적인 이해) 로부터 일어나는가?
- ______________________ (포괄적인 이해) 하에 포함된 그 단원의 주제와 관련된 특정한 이해에 대한 몇몇의 예시들은 무엇인가?
- 그 단원의 주제는 ______________________ (포괄적인 이해) 아이디어로부터 무엇을 수행하는가?

포괄적인 이해	제한적인 이해

워크시트 5-2

단계 1

토픽에서
이해로

백워드 설계 과정

1단계: 바라는 결과 확인하기	2단계: 수용 가능한 증거 결정하기	3단계: 학습 경험과 수업 계획하기
A ▸ 영속적인 이해 B ▸ 본질적 질문 C ▸ 지식과 기능	D ▸ 수행 과제 ● 수행 과제 청사진(D) E ▸ 퀴즈, 테스트, 단서 F ▸ 자발적인 증거 G ▸ 자기평가 ● 다른 증거들을 위한 설계(E, F, G)	H ▸ 학습 경험과 교수의 계열

하나의 토픽으로부터 보다 초점이 모아진 토픽으로, 구체적인 이해로 진행하기 위해 다음의 프레임을 사용하라. 바라는 이해를 일반화나 명제로 진술할 것을 기억하라. 하나의 주제에서 구체적인 이해로 이동하는 데 도움이 되는 다음의 질문에 답하라.

주제(topic)

- 학생들이 이해해야 하는 것은 _____에 관한 것인가?
- 이 단원은 이 주제의 어떤 측면에 초점을 둘 것인가?

보다 초점이 모아진 토픽으로서 표현

- 특별하게 학생들이 _____에 관해서 이해해야 하는 것은 무엇인가?
- _____에 관해서 전문가들이 이해하는 것은 무엇이고, 왜 그것이 중요한가?
- 만약 _____에 대한 단원이 하나의 스토리라면, 그 스토리의 교훈은 무엇인가?
- _____에 관한 어떤 통찰들을 학생들이 성취해야 하는가?

일반화나 명제로 표현된 구체적인 이해로 진술하라.

워크시트 5-3

기능이나 과정에서 이해로	백워드 설계 과정		
단계 1	1단계: 바라는 결과 확인하기	2단계: 수용 가능한 증거 결정하기	3단계: 학습 경험과 수업 계획하기
	A ▸ 영속적인 이해 B ▸ 본질적 질문 C ▸ 지식과 기능	D ▸ 수행 과제 ● 수행 과제 청사진(D) E ▸ 퀴즈, 테스트, 단서 F ▸ 자발적인 증거 G ▸ 자기평가 ● 다른 증거들을 위한 설계(E, F, G)	H ▸ 학습 경험과 교수의 계열

당신이 가르치는 기능이나 과정을 열거하라. 학생들이 보다 효과적으로 그 기능이나 과정을 학습하고 적용하는 데 도움이 되는 기저가 되는 개념을 확인하라. 주요 아이디어 이해를 구성하기 위하여 두 개 또는 그 이상의 개념을 결합하라. 구체적인 일반화나 명제들로 그 이해들을 진술하라. 당신이 가르치는 기능이나 과정 내에 포함된 '이해'의 요소를 당신이 고려할 수 있도록 도움을 주기 위해서 당신이 작업할 때 다음의 비계 질문에 답하라.

기능이나 과정

- 기능이나 과정들이 효과적으로 적용될 때 어떤 기저가 되는 개념들이 포함되는가?
- 어떤 아이디어들이 기능이나 과정에 명시되어 있는가?

기저가 되는 개념들을 확인하라.

- 전문가들은 초보자들이 이해하지 못한 이러한 기능이나 과정에 관한 무엇을 이해하고 있는가?
- 만약 학생들이 ________을 보다 잘 이해하였다면 어떻게 그들의 수행을 개선할 것인가?
- 어떤 이해가 학생들이 기능이나 과정을 보다 효과적으로 학습하도록 하는 데 도움이 되는가?

기능이나 과정을 이해하여야 할 구체적인 일반화로 진술하라.

워크시트 5-4

[그림 5-5]에 해당하는

단계 1

내용에서 / 제한적인 / 이해로

백워드 설계 과정

1단계: 바라는 결과 확인하기	2단계: 수용 가능한 증거 결정하기	3단계: 학습 경험과 수업 계획하기
A ▸ 영속적인 이해 B ▸ 본질적 질문 C ▸ 지식과 기능	D ▸ 수행 과제 ● 수행 과제 청사진(D) E ▸ 퀴즈, 테스트, 단서 F ▸ 자발적인 증거 G ▸ 자기평가 ● 다른 증거들을 위한 설계(E, F, G)	H ▸ 학습 경험과 교수의 계열

한 단원에 대한 제한적인 이해를 개발하기 위해 다음의 과정을 시도해 보라.

① 망의 중심에 있는 상자에 그 단원의 토픽을 작성하라.

② 망의 상자에 포함되고 그 망에 기술된 가능한 개념을 확인하라.

③ 그 주제에 대한 질문을 통해서 가능한 단원의 개념에 관한 당신의 생각을 밀고 나아가 확장해 보라.

- ____을 아는 것이 당신으로 하여금 무엇을 알 수 있도록 하는가?
- 어떤 아이디어가 ____에 기초를 두고 있는가?
- 만약 우리가 ____다면 우리는 무엇을 이해할 수 없을까?
- 사람들이 교실 밖에서 ____를 어떻게 왜 사용하는가?
- ____에 어떤 기초적인 이슈/논쟁/딜레마가 포함되어 있는가?

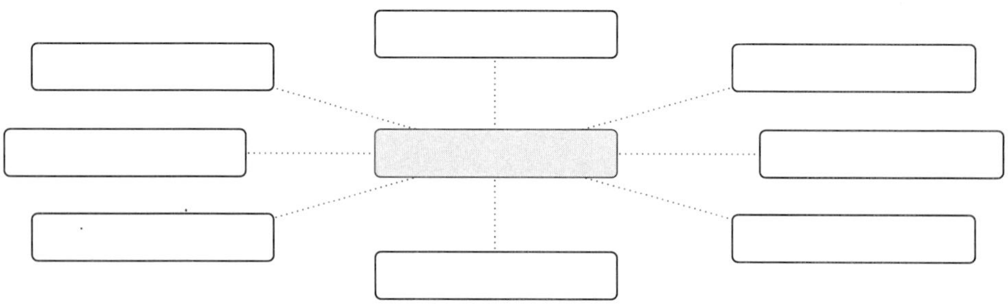

④ 두 개 또는 그 이상의 개념을 망에서 학생들이 그 단원으로부터 가져와야 하는 이해들을 총괄한 일반화된 문장으로 결합시켜라.

- 당신의 단원에 대한 스토리의 도덕성
- 기저가 되는 단원 주제나 학습되어야 할 불분명한 레슨
- ____ 학습을 하는 보다 폭넓은 목적이나 근거

가능성을 브레인스토밍 하기 위해서 망으로 연결된 워크시트(〈워크시트 5-6〉)를 이용하라. 당신의 목표는 단원의 이해로서 기능하는 하나 또는 그 이상의 구체적인 일반화를 개발하는 것이다.

학생들이 이해해야 하는 것은

- ....
- ....

워크시트 5-5

[그림 5-6]에 해당하는

단계 1

제한적인 이해에서
포괄적인
이해로

백워드 설계 과정

1단계: 바라는 결과 확인하기	2단계: 수용 가능한 증거 결정하기	3단계: 학습 경험과 수업 계획하기
A ▸ 영속적인 이해 B ▸ 본질적 질문 C ▸ 지식과 기능	D▸ 수행 과제 ● 수행 과제 청사진(D) E ▸ 퀴즈, 테스트, 단서 F ▸ 자발적인 증거 G▸ 자기평가 ● 다른 증거들을 위한 설계(E, F, G)	H ▸ 학습 경험과 교수의 계열

포괄적인 이해를 개발하기 위하여 다음의 과정을 해 보라.

단원

① 단원으로부터 학습되어야 할 주요한 레슨(제한적인 이해들)의 목록을 작성하라.

② 이 레슨들에 포함되어 있는 중요하고 전이 가능한 개념을 확인하라.

③ 둘 또는 그 이상의 개념을 보다 폭넓은 일반화나 추상적인 원리로 결합하라. 그 단원에 대한 질문, 즉 왜, 어째서 그런가, 그래서 그게 어쨌다는 것인가 등을 하고 그 질문에 대해 대답을 통해서 일반화를 세련화시켜라. 당신의 목표는 제한적인 이해에 해당하는 하나 또는 그 이상의 포괄적인 이해를 개발하기 위한 것이다.

•
•
•

④ 적용한 것을 체크하라. 당신의 이해는

❑ 주요 아이디어인가? ❑ 전이 가능한 일반화인가? ❑ 추상적임에도 불구하고 구체적인가?

워크시트 5-6

[그림 5-7]에 해당하는

단계 3

망으로 연결: 일반화를 형성하기 위한 개념들 연결 짓기

백워드 설계 과정

1단계: 바라는 결과 확인하기	2단계: 수용 가능한 증거 결정하기	3단계: 학습 경험과 수업 계획하기
A ▸ 영속적인 이해 B ▸ 본질적 질문 C ▸ 지식과 기능	D ▸ 수행 과제 ● 수행 과제 청사진(D) E ▸ 퀴즈, 테스트, 단서 F ▸ 자발적인 증거 G ▸ 자기평가 ● 다른 증거들을 위한 설계(E, F, G)	H ▸ 학습 경험과 교수의 계열

일반화를 형성하기 위해서 두 개 또는 그 이상의 개념을 결합하라. 그 개념들을 연결하기 위해서 연결동사들이나 동사를 사용하라.

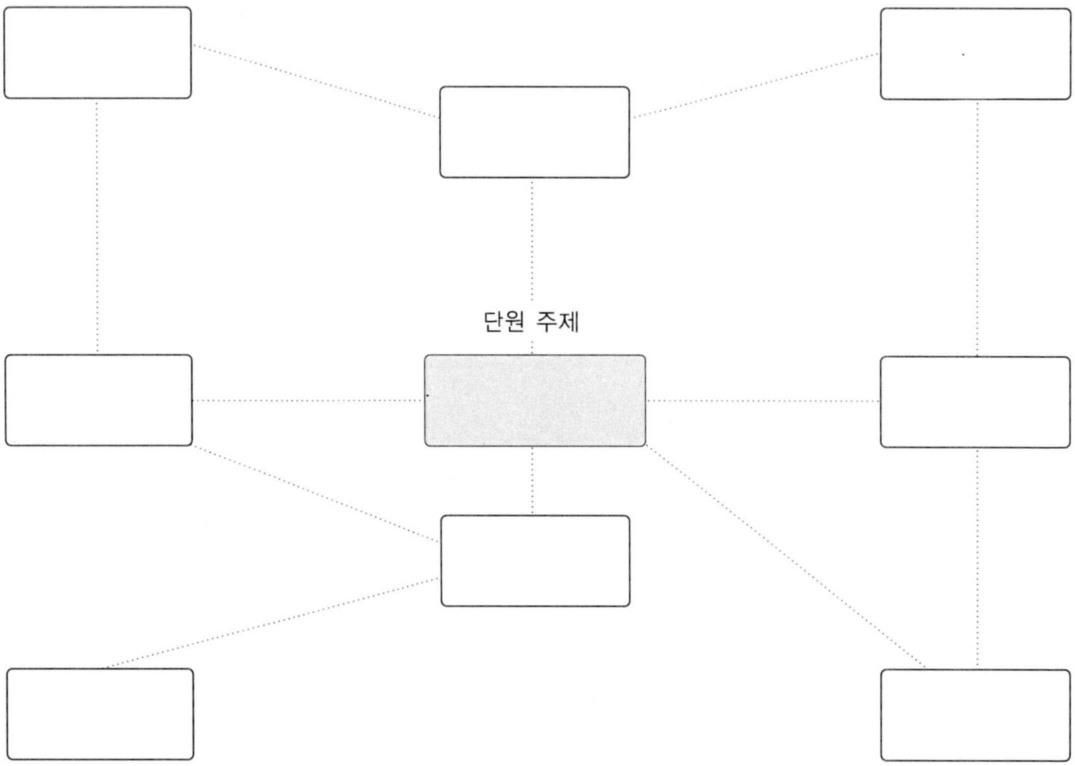

일반화

•

•

•

MODULE 6

본질적 질문들로 단원 구성하기

모든 진술(문)은 한 질문에 대한 하나의 응답으로 인식하도록 할 필요가 있다.
그리고 한 진술(문)을 이해하기 위한 유일한 방법은
그 진술(문)이 대답하기로 되어 있는 질문들을 파악하는 것이다.
-Gadamer, 1978, p. 106

의문을 가지는 사람들만이 지식을 가질 수 있다…….
질문한다는 것은 폭로하고 드러내는 것을 의미한다. 의견의 고정성에 대항하면서
질문하는 것은 지식의 대상과 그것의 모든 가능성을 유동적으로 만든다.
……사람들은 무엇에 대해 의문을 가지고 무엇을 질문할 수 있어야 하는지를 배워야 한다.
-Gadamer, 1994, pp. 364-367

모듈 이용하기

워크시트 3-2

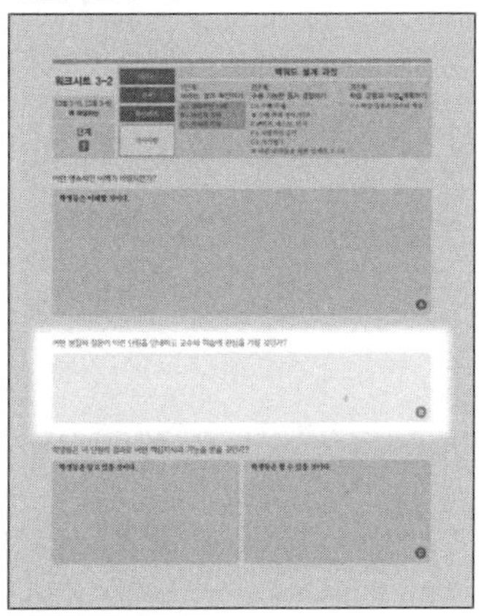

B 본질적 질문

학생들을 탐구에 참여시키고, 미묘한 아이디어를 밝히고, 그리고 이해를 개발하기 위한 하나의 핵심적인 설계 전략은 우선적으로 내용 지식을 낳게 하는 그런 종류의 질문들로 교육과정을 만드는 것이다. 이론, 정리, 예외적인 이야기나 감동적인 이미지를 만드는 사람들은 당혹스러운 사실이나 문제들에 관한 복잡한 질문들을 가지고 씨름한다. 그래서 학습자들에게 한 주제에 관한 깊이 있는 통찰을 유도하도록 탐색해 보는 문제를 질문하도록 하는 기회가 주어져야 한다.

이러한 질문들은 설계를 보다 조리 있게 만들고, 학생들의 역할을 보다 적절하며 호기심을 갖게 하고, 교사들로 하여금 보다 명료하게 우선순위의 초점을 설정하게 해 준다. 이러한 질문들을 제기하거나 해결 노력 없이 학생들은 일련의 동떨어진 활동—그 결과 중요한 아이디어에 대한 최소한의 이해만 일어나는—이나 충실하게 학습되어야 할 분명한 수업을 지향하는 유도 질문과 마주하게 된다. 호기심을 유발하는 질문들이나 주요 아이디어들을 중심으로 설계하지 않으면, 교수는 분명한 우선순위 없이 쉽게 활동 지향적으로 흐르거나 피상적(coverage)인 학습에 빠지게 된다.

따라서 모든 심층적인 학습(uncoverage)의 중심은 단지 자료를 가르치고 학습하는 것과는 반대되

는 것으로, 학습되어야 하는 내용을 신중하게 탐색하는 것이다. 비록 이러한 초점이 이상하게 들릴지는 모르지만, 이해하게 되는 상태에 대한 중요한 진리를 가리킨다. 즉, 핵심 아이디어들은 만약 그것들이 이해되어야 하는 것이라면 그것들은 질문되고, 즐겁게 추구되어야 하고, 발견되어야 한다. 의심받지 않은 내용은 지식 대신에 의견이나 신념이 뒤범벅된 상태로 이끄는, 검토된 적이 없는 법정 증언과 같다.

실제적으로 교사들은 풍부한 질문으로 내용 기준과 성과 진술을 재구성해야 하고, 그럼으로써 주요 아이디어를 탐구하고, 사려 깊고 지원 가능한 대답을 찾아내는 과제와 평가를 설계해야 한다. 이와는 대조적으로 가장 최근의 교육과정 프레임워크와 기준 문서들은, 질문과 탐구로부터 도출된 개략적인 통찰로, 이것들을 드러내기보다는 사실과 같은 문장들로 핵심 내용을 구성하는 잘못을 범하고 있다.

예를 들어, 우리가 그것들을 서술문(기억된 응답을 제시하는)에서 질문들(탐구에 참여하는 것을 제안하는)로 변형할 때, 과학에서 소수의 국가 기준에서 어떤 일이 일어나는지 보라. 그 질문들은 국가과학기준(AAAS)(American Association for the Advancement of Science, 1993)으로부터 도출된다.

- 자연계인가? 어떤 의미에서 기관이 조직체인가? 모든 기관은 상호 의존적(그들의 일부분의 합한 것 이상의)인가?
- 우리가 세상을 이해하는 데 도움을 주는 모형(예를 들어, 물결과 같은 빛이나 펌프와 같은 심장)의 장점과 단점은 무엇인가? 모형들이 언제 그런 과학의 진보를 조력하였고, 방해하였는가?
- 과학의 법칙은 불변성을 의미하는가? 무엇이 자연의 법칙이고, 그것이 어떻게 사회적인 법칙과 유사하거나 유사하지 않는가?
- 모든 사건이나 행동에는 원인이 있는가? 비록 대부분 외관상으로 보면 순서 없고 행운이거나 무질서하게 보이더라도, 규칙적인 패턴과 공식이 모든 현상을 설명하는데 기초가 되는가? 변화의 유형들은 '저기에' 있는 객관적인 것인가 아니면 '우리의 머릿속에 있는' 주관적인 것인가?
- 인간의 형상은 다른 생물체와 비교해 보면 어떻게 비슷하고 차이가 있는가?

본질적 질문

어떤 구체적인 질문들이 교수를 안내하고 학생들을 각 주제에 중심이 되는 가장 중요한 아이디어를 발견하는 데 적극적으로 참여하게 하는가? 우리는 퀴즈 쇼 Jeopardy에 나오는 전체 구성(format)을 이용하여 그러한 질문들을 확인하기 시작한다. 교재에서 발견되는 내용(학습되어야 할 정답)이 주어지면 그 교재가 해답을 제공하는 근거가 되는 가장 중요한 질문은 무엇인가? 예를 들어, 미국 정부 내에 힘의 균형이 그 대답이라면, 학생들이 그 아이디어와 그것의 가치를 이해하도록 도움을 주는 최선의 질문은 무엇인가? 다시 말해서 미국의 설립자들이 그들이 제안한 헌법에 이르도록 스스로에게 던지는 질문은 무엇인가? 탐구를 생성하는 질문은, 어떤 유형의 정부가 '모든 사람은 천사가 아니다(the Federalist Paper에서 인용한)란 사실에 가장 적합한 것인가? 와 같은 질문일 수 있다. 이와 동일한 단원에서 보다 내용 중심의 질문은 연방정부주의자들이 힘의 균형을 위해서 어떤 핵심적인 이유를 제안하는가? 그리고 미국 역사의 관점에서 보면 그들의 특별한 결론은 현명한 것인가?

우리는 그들이 오래된 것이지만 다소 근본적인 탐구들('뿌리를 캐내는'의 어원상 의미에서)을 핵심적인 아이디어들로 제안하기 때문에 '본질적인' 것으로 그러한 질문을 지칭한다. 다음에 제시되는 본질적 질문의 사례를 고려하고, 그것들이 전형적인 교재나 검사 질문과 어떻게 다른지 유의하라.

- 예술은 문화를 반영하고 그것을 형성하는가?
- 효과적인 필자들은 독자들을 어떻게 사로잡고 붙들어 두는가?
- 하나의 이야기가 서론, 본론, 결론을 가져야 하는가?
- 어떻게 한 유기체의 구조가 그들의 환경에서 살아남을 수 있게 하는가?
- 건강은 무엇인가?
- 역사는 진보의 역사인가?
- 누가, 무엇을, 그리고 왜 소유하는가?
- 무엇이 장소를 유일하고 상이하게 만드는가?

이와 같은 본질적인 질문들은 다음과 같은 공통된 특징을 함께 가지고 있다.

- 명확한 정답을 가지지 마라. 본질적인 질문들은 꼭 맞는 대답을 산출하도록 의도하지 않는다. 그것들은 오히려 초점이 있지만 활발한 토론, 탐구, 조사로 나아가는 관문으로 작용한다. 그리고 어떤 주제의 논쟁, 퍼즐, 그리고 관점을 망라하기보다는 상세하게 밝힌다. 비록 교사가 한 단원을 구체적인 이해에서 최고조에 이르게 하고자 하더라도, 이러한 질문들은 탐구로부터 다른 그럴듯한 이해가 도출될 수 있다는 점을 분명하게 해야 한다.
- 종종 교과 영역의 경계를 가로질러서 다른 중요한 질문을 제기하라. 그러한 질문들은 특정 토픽에 관련된 질문들뿐만 아니라 다른 본질적인 질문들을 이끌어 낸다. 예를 들어, '자연계에서 강한 것만이 살아남는가?'라는 질문은 '강하다(strong)'라는 것이 무엇을 뜻하는지, 그리고 '그들이 살아남았기 때문에 곤충이 강한 것인가?'와 같은 질문을 유도한다. 이러한 질문은 또한 인간 생물학과 생리학에 관한 탐구로 유도할 수 있다.
- 학문에 대한 철학적이고 개념적인 기초들을 중점적으로 다루어라. 그것들은 하나의 탐구 분야

에서 역사적으로 가장 중요한 이슈, 논쟁 그리고 문제에서 발견할 수 있다. 예를 들면, 역사는 불가피하게 편향적인가?

- 자연스럽게 순환 · 반복하라. 동일한 중요한 질문이 한 사람의 학습과 한 분야의 역사에 걸쳐서 제기되고 또 다시 제기된다. 예를 들어, 위대한 서적을 훌륭하게 만드는 것이 무엇인가라는 질문은 대학생들뿐만 아니라 1학년 학생들에 의해서도 생산적으로 검토할 수 있는 것이다.
- 학생들의 흥미를 유발하고, 이 흥미를 잘 유지하도록 구성하라. 질문들이 학생들로 하여금 사고를 불러일으키고 학생들을 지속된 탐구 환경에 참여할 수 있는 능력을 가지도록 설계되었을 때, 질문들에 초점을 둔 단원들이 최상으로 작용한다. 이러한 질문은 종종 반직관적인, 본능적인, 논쟁의 여지가 있는, 그리고 별나고 자극적인 것들을 포함한다. 예를 들어, 인터넷은 아이들에게 위험한가? 그리고 당신에게 좋은 음식은 맛이 없어야 하는가?

본질적 질문은 학습 프로그램을 구성하는 효과적인 방법이라는 것이 증명되었다. 실제로 몇몇 학교와 지역에서 본질적 질문을 근거로 하여 교육과정을 구성하였다. 예를 들어, 뉴욕에 있는 Central Park East Secondary School은 핵심적인 '마음의 습관(habits of mind)'과 연계된 일련의 광범위한 질문을 중심으로 전체 교육과정을 구성하였으며, Deborah Meier에 의해 설립되었다.

> 모든 교실과 모든 과목에서 학생들은 다음의 질문을 묻고 답하는 것을 배우게 될 것이다.
> - 우리는 누구의 견해로부터 보거나 읽거나 듣는가? 어떤 견지나 관점으로부터인가?
> - 우리가 알았을 때를 어떻게 아는가? 그 증거는 무엇이고, 어떻게 그것이 확실한가?
> - 어떻게 일, 사건 혹은 사람들이 서로 서로 연관되었는가? 그 원인은 무엇이고, 그 결과는 무엇인가? 어떻게 하면 모두를 통합시키는가?
> - 무엇이 새로운 것이고, 무엇이 오래된 것인가? 전에 이 아이디어와 우연히 마주친 적이 있는가?
> - 그래서 어쩌겠단 말인가? 왜 그것이 문제가 되는가? 도대체 그것이 의미하고자 하는 것은 무엇인가?
>
> (Central Park East Secondary School의 Courtsey)

만약 설계자가 이상의 질문을 신중히 고려하고 있다면, 그들은 어떻게 하면 보다 깊이 있고 조리 있는 단원을 설계하는지를 깨닫게 될 것이다. 교수의 관점에서 보면, 본질적 질문은 다시 생각하기와 심층적 탐구를 촉진시킴으로써 단원의 작업에 초점을 두면서 심화시키는 데 이용된다.

우리는 그것이 한 단원을 구성하는 두 가지 유형의 본질적 질문 간의 차이를 구별하는 데 도움이 된다는 것을 알고 있다. 바로 포괄적인(overarching) 질문과 제한적인(topical) 질문이다. 이들 용어가 함축하고 있는 것은 포괄적인 질문은 특정한 한 단원을 초월하고 광범위하고 전이 가능한 아이디어의 경향을 나타내며, 제한적인 질문은 보다 구체적이다. 그것들은 이 단원의 특정 토픽과 관련된 특정한 이해, 즉 교사가 학생들이 밝히기를 원하는 핵심적인 추론과 일반화를 유도한다. 제한적인 질문들은 항상 쉽게 대답되는 것은 아니지만 그 단원의 사실과 제재를 이용하면 대답될 수 있는 것들이다.

제한적이고 포괄적인 질문의 제시는 [그림 6-1]에서 제시되어 있다. 비록 실제로는 제한적이고 포괄적인 질문 사이에는 확고한 경계가 존재하지 않지만, 약간의 차이는 언급할 수 있다.

포괄적인 질문

특정한 한 단원을 넘어서 보다 크고 전이 가능한 아이디어로 향해라.

이러한 질문들은 특정한 단원을 넘어서 주요 아이디어와 영속적인 이해로 나아가야 한다. 그러한 질문들이 구성되었을 때 그 단원의 구체적인 토픽, 사건 혹은 텍스트는 전형적으로 언급되지 않는다. 예를 들어, '과학소설은 훌륭한 문학인가?'라는 질문은 「낯선 땅에서의 이방인」이나 「2001: A Space Odyssey」와 같은 구체적인 텍스트에 대한 단원에 비추어 보면 포괄적이고 본질적 질문이다.

하나의 토픽을 관련된 다른 토픽과 교과에 연결하라.

포괄적이고 본질적 질문은 하나의 토픽의 특수하고 독특한 측면을 다른 토픽과 교과를 관련지어 이슈와 탐구에 연계시킨다. 만약 모든 코스워크(coursework)와 교육과정 설계에 초점을 두기 위하여 사용하고자 한다면 그것들은 흔히 학습 코스에서 부족한 일관성과 일련의 우선순위를 제공할 수 있다. 예를 들어, 얼마나 충실하게 스토리를 이끌어 내고, 기억할 만한 것으로 구성할 필요가 있는가? 포괄적 질문은 문학 단원에 정보를 제공할 뿐만 아니라, 영어와 역사 전체를 통해 충분히 다룰 수 있다.

제한적인 질문

단원의 내용을 밝힘으로써 대답할 수 있다.

제한적인 질문들은 하나의 토픽 범위 내에 존재한다. 그것들은 단일한 하나의 토픽에 대한 심층적 탐구(해명하고 밝히는 것, Uncovering) 결과로 대답할 수 있다. 그럼에도 불구하고 그것들은 개방적이어야 하고 사고를 유발하는 것이어야 한다. 그것들은 단일한 하나의 정답을 가지기보다는 오히려 단원의 사실들로부터 옹호할 수 있는 몇 가지 그럴듯한 대답을 가진다.

포괄적인 질문과 제한적인 질문 모두 주요 아이디어와 핵심 과정에 대한 교수와 학습에 초점을 두고 있다. 우리는 단원의 템플릿 상자 B에 두 종류의 필수적 질문을 위치시켰다.

오개념 주의하기!

모든 교사는 질문을 하기 때문에 '수업 내용은 질문으로부터 나온다.'는 말은 오해를 받을 수 있다. 여기서 이 말은 학생의 대답에 대한 매일 매일 교사의 탐문에 의해서가 아니라 설계 작업을 할 만한 단원의 가치를 알려 주는 질문을 통해서 그 자체로부터 수업 내용을 개발한다는 것을 의미한다. 이런 점에서 한 단원을 질문 속에 정착시키는 것은 사실적인 지식을 체크하기 위해 단서와 유도 질문을 사용하는 것과는 다른 것으로, 올바른 답에 이르게 하거나 학생들의 반응을 북돋운다. 질문을 중심으로 설계하는 것은 확실한 진실을 습득하는 대신에 학습을 질문 추구를 위한 활동, 수업 전략, 시퀀스, 자료를 선택하는 것을 의미한다. 흔히, 학생들은 지식이라는 것이 누군가가 앞서 질문한 것에 대한 대답이고, 탐구, 검증, 논의, 그리고 수정에 반응하면서 생산되고 세련화되어 간다라는 사실을 깨닫지 못하고, 학교를 그만두게 되는 일이 종종 발생한다. 수업이 마치 각 교과 학문의 핵심에 있는 도전(과제), 논의, 그리고 수행에 입문하는 것 대신에 단순히 진리를 설교적으로 가르치는 것처럼 내용 기준은 너무도 흔히 지적으로 빈약하고 잘못된 방식으로 정의된다. 질문들로부터 가르치는 것은 학생들이 단지 그것을 습득하는 것이 아니라 지식에 대해 질문하고 의문시하는 것이 자신들의 일이라는 사실을 이해하도록 돕는 것을 의미한다. 그것은, '만약 지식이 대답들로 구성되는 것이라면 교재, 교사 그리고 심지어 전문적인 대답을 생기게 하는 질문은 무엇인가?' 그리고 '그 지식에 관하여 찾아낼 수 있는 질문은 무엇인가?'라는 수사학적인 물음을 의미한다.

단원의 질문을 이용하기 위한 팁

- 본질적인 질문을 중심으로 프로그램, 코스, 과목과 수업의 단원을 조직하라. 즉, 모든 내용을 설계 질문에 대한 대답이 되는 것처럼 만들어라.
- 중요한 평가 과제를 선택하거나 설계하고, 그것들이 질문에 분명하게 연결된다는 점을 확신하라. 과제와 수행 기준은 실제 보이는 질문에 대해 어느 정도의 수용 가능한 기준을 가지고 답해야 하는지를 분명히 해야 한다.
- 매 단원마다 적당한 본질적 질문(둘에서 다섯)을 사용하라. 적은 것은 더 많게 만들어라. 학생들이 그 작업을 소수의 핵심 질문에 명확하게 초점을 두도록 내용의 우선순위를 정하라.
- 가능한 특정한 연령집단에게 매력적이고 자극적이게 하는 질문들을 편집하라. 필요에 따라서 '아이의 언어'로 질문을 구성하라.
- 모든 아이가 그 질문을 이해하고, 그 질문의 가치를 이해하도록 보장하라. 만약 필요하다면 조사나 비공식적인 점검을 수행해 보라.
- 각 질문에 대한 구체적인 탐구활동과 탐구조사를 이끌어 내고 설계할 뿐만 아니라, 각각의 최종 평가가 학생들이 그 질문에 답하기를 구체적으로나 암시적으로 요구한다는 것을 확인하라.
- 그것들이 별무리 없이 차례로 진행되도록 질문을 나열하라.
- 교실에서 본질적 질문을 제시하고, 공부하고 노트 필기하는 데 그것들의 중요성을 분명하게 하기 위해서 그 질문들로 체계적으로 노트를 정리하도록 장려하라.

- 학생들이 그 질문들을 개별화하도록 도와라. 예시, 개인적인 이야기, 그리고 예감들을 공유하도록 하고, 그 질문들이 흥미를 갖게 되도록 만드는 데 도움이 되는 기사와 문화 유물을 가져오라.
- 학생의 나이, 경험, 그리고 다른 수업상의 의무 사항을 염두에 두고—하위 질문을 조사하고 함의하고 있는 것을 짚어 보도록—그 질문을 '풀기' 위한 충분한 시간을 주어라. 질문 간의 관련성을 보여 주기 위한 질문의 개념지도를 이용하라.
- 다른 교직원들과 당신의 질문을 공유하라. 학교에서 폭넓게 본질적 질문을 이용하도록 장려하기 위해서 교사들이 교직원실과 각 분야의 미팅과 계획을 하는 공간에 그들의 질문을 게시하도록 하라.

■ ■ ■ ■ ■

세 개의 워크시트는 본질적 질문들로 단원을 만드는 데 설계자를 지원하기 위해서 이 모듈에서 제공되었다. 당신의 단원을 위해서 가능한 본질적 질문들로 브레인스토밍하기 위해서 〈워크시트 6-1〉을 이용하라. 〈워크시트 6-2〉는 포괄적이고 제한적인 본질적 질문을 브레인스토밍하기 위한 틀을 제공한다. 두 그림은 어떻게 그 워크시트가 곤충들([그림 6-2])에 관한 단원과 영양소([그림 6-3])에 관한 단원에 이용되는지를 기술하고 있다. 〈워크시트 6-3〉은 본질적 질문을 일반화하기 위한 자극제로서 이해의 여섯 가지 측면을 이용하고 있다. 이 워크시트의 예시는 시민전쟁에 관한 단원과 영양소에 관한 단원([그림 6-4]와 [그림 6-5])을 보여 준다.

이러한 워크시트가 설계 도구가 되고, 교육과정 설계자에게 도움을 주는 데 이용되어야 한다는 것을 명심하라. 모든 빈칸을 채우고 싶어 하는 충동을 참아라.

Bob James의 반성

교육과정을 구성하는 데 본질적 질문을 이용하고자 하는 이러한 아이디어는 실제로 나를 생각하고 고민하도록 만들었다. 나는 특별히 이러한 아이디어를 통해서 호기심이 생겼다. 만약 교재가 그 해답을 가지고 있다면 무엇이 그 질문들이 되는가? 내 자신이 받은 교육에 대해 곰곰이 생각해 봤을 때, 나는 중요하고, 사고를 유발하는 질문들로 내용이 구성된 코스에서 지금껏 별것을 회상할 수 없었다. 나의 교사와 교수들은 수업 동안에 사고를 유발하는 질문을 했지만, 이러한 본질적 질문과는 다른 것이었다. 나는 그들이 어떻게 나의 교수와 학생들의 학습에 포커스를 제공하는지 살펴보았다. 현재 나는 속고 있다는 것을 느꼈다. 왜냐하면 나는 한 주제나 토픽 내에서 좀 더 중요한 아이디어를 가리키는 이러한 포괄적인 질문의 위력을 깨닫기 시작하였기 때문이다.

우선 나는 건강하게 먹는 것이 무엇인지에 대한 단원에 기초적인 질문을 가정한다. 그것은 내가 학생들이 성취하기를 원하는 것, 즉 영속적인 이해의 의미를 파악하는 것이다. 우리는 학생들이 무엇이 그들에게 좋은지를 진정으로 이해하고 있는지의 여부에 초점을 두어야 한다.

내가 올바른 길을 가고 있는지를 파악하기 위하여, 나는 교무실에서 소수의 교사들과 점심시간에 나의 아이디어를 점검하였으며, 그들은 실제로 그것을 이해하게 되었다! 우리는 나의 질문에 관해 흥미로운 토론을 가졌다. 그것이 다른 질문들도 이끌어 내었다. 만약 그들 자신에게 질문이 주어진다면, 그들이 영양학적으로 필요하다고 하는 것을 학생들이 먹을 것인가? 우리가 건강에 좋은 방향으로 식이 조절하면서 성장해 나가면 미각이 변하는가? 만약 그렇다면 왜? 동물의 왕국에서 다른 동물들은 어떠한가? 어린 동물들은 자연스럽게 그들에게 좋은 것을 먹는가? 아이들과 어른의 식사 유형에 패스트푸드 광고가 미치는 영향은 무엇인가? 불행히도 20분의 점심시간이 끝났을 때도 우리는 실제로 요리를 하고 있는 중이었고, 휴식시간을 위해서 일을 그만두어야 한다. 나는 이것에 대해 잠깐 동안 고민할 것이다.

그림 6-1

본질적 질문: 포괄적이고 제한적인	백워드 설계 과정		
단계 1	1단계: 바라는 결과 확인하기	2단계: 수용 가능한 증거 결정하기	3단계: 학습 경험과 수업 계획하기
	A ▸ 영속적인 이해 **B ▸ 본질적 질문** C ▸ 지식과 기능	D ▸ 수행 과제 ● 수행 과제 청사진(D) E ▸ 퀴즈, 테스트, 단서 F ▸ 자발적인 증거 G ▸ 자기평가 ● 다른 증거들을 위한 설계(E, F, G)	H ▸ 학습 경험과 교수의 계열

본질적인 질문들	
포괄적	제한적
예술 예술은 어떠한 방식으로 문화를 반영하고 형성하는가? 예술가들은 그들의 아이디어를 표현하기 위해서 어떻게 도구, 기술 그리고 재료를 선택하는가?	**탈에 관한 단원** 탈은 다양한 문화에서 어떠한 역할을 하는가? 탈과 그것의 이용은 한 문화에 관해서 무엇을 보여 주는가? 다른 문화에서 어떠한 도구, 기술 그리고 재료들이 탈의 창작에 이용되는가?
문학 무엇이 위대한 이야기를 만드는가? 작가는 독자들을 어떻게 효과적으로 유혹하고 사로잡는가?	**미스터리에 관한 단원** 미스터리 장르에 관해서 특이한 점은 무엇인가? 위대한 미스터리 작가가 그들의 독자를 어떻게 유혹해 사로잡는가?
역사/정치 어떻게 하면 정부가 공동선을 개인의 권리와 균형을 맞추는가? 미국 정부는 어떻게 그리고 왜 정부 권력에 대해서 저지와 균형을 제공하는가?	**미국 헌법에 관한 단원** 헌법이 정부 권력 남용을 제한하기 위해서 어떠한 방식으로 시도하는가? 세 개의 정부 사이에서 힘의 분리가 교착상태에 빠지게 하는가?
과학 어떻게 유기체의 구조가 거칠거나 변화무쌍한 환경에서 살아남을 수 있게 하는가? 어떻게 유기체가 거칠거나 변화무쌍한 환경에서 살아남는가?	**곤충에 관한 단원** 어떻게 곤충의 구조와 행동이 그들의 생존을 가능하게 하는가? 곤충들이 그들의 환경이 변화할 때 어떻게 생존하는가?
경제 실물의 가치는 어떻게 획득되는가? 무엇이 실물의 가치를 변화시키는가?	**화폐와 시장경제에 관한 단원** 우리는 왜 화폐를 필요로 하는가? 야구공 카드의 가치는 어떻게 결정되는가?
지리학 한 지역의 정밀사진, 기후 그리고 자연자원이 어떻게 사람들이 생활하고 일하는 것에 어떠한 영향을 주는가? 왜 거기에 ______이 위치해 있는가?	**어떤 주나 지역에 관한 단원** Maryland의 Eastern Shore의 정밀사진, 기후, 자연자원이 그 거주자의 생활 방식과 일에 어떻게 영향을 주는가? 왜 Annapolis가 주의 수도로 그곳에 위치해 있는가?
수학 만약 공식이 게임의 규칙과 같다면 우리는 언제 그 규칙을 바꾸어야 하는가?	**평행선의 조건에 관한 단원** 만약 그것이 복잡하다면 왜 이것이 공식이 되는가? 만약 우리가 그것을 부정한다면 무엇이 더 이상 진실하지 않은가?

그림 6-2

〈워크시트 6-2〉에 해당하는

단계 1

포괄적이고
제한적인 질문들
브레인스토밍하기

곤충 단원

백워드 설계 과정

1단계: 바라는 결과 확인하기	2단계: 수용 가능한 증거 결정하기	3단계: 학습 경험과 수업 계획하기
A ▶ 영속적인 이해 **B ▶ 본질적 질문** C ▶ 지식과 기능	D ▶ 수행 과제 ● 수행 과제 청사진(D) E ▶ 퀴즈, 테스트, 단서 F ▶ 자발적인 증거 G ▶ 자기평가 ● 다른 증거들을 위한 설계(E, F, G)	H ▶ 학습 경험과 교수의 계열

단원에 대해 목적으로 삼은 이해나 내용의 기준이 주어진다면, 탐구를 촉진하고 단원을 안내해 주는, 포괄적인 질문과 본질적 제한적인 질문을 브레인스토밍하라.

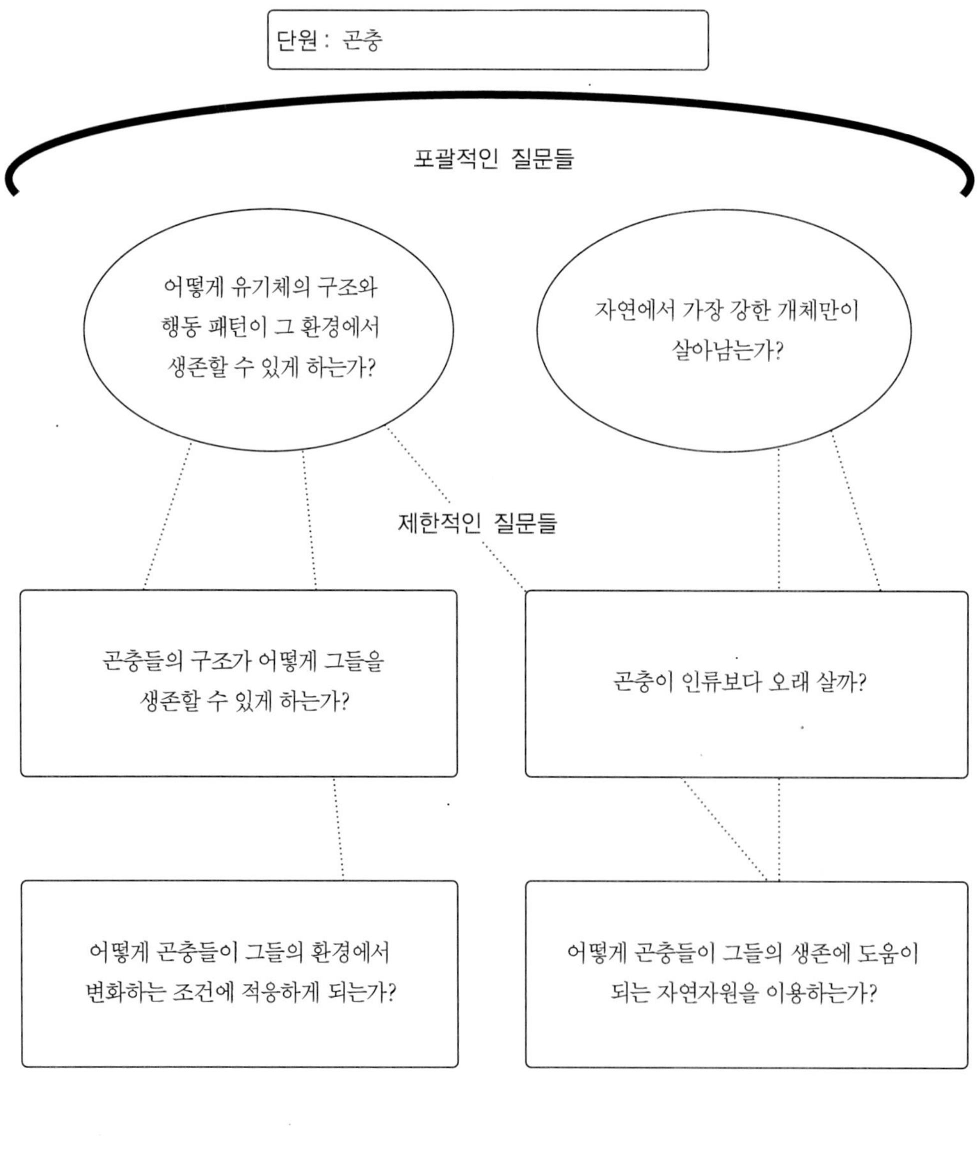

그림 6-3

〈워크시트 6-2〉에 해당하는

단계 1

포괄적이고 제한적인 질문들 브레인스토밍하기	백워드 설계 과정		
영양 단원	1단계: 바라는 결과 확인하기	2단계: 수용 가능한 증거 결정하기	3단계: 학습 경험과 수업 계획하기
	A ▸ 영속적인 이해 B ▸ 본질적 질문 C ▸ 지식과 기능	D ▸ 수행 과제 ● 수행 과제 청사진(D) E ▸ 퀴즈, 테스트, 단서 F ▸ 자발적인 증거 G ▸ 자기평가 ● 다른 증거들을 위한 설계(E, F, G)	H ▸ 학습 경험과 교수의 계열

단원에 대해 목적으로 삼은 이해나 내용의 기준이 주어진다면, 탐구를 촉진하고 단원을 안내해 주는 포괄적인 본질적 질문과 제한적인 본질적 질문을 브레인스토밍하라.

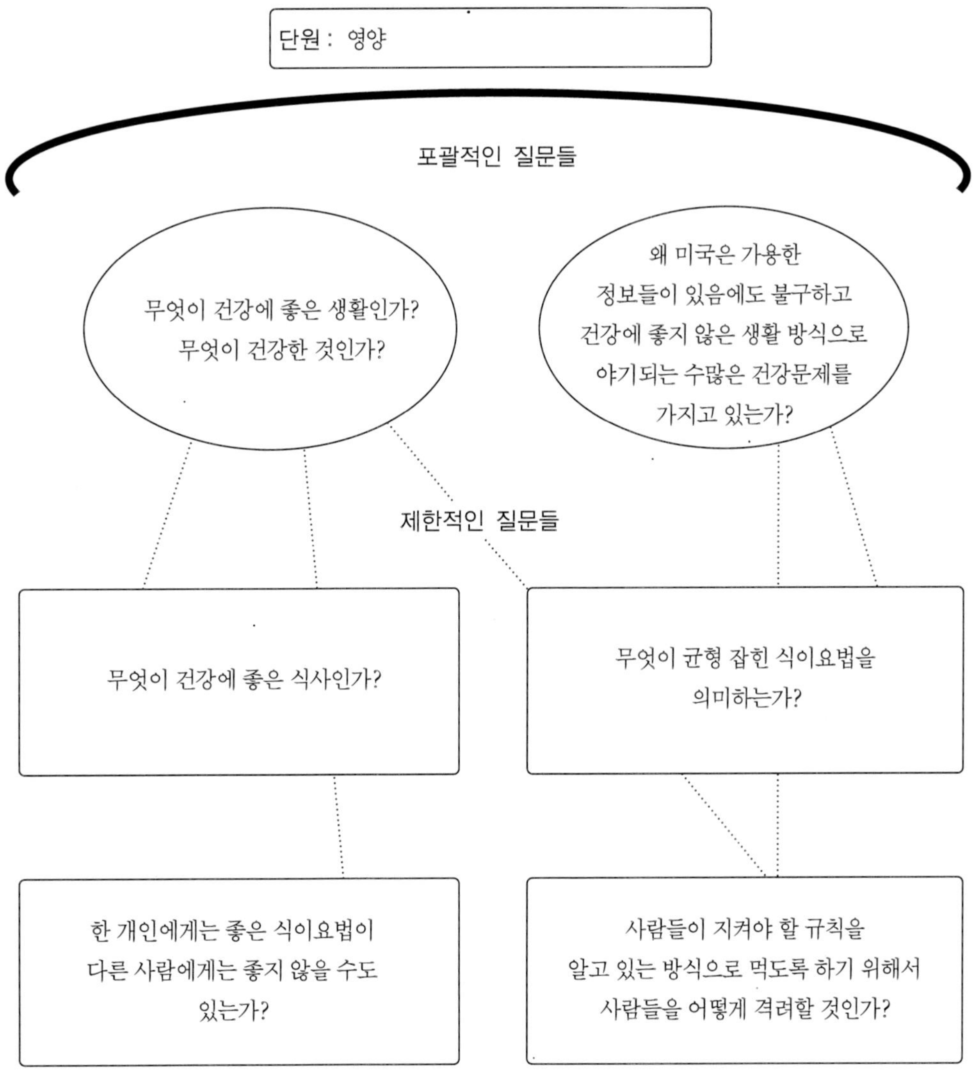

그림 6-4

〈워크시트 6-3〉에 해당하는

단계 1

측면들을 이용하여 본질적 질문을 일반화하기

남북전쟁 단원

백워드 설계 과정

1단계: 바라는 결과 확인하기	2단계: 수용 가능한 증거 결정하기	3단계: 학습 경험과 수업 계획하기
A ▸ 영속적인 이해 **B ▸ 본질적 질문** C ▸ 지식과 기능	D ▸ 수행 과제 ● 수행 과제 청사진(D) E ▸ 퀴즈, 테스트, 단서 F ▸ 자발적인 증거 G ▸ 자기평가 ● 다른 증거들을 위한 설계(E, F, G)	H ▸ 학습 경험과 교수의 계열

한 주제나 내용 기준에 대한 가능한 본질적 질문을 생성하기 위해 이해의 여섯 가지 측면의 '렌즈들'을 이용하라.

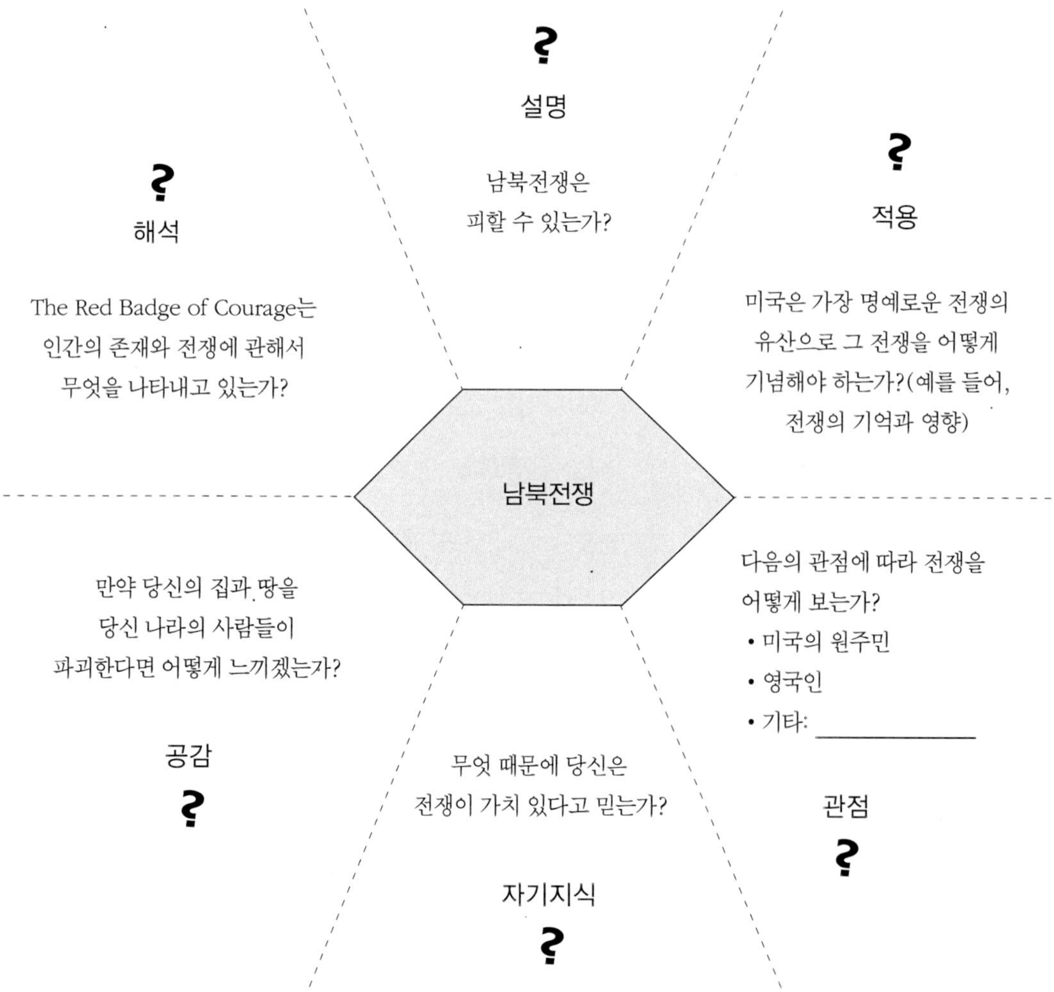

그림 6-5

〈워크시트 6-3〉에 해당하는

단계 1

측면들을 이용하여 본질적 질문을 일반화하기

영양 단원

백워드 설계 과정

1단계: 바라는 결과 확인하기	2단계: 수용 가능한 증거 결정하기	3단계: 학습 경험과 수업 계획하기
A ▸ 영속적인 이해	D ▸ 수행 과제	H ▸ 학습 경험과 교수의 계열
B ▸ 본질적 질문	● 수행 과제 청사진(D)	
C ▸ 지식과 기능	E ▸ 퀴즈, 테스트, 단서	
	F ▸ 자발적인 증거	
	G ▸ 자기평가	
	● 다른 증거들을 위한 설계(E, F, G)	

한 주제나 내용 기준에 대한 가능한 본질적 질문을 생성하기 위해 이해의 여섯 가지 측면의 '렌즈들'을 이용하라.

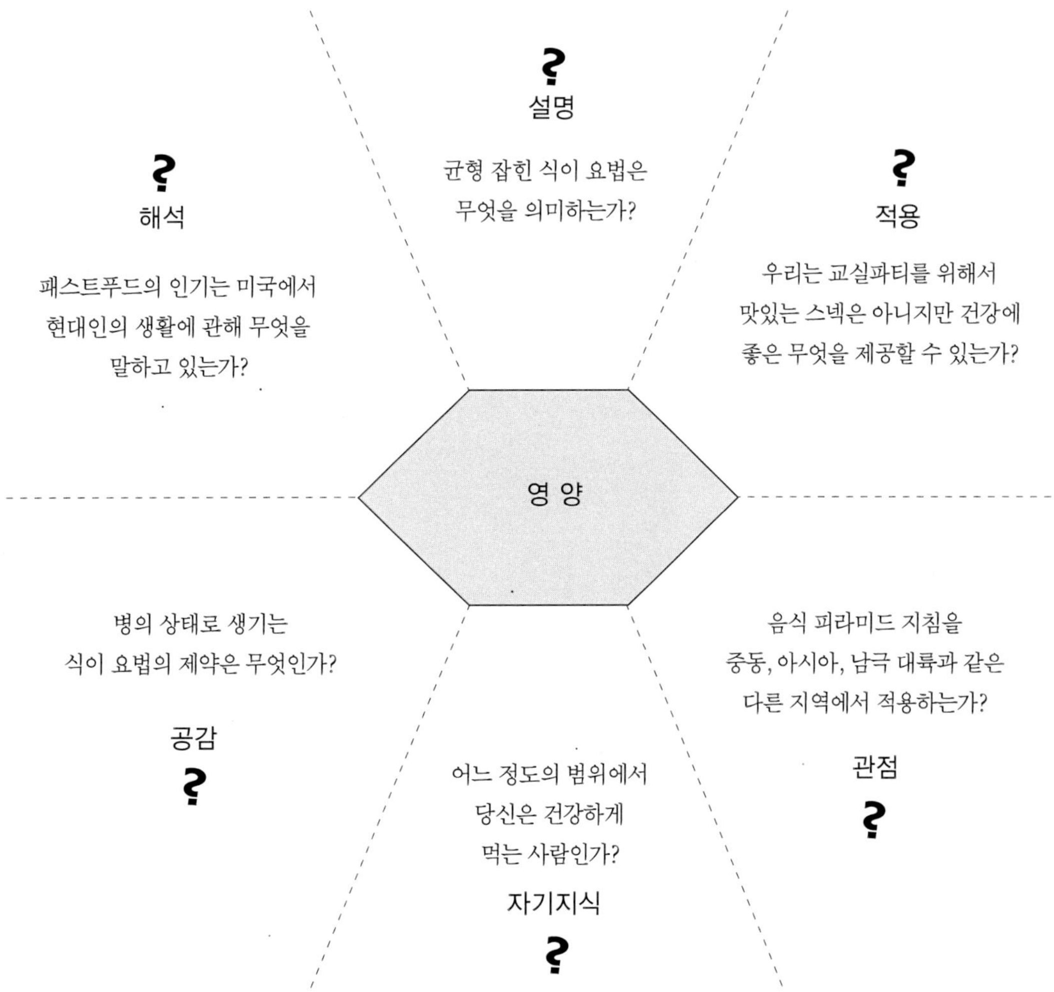

워크시트 6-1

단계 1

본질적 질문들 브레인스토밍하기	백워드 설계 과정		
	1단계: 바라는 결과 확인하기	2단계: 수용 가능한 증거 결정하기	3단계: 학습 경험과 수업 계획하기
	A ▸ 영속적인 이해 B ▸ 본질적 질문 C ▸ 지식과 기능	D ▸ 수행 과제 ● 수행 과제 청사진(D) E ▸ 퀴즈, 테스트, 단서 F ▸ 자발적인 증거 G ▸ 자기평가 ● 다른 증거들을 위한 설계(E, F, G)	H ▸ 학습 경험과 교수의 계열

본질적 질문을 다시 생각하기(반성)와 심화된 연구를 촉진시킴으로써 단원의 작업을 초점화하고 심화시키는 데 이용된다. 당신의 단원이나 코스에 대한 가능한 본질적 질문을 브레인스토밍할 때 다음의 특징을 고려하라.

본질적 질문

- 명확한 정답을 가지지 마라.
- 종종 교과 영역의 경계들을 교차해서 다른 중요한 질문을 제기하라.
- 학문의 철학적이고 개념적인 기초들을 다루어라.
- 자연스럽게 순환 · 반복하라.
- 학생들의 흥미를 유발하고 유지하도록 구성하라.

가능한 본질적 질문

-
-
-
-
-
-
-
-
-

워크시트 6-2

[그림 6-2], [그림 6-3] 에 해당하는

단계 1

포괄적이고
제한적인 질문들
브레인스토밍하기

백워드 설계 과정		
1단계: 바라는 결과 확인하기	2단계: 수용 가능한 증거 결정하기	3단계: 학습 경험과 수업 계획하기
A ▸ 영속적인 이해 **B ▸ 본질적 질문** C ▸ 지식과 기능	D ▸ 수행 과제 ● 수행 과제 청사진(D) E ▸ 퀴즈, 테스트, 단서 F ▸ 자발적인 증거 G ▸ 자기평가 ● 다른 증거들을 위한 설계(E, F, G)	H ▸ 학습 경험과 교수의 계열

단원에 대해 목적으로 삼은 이해나 내용의 기준이 주어진다면, 탐구를 촉진하고 단원을 안내해 주는 포괄적인 본질적 질문과 제한적인 본질적 질문을 브레인스토밍하라.

단원 :

포괄적인 질문들

제한적인 질문들

워크시트 6-3

[그림 6-4], [그림 6-5]에 해당하는

단계 1

측면들을 이용하여 본질적 질문을 생성하기

백워드 설계 과정

1단계: 바라는 결과 확인하기	2단계: 수용 가능한 증거 결정하기	3단계: 학습 경험과 수업 계획하기
A ▸ 영속적인 이해 **B ▸ 본질적 질문** C ▸ 지식과 기능	D ▸ 수행 과제 ● 수행 과제 청사진(D) E ▸ 퀴즈, 테스트, 단서 F ▸ 자발적인 증거 G ▸ 자기평가 ● 다른 증거들을 위한 설계(E, F, G)	H ▸ 학습 경험과 교수의 계열

한 주제나 내용 기준에 대한 가능한 본질적 질문을 생성하기 위해 이해의 여섯 가지 측면의 '렌즈들'을 이용하라.

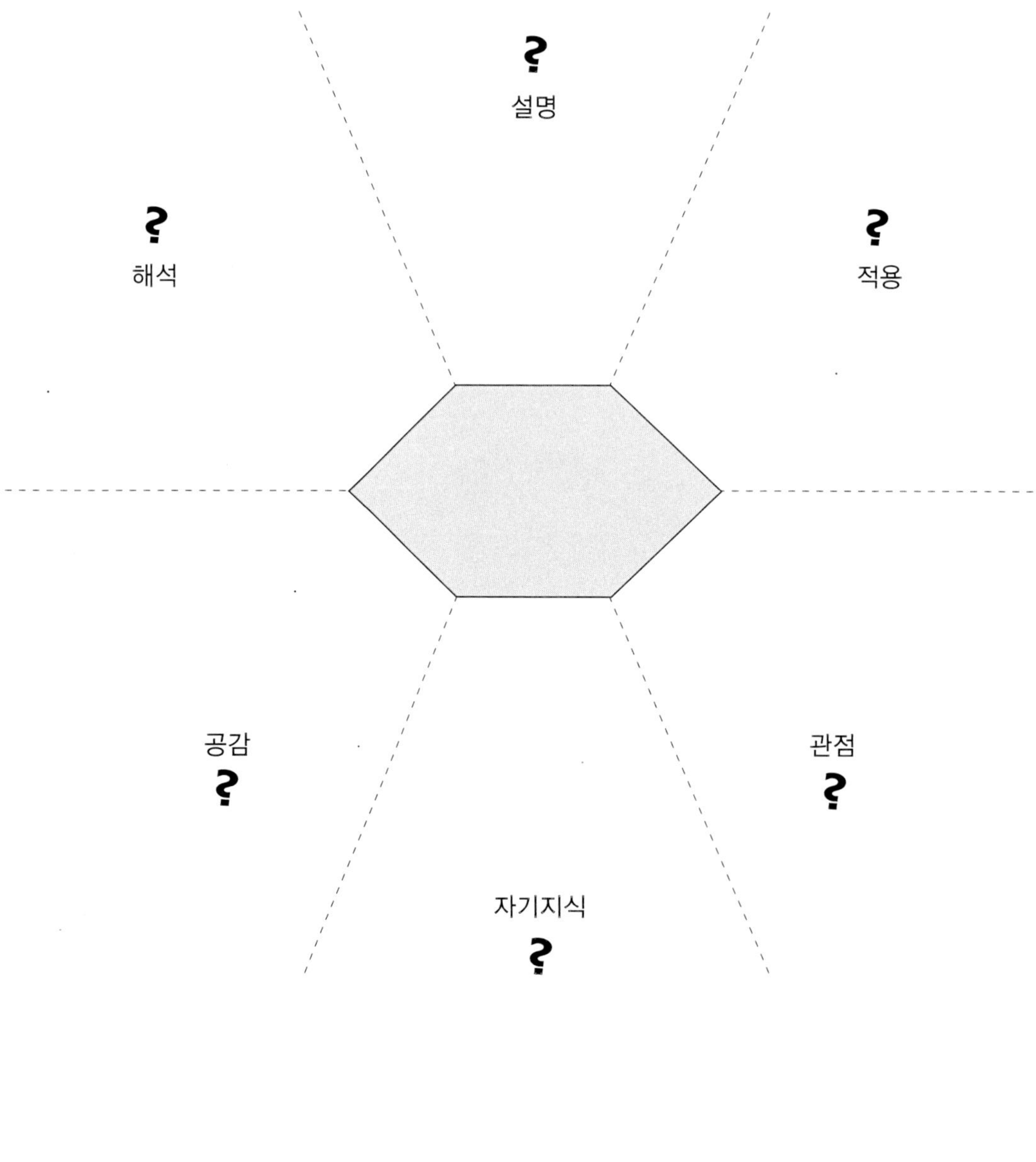

Understanding by Design *Handbook*

단계 2

수용 가능한
증거
결정하기
모듈 7~11

백워드 설계 과정		
1단계: 바라는 결과 확인하기	2단계: 수용 가능한 증거 결정하기	3단계: 학습 경험과 수업 계획하기
A ▸ 영속적인 이해 B ▸ 본질적 질문 C ▸ 지식과 기능	D ▸ 수행 과제 ● 수행 과제 청사진(D) E ▸ 퀴즈, 테스트, 단서 F ▸ 자발적인 증거 G ▸ 자기평가 ● 다른 증거들을 위한 설계(E, F, G)	H ▸ 학습 경험과 교수의 계열

MODULE 7 이해의 증거

평가자처럼 사고하는 것은 두 개의 기본적인 질문으로 요약된다.
우리가 이해의 특징을 찾기 위해 어디를 보아야 하는가,
그리고 이해의 정도를 결정하고 구별하는 데 있어서 무엇을 찾아야 하는가?
첫 번째 질문은 이해를 가리키는 수행이나
행동의 종류에 해당하는 필수적인 증거들을 고려하도록 요구하고 있다.
두 번째 질문은 우리가 연속체에 따라 질에 의해 작품을 분류해 주는
준거와 루브릭을 사용하여 이해의 수준이나 정도를 확인하고 구별하기 위해서
가장 두드러지고, 분명한 준거에 초점을 두도록 요청하고 있다.
-Wiggins & McTighe, 1998, pp. 67-68

모듈 이용하기

워크시트 3-3

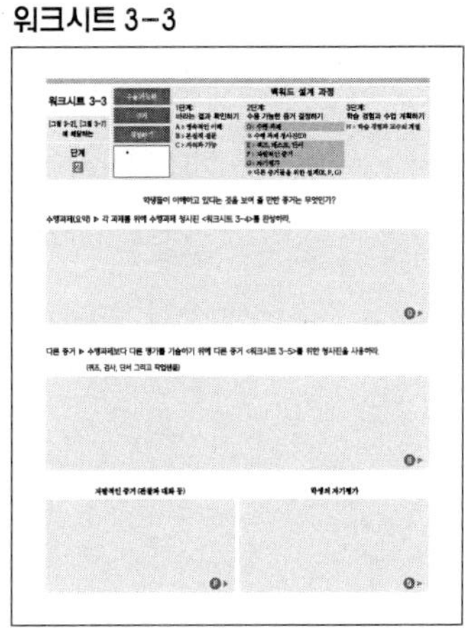

피상적인 이해나 초보적인 이해와 반대되는 깊이 있는 이해의 증거란 무엇인가? 우리는 학생의 이해 정도를 결정하기 위해서 어디를 보고, 무엇을 보아야 하는가? 어떤 평가 종류가 우리의 교육과정 단원을 정착시키고, 우리의 교수를 안내할 것인가?

종종 교사들처럼 우리는 하나 또는 두 가지 평가 유형에 의존하고, 선다형이나 단답형 문항을 통해서 쉽게 테스트되는 교육과정의 양상에 집중하는 오류에 빠진다. 그리고 자주 이해의 증거를 수집하거나, 그것의 부재에 잘 어울리는 검사와 다른 평가의 형식 사이의 차이점을 고려하지 못한다.

사실상 이해를 목표로 삼는 것에서 큰 실수는 수집된 증거의 주요 매개물이 되는 형식적인 테스트를 가정하는 것이다. 이와는 대조적으로 '이해를 확인하는' 용어로서 계속적인 형성평가와 비공식적인 평가는, 만일 학생들이 이해를 달성하고 오해를 피하게 된다면 절대적으로 필요하다는 것을 함의한다.

수업을 설계하기 전에 평가자처럼 생각하는 것—백워드 설계가 요구하는 것이 무엇인지에 대해—은 많은 교사에게 자연스럽거나 쉽게 생기는 것이 아니다. 우리는 한 번쯤 우리가 목표로 삼고 있

는 활동설계자처럼 생각하는 것과 좀 더 멀리 떨어진다. 우리가 바라는 지식과 기능을 평가하기 위해서 필요한 증거를 가지게 되는지에 대한 자문 없이 백워드 설계 과정의 1단계에서 3단계로, 내용 기준에서 수업의 설계로, 쉽게 그리고 무의식적으로 뛰어넘었다.

백워드 설계는 우리가 이러한 본능을 차단시킬 것을 요구한다. 그렇지 않으면 설계는 이해에 일관성 있게 합치되지도 못하고 이해에 두는 초점도 희미해질 가능성이 높다. 그리고 성공적인 결과는 의도적인 설계보다는 우연성에 의해 획득될 것이다.

이해의 증거를 수집하기 위해 계획할 때 교사들은 [그림 7-1]에서 보여 준 평가 방법의 범위를 고려해야 한다. 이러한 연속체는 이해를 점검하는 것(구두 질문, 관찰, 대화, 학생의 일지, 자기평가, 동료평가)을 포함한다. 전통적인 퀴즈, 테스트, 개방형 단서 그리고 수행 과제와 프로젝트가 그것이다. 이들은 범위(단순한 것에서 복잡한 것으로)와 시간 구성(단시간에서 장기간), 상황(비맥락적인 것에서 확실한 맥락으로), 그리고 구조(고도로 구조화된 것에서 불완전하게 구조화된 것으로)를 바꿔 간다. 왜냐하면 이해는 지속적인 탐구와 반성의 결과로 발전되기 때문에, 이해에 대한 평가는 종종 현재의 실행에서 발생하는 것—수업의 마지막에 때맞춰 한 번의 테스트로—으로 하나의 결과 대신에 시간 전체에서의 증거 수집물로 간주되어야 한다.

효과적인 평가가 이루어지려면, 우리는 평가의 유형과 형태 및 측정하고자 하는 성취 대상을 짝지어야 한다. 만일 학생들이 기본 사실과 기능을 학습하는 것이 목표라면 필기검사 및 퀴즈가 적절하고, 효율적인 측정을 위해 일반적으로 제공되어야 한다. 그러나 깊은 이해가 목표일 때, 우리는 목표 달성 여부를 결정할 보다 복잡한 수행에 의존한다. [그림 7-2]는 상이한 교육과정 목표를 위해 제공된 평가 유형과 증거 사이의 일반적 관계를 드러낸다.

영속적인 이해에 초점이 주어진다면, 우리의 단원이나 코스는 수행 과제나 프로젝트를 통해서 부합될 것이다. 학생들은 영속적인 이해를 유발하고 평가하는 보다 적절한 수단으로, 상황에 따라서 그들의 지식을 이용할 수 있을 것이다. 퀴즈, 테스트 그리고 단서와 같은 보다 전통적인 평가들은 최상의 수행에 이르도록 하는 데 기여하는 필수적인 지식과 기능을 평가함으로써 거기에 해당되는 그림을 둥글게 하여 완성시키는 데 이용된다.

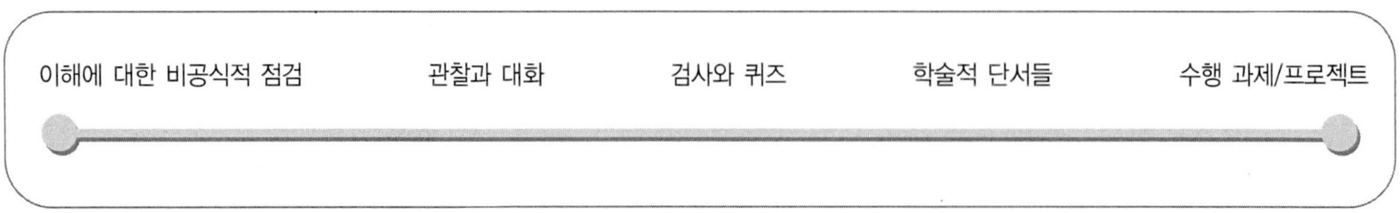

출처: Wiggins & McTighe, 1998, p. 12.

[그림 7-1] 평가 방법들의 연속체

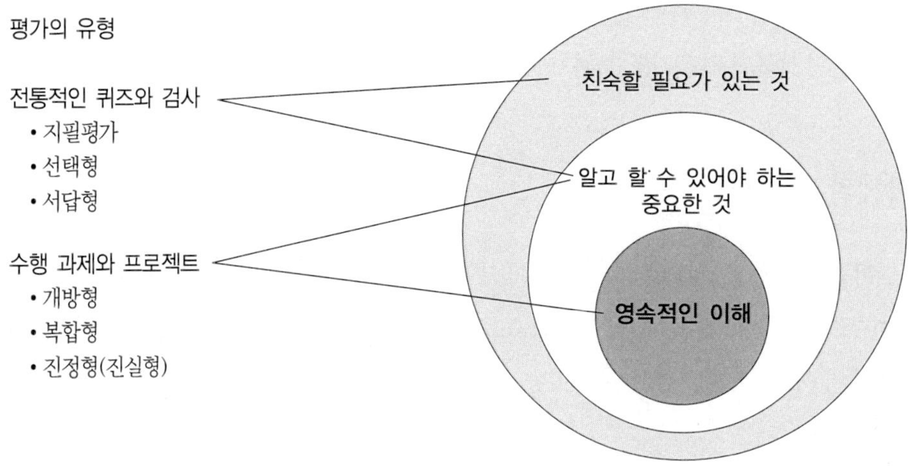

[그림 7-2] 교육과정상의 우선순위와 평가 방법

출처: Wiggins & McTighe, 1998, p. 15.

퀴즈와 시험 문항

이러한 평가 유형은 다음과 같은 단순한 내용 중심 질문들로 구성된다.

- 사실적인 정보, 개념 그리고 단편적인 기능을 위해 평가한다.
- 선택-반응형이나 단답형을 이용한다.
- 수렴적이고 전형적으로 단 하나의 최상의 답을 갖는다.
- 정답 키(혹은 채점기)를 이용하여 쉽게 채점할 수 있다.
- 안전하다(미리 알려지지 않는다).

학술적 단서

개방형 질문이나 문제인 학술적 단서들은 학생들이 단지 지식을 재생하는 것이 아니라 비판적으로 사고하고 반응하며, 산출물 혹은 수행을 준비하도록 요구된다. 이러한 질문이나 문제는 다음과 같다.

- 학교 시험 조건하에 구성된 반응(서답형)을 요구한다.
- 유일한 최상의 답이나 해결 전략이 아니라 개방되어 있다.
- 발달에 대한 전략을 요구하는 것으로 비구조화되어 있다.
- 분석, 총괄, 평가 혹은 세 가지의 통합을 포함한다.

- 준거와 수행 기준을 이용하여 판단 중심의 채점을 요구한다.
- 안전하거나 안전하지 않을지도 모른다.

수행 과제와 프로젝트

복잡한 도전들을 포함하고 있는 이러한 평가의 유형은 성인이 직면하게 되는 이슈와 문제를 반영한다. 그러한 도전은 분명하다. 다단계로 된 프로젝트들은 장기 과제에서 단기 과제에 이르는 기간으로 범위가 정해지고, 실제적인 산출물이나 수행을 요구한다. 그들은 다음과 같은 점에서 학문적 단서와 다르다.

- 성인이 유사한 상황에서 발견할 수 있는 일종의 제한 조건, 배경 잡음, 인센티브, 그리고 기회들을 가지고 실제적이거나 가상적인 환경을 이용한다.
- 청중과 관련된 구체적인 목적에 근거한다.
- 과제를 개별화하기 위한 보다 많은 기회를 학생들에게 허용한다.
- 안전하지 않다. 과제, 준거 그리고 기준을 미리 알려 주고 학생 활동을 안내한다.

우리는 목적, 역할, 청중, 상황, 산출물이나 수행, 그리고 기준을 GRASPS라는 약어로 수행 과제의 핵심 요소를 요약할 수 있다.

■ ■ ■ ■ ■

〈워크시트 7-1〉은 교사들이 복잡한 이해를 평가하기 위해서 사용할 수 있는 증거에 대한 충분한 범위를 고려하도록 하는 데 도움을 준다. [그림 7-3]은 문학 단원에 사용된 증거의 예를 보여 준다.

오개념 주의하기!

- 이해의 증거에 관해서 말할 때 우리는 수업이나 코스 단원 내에 다양한 형식적·비공식적인 평가를 통해서 수집된 증거에 대해서 언급한다. 우리는 단지 교수 결과의 테스트나 궁극적인 수행 과제를 언급하는 것이 아니다. 오히려 우리가 추구하려는 수집된 증거는 관찰과 대화, 전통적인 퀴즈와 테스트, 수행 과제와 프로젝트뿐만 아니라 전체 시간에 수집된 학생들의 자기평가를 포함하는 것일지도 모른다.
- 교사들 사이에서 흔한 오개념은 만약 학생들이 교사들이 고안한 테스트를 잘한다면 이해는 당연한 것으로 생각할 수 있다는 것이다. 실제로 그것을 '만약 내가 그것을 분명하게 말하면 그들은 정확하게 대답할 것이고, 그러면 그것을 틀림없이 이해하게 된다.'는 이해의 증거에 관한 교사의 오개념이라고 부를 수 있다. 우리는 '나는 그것을 가르쳤는데 그들은 배우지 않았다.'고 말하는 교사에 관한 농담을 들어 왔다. 극소수의 교사들은 비판적으로 질문한다. 이해에 대한 설득력 있는 증거는 무엇인가? 학생들이 그것을 이해하지 않고 배운 것에 대해서 답할 수 없다는 것을 나는 어떻게 아는가? 만약 그들이 실제적이거나 명백한 이해를 가지고 있다는 확신을 보여 주는 것은 어떤 증거인가?

  그러한 실패는 만약 평가 과제가 실제적이고 그 결과들이 타당하다면 지나치게 공통된 모든 가정에 따라서 악화된다. 평가 과제라고 부르는 수많은 것은 깊이 있는 이해를 가지거나 이해 없이 이루어지는 단지 흥미로운 활동이다. 그리고 수많은 확실하지 않은 필기 과제(예를 들어, 에세이 단서)들은 학생들이 핵심적인 아이디어를 이해하든지 그렇지 않든지 간에 확실한 증거를 제공한다. 백워드 설계를 이해하는 것은 평가 설계가 수업 전에 제안되고 대상의 명료성이 평가 설계에 선행하는 것뿐만 아니라 그 이유에 대한 인식을 요구한다. 타당도는 그러한 논리를 요구하는 것이다. 복잡한 대상에 대한 확실한 평가는 증거의 다양한 자원과 수행의 다양한 유형을 변함없이 요구한다.

Bob James의 반성

내가 항상 제공하고 있는 퀴즈에 더하여, 내가 추구하는 이해의 증거로써 실제로 기능하고 있는 것이 무엇인지에 관해 고려할 필요가 있다. 나의 동료들과 수행평가의 예시들을 검토하고 아이디어를 토의한 후에 다음의 수행 과제를 결정하였다.

우리가 영양에 관해서 배워 왔기 때문에 Outdoor Education Center의 캠프 관리자는 우리가 3일 동안의 체험을 위해 영양적으로 균형 잡힌 식단을 제안하도록 올해 후반기에 센터에 요청해 왔다. USDA 음식 피라미드 지침과 음식 라벨에 붙은 영양 정보를 이용하여, 세 번의 식사와 세 번의 간식(아침, 점심, 캠프파이어 시간)을 포함하여 3일 동안의 식단을 계획하였다.

당신의 목표: 맛있고 영양적으로 균형 잡힌 식단. 당신의 식단에 더하여 당신의 식단이 USDA의 영양 지침을 충족시키고 있는지 관리자에게 설명하기 위한 서한을 작성하라. 지방, 단백질, 탄수화물, 비타민, 미네랄 그리고 열량에 대한 항목을 보여 주는 도표를 넣어라.

또한 이러한 과제는 한 주 동안 가상적 가족 식사를 분석하고, 그들의 영양을 개선하기 위한 방법을 제한하기 위한 우리 단원의 프로젝트 중 하나와 잘 관련되어 있다. 이 과제와 프로젝트를 염두해 두고, 나는 식품군과 음식 피라미드의 장점에 대해서 학생들의 선수지식을 점검하기 위한 퀴즈와 영양적으로 불충분한 식사가 건강상의 문제에 원인이 되고 있는지에 관한 그들의 이해를 점검하기 위해 테스트를 이용할 수 있다. 이것은 내가 단원을 설계해 온 가장 완전한 평가 장치고, 그 과제는 학생들에게 동기를 부여할 뿐만 아니라 그들의 이해에 대한 증거를 제공할 것이라고 생각한다.

그림 7-3

〈워크시트 7-1〉에 해당하는

단계 2

증거의 범위를 고려하기

문학 단원

백워드 설계 과정

1단계: 바라는 결과 확인하기	2단계: 수용 가능한 증거 결정하기	3단계: 학습 경험과 수업 계획하기
A ▸ 영속적인 이해 B ▸ 본질적 질문 C ▸ 지식과 기능	D ▸ 수행 과제 ● 수행 과제 청사진(D) E ▸ 퀴즈, 테스트, 단서 F ▸ 자발적인 증거 G ▸ 자기평가 ● 다른 증거들을 위한 설계(E, F, G)	H ▸ 학습 경험과 교수의 계열

가운데 상자—학생들이 이해해야 하고 할 수 있는 것—에 목표가 되는 이해와 핵심 수행 과제를 써 넣어라. 그리고 이해의 충분한 증거를 만들어 내는 그림을 둥글게 하여 가장 유용하고, 통찰력이 있고, 알맞은 증거의 유형들을 브레인스토밍하라.

목표가 되는 이해
문학에서 형식과 내용 사이의 관계가 흔히 핵심 아이디어들을 밝히고 있는지 이해하라.

핵심 수행 과제
한 권의 책에서 한 편의 영화로 바뀐 가상의 Siskel과 Ebert의 비평을 비디오로 녹화하라. (예를 들어, 로미오와 줄리엣)

형식적인 관찰이나 학생들의 인터뷰
내레이터에 대한 작가의 선택에 관한 세미나 토론

공개적인(public) 수행
요정 이야기에서 시나 새로운 기사로 들어가라.

단서에 대한 반응으로 필기, 구두 혹은 시각적인 산출물
편집자로서 학생들은 표절 가능한 텍스트를 검토하라(예를 들어, e.e.cummings).

학생의 자기평가, 일지 기록(logs)과 동료평가
학생들이 작가의 기예에 대해서 해설하는 일지 기록 읽기

학생의 전시물이나 모델
다른 책들에서 동일한 주제에 관해 서로 다른 취급이나 처리를 보여 주는 웹사이트 전시(예를 들어, 용기와 전쟁에 대한 공포)

단답형 퀴즈나 테스트
문학 양식과 작가의 관점에 대한 읽기에 퀴즈 내기

워크시트 7-1

[그림 7-3]에 해당하는

단계 2

증거의 / 범위 / 고려하기

백워드 설계 과정

1단계: 바라는 결과 확인하기	2단계: 수용 가능한 증거 결정하기	3단계: 학습 경험과 수업 계획하기
A ▸ 영속적인 이해 B ▸ 본질적 질문 C ▸ 지식과 기능	D ▸ 수행 과제 ● 수행 과제 청사진(D) E ▸ 퀴즈, 테스트, 단서 F ▸ 자발적인 증거 G ▸ 자기평가 ● 다른 증거들을 위한 설계(E, F, G)	H ▸ 학습 경험과 교수의 계열

가운데 상자—학생들이 이해해야 하고 할 수 있는 것—에 목표가 되는 이해와 핵심 수행 과제를 써 넣어라. 그리고 이해의 충분한 증거를 만들어 내는 그림을 둥글게 하여 가장 유용하고, 통찰력이 있고, 알맞은 증거의 유형들을 브레인스토밍하라.

형식적인 관찰이나 학생들의 인터뷰

공개적인(public) 수행

목표가 되는 이해

핵심 수행 과제

단서에 대한 반응으로 필기, 구두 혹은 시각적인 산출물

학생의 자기평가, 일지 기록(logs)과 동료평가

학생의 전시물이나 모델

단답형 퀴즈나 테스트

MODULE 8

이해를 수행으로 변형하기

이해는 직접적으로 관찰하거나 측정할 수 없다.
그렇다면 교사들은 어떻게 학생의 이해에 대한 증거를 확보할 수 있을까?
교사들은 학생들이 실제적인 수행을 통해 학생들의 이해를 증명할 수 있는
방법을 고려할 필요가 있다.

모듈 이용하기

워크시트 3-3

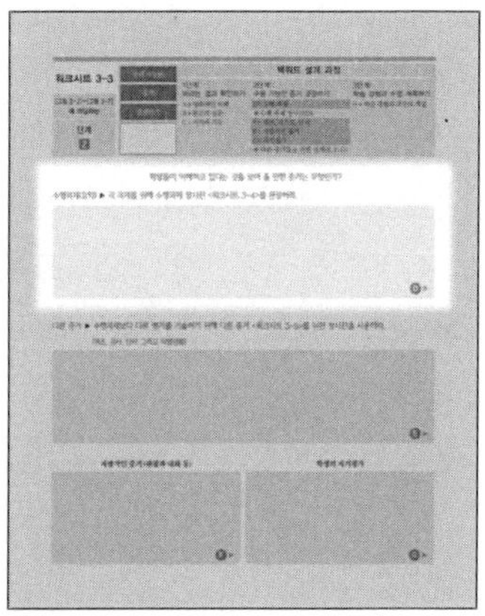

D 수행 과제

이해에 대한 수행평가를 위한 아이디어를 생성시키는 실제적인 수단은 이해되어야 할 일반화를 적절한 동사로 결합시키는 것을 포함한다. 이 동사들은 볼 수 없는 것을 볼 수 있도록 만듦으로써 이해를 드러내도록 하는 데 필요한 수행의 종류를 명세화한다.

[그림 8-1]은 어떻게 목표로 하는 이해가 가능한 수행으로 전환되는지에 관한 예시를 제공한다. 설계자들은 그들 자신의 단원에 대해서 이해를 가능한 수행들로 변형되도록 하는 〈워크시트 8-1〉을 이용할 수 있다.

수행 지향의 동사들은 이해의 여섯 측면과 Bloom의 고등 사고력 내에서 만들어진다. 여섯 측면을 기초로 하고 있는 가능한 수행동사의 목록은 [그림 8-2]에서 볼 수 있다. 특정한 이해를 가장 잘 드러내는 가장 적절한 수행은 무엇인가? 그리고 학생들은 이해의 증거를 제공하기 위해서 무엇을 해야 하는가? 이러한 질문에 대한 대답으로써 이러한 동사를 제안하라.

오개념 주의하기!

토픽이나 내용 기준을 수행동사와 단순히 연결하는 것은 부적절하다. 학생들은 문학 작품을 읽을 때 등장인물을 비교하고 대조하는 방법을 이해해야 한다는 문장은 그러한 분석으로 획득되는 특정한 통찰에 관해 대수롭지 않게 이야기한다. 첫째로 교사들은 구체적인 이해를 확인하고 일반화로서 그것을 구성할 필요가 있다. 다음으로 그들은 어떤 측면이나 목표로 하는 이해를 적절하게 나타내는 이해의 측면을 고려해야 한다. 그러한 측면하에 있는 동사들은 가능한 이해의 수행을 위한 아이디어를 일반화하는 데 이용할 수 있다.

관련되어 있는 오개념은 목표를 일반화로 구성하는 것을 가리킨다. 우리는 많은 교사가 '~하는 방법을 이해한다.' 라는 형식으로 그들의 명세 목표를 진술한다는 사실을 깨달았다(예를 들어, 학생들은 2차 방정식 문제를 해결하는 방법을 이해할 것이다). 그러나 그러한 표현 진술은 보여야 하는 특정한 통찰이나 결과를 이야기하고 있지 않다. 교사들이 관찰하고자 하는 이해는 그것과 같은 뜻이 아닌 수행에서 파생된다. 그 수행은 학생들이 문제에서 그 아이디어를 이해하는지 어떤지를 보여 준다. 이 수행은 그 아이디어가 아니다. 그래서 설계자들은 일반화(1단계)로 그 목표를 맨 처음 구성하고, 그런 다음 평가(2단계)를 구체화하도록 요구된다. 또 맨 처음 두 단계에 대해서 생각하는 방법은 이와 같은 구문을 이용하는 것이다. 나는 학생들이 'X는 케이스다.' 라는 것을 이해하길 원하고, 그들은 'y와 z'를 수행하는 방법을 이해하였다는 것을 보여 줌으로써 그들의 이해를 가장 잘 드러낼 수 있다. 이러한 방식으로 이해와 수행을 구성하는 것은 두 가지 문제를 피할 수 있다. 그 문제는 실제로 기능인 어떤 것을 이해로 취급하는 것과 수행과 이해를 혼동하는 것이다.

Bob James의 반성

그 측면들과 수행동사들은 학생들이 수행을 통해서 그들의 이해를 증명할 수 있다는 가능한 방법에 관해서 내가 생각하는 것에 도움이 되었다. 예를 들어, 적용 측면 아래에 '설계하다(design)'라는 동사는 학생들이 저학년 학생들에게 건강한 식사의 원리를 소개하는 소책자를 설계하는 것에 대한 아이디어를 나에게 준다. 나는 쉽게 참고하기 위해서 나의 계획안에 이러한 동사 목록을 기입하도록 계획하였다.

그림 8-1

단계 2

목표가 되는 이해를
가능한 수행들로
변형하기

1960년대의 역사 단원

백워드 설계 과정

1단계: 바라는 결과 확인하기	2단계: 수용 가능한 증거 결정하기	3단계: 학습 경험과 수업 계획하기
A ▸ 영속적인 이해 B ▸ 본질적 질문 C ▸ 지식과 기능	**D ▸ 수행 과제** ● 수행 과제 청사진(D) E ▸ 퀴즈, 테스트, 단서 F ▸ 자발적인 증거 G ▸ 자기평가 ● 다른 증거들을 위한 설계(E, F, G)	H ▸ 학습 경험과 교수의 계열

목표가 되는 이해를 평가할 수 있는 가능한 수행들로 전환하라.

1960년대의 역사 단원을 위한 가능한 수행

- **이유를 설명하라.** 베트남전쟁에서 미국의 개입이 어떤 사람들에게는 그들 정부에 대한 신뢰를 잃게 하는 원인이 되었는지를 설명하라.
- **찬반으로 논의하라.** 반전운동이 시민권운동으로 촉발되었다는 견해에 대해 찬반으로 논의하라.
- **적용하라.** 폭력에 관한 Kerner 위원회의 보고서에 관해 역할놀이 재현으로 시대에 대한 이해를 적용하라.

* 여기에서 수행은 진정한 수행 과제와 학술적인 단서를 가리킬 수 있다.

그림 8-2

단계 2

측면들에 / 근거로 하고 있는 / 수행동사들

백워드 설계 과정

1단계: 바라는 결과 확인하기	2단계: 수용 가능한 증거 결정하기	3단계: 학습 경험과 수업 계획하기
A ▸ 영속적인 이해 B ▸ 본질적 질문 C ▸ 지식과 기능	**D ▸ 수행 과제** ● 수행 과제 청사진(D) E ▸ 퀴즈, 테스트, 단서 F ▸ 자발적인 증거 G ▸ 자기평가 ● 다른 증거들을 위한 설계(E, F, G)	H ▸ 학습 경험과 교수의 계열

학생들이 자신들의 이해를 예증할 수 있는 수단이 되는 구체적인 과제와 단서를 계획할 때 다음의 수행동사들을 고려하라(〈워크시트 8-1〉을 보라).

설명	해석	적용	관점	공감	자기지식
논증하다	유추를 창조하다	적용하다	분석하다	역할을 가정하다	알아챈다
이끌어 낸다	비평하다	구축하다	주장하다	믿는다	파악하다
기술하다	문서로 증명하다	창조하다	비교하다	~와/과 같다	인식하다
설계하다	평가하다	고친다	대조하다	열려 있다	반성하다
공개하다	설명하다	결정하다	비평하다	고려하다	자기평가하다
표현하다	판단하다	공개하다	추론하다	상상하다	
권유하다	의미를 만든다	발명하다		관련짓는다	
수업하다	뜻이 통하다	수행하다		역할놀이를 하다	
정당화하다	비유를 제공하다	산출하다			
모형을 만든다	행간을 읽는다	제안하다			
예측하다	대표하다	해결하다			
증명하다	이야기를 말하다	검사하다			
보여 준다	번역하다	사용하다			
총괄하다					
교수하다					

워크시트 8-1

단계 2

목표가 되는 이해를
가능한 수행들로
변형하기

백워드 설계 과정

1단계: 바라는 결과 확인하기	2단계: 수용 가능한 증거 결정하기	3단계: 학습 경험과 수업 계획하기
A ▸ 영속적인 이해 B ▸ 본질적 질문 C ▸ 지식과 기능	D ▸ 수행 과제 ● 수행 과제 청사진(D) E ▸ 퀴즈, 테스트, 단서 F ▸ 자발적인 증거 G ▸ 자기평가 ● 다른 증거들을 위한 설계(E, F, G)	H ▸ 학습 경험과 교수의 계열

목표가 되는 이해를 평가될 수 있는 가능한 수행들로 전환하라.

수행동사 + 일반화 = 수행

가능한 수행들

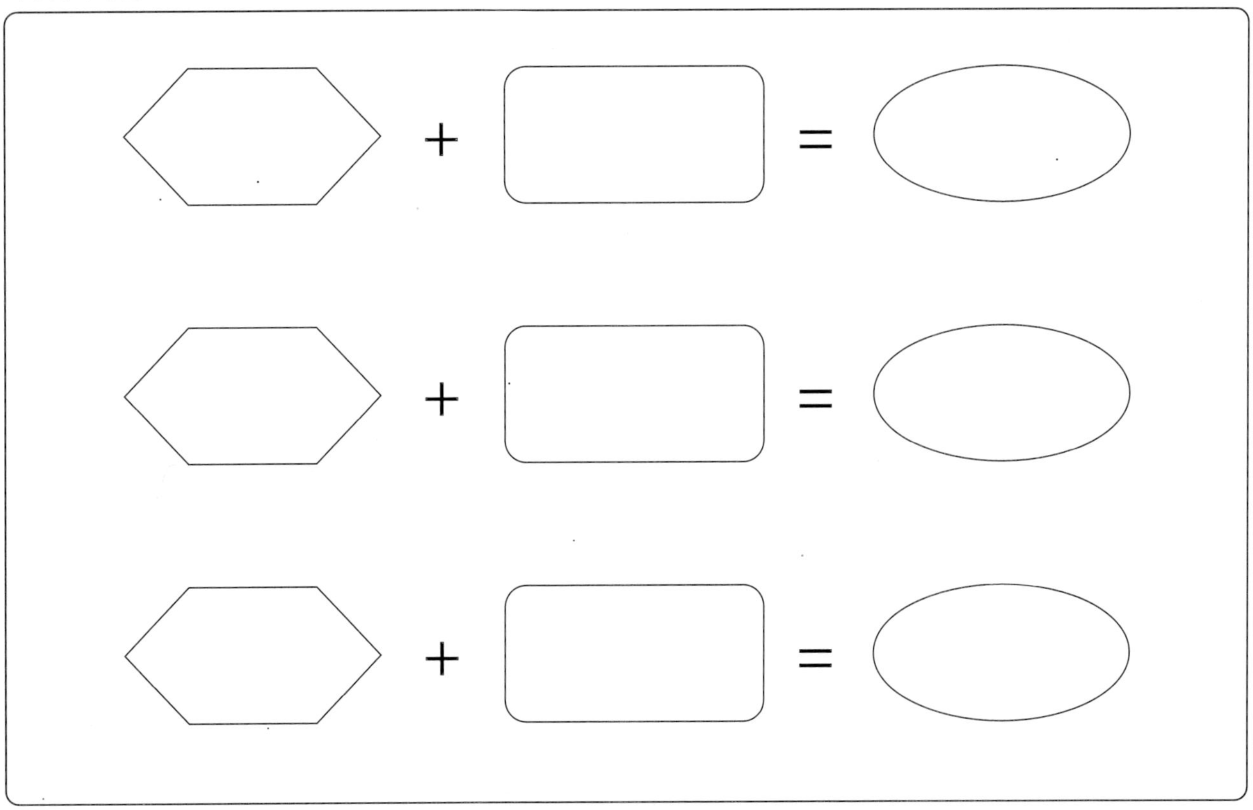

MODULE 9

수행 과제 설계하기

이해에 초점이 주어진다면, 단원이나 코스는 수행 과제에 기반을 두어야 한다.
수행 과제는 학생들이 맥락에 따라 지식을 사용할 수 있다는 증거,
예를 들어 그들이 알고 있는 것이 무엇인지를 이해하는 것을 제공한다.

모듈 이용하기

워크시트 3-3

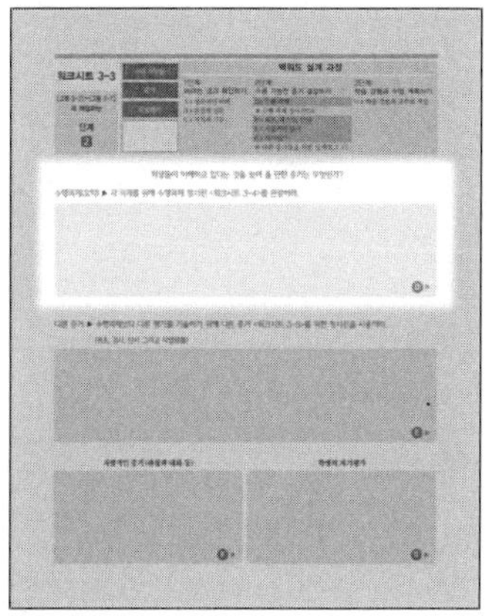

D 수행 과제

이해는 기술적인 지식과 기능 그 이상에 관한 것이다. 그것은 지식의 이용에서 훌륭한 판단—즉, 다른 말로 하면 노하우—을 요구한다. 또한 이해는 다양한 맥락에서 여러 종류의 수행을 통해서 드러난다. 그래서 평가나 이해는 가능한 실제적인 수행 기반 과제와 프로젝트를 기초로 한다. 독립적인 사실이나 기능을 주로 테스트하는 것은 의미가 없다. 왜냐하면 그러한 테스트는 단지 탈맥락화된 질문에 대한 반응을 제한적으로 관련짓는 것으로 증명할 수 있는 이해를 함축하고 있기 때문이다. 이러한 평가의 유형은 판사들이 법률상의 판례에 단지 의존하거나 의사들이 생화학과 병리학적인 사실에 대한 회상을 평가하는 것과 유사하다.

전통적 검사 질문들은 직장, 공동체 혹은 가정 내에서 성인들이 직면하는 도전 과제의 종류를 모방하거나 흉내 내지 않는다. 우리는 이러한 유형의 질문을 비난하고 있는 것이 아니라 오히려 그것들의 특성을 기술한다. 즉, 심리 측정 언어에서 질문들은 수행을 테스트하는 간접적인 방법이다. 비용, 시간, 실행 가능성 혹은 의도라는 이유 때문에 그러한 검사 문항은 실제 수행을 위한 전형으로 간주된다. 비록 단편적 검사 문항이 사용되더라도, 그러한 반복 훈련이 코치하고 가르치는 데 입장을 두고 있는 것처럼 그 검사 문항의 합이 이해를 의미하는 것은 아니다.

참 과제

참 과제는 특정한 특징을 가지고 있다. 만약 평가 과제, 문제 혹은 프로젝트가 다음과 같다면 참된 것이다.

- **진실감이 나는 사실적 성격을 띤다.** 과제가 실제 세계에서 인간의 지식과 능력을 테스트하는 방법을 모사하거나 모의실험한다.
- **판단과 혁신을 요구한다.** 학생은 비구조적인 문제를 현명하고 효과적으로 해결하기 위해서 지식과 기능을 사용해야 한다. 계획은 설계되어야 하고, 결과는 다음에 말하는 일련의 기계적인 일이나 절차 혹은 지식을 제한적으로 관련짓는 것보다 보다 많은 것을 포함해야 한다.
- **학생들에게 그 주제를 '수행하도록' 요청한다.** 우리가 배우거나 이미 알고 있을 것에 대한 증명을 통해 암송하고 재진술하거나 모사하는 대신에, 학생들은 어떤 주제를 탐구하고 공부해야 한다.
- **성인이 작업장, 일반 사회, 그리고 집에서 테스트되는 것으로 그러한 맥락을 모사하거나 가상실험한다.** 참된 맥락은 특정한 구속, 의도 그리고 대상을 가지는 구체적인 상황을 포함한다. 전형적인 학교의 테스트에서는 맥락이 없다. 학생들은 성가시고 애매한 경향을 가지는 작업장이나 다른 실제 삶의 맥락에서 과제를 수행하는 것과 같은 경험을 할 필요가 있다. 참 과제는 학교에서 실시하는 검사를 특징 짓는 적절한 자원과 피드백에 대한 자의적인 비밀, 피드백에 대한 침묵 그리고 피드백에 대한 부재를 원상태로 돌려놓는다.
- **복잡한 과제를 잘 처리하기 위해서 지식과 기능의 레퍼토리를 효과적이고 효율적으로 사용하기 위한 학생들의 능력을 평가한다.** 대부분의 전통적이고 형식적인 검사 문항은 독립되고 동떨어진 수행의 요소들이며, 그것은 운동경기에 출전하지 못하고 사이드라인에서 반복 연습하는 것과 유사하다. 반복 훈련의 검사를 위한 여지가 존재하지만, 수행은 항상 그 훈련의 총합 그 이상이다.
- **연습하고 실행하고 자원을 고려하기 위한 적절한 기회를 허용하고, 수행에 대한 피드백을 획득하고, 수행과 산출물을 정련한다.** 테스트 시간 전에 학생들로부터 질문과 자원 자료를 비밀로 유지시키는 전통적이고 비밀스러운 테스트는 만약 학생들이 수행을 향상시켜야 한다면, 만약 교사들이 구체화된 고도의 질 좋은 산출물을 제시하기 위해서 수행-피드백-개정-수행에 대한 순환을 통해서 학생의 학습에 초점을 두어야 한다면, 그리고 만약 교사들이 실제적인 맥락에서 효과적으로 수행하기 위해서 정보, 자원 그리고 지식을 사용하여 학습하도록 도움을 주어야 한다면, 이미 알고 있는 과제에 대한 평가와 병존해야 한다.

테스트에서 보다 정확한 확실성을 위한 요구는 기준의 세계에 비추어 보면 새롭지도 부적당하지도 않다. Bloom(1956)과 동료들은 알려진 대로, 예컨대 그들의 적용과 총괄을 평가하기 위한 테스트에 대한 그들의 서술에서 보여 주듯이, 40년 전에 그러한 일의 중요성을 인식하였다.

> 적용은 학생에 대한 새로운 상황이나 추상적인 것을 학습해야 하는 상황과 비교하여 새로운 요소를 포함하고 있는 상황에 ……이용된다. 이상적으로 우리는 실제적인 방법으로 개인이 그러한 추상적인 것에 적용하기 위해 학습한 내용을 테스트하게 되는 문제를 얻으려고 한다. ……총괄은 문제에 대한 올바른 해결책이 미리 설정될 수 있는 가능성이 희박한 곳에서의 발산적 사고의 유형이다(p. 125)

실제 활동을 기초로 하고 있는 평가 방법은 학생들이 배워야 할 두 가지 중요한 점을 요구한다. 첫째, 그들은 교수와 학습에 대한 지식과 기능을 학교를 초월한 세계에서 어떻게 성인이 사용하는지를 배워야 한다. 둘째, 학생들은 왜 차시 수업이 단편적인 지식과 기능을 의미심장하게 개발하는지, 어떻게 그러한 활동이 보다 복잡하고 흥미로운 수행 과제를 완수하도록 유도하는지를 배워야 한다. 단지 야구선수들이 끝없이 파울 볼을 치는 고된 일이나, 플루트 연주자의 단음의 음계를 연주하는 것처럼 고난이도의 수행에서 지불하게 되는 그들의 노력이 바라는 것은 역시 학생들이 보다 나은 수행에서 지불하게 되는 테스트와 교수를 알고 경험하도록 하는 것이다.

수행 과제 사례

여기에서의 사례들은 학생의 이해를 평가하는 데 이용할 수 있는 학생의 수행 과제에 대해 간략한 기술이다. 이 장에서 앞서 기술한 특징을 과제들이 어떻게 반영하는지 주목하라. 제목 다음의 괄호 안에는 과제를 이용할 수 있는 주제 영역과 학년을 작성하여 정보를 제공한 것이다.

산에서 해변으로(역사, 지리: 6~8학년)

9명의 외국 학생들은 국제교류 프로그램의 일부로서 당신의 학교를 한 달 동안 방문하고 있다(염려하지 마라. 그들은 영어를 사용한다). 학교장은 방문객들이 국가의 역사와 발전에 끼친 버지니아 주의 영향을 이해하도록 돕기 위한 4일간의 주 여행을 계획하고, 예산을 세우라고 당신의 학급에 요구하였다. 버지니아가 국가의 발전에 영향을 끼친 방식을 가장 잘 파악할 수 있는 곳을 방문객에게 보여 줄 여행을 계획하는 것이다.

당신은 장소가 선정된 이유를 설명하는 여행 안내서를 준비해야 한다. 여행 노정과 경비를 알 수 있는 지도도 준비해야 한다.

정원 설계하기(수학: 6~8학년)

회사에서 정원에 대한 계획은 나란히 원형, 직사각형 그리고 삼각형의 회사 로고를 나타낸다. 그 제작물은 회사 상표가 그려진 도면과 그에 필요한 각 종류와 색깔의 수많은 식물의 목록이 있어야 한다.

명예(승인)의 전당(사회과, 언어과: 4~5학년)

당신이 있는 주는 그들의 지역사회, 주 혹은 국가에 대한 시민의 공헌을 영예롭게 하기 위해서 명예의 전당을 설립한 것을 알렸다. 당신의 주에서 유명한 인물에 대해서 배워 왔기 때문에 당신은 그 전당에 들어갈 만한 후보자의 지명을 요청받을 것이다.

주에서 한 인물의 생애를 선정하여 조사하라. 명예의 전당에 포함되어야 하는 당신의 추천 이유를 설명하는 것을 전당의 선정위원회에 추천장을 제출하여라. 당신의 추천인의 업적과 기여도를 분명하게 기술하라.

문예의 명예의 전당(국어: 10~12학년)

예술과 문학에 대한 주 위원회는 주목할 만한 미국의 저자와 예술가의 활동을 기리기 위해서 문예의 전당을 설립할 것을 발표하였다. 미국 문학에 대한 당신의 수업이 끝났기 때문에 당신은 명예의 전당에 대한 허가를 지명・추천하도록 요청받았다.

그 전당에 소개할 만한 가치가 있다고 여겨지는 저자들을 위한 추천 양식을 완성하라. 명예의 전당에 포함하게 되도록 추천하기 위해서 미국 문학에 대한 저자의 기여도에 대한 분석과 이론적인 근거가 담긴 에세이를 첨부하라.

통신판매 친구(언어과: K~2학년)

당신은 통신판매 책자를 통해서 전화로 친구를 '주문' 하는 기회를 가지게 된다고 가정해 보라. 당신이 원하는 친구의 특성에 관해서 생각해 보라. 당신이 친구를 주문하기 전에, 당신이 원하는 친구의 특징 세 가지를 요청하고, 각 특징에 대해 예시를 하여라. 판매원이 정확하게 무엇을 보내야 하는지 알 수 있도록 충분히 명확하고 크게 말할 것을 염두에 두라.

이삿짐 트럭 움직이기(작문, 수학: 6~9학년)

당신은 새로운 곳으로 사무실의 내용물을 옮기기 위해 계획을 세우는 일을 해야 한다. 꼭 옮겨야 하는 최소한의 가구와 장비들을 결정하라. 전형적인 물건들은 ① 물건 쌓기, ② 정육면체가 아닌 것들을 맞물리게 놓기, ③ 가구를 보호하기 위한 충전물 넣기, ④ 작은 물건들을 싸는 데 필요한 상자의 수와 크기를 고려해야 한다.

옮겨야 하는 물건들의 양을 구체화한 서면 보고서와 조사 결과에 대한 당신의 이론적인 설명, 필요로 하는 최소한의 옮겨야 할 항목이 어떤 것인지 보여 주는 차트를 준비하라.

신화적 과업 탐색(국어: 7~10학년)

당신의 과제는 우리가 읽었던 문학 작품에서 서사영웅을 선정하고, 당신이 영웅의 원정 여행의 한 패로서 과업을 신청하는 데서 영웅에게 편지를 쓰는 것이다. 편지에서 지원하고 있는 지위, 일을 위한 자격, 당신이 그 패에 이점이 될 것이라고 느끼는 이유 등에 관하여 명확히 해야 한다. 영웅과 그 패가 이미 임무를 맡았던 투쟁과 모험을 이해하는 것과 당신이 그와 같은 상황과 어려움을 취급하는 데 가치 있게 되는 방법을 분명히 함으로써 편지를 설득력 있게 해야 한다.

벽돌쌓기(수학: 8~10학년)

사기당하는 것을 싫어하지 않는다고? 우리가 하는 모든 일을 때로는 말하기 어렵다. 계약자가 우리에게 집수리 견적서를 만들어서 줄 때 그 비용이 합당한지를 우리가 어떻게 알 수 있을까?

당신에게 방의 면적과 재료와 용역을 계산한 비용이 주어졌다. 벽돌 계약자가 정확한 정보를 제공하는지, 당신에게 부당한 값을 요구하는지 결정하라.

정당한 구내매점(수학/전 대수학: 7~8학년)

2년 동안의 데이터를 활용하여 올해 지방 풋볼 경기장 구내매점에서 주문할 음식의 양을 결정하라. 음식의 목록과 양을 정하고, 정당성을 증명할 서류를 준비하라.

우리는 역사를 말한다.(언어과, 사회과: 5~12학년)

베트남 시대에 관한 그들의 회상에 관해 성인들을 인터뷰하고, 그 시기의 역사를 쓰라. 독립적인 에세이에서 그 시기의 구조에 관한 이차적인 자료와 원형 그대로의 자료로부터 연구를 이용하여 성인의 구술 역사를 확인하거나 수정하라.

■ ■ ■ ■ ■

어떻게 하면 참되고(authentic), 참여를 이끄는 과제를 제안할 수 있을까? 우리는 수행 과제 설계자들이 그들이 활용한 설계 도구를 이용하여 이익을 얻는다는 것을 알게 되었다. 이 모듈에서 우리는 실제적인 것들을 수집한 것을 포함하여 UbD 템플릿(〈워크시트 3-4〉)에 대한 수행 과제 초안지를 완성하는 데서 수행 과제 설계 도구들이 당신에게 도움이 된다는 것을 증명하였다.

〈워크시트 9-1〉은 수행 과제를 위한 참 시나리오를 창안하기 위한 일련의 단서를 제시하고 있다.

[그림 9-1]은 고등학교 수학에서 어떻게 그러한 단서들이 이용되는지에 대한 예다. [그림 9-2]~[그림 9-5]는 수행 과제 요소들을 위해 보다 구체적인 아이디어를 제공하고 있다. [그림 9-2]는 가능한 학생의 목표를 목록으로 만든 것이고, 〈워크시트 9-2〉는 구체적인 단원을 위한 추가적인 목표를 위한 공간을 제공한다. [그림 9-3]은 가능한 학생의 역할들을 보여 주고 있고, [그림 9-4]는 대상을, 그리고 [그림 9-5]는 산출물과 수행을 보여 준다. 〈워크시트 9-3〉은 과제 시나리오를 위한 매트릭스를 계획하는 것을 제공한다.

수행 과제 설계를 위한 추가적인 아이디어들은 이해의 여섯 측면을 기초로 한다([그림 9-6] 참고). 〈워크시트 9-4〉와 〈워크시트 9-5〉는 각 측면에 해당하는 시작점들의 아이디어를 제시한다. [그림 9-7]과 [그림 9-8]은 이러한 아이디어가 어떻게 교육평가에서 대학원 단계의 코스에 이용되는지를 보여 준다.

오개념 주의하기!

백워드 설계는 무엇을 요구하는가? 단시수업 설계에 앞서 평가자처럼 사고하는 것은 활동 설계자처럼 사고하는 것에 익숙한 많은 교사에게 자연스럽지도 쉽지도 않은 것이다. 다음의 표가 보여 주는 차이점의 개요를 고려하라. 표의 첫 번째 질문은 일어날 수 있는 활동과 수업 전략이 적절한 최종 평가에서 도출되고, 그것을 지향하고 있다는 것을 분명히 하고 있다. 두 번째 질문은 활동 설계에 대한 관점으로부터 논리적이긴 하지만, 그 활동이 결국 이해에 이르거나 교사들이 그러한 이해가 이루어졌는지 어떤지를 판단하는 데 필요한 증거를 가지는 것과는 거리가 멀다.

다음의 전형적인 이야기는 그 문제에 대한 내용을 제시한다.

7학년 교사는 그들의 다음 과학 실험에서 나온 결과들을 먹게 될 것이라는 사실을 알림으로써 학생들의 에너지와 상상력을 획득하였다. 그러나 주어진 이용 가능한 시간에 무엇이 참여를 이끄는가는, 항상 무엇이 가장 효과적이거나 적절한가 하는 문제가 아니다. 땅콩이 든 바삭한 당과를 만드는 것은 할당된 2주 동안 주요 아이디어와 영속적인 이해에 대한 것을 거의 제공하지 못한다.

평가자처럼 사고하기	활동 설계자처럼 사고하기
무엇이 이해에 대한 충분하고 뜻 깊은 증거가 되는가?	무엇이 이러한 토픽에 대해 흥미롭고 매력적인 활동이 되게 하는가?
어떤 수행 과제가 단원에 적합하고 수업활동에 초점을 두어야 하는가?	어떤 자원이나 재료가 이러한 토픽에 이용할 수 있는가?
내가 어떻게 누가 실제로 이해하는가와 그렇지 않는가를 구분할 수 있는가?	무엇이 학생들을 교실 안과 밖에서 활동하게 하는가? 어떤 문제가 주어져야 하는가?
어떤 준거에 비추어 내가 작업을 구분하게 되는가?	어떻게 내가 학생들에게 등급을 줄것인가? (그리고 그들의 부모에게 그것을 정당화할 것인가?)
어떤 오해가 있음직한가? 내가 그것들을 어떻게 확인할 수 있을까?	활동들이 이루어졌는가? 왜 그런가? 혹은 왜 그렇지 않은가?

(출처: Wiggins & McTighe, 1998, p. 68.)

Bob James의 반성

UbD 수행 과제 설계 도구들은 뛰어나다. 특별히 나는 그것이 목표, 역할, 대상, 상황, 산출이나 수행 그리고 성공을 위한 기준, 참 과제의 구성 요소를 고려한 프레임워크를 제공하기 때문에 〈워크시트 9-1〉(수행 과제 시나리오를 구성하기 위한 단서들)을 특별히 좋아한다. 또한 나는 과제들을 요약한 〈워크시트 3-4〉(수행 과제 초안)를 좋아한다. 이 초안은 다른 교사와 수행 과제를 공유하기 위한 유용한 체제를 제공한다.

동료는 광범위한 세계에서 '성인은 어떻게 우리가 가르치는 지식과 기능을 사용하는가?'라는 질문을 숙고하는 데 유용하다는 것을 알았다. 그림과 워크시트를 통한 활동과 또 다른 5학년 교사와 간략한 브레인스토밍 기간을 가지는 것은 나에게 수행 과제를 결론짓기 위한 다음의 아이디어를 생각나게 한다.

우리가 영양에 관한 단원을 공부해 왔기 때문에 Outdoor Education Center의 캠프 관리자는 올해 들어 최근까지 우리가 영양적으로 균형 잡힌 식단을 제안하도록 요청해 왔다. USDA 식품 피라미드와 식품 상품에 붙은 영양 정보를 이용하여, 세 번의 식사와 세 번의 간식이 포함된(아침, 점심, 캠프 시간) 3일 동안의 식단을 설계하라. 당신의 목표는 맛있고 균형 잡힌 식단이다. 당신의 식단 위에 당신의 식단이 USDA 영양소 지침을 어떻게 충족시키고 있는지를 관리자에게 설명하는 서한을 준비하라. 여기에는 지방, 단백질, 탄수화물, 비타민, 미네랄, 열량의 분석을 보여 주는 도표를 포함시켜라.

나는 이 과제에 관해 흥분하였다. 왜냐하면 이 과제가 학생들로 하여금 단원이 목표로 하는 이해 중 하나를 설명하도록 요구하였기 때문이다. 그 단원은 건강한 식단을 어떻게 계획할 것인가에 관한 단원으로 앞선 활동과 잘 연계되었다. 이 과제는 일주일 동안의 가상의 가족 식단을 분석하고 그들의 영양을 향상시킬 수 있는 방법을 제안하였다. 모든 학생은 집단에 필요한 식단 분석과는 다른 캠프 식단을 준비할 수 있다. 이 최종 평가는 모든 학생이 균형 잡힌 식단과 건강한 식사에 대해 이해할 수 있다는 것을 내가 깨달을 수 있도록 해 주었다.

그림 9-1

단계 2

수행 과제의 시나리오 구성하기	백워드 설계 과정		
수학 단원	1단계: 바라는 결과 확인하기	2단계: 수용 가능한 증거 결정하기	3단계: 학습 경험과 수업 계획하기
	A ▸ 영속적인 이해 B ▸ 본질적 질문 C ▸ 지식과 기능	D ▸ 수행 과제 ● 수행 과제 청사진(D) E ▸ 퀴즈, 테스트, 단서 F ▸ 자발적인 증거 G ▸ 자기평가 ● 다른 증거들을 위한 설계(E, F, G)	H ▸ 학습 경험과 교수의 계열

목표

- 목표는 M & M의 선박 용적량의 비용을 최소화하는 것이다.

역할

- 당신은 M & M 캔디 회사 포장부서의 엔지니어다.

대상

- 표적 대상은 회사의 비엔지니어 관리직원이다.

상황

- 당신은 컨테이너 설계가 주어진 재료의 비용 효율이 높은 활용을 제공하고, M & M의 선박 용적량을 최대화하고, 수송의 안전성을 보장해서 회사 간부에게 확신시킬 입장에 처해 있다.

산출물과 수행

- 당신은 M & M이 안전하고 비용 효율이 높은 배를 만들기 위해서 주어진 재료로 선박용 컨테이너를 설계할 필요가 있다. 그리고 당신이 어떻게 효율적이고 효과적으로 주어진 재료를 사용하는지와 M & M의 선박 용적량을 최대화하는지를 수학적으로 보여 주는 도표가 포함된 서면 제안서를 준비해야 할 것이다.

성공을 위한 기준

당신의 산출물은 다음의 기준을 충족시켜야 한다:

- 주어진 재료를 비용 효율이 높게 사용하라.
- M & M의 선박 용적량을 최대화하라.
- 수송에 안전을 보장하라.

그림 9-2

단계 2

수행 과제들을 위한 가능한 목표들

백워드 설계 과정

1단계: 바라는 결과 확인하기	2단계: 수용 가능한 증거 결정하기	3단계: 학습 경험과 수업 계획하기
A ▸ 영속적인 이해 B ▸ 본질적 질문 C ▸ 지식과 기능	D ▸ 수행 과제 ● 수행 과제 청사진(D) E ▸ 퀴즈, 테스트, 단서 F ▸ 자발적인 증거 G ▸ 자기평가 ● 다른 증거들을 위한 설계(E, F, G)	H ▸ 학습 경험과 교수의 계열

- 결석한 학생을 위한 실험실 실험의 절차를 요약하라.
- 신문 독자들에게 법정 관결에 대한 법률적인 정당성을 설명하라.
- 당신의 지역에 가장 적합한 식물에 관해서 PAT 원예 위원회에 정보를 제공하라.
- 어린 학생에게 물의 순환에 관해서 가르쳐라(선언적).
- 등고선 지도를 읽도록 동급생에게 가르쳐 주어라(절차적).
- 인간, 자본, 자연자원에 관하여 동급생을 가르치기 위한 포스터를 설계하라.
- 당신이 조사한 역사적인 사건을 기록하기 위해서 박물관 전시물로 만들어라.
- 당신이 좋아하는 저자를 통해서 책을 읽을 수 있도록 친구를 설득하라.
- 당신의 주장을 자료로 변호하라.
- 지역 신문의 편집자에게 보낸 학생들의 편지를 비평하라.
- 학생들의 수학 추론에서 실수나 취약점을 확인하라.
- 설득하기에 대한 학생들의 에세이에서 잘못된 점을 교정하라.
- 연구보고서에 대한 당신의 첫 번째 초안을 개선하라.

그림 9-3

단계 2

수행 과제들을 위한

가능한

학생의 역할

백워드 설계 과정

1단계: 바라는 결과 확인하기	2단계: 수용 가능한 증거 결정하기	3단계: 학습 경험과 수업 계획하기
A ◗ 영속적인 이해 B ◗ 본질적 질문 C ◗ 지식과 기능	D ◗ 수행 과제 ● 수행 과제 청사진(D) E ◗ 퀴즈, 테스트, 단서 F ◗ 자발적인 증거 G ◗ 자기평가 ● 다른 증거들을 위한 설계(E, F, G)	H ◗ 학습 경험과 교수의 계열

광고주
예술가 또는 삽화가
저자
전기 작가
보이 스카우트 또는 걸 스카우트
후보자
만화 캐릭터
요리 조달자
의장
요리사
코치
작곡가
탐정
편집자
선출 공무원
엔지니어
______전문가
목격자
영화 제작자
소방관
역사학자
인턴
면접 시험관
발명가
변호사
문학 비평가
박물관장 또는 큐레이터
뉴스 캐스터
소설가
영양학자
토론자
공원 관리인
사진사
비행사
극작가
시인
경찰
제품 디자이너
리포터
연구원
과학자
선장
사회과학자
택시 운전사
교사
여행 안내원
여행사 직원
TV나 영화 주인공
여행자
동물원 사육사
기타: ______________________

____

그림 9-4

단계 2

수행 과제들을 위한 가능한 대상

백워드 설계 과정

1단계: 바라는 결과 확인하기	2단계: 수용 가능한 증거 결정하기	3단계: 학습 경험과 수업 계획하기
A ◗ 영속적인 이해 B ◗ 본질적 질문 C ◗ 지식과 기능	D ◗ 수행 과제 ● 수행 과제 청사진(D) E ◗ 퀴즈, 테스트, 단서 F ◗ 자발적인 증거 G ◗ 자기평가 ● 다른 증거들을 위한 설계(E, F, G)	H ◗ 학습 경험과 교수의 계열

광고주들
위원회 구성원들(학교, 지역사회 또는 재단)
보스
사업체나 조합들(지역, 지방 혹은 국가)
유명인들
지역사회 구성원이나 조력자
손님이나 소비자들
전문가들(개인 혹은 배심원)
외국 대사관 직원
친구들
정부나 선출된 공무원(지역, 주 혹은 연방정부)
역사적인 인물들
재판관
배심원
도서관 후원자
박물관 방문객들
이웃들
친척들
펜팔 친구들
라디오 청취자들
독자들(신문이나 잡지)
교직원
학생들(특정 연령)
여행 알선업자
여행객
TV 시청자
방문객들(학교, 지역사회, 주 혹은 나라)
기타: ______________________________

그림 9-5

단계 2

가능한 산출물들과 수행들	**백워드 설계 과정**		
	1단계: 바라는 결과 확인하기	2단계: 수용 가능한 증거 결정하기	3단계: 학습 경험과 수업 계획하기
	A ▸ 영속적인 이해 B ▸ 본질적 질문 C ▸ 지식과 기능	D ▸ 수행 과제 ● 수행 과제 청사진(D) E ▸ 퀴즈, 테스트, 단서 F ▸ 자발적인 증거 G ▸ 자기평가 ● 다른 증거들을 위한 설계(E, F, G)	H ▸ 학습 경험과 교수의 계열

학생의 어떤 산출과 수행이 이해와 숙달의 적절한 증거를 제공할 것인가? 다음의 표는 가능성을 제공한다(학생의 산출물과 수행은 분명한 의도나 목적 그리고 확인된 대상을 통해서 구성되어야 한다는 것을 기억하라).

필문	**구술**	**시각(디스플레이)**
광고	녹음테이프	광고
전기	토론	기(깃발)
보고서나 서평	논의	만화
팸플릿	각색	콜라주
낱말 맞추기 게임	인터뷰	수집물
사설	뉴스 방송	컴퓨터 그래픽
에세이	연극 상연	구성된 기사
실험기록	시 읽기	자료 전시
게임	발표	설계
저널	랩	도표
실험 보고서	보고	디오라마
편지	촌극	전시
일지	노래	드로잉
잡지기사	연설	영사 슬라이드
메모	단시수업	그래프
신문기사	기타: ________	지도
시		모형
성명서		페인팅
제안서		사진
연구 보고서		포스터
대본		스크랩북
이야기		조각물
검사		슬라이드쇼
기타: ________		스토리보드
		비디오테이프
		기타: ________

그림 9-6

단계 2

측면들에 근거한
수행평가
아이디어

백워드 설계 과정

1단계: 바라는 결과 확인하기
- A ▸ 영속적인 이해
- B ▸ 본질적 질문
- C ▸ 지식과 기능

2단계: 수용 가능한 증거 결정하기
- D ▸ 수행 과제
  - ● 수행 과제 청사진(D)
- E ▸ 퀴즈, 테스트, 단서
- F ▸ 자발적인 증거
- G ▸ 자기평가
  - ● 다른 증거들을 위한 설계(E, F, G)

3단계: 학습 경험과 수업 계획하기
- H ▸ 학습 경험과 교수의 계열

이해의 여섯 측면

설명	해석	적용	관점	공감	자기지식
전구가 작동하는 방법을 보여 주고 말하라.	동물농장의 의미에 대한 보고서를 써라.	구체인 힘과 파동 패턴을 견디기 위한 브리지를 설계하라.	독립전쟁에 대한 영국과 프랑스 교재의 설명과 당신 교재의 설명을 비교하라.	타이타닉호의 한 사람으로 저널, 편지 혹은 스크랩북을 만들어라.	문학에 대한 당신의 반응과 인간 본성에 관한 당신을 관점이 어떻게 드러나는지 일지로 기록하라.
연설에서 왜 수사학적인 기술이 효과적인지 서술하라.	1960년대의 중요성에 관한 구비역사를 밝혀라.	비즈니스, 의학 혹은 법률에서 방법을 사례로 활용하라.	세 마리 아기돼지와 늑대 이야기를 읽고 토의하라.	로미오와 줄리엣에서 당신이 줄리엣이라고 상상하고 당신의 끔찍한 마지막 장면을 짐작하라. 당신은 무엇을 생각하고 느끼는가?	학급 토의에서 당신의 참여와 수행을 자기평가하고 당신의 참여 형태를 설명하라.
수학적인 증명을 구성하고 써라.	선거 결과의 의미에 관해서 신문사설을 써라.	비즈니스 게임에서 수요와 공급에 관한 역할 놀이를 하라.	정치 유세에서 가정들을 분석하라.	인물들에 맞게 역할극을 하라(예를 들어, Truman은 원자폭탄을 투하하는 것을 결정하였다).	당신의 지적인 장단점에 대한 요약과 기술을 평가하라.
개념적인 해명을 제공하라(예를 들어, 자유와 대비되는 방종).	첫 번째 개정 사례에서 가장 중요한 법정 판결을 입안하라.	학교 도서관에서 가장 좋아하는 책 한 권을 오디오테이프로 만들어라.	저임금 근로자에 대한 법률을 실행하기 위해 복지정책의 영향을 조사하라.	무료급식시설에서 일하고 Charles Dickens를 읽고 나서 집 없는 사람들에 대한 경험을 에세이로 써라.	가장 감정적으로 당신에서 호소하는 극적인 사건의 학급 경험을 일지로 기록하라.
현상이나 데이터에서 미묘하고 쉽게 지나치게 되는 패턴을 나타내라.	한정된 데이터 한 쌍에 대한 경향을 분석하라.	20세기 초반의 이민의 원인과 결과를 박물관의 전시물로 설계하라.	가장 잘 팔린 책들을 기반으로 하여 만든 영화에 대한 비판적인 비평을 써라.	분석에서 무엇이 가치 있는지 발견하기 위해서 한 번쯤 의혹을 품게 하는 과학적인 글쓰기나 전근대적인 글을 읽고 토의하라.	당신이 제출한 페이퍼에 대해서 당신이 쓴 각 페이퍼에 대한 자기평가를 첨부하라.
지구 온난화의 원인을 명확하게 규명하라.	춤으로 두려움과 희망을 표현하라.	2010년에 필요한 경찰 인원을 예측하기 위해서 범죄 경향에 대한 통계적인 분석을 개발하라.	실험을 통해서 안내하라(예를 들어서, 만약 내가 'Einstein으로부터' 빛줄기를 타고 날고 있다면 세상은 어떻게 될까).	외계인의 존재와 대면하는 문학 작품을 읽고 토의하라(예를 들어, 외계인이나 피그미족).	학생들이 종종 교실에서 흥미로운 비평을 진술하기 전에 '나는 이것이 우스꽝스러운 소리라는 것을 알지만' 이란 말을 하는 이유를 반성하라.
쉽게 오해를 받는 양상에 중점을 두고, 물리적인 법칙에 대해서 일상생활과 사실을 관련지어라.	주요 자원을 사용하고 있는 연구를 안내하고, 역사적 일대기를 써라.	EPA의 준수 여부를 측정하기 위해서 지역 강물에 대한 화학적인 분석을 실행하고 조사 결과를 발표하라.	마치 당신이 전국 잡지의 편집자인 것처럼 당신의 글을 자기평가하라.	왜 몇몇 아이들이 항상 괴롭힘을 받고 그들이 무엇을 느끼는지에 관해서 보고서를	당신의 집단에서 영향을 주지 않는 것을 기초로 한 비효과적인 협력 학습 과제에 대한 해결책을 제안하라.

그림 9-7

〈워크시트 9-4〉에 해당하는

단계 2

측면들을 이용하여	백워드 설계 과정		
이해	1단계: 바라는 결과 확인하기	2단계: 수용 가능한 증거 결정하기	3단계: 학습 경험과 수업 계획하기
평가하기	A ▸ 영속적인 이해 B ▸ 본질적 질문 C ▸ 지식과 기능	D ▸ 수행 과제 ● 수행 과제 청사진(D) E ▸ 퀴즈, 테스트, 단서 F ▸ 자발적인 증거 G ▸ 자기평가 ● 다른 증거들을 위한 설계(E, F, G)	H ▸ 학습 경험과 교수의 계열
(part1)토픽: 평가			

학생들이 한 단원이나 코스에서 토픽에 대한 자신들의 이해를 나타낼 수 있는 방식을 생성하기 위해서 다음의 단서를 이용하라. 여기에서 목표는 이해가 드러날 수 있는 방식을 고려하는 것이지 모든 측면에서 모든 단서를 이용하는 것이 아니다.

이해는 설명, 해석 그리고 적용을 통해서 증명된다.
당신이 ……을 할 수 있을 때, 실제로 ___평가를___ 이해한다.
(단원이나 코스 토픽)

설명

- 타당도에 대한 개념을 설명하라/가르쳐라.
- 준거참조평가의 예시를 주어라.
- ____________________을 관련지어라.
- 일회성의 표준화 검사를 과신하는 부정적인 영향에 대한 정교한 이론을 제공하라.
- ____________________방법을 기술하라.
- 다양한 평가 유형의 균형 잡힌 이용을 위한 필요성을 정당화하라/지지하라.
- ____________________을 증명하라/확증하라.
- 평가는 당신의 교수가 완성된 후에 하는 것으로 공통된 오개념을 피하라.

해석

- 시험불안에 대한 현상을 이해하라.
- ____________________의 뜻을 이해하라.
- 백워드 설계 과정의 영향력을 드러내는 이야기를 말하라.
- 마음속에 목적으로 시작하는 적절한 비유를 제공하라.
- 중요성과 __________의 의미를 보여 주어라.
- ____________________을 번역하라.
- 당신의 경험(이나 다른 사람들의 경험) __________을 관련시켜라.

적용

- 새로운 상황에서, 아이들과 함께 집에서 루브릭을 적용하라.
- ____________________을 보여 주거나 증명하라.
- ____________________와 관련하여 이용하라.
- 학습자를 진정으로 참여하게 하는 타당한 수행 과제를 설계하라/고안하라.
- 교사들이 개방형 수행 과제를 채점할 때 나타나는 일관성의 부족과 같은 것에 도전하거나 구속을 이겨내라.

그림 9-8 〈워크시트 9-5〉에 해당하는 단계 2	측면들을 이용하여 이해 평가하기 (part2)토픽: 평가	백워드 설계 과정		
		1단계: 바라는 결과 확인하기	2단계: 수용 가능한 증거 결정하기	3단계: 학습 경험과 수업 계획하기
		A ▸ 영속적인 이해 B ▸ 본질적 질문 C ▸ 지식과 기능	D ▸ 수행 과제 ● 수행 과제 청사진(D) E ▸ 퀴즈, 테스트, 단서 F ▸ 자발적인 증거 G ▸ 자기평가 ● 다른 증거들을 위한 설계(E, F, G)	H ▸ 학습 경험과 교수의 계열

학생들이 한 단원이나 코스에서 토픽에 대한 자신들의 이해를 나타낼 수 있는 방식을 생성하기 위해서 다음의 단서를 이용하라. 여기에서 목표는 이해가 드러날 수 있는 방식을 고려하는 것이지 모든 측면에서 모든 단서를 이용하는 것이 아니다.

이해는 설명, 해석 그리고 적용을 통해서 증명된다.
당신이 ……을 할 수 있을 때, 실제로 ___평가를___ 이해한다.
(단원이나 코스 토픽)

관점

- ________________을 분석하라.
- 고부담 시험을 보는 학생들의 관점으로 보라.
- ________________을 비교하라/대조하라.
- ________________을 비평하라.
- ________________와 같은 가정을 비판적으로 검토하라.
- 역사적인 맥락에서 어떻게 수행평가가 적합한지 보여 주어라.
- 지역의 표준에 타당한 측정을 제공하기 위해 형식적 표준화 검사의 한계를 보라.

공감

- ________________의 입장에서 생각하라.
- 수행 과제를 시작하기 전에 준거를 확인하는 가치를 직접적으로 경험해 보고, 그 가치를 파악하라.
- ________와 관련하여 ________을 공통된 이해로 이르게 하라.
- 등급 매기기는 학습에 필수적이지 않다는 외관상 특이하고 이상한 관점을 받아들여라.

자기지식

- ________에 관한 당신의 선입관을 인정하라.
- 당신이 진학평가 검사를 통해서 자신의 입장을 확인하라.
- 당신의 습관이 당신이 학생들을 등급 매기는 방법에 어떻게 영향을 미치는지를 보라.
- '평가가 어떻게 학습을 개선(단지 그것을 측정하는 것이 아니라)시키는가'에 관해 당신이 어떻게 이해하게 되었는지 설명하라.
- 당신이 실제로 ________을 이해하지 못하더라도 당신이 알고 있는 모든 것을 통해 실현하라.

워크시트 9-1

단계 2

수행 과제 시나리오를 구성하기 위한 단서들

백워드 설계 과정

1단계: 바라는 결과 확인하기	2단계: 수용 가능한 증거 결정하기	3단계: 학습 경험과 수업 계획하기
A ▸ 영속적인 이해	D ▸ 수행 과제	H ▸ 학습 경험과 교수의 계열
B ▸ 본질적 질문	● 수행 과제 청사진(D)	
C ▸ 지식과 기능	E ▸ 퀴즈, 테스트, 단서	
	F ▸ 자발적인 증거	
	G ▸ 자기평가	
	● 다른 증거들을 위한 설계(E, F, G)	

당신이 GRASP를 이용하여 수행 과제를 위한 시나리오를 구성할 때 다음의 문장을 고려하라.

(주의: 이러한 것들은 아이디어의 출발점이다. 빈칸을 메워야 한다는 충동을 이겨내라.)

목적

- 당신의 과제는 ______________________ 이다.
- 목표는 ______________________ 이다.
- 문제/도전은 ______________________ 이다.
- 극복해야 할 장애물은 ______________________ 이다.

역할

- 당신은 ______________________ 이다.
- 당신은 ______________________ 하도록 요청받아 왔다.
- 당신의 임무는 ______________________ 이다.

대상

- 당신의 의뢰인은 ______________________ 이다.
- 목표 대상은 ______________________ 이다.
- 당신은 ______________________ 을 납득시킬 필요가 있다.

상황

- 당신 자신 내에서 스스로 발견하는 맥락은 ______________________ 이다.
- 도전은 ______________________ 을 다루는 것을 포함한다.

산출물이나 수행

- 당신은 ______________ 하기 위해서 ______________ 을 창안할 것이다.
- 당신은 ______________ 하기 위해서 ______________ 을 개발/설계할 필요가 있다.

성공을 위한 기준

- 당신의 수행은 ______________________ 할 필요가 있다.
- 당신의 활동은 ______________________ (으)로 판단될 것이다.
- 당신의 산출물은 다음의 기준을 충족해야 한다. ______________________
- 성공적인 결과는 ______________________ 될 것이다.

워크시트 9-2

수행 과제들을 위한 가능한 목표들

단계 2

백워드 설계 과정

1단계: 바라는 결과 확인하기	2단계: 수용 가능한 증거 결정하기	3단계: 학습 경험과 수업 계획하기
A ▶ 영속적인 이해 B ▶ 본질적 질문 C ▶ 지식과 기능	D ▶ 수행 과제 ● 수행 과제 청사진(D) E ▶ 퀴즈, 테스트, 단서 F ▶ 자발적인 증거 G ▶ 자기평가 ● 다른 증거들을 위한 설계(E, F, G)	H ▶ 학습 경험과 교수의 계열

다음 지침으로 제시된 채워진 문장을 이용하여 당신 자신의 단원에 대한 문장을 완성하라.

- ______________________ **위한** ______________________ **요약하라**.
- 결석한 학생을 **위한** 실험실에서의 실험 절차를 **요약하라**.

- ______________________ **에게** ______________________ **설명하라**.
- 신문의 구독자들**에게** 법원 판결에 대한 법률적인 정당성을 **설명하라**.

- ______________________ **관해서** ______________________ **정보를 제공하라**.
- 당신의 건물 부지에 최대한으로 적합한 식물들에 **관해서** PAT 원예 위원회에 **정보를 제공하라**.

- ______________________ **관해서** ______________________ **가르쳐라**(선언적).
- 어린 학생에게 물의 순환에 **관해서 가르쳐라**.

- ______________________ **에게** ______________________ **가르쳐 주라**(절차적).
- 짝**에게** 등고선 지도를 읽을 수 있도록 **가르쳐 주어라**.

- ______________________ 목적으로/**위한** ______________________ **설계하라**.
- 인간, 자본, 자연자원에 관해서 짝에게 가르쳐 주기 **위한** 포스터를 설계하라.

- ______________________ **위해서** ______________________ **만들어라**.
- 당신이 조사한 역사적 사건을 기록하기 **위해서** 박물관의 전시물로 **만들어라**.

- ______________________ **있도록** ______________________ **설득하라**.
- 당신이 좋아하는 작가로 친구가 책을 읽**도록 설득하라**.

- ______________________ **로** ______________________ **변호하라**.
- 자료**로** 당신의 입장을 변호하라.

- ______________________ **에게** ______________________ **비평하라**.
- 지역신문의 편집자**에게** 학생의 편지로 **비평하라**.

- ____________ **의**/에게/ 위한 ____________ 에 있는 단점을 **확인하라**.
- 동료 학생**의** 수학적인 추론에 대해 오류나 단점을 **확인하라**.

- ____________ **대한** ____________ **교정하라**.
- 설득에 **대한** 학생의 에세이에 있는 실수를 **교정하라**.

- ____________ **대한** ____________ **개선하라**.
- 연구보고서에 **대한** 당신의 첫 번째 초안을 **개선하라**.

워크시트 9-3

수행 과제
시나리오를 위해서
매트릭스 계획하기

단계 2

백워드 설계 과정		
1단계: 바라는 결과 확인하기	2단계: 수용 가능한 증거 결정하기	3단계: 학습 경험과 수업 계획하기
A ▸ 영속적인 이해 B ▸ 본질적 질문 C ▸ 지식과 기능	D ▸ 수행 과제 ● 수행 과제 청사진(D) E ▸ 퀴즈, 테스트, 단서 F ▸ 자발적인 증거 G ▸ 자기평가 ● 다른 증거들을 위한 설계(E, F, G)	H ▸ 학습 경험과 교수의 계열

가능한 수행 과제 시나리오에 관한 당신의 브레인스토밍을 안내하기 위하여 GRASPS에 해당하는 다음의 매트릭스를 이용하라.

목 표	
역 할	
대 상	
상 황	
산출물이나 수행	
기준들	

워크시트 9-4

[그림 9-7]에 해당하는

단계 2

측면들을 이용하여	백워드 설계 과정		
이해	1단계: 바라는 결과 확인하기	2단계: 수용 가능한 증거 결정하기	3단계: 학습 경험과 수업 계획하기
평가하기	A ▸ 영속적인 이해 B ▸ 본질적 질문 C ▸ 지식과 기능	D ▸ 수행 과제 ● 수행 과제 청사진(D) E ▸ 퀴즈, 테스트, 단서 F ▸ 자발적인 증거 G ▸ 자기평가 ● 다른 증거들을 위한 설계(E, F, G)	H ▸ 학습 경험과 교수의 계열
(part1)			

학생들이 한 단원이나 코스에서 토픽에 대한 자신들의 이해를 나타낼 수 있는 방식을 생성하기 위해서 다음의 단서를 이용하라. 여기에서 목표는 이해가 드러날 수 있는 방식을 고려하는 것이지 모든 측면에서 모든 단서를 이용하는 것이 아니다.

이해는 설명, 해석 그리고 적용을 통해서 증명된다.
당신이 ……을 할 수 있을 때, 실제로 ___평가를___ 이해한다.
(단원이나 코스 토픽)

설명

- ______________________ 을 설명하라/가르쳐라.
- ______________________ 에 대한 예시를 주어라.
- ______________________ 을 관련지어라.
- ______________________ 에 대한 정교한 이론을 제공하라.
- ______________________ 하는 방법을 기술하라.
- ______________________ 을 정당화하라/지지하라.
- ______________________ 을 증명하라/ 확증하라.
- ______________________ 와 같은 오개념을 피하라.

해석

- ______________________ 을 이해하라.
- ______________________ 의 뜻을 이해하라.
- ______________________ 을 드러내는 이야기를 말하라.
- ______________________ 에 대한 적절한 비유를 제공하라.
- 중요성과 __________ 의 의미를 보여 주어라.
- ______________________ 을 번역하라.
- 당신의 경험(이나 다른 사람들의 경험) __________ 을 관련시켜라.

적용

- 새로운 상황에서 ______________________ 을 적용하라.
- ______________________ 을 보여 주거나 증명하라.
- ______________________ 와 관련하여 이용하라.
- ______________________ 을 설계하라/고안하라.
- ______________________ 와 같이 도전이나 구속을 이겨내라.

워크시트 9-5	측면들을 이용하여	백워드 설계 과정		
[그림 9-8]에 해당하는	이해	1단계: 바라는 결과 확인하기	2단계: 수용 가능한 증거 결정하기	3단계: 학습 경험과 수업 계획하기
단계 2	평가하기 (part 2)	A ▸ 영속적인 이해 B ▸ 본질적 질문 C ▸ 지식과 기능	D ▸ 수행 과제 ● 수행 과제 청사진(D) E ▸ 퀴즈, 테스트, 단서 F ▸ 자발적인 증거 G ▸ 자기평가 ● 다른 증거들을 위한 설계(E, F, G)	H ▸ 학습 경험과 교수의 계열

학생들이 한 단원이나 코스에서 토픽에 대한 자신들의 이해를 나타낼 수 있는 방식을 생성하기 위해서 다음의 단서를 이용하라. 여기에서 목표는 이해가 드러날 수 있는 방식을 고려하는 것이지 모든 측면에서 모든 단서를 이용하는 것이 아니다.

이해는 설명, 해석 그리고 적용을 통해서 증명된다.
당신이 ……을 할 수 있을 때, 실제로 ___평가를___ 이해한다.
(단원이나 코스 토픽)

관점

- ________________ 을 분석하라.
- ________________의 관점으로 보라.
- ________________을 비교하라/대조하라.
- ________________을 비평하라.
- ________________와 같은 가정을 비판적으로 검토하라.
- 역사적인 맥락에서 어떻게 ________________ 적합한지 보여 주어라.
- ________________ 의 한계를 보라.

공감

- ________________ 의 신발을 신고 걸어라.
- ________________을 직접적으로 경험하고 보아라.
- ________________와 관련하여 ________________을 공통된 이해로 이르게 하라.
- ________________은 외관상 이질적이거나 이상한 관점을 받아들여라.

자기지식

- ________________에 관한 당신의 선입관을 인정하라.
- 당신이 ________________을 통해서 보는 렌즈를 확인하라.
- 당신의 습관이 당신이 ________________을 어떻게 접근하는가 하는 문제에 어떻게 영향을 미치는지 보라.
- ________________을 당신이 어떻게 이해하게 되었는지 설명하라.
- 당신이 실제로 ________________을 이해하지 못하더라도 당신이 알고 있는 모든 것을 통해서 실현하라.

MODULE 10 채점 루브릭 설계하기

이해는 연속선상에서 어느 정도인가 하는 문제다. 즉, 유무의 문제가 아니라 정도의 문제다.
그것은 옳고 그름의 문제도 아니고, 초보적이거나 정교한가의 문제도 아니며,
피상적이거나 심층적인 문제도 아니다.
예컨대, 가장 초보적이거나 단순한 설명에서부터
가장 복잡하고 정교한 설명처럼 보이는 설명의 범위는 무엇인가?
이 질문에 대한 답이 무엇이든 간에 평가에서 루브릭은 유용한 지침을 제공한다.
–Wiggins & McTighe, 1998, p. 70

모듈 이용하기

채점 루브릭(Scoring rubric)은 산출이나 수행을 평가하기 위한 도구다. 루브릭은 이해, 숙달 혹은 특성의 상이한 정도 사이를 구별하기 위한 평가 준거, 일정한 등급(예를 들어, 4개의 포인트나 6등급), 그리고 서술적인 용어들(지시어들)로 구성된다. 루브릭은 주요한 어떤 것을 표기하기 위해서 붉은 흙(이후에 붉은 잉크)을 사용한 것에서 인용한 라틴어 rubrica에서 비롯되었다. 오늘날 우리는 그 용어의 정신을 지키고 있다. 루브릭에서 준거는 산출이나 수행에서 중요한 특성을 전달한다.

워크시트 3–4

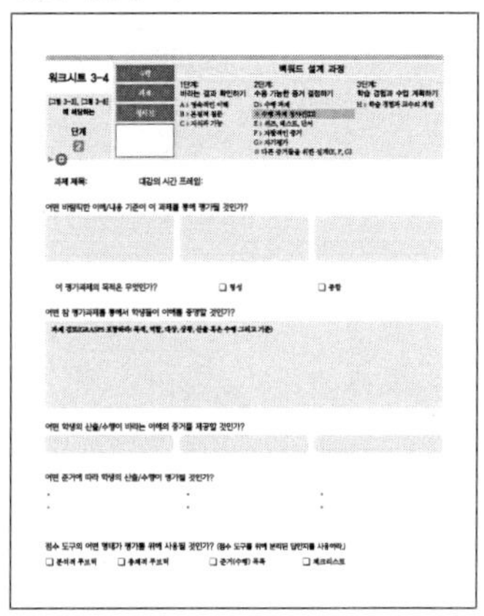

루브릭의 유형

채점 루브릭은 학생의 활동에서 수행 수준과 자질의 요소에 대한 전반적인 인상을 제공한다는 측면에서 총체적(holistic)이라고 할 수 있고, 개개의 준거를 위한 루브릭과 같이 두 개 이상 개개의 자질 요소에서 학생의 수행 수준을 나타내기 위해 설계되었다는 측면에서 분석적(analytic)이라고도 할 수 있다.

루브릭은 일반적이거나 특정한 과제로 한정된 것이 될 수 있으며, 일반적인 주어진 수행 영역에서

학생의 수행을 평가하기 위한 일반적인 준거를 제공한다. 예를 들어, 설득적인 글쓰기에서 일반적인 루브릭은 어떤 설득적인 글쓰기 과제에 이용할 수 있다. 이와는 대조적으로 특정한 과제에 한정되는 루브릭은 특정한 평가활동에 이용되도록 설계된다(예를 들어, 구체적인 읽기 과제에 대한 개방형 질문). 비록 과제 특정적인 루브릭이 과제 관련 피드백에 유용하게 쓰이더라도, 특정 과제에 한정된 루브릭은 관련된 수행에 대한 응답을 평가하는 데 쓰일 수 없다. 그래서 그 루브릭은 복잡하고 일반적인 이해에 대한 적합한 평가를 인정하지 않기 때문에 그러한 평가는 다양한 과제와 증거를 필요로 한다.

루브릭은 그것들이 각 채점 점수에 대한 응답의 예시를 통해서 이루어졌을 때 평가나 수업에 가장 효과적으로 이용된다. 이러한 예시들이나 부합되는 모범사례(anchors)는 등급에서 다양한 점수에 대한 실제적인 예를 제공한다. 루브릭의 가장 큰 장점은 학생과 평가자의 특성에 대한 요소를 분명하게 전달하기 위한, 그것들의 능력에 달려 있다고 볼 수 있다. 준거나 부합되는 모범사례가 제공하는 명료함은 평가자가 학생의 응답, 산출물 혹은 수행을 신뢰할 수 있게 평가하는 데 도움을 준다. 또한 준거는 교사가 가르칠 수 있고, 학생들이 목표로 하는 대상을 제공한다. 학생들이 루브릭이나 지침을 포함하고 있는 준거를 받아들여 자기 것으로 하였을 때 그들은 그들 자신의 활동에 대한 자기평가와 교정에 참여할 자세를 더 잘 갖추게 된다.

루브릭은 학생의 이해를 평가하기 위한 구체적인 준거, 교사들 사이에서 평가의 일관성을 증가시키기 위한 도구, 그리고 수업에 대한 명확한 대상을 제공한다. 루브릭은 학생들에게 분명한 수행의 대상, 가장 중요한 것에 관한 기대, 그리고 그들 자신의 활동을 평가하고 향상시키기 위한 준거를 제공한다.

많은 루브릭은 초보자에서 전문가로 이르는 기능의 발달을 기술한다. 그러나 우리의 탐구는 기능의 발달에 대한 루브릭에 있는 것이 아니라, 오히려 아이디어와 의미를 이해하는 것과 관련된 통찰과 수행을 결합하는 것에 있다. 냉전에 대한 초보적인 이해가 보다 전문가적인 관점과 비교하여 무엇이 비슷한가? 심층적인 응답은 어떤 특징이 있는가? 구체적으로 무엇이 이러한 논의나 효과적인 설명을 가능하게 하는가? 이러한 것들은 구체적인 이해를 위해서 우리가 교사로서 요청할 필요가 있는 질문의 종류들이다.

효과적인 루브릭의 특징

효과적인 루브릭은 다음의 몇 가지 특징이 있다.

- 구체적인 과제의 요구 조건을 보다 일반적인 수행 목표와 관련짓기 위해 설계된다. 궁극적으로 이해는 특정한 과제에 대한 수행 그 이상의 문제다. 그러나 지시어들은 훌륭한 피드백과 특정 과제에 대한 신뢰할 만한 채점이 가능하도록 충분히 구체적일 필요가 있다.

- 설명의 완벽성과 적용의 효과성 같은 중요한 특징에 따라서 이해나 숙달의 상이한 정도를 구별한다.
- 독립된 준거를 하나의 루브릭에 결합시키지 않는다. 예를 들어, '매우 명확한'과 '매우 조직화된'을 동일한 서술자(기술어)로 결합시키는 것은 종종 문제를 불러일으키는데, 이는 시험문제는 분명해질 수도 있지만 조직되지 않을 수도 있고, 그 반대일 수도 있기 때문이다.
- 최대한 광범위한 영역을 이용하여 수많은 구체적인 예시나 활동 예시에 대한 분석에 기초한다. 다시 말하면 모든 잠재적인 수행은 루브릭의 어딘가에 맞아야 한다.
- 구별하기 위해 단순한 비교어나 가치어(예를 들어, '~만큼 완벽하지 않은'이나 '뛰어난 결과')에 주로 의존하는 것과는 반대로 기술적인 언어(어떤 특징이 있으며, 그러한 특징이 없을 경우에는 어떻게 보이는가)에 의존한다.
- 논리적으로 바람직하지 않은 가장 낮은 채점 점수를 주는 것을 피하라. 최하위 채점은 오히려 초보적이거나 비효과적인 수행과 유사한 것을 기술하게 된다.
- 단지 과정, 사용된 내용 혹은 성실한 노력에 과잉 보상하는 것과 대조적으로 수행의 영향을 판단하는 것을 강조한다. 결국 수행은 결과에 관한 것이다. 시험문제가 설득력이 있는가? 그 문제는 해결되었는가? 그 이야기는 참여를 이끄는가? 교사들은 준거의 영향을 적절하게 반영하는 과제의 목적을 학생들이 명확하게 이해하도록 해야 한다.

■ ■ ■ ■ ■

이 모듈에서 그림과 워크시트는 학생의 이해를 평가하기 위한 채점 루브릭에 대한 설계를 뒷받침하고 있다. 〈워크시트 10-1〉은 사용자가 초보자와 전문가 이해 사이의 차이점을 기술하도록 자극한다. [그림 10-1]은 설득적인 글쓰기 단원 내에서 설득 개념에 대한 차별적인 예시를 제공한다.

[그림 10-2]와 [그림 10-3]은 각각 이해의 여섯 측면을 기초로 하고 있는 루브릭에 이용되는 일련의 일반적인 기술자를 제공한다. 〈워크시트 10-2〉는 설계자가 4점 척도를 이용하여, 특정한 일반화나 명제에 대한 이해의 정도를 평가하기 위한 총체적인 루브릭을 구성하는 데 도움이 되는 틀을 제시한다. 〈워크시트 10-3〉은 4점 척도를 사용하여 이해의 정도를 평가하기 위한 분석적 루브릭을 구성하는 틀을 제공한다.

[그림 10-4]는 이해와 효과적인 수행의 정도에 대한 두 가지 준거를 포함하고 있는 분석적인 루브릭의 예다. 이해는 수행의 효과성에 보다 큰 비중을 둔다는 것을 이 예시에서 주목하라(60% 대 40%). 〈워크시트 10-4〉는 여섯 측면에 기초하고 있는 분석적 루브릭의 틀을 제시한다. 분석적 루브릭이 개발되었을 때 설계자들은 단원이나 과제에 적용하는 이해의 여섯 측면의 서술자를 유일하게 이용해야 한다.

오개념 주의하기!

• 타당도는 루브릭에 적용되는 것이지, 단지 평가 과제에 적용되는 것은 아니다. 학생들이 풍자를 이해하는지를 알기 위해서 그들에게 글쓰기 과제가 주어진다고 가정해 보자. 비록 점수들이(그러한 오류를 계산하는 것은 쉽다) 신뢰도가 높더라도 그것들은 통찰과 효능감으로 풍자적인 글을 쓰기 위한 학생들의 능력에 관한 타당하지 않는 추론을 유도할 것이다. 정확한 철자와 문법적인 사용은 분명 효과적인 글쓰기의 요소들이지만, 그것들만으로는 매력적이고, 생동감 있고, 통일성 있는 풍자가 보장되지 않는다. 이 경우에 루브릭은 목표가 되는 성과와 관련된 모든 핵심적인 준거를 기술하지 않는다.

　평가 설계자는 바라는 능력을 평가하기 위한 가장 적절한 준거에 초점을 두고 다루어야 한다. 그들이 성취해야 하는 목표에 가장 적합하게 주어진 준거에 수행의 가장 중요하고 두드러진 면을 확인해 왔는가? 루브릭은 이해와 숙달도의 다양한 정도를 구분해 내는 효과적인 방법을 제공하고 있는가? 수행의 각 단계에 대한 서술자들이 상이한 질을 보이는 수행에 대한 실제적인 예시에 충분히 근거하고 있는가? 이것들과 다른 질문들은 타당한 루브릭 구성의 실제에 놓여 있다.

• 많은 루브릭은, 결과물이나 수행의 바라는 영향인 작업의 목적에 초점을 두지 못했다. 대신 그들은 작업의 내용과 품위에 초점을 둔다. 시험문제나 검증은 정확해야 하고 조직화될 수 있지만, 아직은 설득적이지 않다. 계산의 결과는 정확할 수 있지만 더 광범위한 문제를 해결하기에는 부적합하다. 게다가 구체적인 요소의 특성(정확성, 구성 그리고 철저함)을 평가하기 위해서 루브릭은 적절한 결과나 목적에 강조해야 한다. 만약 목표가 움직이는 롤러코스터를 건축하거나 논쟁의 입장을 논의하는 것이라면 성공적인 롤러코스터나 논쟁에서 이기는 것에 대한 특성을 구체화할 필요가 있다. 그래서 창의성은, 영향력 준거가 포함될 경우에 방해받지 않고 강조된다.

• 아마도 루브릭에 대한 가장 흔한 오해는 구체적인 과제가 설계된 후에 그것들이 단지 개발될 수 있다는 것이다. 루브릭은 독특한 수행 과제와 보다 일반적인 대상 사이의 가교와 같은 것을 의미한다. 평가되어야 하는 대상은 항상 어떤 특정한 과제보다 일반적이다. 예를 들어, 에세이의 효과성을 판단하기 위한 루브릭은 어떤 에세이에 적용되어야 하고, 그래서 그것은 특정한 글쓰기 단서가 전개되기 전에 쓰일 수 있고 쓰여야 한다. 효과적인 에세이의 특질은 루브릭의 전개를 안내한다. 설계자들은 학생들에게 보다 구체적이고 도움이 되도록 만들기 위한 루브릭에 대해 구체적인 지시어를 추가할 수 있지만, 그들은 단일한 특정 과제를 설계하기 전에 수행의 일반적인 준거를 알아야 한다.

• 비록 효과적인 수행이나 산출물에 대한 일반적인 특징이 평가 과제에 앞서 사전에 확인될 수 있지만, 루브릭이 그것을 사용하기에 앞서 결말이 난다고 믿는 것은 그릇된 생각이다. 루브릭에서 언어의 구체성은 명확하고 표준 이하의 전형과 같은, 수행이나 산출에 대한 개별 단계의 특징을 구분하여 기술하는 것으로 나온다. 실제적인 학생의 활동을 기반으로 하고 있는 루브릭은 그것들이 실제적인 예시에서 추상적인 언어로 루브릭을 완성하였기 때문에 교사뿐만 아니라 학생들을 위해서 보다 더 명료함을 제공한다.

• 루브릭의 설계와 이용에서 공통된 잘못은 필수적인 것이 아니라 채점하기 쉬운 것을 채점하는 것이다. 예를 들어, 많은 루브릭은 학생들이 보다 많은 각주나 전제를 달았을 때 높은 점수를 준다. 어떤 경우에 많은 것이 좋은 것이지만, 예를 들어 교사들은 그것의 특성이나 영향력인 산출물이나 수행의 의도를 놓치지 않아야 한다. 매력적이고 근거가 훌륭한 에세이는 3주 동안 개발된 훌륭한 근거를 지니고 있는 에세이보다 더 설득력이 있을 수 있다.

Bob James의 반성

나는 루브릭을 사용해 본 약간의 경험을 해 왔고, UbD 자료에서 가치 있는 아이디어 몇 가지를 알게 되었다. 여섯 측면에 대한 단순한 기술적 언어(서술 언어)는 내가 수로 계산하는 루브릭을 만들어 내는 경향을 극복하도록 도울 것이다. 예를 들어, 학생들의 활동이 세 가지 세부묘사(사항)를 가진다면 '3'을 얻을 것이고, 두 가지 세부묘사(사항들)에는 '2' 등등…….

실제로 영향 준거에 초점을 두는 제안은 급소를 찌른다. 즉, 나의 동료와 내가 사용한 대부분의 루브릭은 구성과 세부묘사, 정밀, 정연한 이용과 같은 특정한 특성을 강조한다. 그 특성은 항상 목표나 의도를 기반으로 하는 총괄적인 결과를 기술하는 것은 아니다. 나는 이러한 생각을 가지고 내가 사용하는 몇 가지 다른 루브릭을 수정해 나갈 것이다.

나는 항상 이용 후에 나의 루브릭을 조정하지만, 대체로 학생들의 활동을 주의 깊게 보고 그것을 기초로 루브릭을 수정하지는 못했다. 루브릭 언어에서 몇 가지 어구들은 다른 방법으로도 해석할 수 있도록 개방되어 있기 때문에 나는 이러한 접근법이 어떻게 루브릭 언어를 훨씬 더 이해하기 쉽도록 할 수 있을지를 알고 있다.

그림 10-1

〈워크시트 10-1〉에 해당하는

단계 2

초보적인 / 이해와 / 정교한 이해 / 설득적인 글쓰기 단원	백워드 설계 과정		
	1단계: 바라는 결과 확인하기	2단계: 수용 가능한 증거 결정하기	3단계: 학습 경험과 수업 계획하기
	A ▸ 영속적인 이해 B ▸ 본질적 질문 C ▸ 지식과 기능	D ▸ 수행 과제 ● 수행 과제 청사진(D) E ▸ 퀴즈, 테스트, 단서 F ▸ 자발적인 증거 G ▸ 자기평가 ● 다른 증거들을 위한 설계(E, F, G)	H ▸ 학습 경험과 교수의 계열

당신은 어떻게 목표로 하는 주요 아이디어나 복잡한 과정에 대한 이해를 평가하기 위한 단순한 루브릭을 개발할 것인가? 초보적인 이해의 지표는 무엇인가? 일반적으로 초보적인 이해와 정교한 이해를 고려하거나 기술하기 위한 구체적인 아이디어를 선정하라.

목표로 하는 주요 아이디어: 설득적인 글쓰기 단원에서의 설득의 개념

이해의 지표

초보적	정교한
초보적인 설득가는	**전문가적인 설득가는**
• 관점을 명확하게 진술하는 것은 사람들이 확신하는 결과가 될 것이라는 것을 믿는다.	• 환경과 대상이 다르면 설득 방법과 기술도 다르다는 점을 인식한다.
• 하나의 설득 기법만을 알며, 그 기법이 효과적이지 않을 때라도 그것을 모든 상황에 사용한다.	• 그것들을 적용할 때 설득 기술의 다양성을 숙달하고 식별한다.
• 설득적인 논의를 준비할 때 상이한 관점을 기대하지 않는다.	• 설득적인 논의를 준비할 때 상이한 관점을 신중하게 고려하여 그것에 역점을 두고 다루거나 반대하는 계획을 세운다.

그림 10-2

단계 2

이해를 위한 분석적 루브릭	백워드 설계 과정		
설득적인 글쓰기 단원	1단계: 바라는 결과 확인하기	2단계: 수용 가능한 증거 결정하기	3단계: 학습 경험과 수업 계획하기
	A ▸ 영속적인 이해 B ▸ 본질적 질문 C ▸ 지식과 기능	D ▸ 수행 과제 ● 수행 과제 청사진(D) E ▸ 퀴즈, 테스트, 단서 F ▸ 자발적인 증거 G ▸ 자기평가 ● 다른 증거들을 위한 설계(E, F, G)	H ▸ 학습 경험과 교수의 계열

설명	해석	적용
정교한: 이상하게 완전한, 우아한 그리고 창의력이 풍부한 설명(모델, 이론 혹은 설명) / 충분히 뒷받침한, 증명된 그리고 정당화된 / 깊이 있고 폭넓게 / 주어진 정보를 초월하는	**의미심장한:** 중요성, 의미, 의의에 대한 강력하고 조명하는 해석과 분석 / 풍부하고 통찰력 있는 이야기로 말하는 / 풍부한 역사나 맥락을 제공하는 / 상이한 해석에 어떤 풍자를 심오하고 신랄하게 보는	**노련한:** 유창한, 유연한 그리고 능률적인 / 지식과 기능을 사용할 수 있고, 새롭고 다양하고 어려운 맥락에서 잘 이해되도록 적응하는
면밀한: 분명하거나 명확하게 가르쳐진 것을 넘어서서, 불규칙하게 드러내는 설명 / 미묘한 관련성을 만드는 / 논의나 증거가 잘 뒷받침된 / 드러난 기발한 사고	**뜻 깊은:** 중요성, 의미, 의미에 대한 미묘한 차이를 띤 해석과 분석 / 통찰력 있는 이야기로 말하는 / 역사나 맥락을 말하는 것을 제공하는 / 해석의 다양성에서의 미묘한 차이, 수준, 풍자들을 보는	**숙련된:** 지식과 기능의 사용과 갖가지 적절하고 필요한 맥락에 이해를 적응시키는 것이 유능한
발전된: 깊이 있고 개별화된 아이디어들을 반영하는 설명 / 학생들은 주어진 것을 넘어서서 자신의 활동을 만드는 데 불충분하거나 부적절한 증거와 논의지만 여기에서 뒷받침되는 이론	**지각하는:** 중요성, 의미, 의의에 대한 도움이 되는 해석이나 분석 / 명확하고 교훈적인 이야기를 말하는 / 유용한 역사나 맥락을 제공하는 / 해석의 상이한 수준을 보는	**능력 있는:** 한정된 레퍼토리, 다양한 맥락에 대한 유연성이나 적응력으로 소수의 핵심 맥락에서 지식과 기능을 잘 수행할 수 있는
직관적인: 적절하고 통찰력 있는 아이디어들이지만 불완전한 설명 / 학습한 것을 확장하고 깊이 있게 하는 / '행간을 읽는' / 지지, 논의, 자료, 포괄적 일반화를 제한해 온 설명	**해석된:** 중요성, 의미, 의의에 대한 그럴듯한 해석이나 분석 / 이야기를 이해하는 / 이야기(history)나 맥락을 제공하는	**도제적인:** 반복되는 한정된 레퍼토리에 의존하는 / 아마도 약간의 코치가 필요한 / 친숙하거나 단순한 맥락에서 잘 수행할 수 있는 / 개인적인 판단과 피드백, 상황이 분명한 반응에 대한 한정된 사용
초보적인: 추상적인 설명 / 분석적이나 창의적인 것보다 기술적인 / 사실, 아이디어나 그럴듯한 일반화에 대한 부분적이거나 개략적인 설명 / 흑백 설명 / 검증되지 않은 육감이나 빌려 온 아이디어보다 못한 이론	**글자 그대로의(축어적인):** 단순하거나 추상적인 읽기 / 기술적인 번역 / 조금 혹은 전혀 해석하지 않은 디코딩 / 폭넓은 중요성이나 의의에 대한 무분별 / 무엇을 가르쳐야 하고 읽어야 하는지에 대한 재진술	**신참자:** 코치나 단일한 '한정된 관련짓기' (연산과 기술적인) 기능 / 절차 혹은 방법으로 매우 잘 쓰인 대본에 의존하여 수행할 수 있는

관점	공감	자기지식
통찰력 있는: 꿰뚫는 참신한 관점 / 효과적으로 비평하고 다른 그럴듯한 관점들을 포함하는 / 관계된 이슈들에 대해 긴 안목과 공평하고 비평적인 관점을 가지는	**심사숙고한:** 다른 사람들이 보고 느끼는 것을 생각하고 보고 느낄 수 있는 / 이상하고 이질적이거나 다른 것에 대해 개방적이고 추구하는 경향이 있는	**현명한:** 자신과 다른 사람의 이해의 경계를 깊이 있게 이해하는 / 자신의 선입관이나 예상을 인식할 수 있는 / 어떤 사람이 이해한 것을 할 수 있는 것과 하게 되는 것을 통합하는
철저한: 뜻이 깊고 통합된 비평적인 관점 / 다른 사람의 관점에 대한 그럴듯함을 고려하고 보다 그럴듯한 자신의 관점을 만드는 / 적절한 비평, 식별 그리고 자격 조건을 만드는	**민감한:** 다른 사람이 보고 느끼는 것을 보고 느낄 생각이 있는 / 친숙하지 않거나 다른 것에 개방된	**신중한:** 어떤 사람의 무지와 다른 사람들의 무지를 알아차리는 / 어떤 사람의 이해에 대한 장점과 한계점을 알고 있는
신중한: 이치에 맞게 자신이 가진 맥락으로 모든 관점을 비평적이고 포괄적으로 보는 / 다른 사람의 관점에 대한 그럴듯함을 분명히 하는	**의식하는:** 다른 사람들이 자신과 다르게 보고 느끼는 것을 자신도 보고 느낄 수 있는 / 다른 사람과 다소 공감할 수 있는 / 이상하거나 이질적인 시각에 대해서는 이해하기 어려운	**사려 깊은:** 일반적으로 무엇이 이해되고 이해되지 않는지를 알고 있는 / 어떤 사람의 관점을 인식하고 형성하는 것 없이 선입관이나 예상이 일어날 수 있는 방법을 알고 있는
의식하는: 다른 유형의 시각을 알고 관점에서 자신의 시각을 다소 둘 수 있는, 하지만 개개의 관점의 가치를 고려하거나 개개의 관점, 특히 자신의 관점을 비평하는 데서는 취약한 암묵적 가정에는 비평적이지 않은	**탈줄심적인:** 다른 사람의 입장에 설 수 있는 다소의 능력을 가지고 자기 수양을 하지만 여전히 자기 자신의 반응과 태도가 일차적으로 우선시 되어서 다른 종류의 감정이나 태도 때문에 당혹해하거나 곤혹스러울 수 있는	**지각 없는:** 일반적으로 자신의 구체적 무지를 알지 못하는 / 일반적으로 주관적인 선입견이 올바른 이해를 어떻게 왜곡시키는지 알지 못하는
무비판적인: 관점의 차이를 인식하지 못하는 / 못 보고 지나가거나 다른 사람의 관점을 무시하는 경향이 있는 / 사물을 보는 다른 방식을 가정하는 데 어려움이 있는 / 자기중심적인 논의와 개인적인 비평을 하는 경향	**자기중심적인:** 다른 사람들의 지적인 깨달음을 넘어서서 약간 혹은 전혀 감정이입이 없는 / 자기 자신의 생각과 감정만으로 사물을 보는 / 다른 감정, 태도 혹은 관점으로 무시하거나 위협당하거나 혹은 곤혹스러운	**단순한:** 자신이 이해하는 범위와 의견이나 이해하려는 시도에서 선입견을 가지거나 자신의 사고를 투사하는 것의 영향을 전혀 알지 못하는

그림 10-3

단계 2

루브릭
이해를 위한
서술자

백워드 설계 과정

1단계: 바라는 결과 확인하기	2단계: 수용 가능한 증거 결정하기	3단계: 학습 경험과 수업 계획하기
A ▸ 영속적인 이해 B ▸ 본질적 질문 C ▸ 지식과 기능	D ▸ 수행 과제 ● 수행 과제 청사진(D) E ▸ 퀴즈, 테스트, 단서 F ▸ 자발적인 증거 G ▸ 자기평가 ● 다른 증거들을 위한 설계(E, F, G)	H ▸ 학습 경험과 교수의 계열

측면 1: 설명	측면 2: 해석	측면 3: 적용	측면 4: 관점	측면 5: 공감	측면 6: 자기지식
정확한	의미심장한	효과적인	신뢰할 만한	민감한	자기인식의
일관된	중요한(important)	효율적인	뜻이 깊은	개방적인	메타인지적인
정당화된	중대한(significant)	유창한	통찰력 있는	수용적인	자기적응의
체계적인	해설적인	실제적인	그럴듯한	지각력 있는	반성적인
예언적인	설명적인	품위 있는	특별한	재치 있는	현명한

그림 10-4

단계 2

두 준거의	백워드 설계 과정		
분석적인	1단계: 바라는 결과 확인하기	2단계: 수용 가능한 증거 결정하기	3단계: 학습 경험과 수업 계획하기
루브릭	A ▸ 영속적인 이해 B ▸ 본질적 질문 C ▸ 지식과 기능	D ▸ 수행 과제 ● 수행 과제 청사진(D) E ▸ 퀴즈, 테스트, 단서 F ▸ 자발적인 증거 G ▸ 자기평가 ● 다른 증거들을 위한 설계(E, F, G)	H ▸ 학습 경험과 교수의 계열

일반화나 명제: ______________________________

수행이나 산출물: ______________________________

척도(등급)	준거(가중치) 이해(60%)	준거(가중치) 수행(40%)
4	적절하게 관련된 아이디어나 과정의 정교한 이해를 보여 준다. 개념, 증거, 논의, 조건이 이 연령 수준에서 전형적으로 기초가 되는 주제를 파악하는 것을 넘어서 만들어지고, 제시된 질문과 활용된 방법이 나아졌다.	이 수행이나 산출물이 매우 효과적이다. 아이디어는 참여적이고 세련되며 분명하고 완전한 방법으로 대상, 맥락, 목적에 유념하여 제시한다. 최종 산출물이나 수행을 하는 데 별난 솜씨가 있다.
3	적절하게 관련된 아이디어나 과정의 분명한 이해를 보여 준다. 개념, 증거, 논의 그리고 활용된 방법은 쟁점과 문제를 다루는 데 적절하다. 핵심 아이디어나 지나치게 단순한 접근 방법에 대한 오해가 없다.	이 수행이나 산출물이 효과적이다. 아이디어는 대상, 맥락, 목적에 대한 자각을 보여 줌으로써 분명하고 철저한 방법으로 제시된다.
2	적절하게 관련된 아이디어나 과정의 소박하거나 제한된 이해를 얼마간 보여 준다. 개념, 증거, 논의 그리고 활용된 방법은 쟁점이나 문제를 다루는 데 다소 단순, 조잡하거나 적절하지 않다. 반응이 핵심 아이디어나 방법에 대한 약간의 오해를 드러낼 수도 있다.	이 수행이나 산출물이 다소 효과적이다. 명료함, 철저함, 말투(delivery) 그리고 세련됨에는 약간의 문제가 있다. 대상, 맥락, 목적이 고려되었는지 여부가 불분명하다.
1	적절하게 관련된 아이디어와 쟁점에 대해서 거의 분명하지 않은 이해를 보여 준다. 개념, 증거, 논의 그리고 활용된 방법은 쟁점과 문제를 다루는 데 부적당하다. 반응은 핵심 아이디어나 방법에 대한 다수의 오해를 드러낸다.	이 수행이나 산출물은 효과적이지 않다. 수행은 세련되지 않고 선행의 계획, 실행 그리고 목적 및 대상에 대한 미미한 증거를 제공하고 있으며, 또한 그 표현이 매우 불분명하고 혼란스러워서 핵심 요점을 결정하기가 어렵다.

워크시트 10-1

[그림 10-1]에 해당하는

단계 2

초보적인 / 이해와 / 정교한 이해

백워드 설계 과정

1단계: 바라는 결과 확인하기	2단계: 수용 가능한 증거 결정하기	3단계: 학습 경험과 수업 계획하기
A ▸ 영속적인 이해	D▸ 수행 과제	H ▸ 학습 경험과 교수의 계열
B ▸ 본질적 질문	● 수행 과제 청사진(D)	
C ▸ 지식과 기능	E ▸ 퀴즈, 테스트, 단서	
	F ▸ 자발적인 증거	
	G▸ 자기평가	
	● 다른 증거들을 위한 설계(E, F, G)	

당신은 어떻게 목표로 하는 주요 아이디어나 복잡한 과정에 대한 이해를 평가하기 위한 단순한 루브릭을 개발할 것인가? 초보적인 이해의 지표는 무엇인가? 일반적으로 초보적인 이해와 정교한 이해를 고려하거나 기술하기 위한 구체적인 아이디어를 선정하라.

목표로 하는 주요 아이디어 [ ]

이해의 지표

초보적	정교한
•	•
•	•
•	•
•	•
•	•
•	•

워크시트 10-2

단계 2

총체적 / 루브릭 / 프레임	백워드 설계 과정		
	1단계: 바라는 결과 확인하기	2단계: 수용 가능한 증거 결정하기	3단계: 학습 경험과 수업 계획하기
	A ▸ 영속적인 이해 B ▸ 본질적 질문 C ▸ 지식과 기능	D ▸ 수행 과제 ● 수행 과제 청사진(D) E ▸ 퀴즈, 테스트, 단서 F ▸ 자발적인 증거 G ▸ 자기평가 ● 다른 증거들을 위한 설계(E, F, G)	H ▸ 학습 경험과 교수의 계열

학생들이 일반화나 명제를 이해하는 정도를 평가하기 위한 4점 루브릭을 더 깊이 개발하기 위해서 다음 공간을 이용하라. 일반적인 서술자 아래에 구체적인 서술자를 추가하라. 일반적인 서술자를 적절하게 수정해도 좋다(가능한 서술 용어를 위해서 [그림 10-2]와 [그림 10-3]의 언어를 인용하라).

일반화 혹은 명제 ______________________

척도(등급)	준거와 지표
4	적절한 아이디어나 과정에 대한 정교한 이해를 보여 주어라. 개념, 증거, 논의, 생성된 조건, 제기된 질문 그리고 활용된 방법이 이 연령대에서 전형적으로 발견할 수 있는 주제에 대한 이해력을 넘어서 향상되었다. • …… • ……
3	적절한 아이디어나 과정에 대한 확실한 이해를 보여 주어라. 개념, 증거, 논의 그리고 활용된 방법은 이슈나 문제들에 역점을 두어 다루는 데 적절하다. 응답은 주요 아이디어에 대한 오해와 지나치게 단순한 접근 방법이 없다는 것을 보여 준다. • …… • ……
2	적절한 아이디어나 과정에 대한 어떤 초보적이고 제한된 이해를 보여 주어라. 개념, 증거, 논의 그리고 활용된 방법은 이슈나 문제에 역점을 두어 다루는 데 단순하고 노골적이거나 부적절한 것이다. 응답은 핵심 아이디어나 방법에 대해서 약간의 오해가 있다는 것을 나타낸다. • …… • ……
1	적절한 아이디어나 과정에 대한 약간의 명백한 이해를 보여 주어라. 개념, 증거, 논의 그리고 활용된 방법은 이슈나 문제에 역점을 두어 다루는 데 부적절하다. 응답은 핵심 아이디어나 방법에 관한 주요 오해를 나타낸다. • …… • ……

워크시트 10-3

분석적 / 루브릭 / 프레임

단계 2

백워드 설계 과정

1단계: 바라는 결과 확인하기	2단계: 수용 가능한 증거 결정하기	3단계: 학습 경험과 수업 계획하기
A ▸ 영속적인 이해 B ▸ 본질적 질문 C ▸ 지식과 기능	D ▸ 수행 과제 ● 수행 과제 청사진(D) E ▸ 퀴즈, 테스트, 단서 F ▸ 자발적인 증거 G ▸ 자기평가 ● 다른 증거들을 위한 설계(E, F, G)	H ▸ 학습 경험과 교수의 계열

학생의 이해를 평가하기 위한 준거와 수행이나 산출에 대한 효과성을 확인하기 위해서 다음 프레임을 사용하라.

일반화 또는 명제: ________________________________

수행 또는 산출물: ________________________________

척도 (등급)	준거(가중치) ________ (　　)	________ (　　)	________ (　　)	________ (　　)
4				
3				
2				
1				

워크시트 10-4

측면들에 적합한
분석적
루브릭 프레임

단계 2

백워드 설계 과정

1단계: 바라는 결과 확인하기	2단계: 수용 가능한 증거 결정하기	3단계: 학습 경험과 수업 계획하기
A ▸ 영속적인 이해 B ▸ 본질적 질문 C ▸ 지식과 기능	D ▸ 수행 과제 ● 수행 과제 청사진(D) E ▸ 퀴즈, 테스트, 단서 F ▸ 자발적인 증거 G ▸ 자기평가 ● 다른 증거들을 위한 설계(E, F, G)	H ▸ 학습 경험과 교수의 계열

당신의 단원에 적합한 분석적 루브릭을 개발하기 위해서 다음 프레임을 사용하라. 모든 측면의 서술자가 유일하게 당신의 구체적인 단원을 적용할 필요는 없다.

설명	해석	적용
정교한:	의미심장한:	노련한:
면밀한:	뜻 깊은:	숙련된:
발전된:	지각하는:	능력 있는:
직관적인:	해석된:	도제적인:
초보적인:	글자 그대로의(축어적인):	신참자:

관점	공감	자기지식
통찰력 있는:	심사숙고한:	현명한:
철저한:	민감한:	신중한:
신중한:	의식하는:	사려 깊은:
의식하는:	탈중심적인:	지각 없는:
무비판적인:	자기중심적인:	단순한:

MODULE 11 단원 설계 앵커링하기: 모범 예시 선정 과정

만약 우리가 학생들에게 높은 질의 작품을 수행하기를 기대한다면
학생들이 그 높은 질의 작품이 무엇인지, 어떻게 이루어져 있는지를 알 필요가 있다.

모듈 이용하기

워크시트 3-4

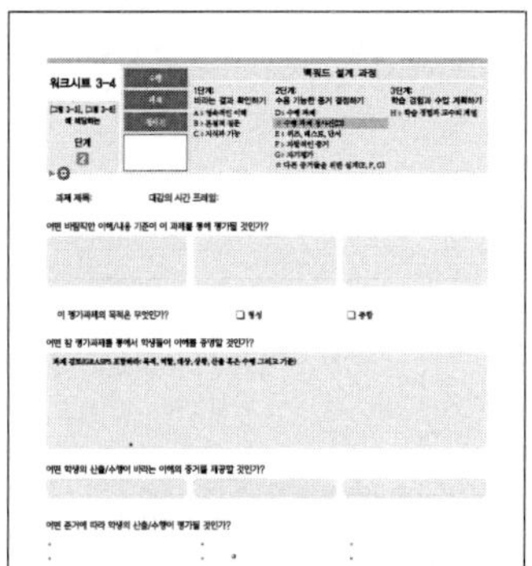

앵커링(anchoring)은 채점 루브릭에서 수행 · 수준을 특징짓기 위한 학생 작품에 대한 예시들을 선정하는 과정을 말한다. 앵커로 알려진 이러한 예시들은 확정된 준거에 기초한 특성의 다양한 단계나 숙달의 정도를 실제적이고 구체적으로 제시한다. 앵커들은 교사들이 학생의 산출이나 수행을 판단하는 준거나 기준을 이해하고 지속적으로 적용하는 데 도움이 된다. 그것들은 교사와 학생들에게 동기를 주기 위해서 명확한 대상을 제공하고, 그들이 성취한 것을 안내하고, 학생들이 보다 나은 이해에 도달하도록 돕고, 자기평가와 동료평가 시 준거를 적용한다.

교사들은 수행평가(〈표 11-1〉 참고)를 앵커하기 위한 두 가지 기초적인 모델을 사용한다. 모델 1은 채점 루브릭에서 포함된 확정된 채점 준거의 사용을 기초로 한다. 이 모델에서 교사들은 채점 준거에 따른 학생의 반응, 산출물 혹은 수행을 평가한다. 그들은 채점된 응답을 등급에 따른 다양한 채점 점수에 해당하는 그룹들로 분류한다. 예를 들어, '4'를 받은 답안은 함께 그룹으로 묶이고, '3'을 받은 답안은 함께 그룹으로 묶이는 식이다. 그들은 채점 점수에 대한 준거를 기술하기 위해 각 그룹으로부터 몇 가지 답안, 산출물 혹은 수행을 선정한다. 이것들은 채점 점수를 위한 앵커가 된다. 모델 1은 수행 과제와 수반하는 채점 루브릭이 검토, 현장 테스트 그리고

교정을 통해서 타당해졌을 때 알맞다.

모델 2는 학생의 반응, 산출물 혹은 수행을 채점 루브릭을 확인하고 정련하기 위한 기초로 이용한다. 이 모델에서 교사들은 학생의 반응을 일반적인 특성에 기초한 세 가지(상, 중, 하) 혹은 네 가지(아주 훌륭한, 훌륭한, 보통, 부족한) 그룹으로 분류한다. 그들은 각각의 그룹을 식별하는 특성을 결정하기 위해서 검토하고, 이러한 특징을 각 그룹에 대한 구체적인 준거를 확인하기 위해서 이용한다. 이러한 반응들은 앵커로 제공된다. 모델 2는 교사가 첫 시간에 과제와 채점 루브릭을 사용하거나, 채점 루브릭이 초안 형태고, 아직 타당하지 않을 때 알맞다.

〈표 11-1〉 루브릭을 규정짓기 위한 두 가지 모델

모델 1 (채점 준거에 기초한)	모델 2 (학생의 응답에 기초한)
채점 루브릭이 각각 채점 점수에 대한 범위와 준거로 정통한지 검토하라.	학생의 반응을 특성(예를 들어, 상, 중, 하)에 대항하는 두 가지나 세 가지 그룹으로 분류하기 위해서 일치된 과정을 수행하라.
학생의 응답을 채점 준거를 사용하여 평가하기 위한 합의된 과정을 수행하라.	'상'의 응답을 구별하는 특징을 결정하라.
채점된 응답을 채점 점수에 해당하는 그룹으로 분류하라.	채점 루브릭의 최상위에 대한 준거를 확인할 때 이러한 특징을 이용하라.
최상위 점수를 구별하는 특징을 가장 잘 기술하는 몇 가지 응답을 선정하라.	최상위 점수를 정하기 위한 두드러진 특징을 가장 잘 기술하는 몇 가지 반응을 선택하라. 그러한 반응이 점수를 위한 모범이 된다.
다른 채점 점수를 위해서 과정을 반복하라.	다른 그룹의 학생들이 반응하는 것을 알기 위한 과정을 반복하라.

오개념 주의하기!

• 앵커링은 수행 기준을 설정하기 위한 기초를 제공한다. 루브릭에서 다양한 등급(채점 점수)과 관련된 학생의 활동에 대한 예시를 선정하는 것으로, 교사와 다른 책임자는 '얼마나 훌륭한 것이 충분히 훌륭한 것인가?'에 대한 질문에 답할 수 있도록 도움을 받을 수 있다. 그러나 기준을 설정하는 것이 앵커링하기 위한 유일한 목적이라고 생각하는 것은 오개념이다. 앵커는 두 가지 추가적인 이익을 가지고 있다. 그것들은 평가자가 학생들의 산출과 수행을 평가할 때 보다 일관된 판단을 하도록 안내한다. 그리고 그 학생들이 보다 정확하고 생산적인 자기평가에 참여하도록 이끈다. 루브릭 서술자들에 대한 실제적인 기술을 제공하는 것으로, 교사와 학생 모두가 효과적인 수행의 특성을 보다 잘 이해하는 데 루브릭의 잠재되고 애매한 언어가 좋은 예시가 된다.

- 교사들은 루브릭에서 상위 채점 점수에 단일한 하나의 모범 예시(anchor)가 충분하다는 가정을 경계해야 한다. 종종 과제 수행을 위한 하나의 효과적인 결론과 방법보다 더 많은 것이 있다. 어떠한 하나의 예시는 유일한 최상의 대답이나 경로가 존재한다는 것을 시사한다. 교사들은 최상위 채점 점수—'다양한 종류의 매우 우수함'—에 대한 다양한 예시를 모색해야 한다. 유사하게 공통된 문제나 오개념을 기술하기 위한 몇 가지 빈약하거나 흠이 있는 예시를 확인하는 것은 학생의 산출물이나 수행이 유용하다는 것으로 나타난다. 채점 등급에서 각 점수에 대한 몇 가지 앵커를 선정하는 것은 루브릭에서 준거와 수행의 단계를 이해하는 것에서 교사와 학생들을 안내하는 일련의 충분한 예시를 제공한다.

Bob James의 반성

이것이 캠프 식단의 수행 과제로는 첫 시도이기 때문에 나는 모델 2에 따라서 앵커링 과정을 수행한다. 대부분의 학생이 진술된 준거를 이용하여 식단을 세 가지 범주들로 분류하는 것은 매우 쉬운 것이다. 그래서 나는 상, 중, 하의 특성을 가장 잘 기술한 것을 제공해 주는 각각의 세트로부터 세 가지 예시를 선정하였다.

한 동료 교사는 내가 장래에 사용하기 위해서 앵커(부모의 승인을 얻은 후에)를 복사하는 것을 제안하였다. 또한 그녀는 내가 복사한 앵커에서 학생들을 이름을 지울 것을 제안하였다. 왜냐하면 그 의도는 누가 잘하고 못했는가를 확인하는 것이 아니라, 다양한 수행의 단계에서 활동의 특성을 보여 주는 것이기 때문이다. 실제로 나는 아이들이 특성을 차별적으로 보도록 하는 데 도움이 되는 수업 모델로 앵커를 이용하는 아이디어를 선호한다. 또한 이러한 모델은 학생들이 그들의 식단을 자기평가할 때 준거를 잘 이해하도록 도움을 주어야 한다. 나는 학생들이 만약 내가 작년에 예시들을 그들에게 보여 주었을 경우 그들이 활동을 복사하게 될 것이 걱정이 된다. 그러나 우리가 식단에 대한 가능한 건강한 식품의 선택권을 가지고 있기 때문에 나는 복사하는 것이 문제가 되지 않으리라 기대한다.

이 과정을 이해하고 있는 현재에 나는 다른 단원들로부터 학생의 활동을 위한 앵커를 선정하는 계획을 세우게 될 것이다.

Understanding by Design *Handbook*

단계 3

학습 경험과
수업
계획하기
모듈 12~19

백워드 설계 과정		
1단계: 바라는 결과 확인하기	2단계: 수용 가능한 증거 결정하기	3단계: 학습 경험과 수업 계획하기
A ▸ 영속적인 이해 B ▸ 본질적 질문 C ▸ 지식과 기능	D ▸ 수행 과제 ● 수행 과제 청사진(D) E ▸ 퀴즈, 테스트, 단서 F ▸ 자발적인 증거 G ▸ 자기평가 ● 다른 증거들을 위한 설계(E, F, G)	H ▸ 학습 경험과 교수의 계열

MODULE 12 매력적이고 효과적인 설계

설계는 매력적인 것과 효과적인 것을 통합해야만 한다.
단지 수업이 매력적이기 때문에
이해를 유발하는 데 효과적이라고 할 수는 없다.

모듈 이용하기

워크시트 3-6

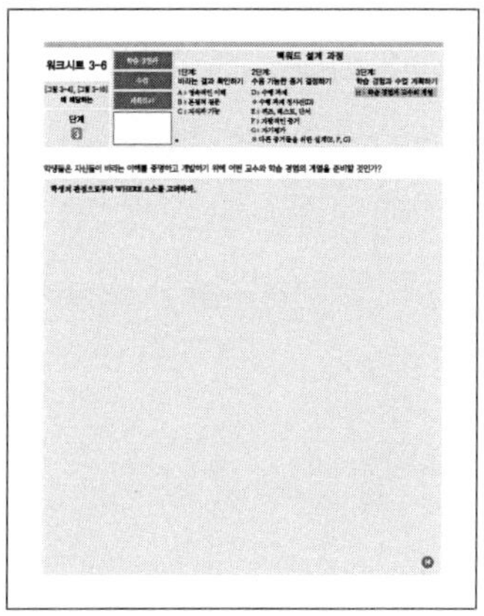

분명 우리는 우리의 설계가 매력적이기를 원한다. 만약 학생들이 작업(작품활동)을 통해 마음이 움직이지 않거나, 유혹되지 않거나, 감정이 촉발되지 않는다면 그들은 왜 최선의 노력을 하거나 지속하는가?

그러나 매력적인 작업만으로는 불충분하다. 작업은 또한 효과적이어야만 한다. 다른 말로 작업은 가능한 최대의 성취를 이루어야 하고, 이를 촉진해야만 한다. 요체는 설계가, 목표로 하는 이해를 학생들이 달성하도록 해 준다는 점을 보여 주는 수행이다.

이 모듈에서 워크시트는 설계자에게 토픽에 관계없이 학생과 교실 상황이 주어질 때 가장 매력적이고 효과적인 작업을 만들 것 같은 것을 고려하도록 요청하는 브레인스토밍 기술을 제공한다. 〈워크시트 12-1〉은 설계를 매력적으로 만드는 데 초점을 둔다. 매력적인 설계는 학생들을 적극적으로 참여하도록 자극—예를 들어, 문제 해결이나 질문에 답하는 것—한다. 〈워크시트 12-2〉는 설계를 효과적으로 만드는 데 초점을 둔다. 효과적인 설계는 바라는 결과가 달성되었다는 적절한 증거를 포함한다. 〈워크시트 12-3〉은 매력적이고 효과적인 설계 사이의 관계를 보여 주기 위해 벤다이어그램을 사용하였다. 이런 실습의 핵심은 직접적인 실체험 활동이 학생들이 바라는 이해를 개발할 것이라는 것을 반드시 확신하지는 않는다는 점이다.

오개념 주의하기!

- 매력적인 단원이 반드시 효과적인 단원은 아니다. 효과적인 단원은 학생들이 좋은 수행 결과를 신뢰할 수 있는 평가로 증명할 수 있는 그러한 단원이다. 학생들이 자신들의 작업에 참여하거나 안 하는 것은 별도의 이슈다. 가장 효과적인 단원은 비록 그 단원에서 모든 학생이 잘해 내지는 못할지라도 통찰과 작업의 질이 기대한 것보다 훨씬 우수하고 매우 뛰어난 검사 결과를 보여 주는 것들이다.
- 매력성과 효과성의 지표는 매력성과 효과성의 원인과 같은 것이 아니다. 말하자면, 학생들이 작업을 수행하는 중에 종이 울리자마자 그들이 자리에서 일어나지 않고 일에 여전히 몰두하고 있다고 한다면 그것은 매력성의 지표다. 그러한 매력성 자체는 그들이 왜 작업에 몰두하고 있는지를 설명하지 못한다. 그러한 지표는 학생들이 참여하는지를 교사가 알 수 있기 위해 관찰해야 하는 것을 나타낼 뿐이다. 그러한 매력성의 원인은 작업의 이슈가 사고를 자극하는 것일 수 있으며, 그러한 자극(원인)이 학생들로 하여금 종소리에도 불구하고 작업에 몰두하게(지표) 한다.

Bob James의 반성

우리는 교직원 모임에서 효과적이고 매력적인 워크시트를 사용했다. 그 워크시트는 우리 직원들에게 가장 큰 도움이 되었다. 우리 대다수는 우리가 우리의 아이들을 실체험 학습에 참여하고 몰두하게 하는 정도까지 우리 자신을 자랑스럽게 여긴다. 하지만 많은 사람은 그 워크시트들이 효과성의 이슈에 충분한 주의를 부여하지 못했다는 것을 인정하였다.

아마도 워크시트에서 발전된 가장 중요한 통찰은 '평가자처럼 생각하는 것'이 지니는 중요성일 것이다. 우리가 가르치는 것을 학생들이 정말로 이해하는지 여부를 알기 위해 우리가 찾아보아야 할 것들을 고려한다면 우리 학년 팀은 규칙적으로 만나서 다가올 단원에 앞서서 그 질문을 제기하기로 결정했다. 나는 이런 접근이 우리의 개별 교수를 더욱 효과적으로 만들 뿐만 아니라 더욱더 초점에 가까워지도록 우리 팀을 도울 것이라고 믿는다.

워크시트 12-1

단계 3

매력적인

설계

백워드 설계 과정

1단계: 바라는 결과 확인하기	2단계: 수용 가능한 증거 결정하기	3단계: 학습 경험과 수업 계획하기
A ▸ 영속적인 이해 B ▸ 본질적 질문 C ▸ 지식과 기능	D ▸ 수행 과제 ● 수행 과제 청사진(D) E ▸ 퀴즈, 테스트, 단서 F ▸ 자발적인 증거 G ▸ 자기평가 ● 다른 증거들을 위한 설계(E, F, G)	H ▸ 학습 경험과 교수의 계열

1. 학생들이 그들의 작업에 언제 가장 몰두하여 참여하게 되는가? 어떤 종류의 활동, 숙제, 과제, 작업 조건, 목표 그리고 상황들이 학생들을 지속적으로 참여하도록 하게 하는가? 구체적인 활동, 과제, 조건을 나열하라.

-
-
-
-
-
-

2. 일반적으로 학생들이 단시수업, 단원 혹은 과제 설계를 가장 매력적으로 만들기 위해서는 어떤 준거가 충족되어야 하는가? 간단한 준거 몇 가지를 나열하라.

-
-
-
-
-
-

워크시트 12-2	효과적인 설계	백워드 설계 과정		
단계 3		1단계: 바라는 결과 확인하기	2단계: 수용 가능한 증거 결정하기	3단계: 학습 경험과 수업 계획하기
		A ▸ 영속적인 이해 B ▸ 본질적 질문 C ▸ 지식과 기능	D ▸ 수행 과제 ● 수행 과제 청사진(D) E ▸ 퀴즈, 테스트, 단서 F ▸ 자발적인 증거 G ▸ 자기평가 ● 다른 증거들을 위한 설계(E, F, G)	H ▸ 학습 경험과 교수의 계열

1. 학생들이 그들의 작업에 가장 효과적일 때는 언제인가? 어떤 종류의 학습활동, 지침, 과제 방향, 목표 그리고 작업 조건이 학생들을 그들의 작업(평가수행을 최대하하기 등)에서 효과적이게 할 수 있는가? 구체적인 활동과 조건을 나열하라.

-
-
-
-
-
-

2. 일반적으로 학생들이 단시수업, 단원 혹은 과제 설계를 가장 효과적으로 만들기 위해서는 어떤 준거가 충족되어야 하는가? 간단한 준거 몇 가지를 나열하라.

-
-
-
-
-
-

워크시트 12-3

단계 3

매력적이고 / 효과적인 / 설계

백워드 설계 과정

1단계: 바라는 결과 확인하기	2단계: 수용 가능한 증거 결정하기	3단계: 학습 경험과 수업 계획하기
A ▸ 영속적인 이해	D ▸ 수행 과제	H ▸ 학습 경험과 교수의 계열
B ▸ 본질적 질문	● 수행 과제 청사진(D)	
C ▸ 지식과 기능	E ▸ 퀴즈, 테스트, 단서	
	F ▸ 자발적인 증거	
	G ▸ 자기평가	
	● 다른 증거들을 위한 설계(E, F, G)	

매력적이고 효과적인 작업 사이의 관계를 나타내는 벤다이어그램을 만들라. 양쪽 모두를 충족시키는 준거는 무엇인가?

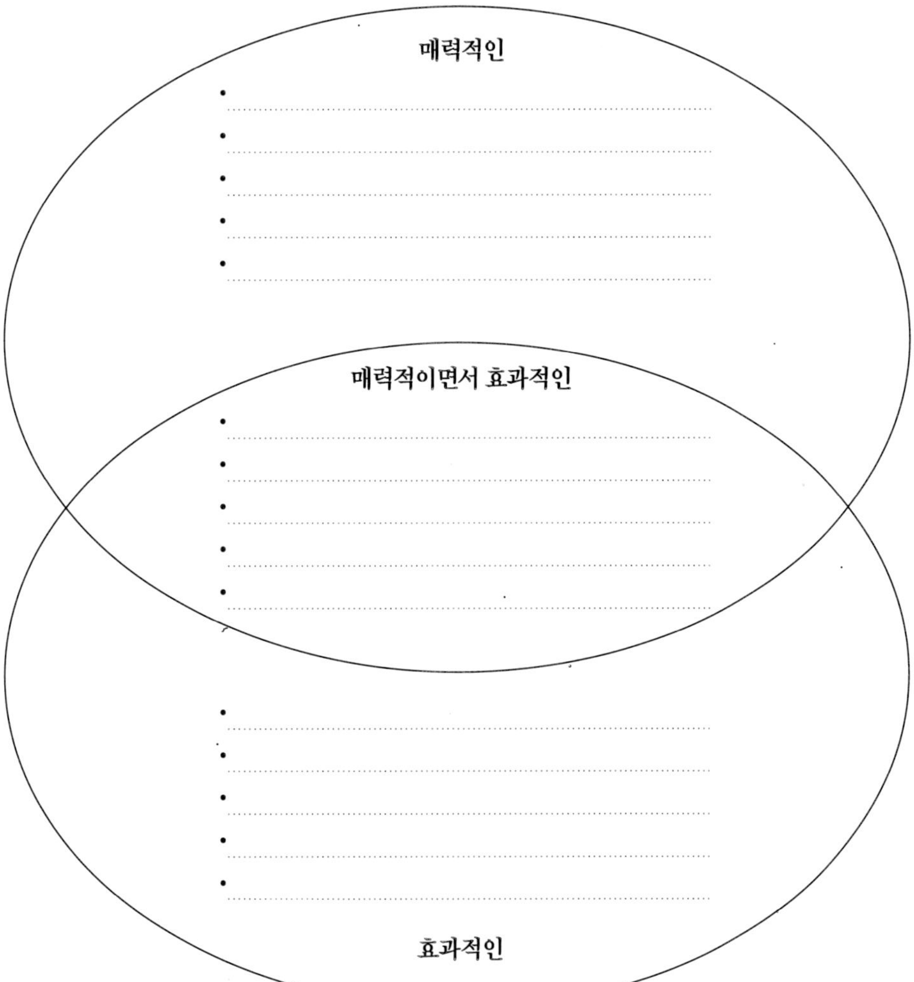

MODULE 13 심층적 교수-학습

궁극적으로 피상적 교수-학습법(coverage, 진도나가기)은 자기중심적 오류에 근거를 두고 있다.
즉, 만약 내(교사)가 그것에 대해 이야기하고, 우리가 그것에 관해서 읽는다면
그들(학생들)은 이해하게 될 것이라고 믿게 된다.

모듈 이용하기

심층적 교수-학습이 이루어질 필요가 있다는 것을 고려한다는 것은 교육과정을 설계할 때 주요 아이디어들이 종종 미묘하고 추상적이며 불명확하기 때문에 중요하다. 교과서의 피상적 교수-학습에 근거를 두는 교수는 학생으로 하여금 핵심 아이디어의 표면적 이해와 지식이 되는 방법에 관한 잘못된 견해를 가지게 할 수 있다. 학생들은 학자들이 알고 있는 것을 알아야 한다. 지식은 노력하여 어렵게 얻은 것이고, 다소간 잠정적인 결실이며, 지속적인 숙고, 검증 그리고 아이디어에 관한 재사고를 통해 이해하기 위한 많은 시도다. 교과서에 있는 것을 심층적으로 학습한다는 것은 무엇을 의미하는가? 〈표 13-1〉은 심층적 교수-학습과 피상적 교수-학습 사이의 차이를 명확히 한다.

워크시트 3-6

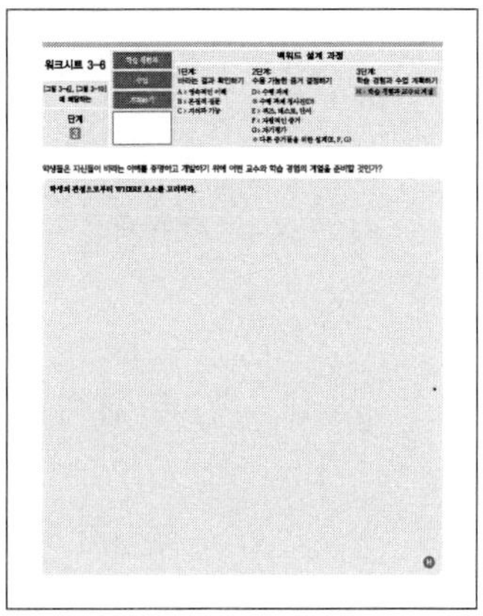

피상적 교수-학습의 환상

'모든 것을 하기에는 시간이 부족하구나! 나는 피상적 교수-학습의 의무를 부여받은 채 백워드 설계가 요구하는 것을 할 수는 없다.' 비록 이런 식의 사고 유형이 그럴듯할지라도 우리는 그것이 부정

〈표 13-1〉 심층적 교수-학습법과 피상적 교수-학습법의 비교

심층적 교수-학습법	피상적 교수-학습법
이 책은 기준에 근거하여 구체적인 목적을 가진 독립적으로 설계된 교수 요목을 위한 자료로 적합하다.	이 책은 실러버스다. 어떤 분명한 목적도 이 책을 통해 진행되는 것을 넘어서는 존재하지 않는다.
이 목적은 타당하고 효과적인 이해의 수행평가를 결정에 달하도록 하는 다양한 연구를 암시한다.	평가는 단지 교과서의 내용으로부터 지식과 기능의 검사를 수반하였다.
이 책은 주요 아이디어와 범교과적인 본질적 질문을 조사하도록 하는 데 사용된다.	학생의 임무는 이 책에 있는 것을 아는 것이다. 어떤 범교과적인 질문도 존재하지 않는다.
이 책의 각 부분은 범교과적인 목적을 지지하는 순서로 읽게 된다.	이 책은 쪽 순서대로 읽게 된다.
교과서는 주요 내용을 포함하는 것 중 한 가지 자료다. 교과서는 가끔 중요한 아이디어나 결론을 요약한다.	1차와 2차 내용이 사용되지 않는다. 교과서 요약은 분석되거나 비평받은 결론이 아니라 학습되어 주어진 것으로 간주된다.

확하다고 믿는다. 우리는 그 문제가 결과와 교수 사이의 관계를 오해하고 있다고 생각한다.

교사들은 수업에서 힘든 선택과 우선순위를 취해야만 한다. 피상적 교수를 포함해서 모든 교수는 가르치거나 강조하지 않는 것을 부분적으로 결정하는 것까지 포함한다. 모든 교수활동은 가능하고 바람직한 학습이 시간의 부족 때문에 희생되고 있다는 느낌과 관련되어 있다.

그럼에도 불구하고 우리는 피상적 교수-학습이 일종의 환상이라고 믿는다. 교과서와 시험 주도의 수업은 피상적 교수-학습이 주나 국가 검사 점수를 최대화할 것이라는 검증되지 않은 가정 아래서 벌어진다. 그러나 그러한 관점을 지지하는 증거는 거의 없다. 그래서 꽤 많은 부분이 연구 없이 무시되었다. 보다 취약한 학생들은 더욱 혼동과 방황에 휩싸이게 된다. 탐구를 조직하고 탐구를 중심으로 대답을 조직해 주는 핵심 질문과 아이디어 부재로 인해 우리는 기억하는 일에 과중한 짐을 지우게 된다.

피상적 교수-학습의 아이러니

피상적 교수-학습은 아이러니한 부분이 있다. 유도 질문, 아이디어, 그리고 학습을 되풀이하고 북돋아 주는 방법이 없다면 학생들은 무엇이 가장 중요한 사항이며, 무엇이 시험에 나올지 추측하게 될 것이다. 시험 결과는 이런 부재를 반영한다. 결과의 범위는 좋은 교수에도 불구하고 크다. 그러한 피상적 교수-학습에 대한 전통적인 정당화는 실러버스와 검사가 다소간 그것을 요구한다는 것이다. 즉, '나는 더 깊이 들어가고 싶지만, 내용을 피상적으로 가르쳐야만 한다.' 그러나 이런 주장을 하는 교사들은 좀처럼 그것을 비판적으로 검토해 보지 않는다. 그러한 주장은 교수가 못 가르칠수록 학생

은 더 높은 점수를 받는다는 것을 의미하는가? 그러한 사고는 그들의 논거에 의해 함축되어 있다. 여기서 몇 가지 질문을 해 봄으로써 이런 논리를 다시 생각해 보자.

- 어떤 교수 방법이 사실을 최대로 파지하고 회상할 수 있도록 해 주는가? 확실히 그 방법은 연계되지 못한 강의와 읽기에 의해 본질적으로 구성된 것은 아니며, 노트 필기와 공부를 지도하기 위한 포괄적인 아이디어나 수행 목표를 사용하여 지식에 대한 우선순위를 정한 것도 아니다. 파지와 회상은 학습자들이 주요 아이디어의 감각을 지닐 때, 단편적 사실과 기능을 연결하기 위해 약간의 조직적 도식을 가질 때, 그리고 의미 있는 방법에서 요구된 지식과 기능을 사용할 기회를 가질 때 강화된다.
- 가장 높은 검사 점수를 가진 학급과 가장 낮은 검사 점수를 가진 학급을 비교할 때 전자나 후자 학급에서 어느 정도의 심층적 교수-학습과 수행 중심 작업을 볼 수 있는가? 우리의 경험에 비추어 보면 가장 좋은 검사 점수는 보다 능동적이고 지적으로 자극하는 수업의 형식과 관련이 있다. 워크시트는 간단하고 보다 고차적인 목적 없이 바쁘기만 하고 칠판에 적힌 내용을 노트에 베끼기만 하는 교실에서 가장 나쁜 점수가 나타난다. Newmann(1997)과 동료들의 최근의 연구는 참 평가 작업이 학생의 수행을 더 잘 이끈다는 의견을 지지한다.
- 단지 내용을 피상적으로 가르치는 교사가 피상적 교수-학습이 최적의 결과를 낳는다는 것을 정당화해 주는 실행연구를 이행하였는가? 그들 스스로 체계적인 연구를 이행한 교사는 거의 없다. 오히려 그들은 다른 교수 방식에 별로 접하지 못하고 고립되어서 만들어진 그들의 습관 속에서 편안함을 유지한다. 그들은 수업에 대한 새로운 접근법이 안 좋은 결과를 낼 것을 걱정한다. 이는 이유 있는 걱정이기는 하지만 피상적 교수-학습이 과연 가장 효과적인지에 대한 증거를 조사하지 않는 이유로는 불합리하다.

■ ■ ■ ■ ■

몇 가지 실습은 설계자들을 피상적 교수-학습과 심층적 교수-학습의 딜레마를 통해 충분히 숙고할 수 있는 기회를 가지도록 도와준다. 〈워크시트 13-1〉과 〈워크시트 13-2〉는 사용자들에게 교사들이 깊이 연구하는 대신에 내용을 피상적으로 교수하도록 하는 이유와 두 개 용어의 의미에 대해 생각하도록 안내한다. [그림 13-1]과 [그림 13-2]는 두 가지 학습의 의미와 이유의 예를 보여 준다. 〈워크시트 13-3〉은 일련의 준거를 설계자들이 더욱 심층적 교수-학습을 요구하는 단원에서 생각을 명확히 하도록 하기 위해 제공한다.

오개념 주의하기!

피상적 교수-학습은 인과관계와 상관관계를 혼동함으로써 거짓 논리하에서 일어난다. 즉, 단답형 검사 결과는 중요한 수행과 관련된다. 피상적 교수-학습 접근법을 사용하면서 시험 문항에 맞추어 가르치는 것은 중요한 수행을 일으키지 않는다. 예를 들어, 우리가 건강하게 하는 방법으로써 의사의 신체를 검사하는 것은 우스운 일이다. 실제로 주위에 다른 방법이 있다. 만약 우리가 신체적으로 알맞고 건강한 태도로 산다면 신체검사를 무시할 것이다. 신체검사에 관한 각각의 항목은 가르쳐지거나 주입되는 것을 의미하지 않는다. 그것들은 보통 건강한 삶의 간접 측정치로 작용한다. 선다형 검사는 참 능력이나 참 수행과 관련될 수도 있지만, 그러한 검사 문항의 숙달은 성취를 일으키지 않는다. 표준화된 검사는 직접적으로 가르치도록 창안되지 않았다. 실제로 우리가 그것들을 가르친다면 그것들의 의미를 타락시킨다. 오히려 그것들은 교실에서 개발된 지식과 기능을 간접적으로, 그리고 저렴하게 검사를 가능하게 하는 가장 쉬운 방법이 된다.

Bob James의 반성

영양 단원에서 어떤 것이 면밀하고 신중한 심층적 교수-학습을 요구하는가? 개인의 특성에 따라 다양한 영양상의 요구를 이해하는 것은 쉽지 않다. 모든 사람에게 알맞은 식단 같은 것은 없다. 내가 더욱 신중히 신경을 써야 할 전형적인 오해는 있는가? 점에 대해 생각해 볼 때 나는 대다수 학생이 음식이 건강에 좋으면 맛이 없다는 생각(오개념)을 갖는다는 것을 알았다. 이 단원에서 내 목표 중 하나는 그들이 건강식에 대해 무의식적인 반감을 가지지 않도록 이런 신념을 추방하는 것이다.

그림 13-1

〈워크시트 13-1〉에 해당하는

단계 3

피상적 교수-학습 대 심층적 교수-학습 (part 1) 실례	백워드 설계 과정		
	1단계: 바라는 결과 확인하기	2단계: 수용 가능한 증거 결정하기	3단계: 학습 경험과 수업 계획하기
	A ▸ 영속적인 이해 B ▸ 본질적 질문 C ▸ 지식과 기능	D ▸ 수행 과제 ● 수행 과제 청사진(D) E ▸ 퀴즈, 테스트, 단서 F ▸ 자발적인 증거 G ▸ 자기평가 ● 다른 증거들을 위한 설계(E, F, G)	H ▸ 학습 경험과 교수의 계열

하나의 토픽에 관해 보다 심도 있는 깊이와 폭으로 학습하는 것은 바람직한 목적이지만, 조만간 우리는 내용을 피상적으로 학습할 수 밖에 없다는 것을 깨달을 것이다. 이것이 의미하는 것은 무엇인가? 우리가 생각하기로 교육학적으로 보다 현명해지는데도 그것을 실천에 옮기는 것을 막고 있는 이유는 무엇인가? 다음 단서는 피상적 교수-학습과 심층적 교수-학습의 의미에 관해 생각하도록 묻는다.

1. 피상적 교수-학습과 심층적 교수-학습의 용어를 생각해 보라. 각 용어가 제안하는 것은 무엇인가? 어떤 이미지가 마음에 와 닿는가? 각 용어와 그들 사이의 차이점을 설명하도록 사용할 수 있는 동의어는 무엇인가? 당신의 생각을 기록하라.

피상적 교수-학습	심층적 교수-학습
• 조사, 언급, 개관	• 탐구, 발견, 질문, 깊이

2. 동료와 함께 당신의 목록을 공유하고 토의하라. 교육과정 설계, 평가, 교수를 위한 함의는 무엇인가? 다음의 일부를 나열하라. 기초로서 피상적 교수-학습과 심층적 교수-학습에 관해 당신이 생각하는 의미와 함의를 사용하라.

피상적 교수-학습의 함의들

- 선호하는 강의식 접근, 단답형 검사
- 내용 지식에 대한 주의 검사에 대해 걱정하는 함축적 요구

심층적 교수-학습의 함의

- 문제 중심 작업, 1차 소스 문서가 사용됨
- 다른 관점, 보다 진정한 학생 수행

그림 13-2	피상적 교수–학습	백워드 설계 과정		
〈워크시트 13-2〉에 해당하는	대	1단계: 바라는 결과 확인하기	2단계: 수용 가능한 증거 결정하기	3단계: 학습 경험과 수업 계획하기
단계 3	심층적 교수–학습	A ▸ 영속적인 이해 B ▸ 본질적 질문 C ▸ 지식과 기능	D ▸ 수행 과제 ● 수행 과제 청사진(D) E ▸ 퀴즈, 테스트, 단서 F ▸ 자발적인 증거 G ▸ 자기평가 ● 다른 증거들을 위한 설계(E, F, G)	H ▸ 학습 경험과 교수의 계열
	(part 2) 실례			

3. 내용만을 피상적으로 교수–학습하는 건전한 수업상의 이유나 혹은 개혁에 대한 실제 장애와는 대조되는 것으로 오래된 습관을 재고하여 개선시키지 않는 변명을 분류하고 열거해 보라.

실제 장애

- 나의 코스는 조사 과정이고 내용 친숙도만을 위한 주 시험 검사다.

- 보다 전통적인 코스들은 초점을 가지고 심층적인 코스로 만들기 위해서 그 코스들을 협력하여 재설계할 시간이 없다.

변명(이유)

- 이 코스에 대한 교과서의 양은 너무 많고 교과서의 각 장에 대한 검사는 선다형이다.

- 학생들과 함께 이런 부류의 작업을 할 시간이 없다.

워크시트 13-1	피상적 교수-학습	백워드 설계 과정		
[그림 13-1]에 해당하는	대	1단계: 바라는 결과 확인하기	2단계: 수용 가능한 증거 결정하기	3단계: 학습 경험과 수업 계획하기
단계 3	심층적 교수-학습	A ▸ 영속적인 이해 B ▸ 본능적 질문 C ▸ 지식과 기능	D ▸ 수행 과제 ● 수행 과제 청사진(D) E ▸ 퀴즈, 테스트, 단서 F ▸ 자발적인 증거 G ▸ 자기평가 ● 다른 증거들을 위한 설계(E, F, G)	H ▸ 학습 경험과 교수의 계열
	(part 1) 실례			

하나의 토픽에 관해 보다 심도 있는 깊이와 폭으로 학습하는 것은 바람직한 목적이지만, 조만간 우리는 내용을 피상적으로 학습할 수 밖에 없다는 것을 깨달을 것이다. 이것이 의미하는 것은 무엇인가? 우리가 생각하기로 교육학적으로 보다 현명해지는데도 그것을 실천에 옮기는 것을 막고 있는 이유는 무엇인가? 다음 단서는 피상적 교수-학습과 심층적 교수-학습의 의미에 관해 생각하도록 묻는다.

1. 피상적 교수-학습과 심층적 교수-학습의 용어를 생각해 보라. 각 용어가 제안하는 것은 무엇인가? 어떤 이미지가 마음에 와 닿는가? 각 용어와 그들 사이의 차이점을 설명하도록 사용할 수 있는 동의어는 무엇인가? 당신의 생각을 기록하라.

피상적 교수-학습	심층적 교수-학습
•	•
•	•
•	•

2. 동료와 함께 당신의 목록을 공유하고 토의하라. 교육과정 설계, 평가, 교수를 위한 암시는 무엇인가? 다음에 일부를 나열하라. 기초로서 피상적 교수-학습과 심층적 교수-학습에 관해 당신이 생각하는 의미와 함의를 사용하라.

피상적 교수-학습의 함의

•

•

심층적 교수-학습의 함의

•

•

워크시트 13-2	피상적 교수-학습	백워드 설계 과정		
[그림 13-2]에 해당하는	대	1단계: 바라는 결과 확인하기 A ▸ 영속적인 이해 B ▸ 본질적 질문 C ▸ 지식과 기능	2단계: 수용 가능한 증거 결정하기 D ▸ 수행 과제 ● 수행 과제 청사진(D) E ▸ 퀴즈, 테스트, 단서 F ▸ 자발적인 증거 G ▸ 자기평가 ● 다른 증거들을 위한 설계(E, F, G)	3단계: 학습 경험과 수업 계획하기 H ▸ 학습 경험과 교수의 계열
단계 3	심층적 교수-학습			
	(part 2) 실례			

3. 내용만을 피상적으로 교수-학습하는 건전한 수업상의 이유이나 혹은 개혁에 대한 실제 장애와는 대조되는 것으로 오래된 습관을 재고하여 개선시키지 않는 변명을 분류하고 열거해 보라.

실제 장애

-
-
-
-

변명(이유)

-
-
-
-

워크시트 13-3

단계 3

심층적 교수-학습은 무엇을 필요로 하는가?	백워드 설계 과정		
	1단계: 바라는 결과 확인하기	2단계: 수용 가능한 증거 결정하기	3단계: 학습 경험과 수업 계획하기
	A ▸ 영속적인 이해 B ▸ 본질적 질문 C ▸ 지식과 기능	D ▸ 수행 과제 ● 수행 과제 청사진(D) E ▸ 퀴즈, 테스트, 단서 F ▸ 자발적인 증거 G ▸ 자기평가 ● 다른 증거들을 위한 설계(E, F, G)	H ▸ 학습 경험과 교수의 계열

여러분의 단원에서 심층적 교수-학습을 필요로 하는 이유는 무엇인가? 학생들이 잘 이해할 수 있도록 심층적 학습이 이루어질 필요가 있는 것이 무엇인지를 확인하는 필터로 준거를 사용하라.

단원 토픽 혹은 초점 [   ]

단원 내용 ⇨ 주요 아이디어와 핵심 과정 ⇨

- 추상적인
- 불명료한
- 복잡한
- 오해가 될 것 같은

⇨

심층적 교수-학습을 필요로 하는 것

....

....

....

MODULE 14 오 해

문제를 더 긴급하게 만드는 것은 과거 20년간의 연구가 다음과 같은 현상에 대한
충격적인 깊이와 폭을 확인해 준다는 점이다.
즉, 많은 학생이, 심지어는 최우등생조차도 그들의 수업을 이해한다고 하지만
질문에 답변을 할 때나 학습한 것을 적용할 때
그들은 배운 학습 내용에 대해 심각한 오해를 드러내는 모습을 보인다.

모듈 이용하기

워크시트 3-6

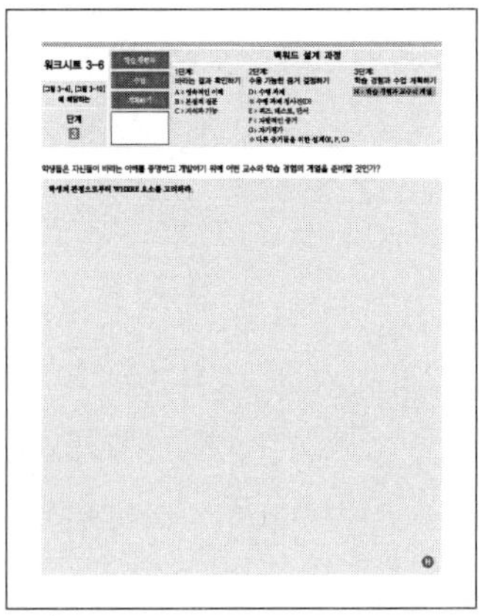

학생들은 가끔 그들이 학습한 것에 대해 제대로 이해를 하지 못하고 오해를 지닌 채로 학교를 졸업한다. 영 프로젝트(Project Zero)에 관해 Howard Gardner, David Perkins와 하버드 대학교의 동료들은 다음과 같이 철저하게 오개념에 대한 결과를 요약하였다.

> 방대한 연구 문헌은 거의 대부분 학생이 일반적으로 보통 정도의 이해도 못하고 넘어간다고 기술하고 있다. 대학생이 수업시간에 능숙하게 이해한 물리 법칙, 기하학 증명, 역사 개념 등을 다른 상황에서 적용할 수 있을 것이라고 기대하는 것은 합리적이다. 만약 시험의 환경이 다소 바뀌었을 때 요구된 능력이 검증되지 못한다면 그 학생은 그것을 제대로 이해하지 못했다는 것을 의미한다. —Gardner, 1991, p. 6

심지어는 전통적 검사에서조차 학생이 이해하지 못하고 있다는 점을 밝히고 있다. 수학에서 이런 결과를 생각해 보라. 미국의 대부분 십 대는 대수 I 을 공부하고 학점을 얻는다. 그러나 전국학업성취도평가(NAEP)의 결과는 미국 젊은이의 약 5%만이 대수 I 지식(NAEP, 1988)의 높은 수준을 사용

하도록 요구하는 과업을 잘 수행한다는 점을 보여 준다. 최근 3차 TIMSS는 가장 심층적인 연구 중 하나에서 과학에 대해 유사한 결론에 이르렀다(『Trenton Times』〈1997〉). 그리고 NAEP의 최근 연구에서도 '기본 원리를 배우기 위한 일반적인 학생들의 능력과 지식을 적용하거나 그들이 학습한 것을 설명하기 위한 그들의 능력 사이의 뚜렷한 차이' (New York Times, 1997, p. 19)를 보여 주었다. 그 검사는 선다형, 구성된 반응, 그리고 수행 과제 질문을 혼합시켜 놓은 것이었다. 더욱 무미건조하게도 Jay Leno의 기초 역사 사실(우리는 왜 7월 4일을 미국의 독립기념일이라고 부르는가? 누구와 무엇으로부터 독립인가? 어느 해인가?)에 관한 거리 인터뷰는 대다수 미국 시민이 학교 수업에서 가장 기초적인 사실뿐만 아니라 그들이 회상할 수 있는 사실에 관한 의미조차 갖고 있지 않다는 것을 보여 주었다.

오개념에 관한 인상적인 연구는 물리학과 천문학에서 20년 이상 진행되었다. 그러한 연구는 하버드 대학교 천체물리학부에서 개발된 『A Private Universe』(Schneps, 1989) 비디오와 최근 개봉된 연재물인 『Minds of Their Own』을 통해 대다수 교사에게 알려졌다(이 비디오는 Annenberg 과학과 수학 비디오테이프 수집을 통해 이용할 수 있다). 여기서 우리는 처음으로 하버드 대학교 학생들이 여름에 더 따뜻하고 겨울에 더 추운지를 적절히 설명할 수 없다는 것을 알았다. 그들은 지구가 여름에는 태양에 더 가까워지고 겨울에는 태양으로부터 멀리 떨어져 있게 된다는 단순한 오개념을 계속해서 가지고 있다. 한순간의 사고가 그들에게 12월에 호주는 여름이고, 늘 적도 부근은 따뜻하다는 것을 상기시켰다. 계절 변화의 원인은 지구가 기울어져 있고 태양 광선의 세기와 지속 시간 때문이다.

설계에서 오개념 예상하기

일련의 구체적인 일반화로서 이해의 목표를 진술한 후에 교육자들은 평가와 수업설계에서 학생 오개념에 직면하는 중요성을 더 잘 인식할 수 있다. 일반화가 자명하지 않고 추상적이며, 일반화의 의미는 초보자에게 자명하지 않다. 주요 아이디어가 교사에게는 친숙한 것이지만 학생들에게는 새로운 것일 때 학생들의 오해 가능성이 발생한다. 특히 학생들이 (단시)수업을 학습될 특수 용어나 문답집으로 잘못 본다면, (단시)수업이 의미하는 것, 그것들이 왜 그러한지, 왜 문제가 있는지에 대해서 학생 오개념에 대한 가능성이 아무 생각 없이 발생한다.

미국 남북전쟁에 관한 예(제5장에서 논의된)를 언급할 때 남북전쟁이 노예와는 다른 이슈로 발생하였다는 것, 혹은 경제적 사욕이 자유와 주권에 대한 도덕적 입장을 가장하여 감추어졌다는 것은 학생들에게는 자명하지 않다. 목표를 불분명한 일련의 명제로 구체적으로 구조화하는 것은 단원이 극복해야만 하는 오개념을 보다 명확하게 한다.

그래서 설계자들은 학생이 오해할 가능성이 높은 문제에 대해 삽입구 경고를 활용하여 그들이 바라는 이해로 결론 짓는 것을 유용한 것으로 생각할지도 모른다. 예를 들어, 학생들은 남북전쟁이 지역 경제(우리가 흔히 믿는 것처럼 노예의 도덕성으로 인한 것이 아닌)의 차이와 관련된 주권 이슈와 관련해 발발했다고 이해할 것이다.

왜냐하면 학생이 이해하기를 바라고 우리가 가르친다고 해서 학생이 그것을 이해하거나 오해를 피한다는 것을 보장하지는 않기 때문이다. 우리는 더욱 구체적이고 가치 있는 이해를 목적으로 삼을 필요가 있을 뿐만 아니라, 우리의 교수활동에 의해 제거되지 않는 신념을 평가하고 탐색할 필요가 있다. 오개념 연구를 통해서 우리에게 제공된 도전은 학생들 의견이 종종 우리가 상상하였던 것보다 더 변화에 저항적이다. 과학적 소양에 대한(AAAS, 1993) 벤치마크에서 제공된 열전도에 대한 오개념 연구를 생각해 보라. 이 연구는 오개념이 어떻게 학생들에게 지속되는지를 보여 준다.

열전도

중학교 학생들은 전도된 열에 따라서 항상 열과 냉각의 과정을 설명하지는 않는다. 일부 학생들은 '냉기'가 더 차가운 데에서 더 따뜻한 대상까지 전달된다고 생각하고, 나머지들은 '열'과 '냉기' 둘 다 동시에 전달된다고 한다. …… 심지어 수업 후에 학생들은 일부 물질(예를 들어, 밀가루, 설탕, 공기)은 뜨겁게 할 수 없거나 금속은 '열을 끌어당기거나' 혹은 '열을 잘 감추고' 있기 때문에 빨리 열을 얻는다는 소박한 생각을 하게 된다(pp. 337-338).

우리가 해결해야 할 과제는 교수에서 놀랄 만큼 오해가 생겨나지 않도록 오해를 잘 예측해야 하고, 우리의 설계 작업에서 이러한 오해들을 더욱 적극적으로 공격해야 한다.

학생 오해는 의문시되는 보다 많은 생각을 증가시킬 것이다.

- 추상적인가? (정교한 개념에 근거를 두고 사전 탐구에서 일반화하는 것 등)
- 완전히 이해가 되도록 사전 지식이나 삶의 경험, 그리고 반성을 요구하라.
- 반직관적이고, 불분명하고, 익숙하지 않고 난해한가?
- 2차 자료(과학, 역사 그리고 수학 교과서와 같은)를 통해 요약 형태로 나타났는가?

오해의 점검

지속적인 평가의 목적은 너무 늦어지기 전에 오개념과 오해를 찾는 것이다. 즉, 단원의 결론이 나기 전에, 그리고 교사들이 총괄평가에 참여하기 전에 말이다. 학생들이 학습하고 있는 것을 정말로 이해하는지를 어떻게 결정할 것인가? 이해의 지표로서, 학생들로부터 정답을 듣고 싶어 하는 교사의 성향과 이해하지 못했어도 이해한 것처럼 보이기 위한 학생의 갈망이 존재하기 때문에 이러한 경우에 교사의 주의가 요구된다. 이런 비판적 유추에 근거를 둔 격언을 생각해 보자. 이해하지 못했다는 유죄가 증명될 때까지 학생들은 순수하게 이해하고 있다고 생각해야 한다. 단지 8명의 학생들이 이해하고 더 이상의 질문이 제기되지 않기 때문에 그것이 곧 다른 학생들이 이해하고 있다는 것을 의미하지는 않는다. 학생들이 적시에 간단한 정답을 제공하기 때문에 그렇다고 해서 그것을 학생들 스스로 그 지식을 사용할 수 있다거나 단서가 주어지지 않을 때 그것이 언제 요청되는지를 알 수 있다는 것을 의미하지는 않는다.

교사들은 학생들이 마지막 시험이나 수행의 절정에 달하기 전에 정말로 이해하는지를 어떻게 결정하고 있는가? 수년간에 걸쳐 교사들은 학생들이 배우고 있는 동안 이해한다는 것을 확신하기 위해 다양한 비형식적인 기술을 개발하였다. 이것은 [그림 14-1]에 나타나 있다.

설계에 따른 오개념과 오해의 가능성을 다루는 데 있어서 세 가지 실습이 교사들을 돕기 위해 이 모듈에 들어 있다. 〈워크시트 14-1〉은 학생들이 오해(예를 들어, 반직관적이라는 아이디어)할 것 같은 내용 토픽의 특성을 조사한다. 〈워크시트 14-2〉는 학생들이 특히 도전적인 토픽과 부딪힐 때 일어날 것 같은, 예측할 수 있는 오해를 생각하도록 설계자들에게 자극을 준다. 〈워크시트 14-3〉은 초기 단원에서 사전 오개념과 그들이 가르치는 방법에 따른 오해에 대해 검토하는 방법을 계획할 수 있도록 교사들에게 자극을 준다.

오개념 주의하기!

- 흔한 오개념은 오해가 무지에서 기인한다고 보는 것이다. 그래서 지식으로 해결될 수 있다. 그러나 오해는 무지가 아니다. 그리고 물리학과 산수에서 오개념 연구가 오랫동안 밝히고 있듯이 지식은 종종 오해를 근절하지 못한다. 오해는 가끔 잘못된 것이지만, 아이들이 "아빠, 스페인어와 영어는 같은 단어를 사용하지만 다르게 발음하나요?"라고 질문하는 것과 같이 새로운 상황에 익숙한 생각이나 전략들을 그럴듯하게 체계화하는 것이다.
- 이해에 대한 비형식적 검토에 관한 오개념은 평가가 늘 점수나 등급을 필요로 한다는 것을 가정하고 있다. 이러한 가정은 평가를 가치 판단하는 것과 혼동되게 한다. 교사들은 등급의 장점과 단점에 대한 설명을 제공하려고 한 가지 작업에 등급을 부여할 필요는 없다. 형성평가라는 말은 몇 가지 평가의 형식이 점수나 측정을 단순히 제공하기보다는 교수와 학습을 지지하기 위해 설계된다는 생각을 전달하는 의도를 가지고 있다. 우리는 점수나 등급을 매기기 위해 형성평가를 선택할지도 모르지만, 반드시 그럴 필요는 없다.
- 교사들은 소수 학생의 작업(작품)에 대한 코멘트에서 드러난 것을 모든 학생에게 전가하는 것에 대해서는 주의해야 한다. 수업 후보다는 오히려 수업의 일부로써 모든 학생의 지속적인 평가에 참여하려는 핵심 이유는 피드백이 교사와 학생의 성공 가능성을 매우 훌륭하게 개선시킨다는 점이다.

Bob James의 반성

학생들이 영양학에 대해 가지는 대표적인 오해는 무엇인가? 프로젝트 2061 벤치마크가 이야기하는 것을 살펴보자. '초등학교 저학년 학생들은…… 정력과 힘은 운동에서 기인하지, 영양물에서 생기지는 않는다고 믿는다. ……수업 후에 중학생들은 종종 과학적 용어로 그들의 지식을 설명할 수 없다.' 나는 첫 번째로 전에 실수했다는 것을 들었다. 나는 일찍이 단원에서 이런 오개념을 검토하기 위해 퀴즈를 계획하였다.

나는 이해를 위해서 비형식적인 점검 목록이 유용하다는 것을 알았다. 비록 내가 교사로서 장점 중 하나가 규칙적으로 학생들의 사고를 자극하고 그들의 이해를 검토하기 위해 질문하는 것이라고 생각했을지라도 나는 다른 기술에 익숙하지 않았다. 나는 특히 이미 큰 효과를 보면서 사용하기 시작했던 수신호를 좋아한다. 사실 내 자신의 특별한 요령을 추가하였다. 나는 학생들에게 신호하기 전에 눈을 감을 것을 요구한다. 그렇게 하면 학생들이 다른 학생들은 어떻게 생각할까를 걱정해서 자신이 실제로는 이해하지 못하는 것을 이해한다고 표시하는 경우가 줄어든다. 나는 학생 모두에게 적절할 것이라고 확신하지는 않지만 유추 단서 역시 좋아한다. 나는 시각 표현을 사용하려고 하는데, 그 이유는 시각 표현이 좀 덜 명료한 학생들의 일부에게 그들이 이해한 것을 보여 줄 수 있기 때문이다.

오개념에 대해 좀 더 생각할 때 나는 대다수 학생이 음식이 좋은 것이라면 맛은 별로여야 한다는 생각을 품고 있다는 것을 기억한다. 이 단원에서 나의 목표 중 하나는 학생들이 좋은 음식에 반감을 가지지 않도록 하기 위해 이런 생각을 없애는 것이다. 나는 올해 학생들이 이런 오해를 품고 있는지를 알기 위해 몇 가지 비형식적 검토를 해야 한다고 생각한다.

그림 14-1

단계 3

이해를 점검하기 위한 기술들	백워드 설계 과정		
	1단계: 바라는 결과 확인하기	2단계: 수용 가능한 증거 결정하기	3단계: 학습 경험과 수업 계획하기
	A ▸ 영속적인 이해 B ▸ 본질적 질문 C ▸ 지식과 기능	D ▸ 수행 과제 ● 수행 과제 청사진(D) E ▸ 퀴즈, 테스트, 단서 F ▸ 자발적인 증거 G ▸ 자기평가 ● 다른 증거들을 위한 설계(E, F, G)	H ▸ 학습 경험과 교수의 계열

수신호

학생들에게 구체적인 개념, 원리 혹은 과정에 관한 그들의 이해를 가리키기 위해 의미 있는 수신호를 나타내도록 요구하라.

- 나는 ____________을 이해하고 그것을 설명할 수 있다(엄지손가락 올리기 등).
- 나는 아직 ____________을 이해하지 못한다(엄지손가락 내리기 등).
- 나는 ____________에 대해서 완전하게 확신하지 않는다(손 젓기 등).

색인카드 요약과 질문

정기적으로 색인카드를 나누어 주고 학생들에게 카드의 양면을 사용하여 다음 진술을 완성하도록 요구하라.

(1면) ____________(단원 토픽)에 관한 연구에 근거를 두고, 당신이 이해하고 있는 주요 아이디어를 나열하라. 그리고 요약 진술로 그것을 적어라.

(2면) 당신이 아직 완전히 이해하지 못하고, 그것을 진술이나 질문으로 말하지 못하는 ____________(단원 토픽)에 관한 것을 확인하라.

질문 상자 혹은 게시판

학생들이 그들이 이해하지 못하는 개념, 원리, 과정에 관한 질문을 남기거나 붙이는 장소(질문 상자, 게시판, 혹은 e-mail 주소 등)를 설정하라. 이 기술은 그들이 이해하지 못하는 것을 공개적으로 인정하는 것이 불편한 학생들에게 이익이 될 수 있다.

유추 단서

정기적으로 학생들에게 유추 단서를 제공하라.

____________(의미 있는 개념 원리 혹은 과정)은 ____________ 때문에 ____________와 같다.

시각 표현

토픽이나 과정의 구성 요소를 보여 주기 위해서 학생들에게 웹이나 개념 지도, 순서도, 스케줄과 같은 시각 표현을 만들 것을 요구하라. 이런 기술은 효과적으로 학생들이 요소 사이의 관계를 이해하건 그렇지 않건 간에 드러난다.

오개념 점검

학생들에게 의미 있는 개념, 원리 혹은 과정에 대해 흔하거나 예측할 수 있는 오개념을 제공하라. 그들에게 그들이 동의하는지 안 하는지, 그리고 그 이유를 물어라. 개념 점검은 선다형이나 진실-거짓 퀴즈로 나타날 수 있다. 선다형 검사에서 '정답 이외의 선택지'는 학생들에게 그럴듯해 보이지만 적절하지 못한 답에 반응하는지를 알아보기 위해 설계된다는 것을 명심하라.

워크시트 14-1

단계 3

오해 그리고 오개념	백워드 설계 과정		
	1단계: 바라는 결과 확인하기	2단계: 수용 가능한 증거 결정하기	3단계: 학습 경험과 수업 계획하기
	A ▸ 영속적인 이해 B ▸ 본질적 질문 C ▸ 지식과 기능	D ▸ 수행 과제 ● 수행 과제 청사진(D) E ▸ 퀴즈, 테스트, 단서 F ▸ 자발적인 증거 G ▸ 자기평가 ● 다른 증거들을 위한 설계(E, F, G)	H ▸ 학습 경험과 교수의 계열

인지와 학습에 대한 연구는 학생들이 때때로 학교에서 학습한 것을 오해하고 있다는 것을 보여 준다. 어떤 경우 그들은 탐색해서 수정하는 게 어렵다는 오개념을 가지고 학교에서 돌아온다. 이들 오해는 사실상 학생들이 이해하지 못한 것을 이해하고 있다는 생각으로 교사들을 잘못 인도한다. 이러한 사실은 검사 결과로 감춰져 있을지도 모른다.

1. 학생들을 혼동시키는 대표적인 아이디어는 무엇인가? 학생들이 자주 오해하는 것은 무엇인가? 한두 가지 예를 들어 보라.

•

•

2. 학생들이 학교로 가져와서 해결하기 어려운 오개념의 예를 들어 보라.

•

•

3. 앞에서 확인된 예들을 생각해 보라. 일반적으로 아이디어를 쉽게 오해할 것 같이 만드는 것은 무엇인가? 예를 들어, 반직관적인(적은 수를 나누어서 더 큰 수를 만들기 등) 아이디어는 오해하기 쉽다. 쉽게 오해하는 아이디어의 다른 특성을 나열하라.

•

•

•

•

워크시트 14-2

오해를 예상하기

단계 3

백워드 설계 과정

1단계: 바라는 결과 확인하기	2단계: 수용 가능한 증거 결정하기	3단계: 학습 경험과 수업 계획하기
A ▸ 영속적인 이해 B ▸ 본질적 질문 C ▸ 지식과 기능	D ▸ 수행 과제 ● 수행 과제 청사진(D) E ▸ 퀴즈, 테스트, 단서 F ▸ 자발적인 증거 G ▸ 자기평가 ● 다른 증거들을 위한 설계(E, F, G)	H ▸ 학습 경험과 교수의 계열

목표로 설정된 이해	있음직한 가능한 오해
남북전쟁은 주로 지역 경제의 차이와 관련된 주권 문제로 일어났다.	남북전쟁은 노예의 부도덕성으로 일어났고, '좋은 사람'이 승리했다.
우정은 행복할 때보다 서로 경쟁할 때 더욱 드러난다.	당신이 늘상 같이 다니는 사람은 당신 친구다. 한 번 친구는 영원한 친구다.
중력은 단지 공을 던졌을 때, 그 공에 작용하는 유일하고 중요한 힘이다.	투수가 공을 던졌을 때, 공이 포수를 향해 갈 때 그 공에 작용하는 두 가지 힘이 있다.
같은 자료가 다른 방법으로 표현될 수 있다. 자료의 표현은 자료의 해석에 영향을 미칠 수 있다.	수는 결코 사라지지 않는다. 통계적 증거를 포함하는 진술은 진실임에 틀림없다.

지침으로 앞의 예를 활용하여 당신의 단원이나 코스에 관한 가능한 오해를 확인하고 다음 표를 완성하라.

목표로 설정된 이해	있음직한 가능한 오해

워크시트 14-3

오해를 밝히기	백워드 설계 과정		
	1단계: 바라는 결과 확인하기	2단계: 수용 가능한 증거 결정하기	3단계: 학습 경험과 수업 계획하기
	A ▸ 영속적인 이해 B ▸ 본질적 질문 C ▸ 지식과 기능	D ▸ 수행 과제 ● 수행 과제 청사진(D) E ▸ 퀴즈, 테스트, 단서 F ▸ 자발적인 증거 G ▸ 자기평가 ● 다른 증거들을 위한 설계(E, F, G)	H ▸ 학습 경험과 교수의 계열

단계 3

다음 질문에 대답할 때, 단원의 주요 아이디어를 고려하라.

1. 오해가 일어날 수 있는 가능성이 있을 경우, 당신은 단원의 시작 전에 미리 형성된 오개념을 어떻게 진단할 것인가?

-
-
-
-
-

2. 당신은 단원에서 오해를 어떻게 점검할 것인가?

-
-
-
-
-

MODULE 15 WHERE

이야기 말하기가 줄거리, 인물 그리고 이야기를 효과적으로 만들어 주는
배경 요소를 필요로 하는 것처럼
교육과정 설계도 학생의 이해를 매력적이고 효과적으로
만들어 주는 요소를 필요로 한다.

모듈 이용하기

워크시트 3-6

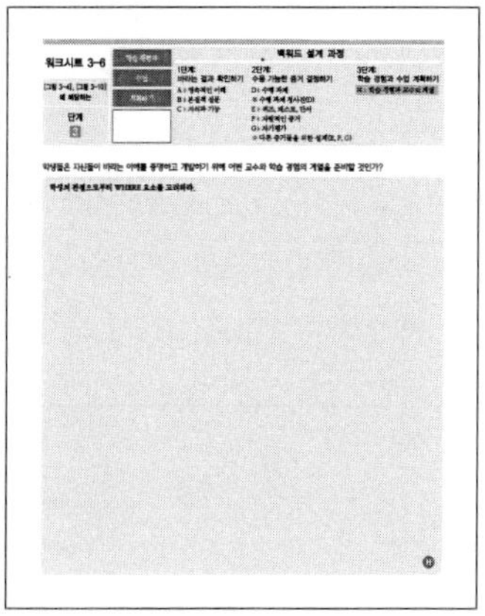

분명하게 상세화된 이해 목표와 타당하고 매력적인 평가가 효과적이고 매력적인 학습 단원을 보증하지는 않는다. 목표와 평가에 대한 지식은 수업에서 해야 하는 것과 최대 효과를 위해 단원을 최상으로 계열화하는 방법을 명시하지 않는다. 교사들은 언제, 어떻게 명세화된 구체적인 자료를 제출해야 하는가? 어떤 방법으로? 어떤 상이한 종류의 단시수업이 수행을 가장 착실하게 성공하도록 만들기 위해 이루어질 필요가 있는가? 우리는 교사들의 노력에 초점을 맞추기 위해서 교사들을 어디로 안내할 것인지에 대해 두문자어 WHERE을 사용한다.

- Where: 작업이 어디로 향하고 있는지 매일 매일의 작업의 목적이 있는 곳
- Hook: 학생들을 핵심 아이디어를 보다 능동적으로 탐색하도록 만드는 작업에 적극적으로 참여하게끔 잡아 두어라.
- Explore: 심도 있게 교과를 연구하고, 최종 과업을 성공적으로 수행하도록 요구된 지식과 기능으로 학생들을 준비시키며, 핵심 아이디어를 경험하도록 도와라.
- Rethink: 학생들에게 주요 아이디어를 다시 생각하게 하라. 학생들은 그들의 작업을 개정하고

반복 숙달 시연한다.

- Evaluate: 결과를 평가하고, 결과에 대한 자기평가를 통해 실천 계획을 개발하라.

이들 요소는 각각의 단원에서는 필요하지 않을지 모르지만, 설계 지침과 자기평가준거로서 교사들에게 학생들을 수행자로 간주할 수 있도록 주의시킨다. 그러한 지침들은 교사들을 단지 그들이 하고 싶어 하고 성취할 필요가 있는 것에 대한 생각으로부터 학생들(교사들이 설계한 것에 대한 최종 이용자)이 이해를 성취하기 위해 필요로 하는 것이 무엇인지에 대한 생각으로 옮겨 주는 역할을 한다.

만약 우리가 소프트웨어 설계자라면 우리가 진술하였던 모든 코드와 우리가 적용해 온 모든 기능은 진정으로 사용자들에게 호의적이고 우아하며 강력한 것이 될 것이라고 확신할 필요가 있다. 어떤 의미에서 교사로서 우리는 지적 소프트웨어 설계자임을 깨닫게 된다. 학생들은 중요한 학습 과제를 성취하기 위해 우리의 설계 방식을 사용할 것이다.

계획 틀(〈워크시트 15-1〉)은 그들의 단원 계획 내의 WHERE 요소를 신중히 포함해서 설계자들을 자극하기 위해 일련의 질문을 제공한다. [그림 15-1]은 그것을 영양 단원에 적용한 실례를 설명한다.

오개념 주의하기!

우리는 여기서, 이해의 측면과 마찬가지로 WHERE가 설계를 위한 연대기 혹은 단계적 방법보다는 오히려 설계를 위한 준거로 기능할 것을 강조한다. Bloom(1956)의 분류학이 인지적 곤란도에 따른 평가 문항과 과제를 판단하는 방식을 나타내고, 교수를 위해 엄격히 규정한 계열이 아니라는 점을 회상해 보라. 이와 유사하게 WHERE는 수업과 단원을 구성하기 위한 방법보다는 그것들을 테스팅하는 방법을 나타낸다.

이야기꾼이 대화의 단편, 인물 그리고 대본을 통한 각색(혹은 반대로)으로써 시작하는 것과 마찬가지로, 설계 활동 역시 많은 상이한 경로와 계열을 따르면서 시간이 경과하면서 설계의 모습이 나타날 수 있다. 예를 들어, 교사는 작성된 초안처럼 최종 과제를 예비적 형태로 보여 줌으로써 단원을 소개할 수도 있다.

Bob James의 반성

그 단원을 완성하였다고 생각한 바로 그때, 나는 영양 단원에 대한 내 생각이 WHERE에 따라 확대되었다는 것을 알았다. 여기에 현재의 내 생각이 담겨 있다.

W–백워드 설계 과정은 내가 이 단원에서 가지고 있는 것을 분명하게 하도록 나에게 실질적인 도움을 준다. 학생들이 어디를 향해야 하는지, 왜 향해야 하는지에 대해 알도록 내가 어떻게 도울 수 있는가에 관해서 지금 생각할 필요가 있다. 필수적인 출발점 질문이 방향을 제시하는 것을 도울 것이라고 생각한다. 특히 교실의 칠판에 이러한 질문을 붙일 계획을 가지고 있다. 그러나 아마도 평가 과제, 프로젝트, 단원 초에 제시된 나의 평가 준거와 루브릭을 소개함으로써 목표를 보다 더 분명하게 만들 수 있다. 마음속에 이러한 수행 목표를 가지면서 학생들은 자신들이 배우게 될 음식군, 음식 피라미드, 음식에 표시된 영양 정보를 읽는 방법과 같은 특별한 것들을 위해 이 목적을 보다 분명하게 이해하기를 희망한다.

H–나는 흥미를 유발하기 위한 제안, 즉 주제에 대해서 학생들의 흥미를 사로잡기 위한 어떤 것을 제안하기를 좋아한다. 우리의 사회과 교재는 탐구자들이 활동을 잘할 수 있는 부분을 가지고 있다. 아이들은 16세기와 17세기의 원양항해 선원 이야기 같은 것과 미스터리한 것을 좋아한다. 그들은 여러 달의 항해 동안에 괴혈병이라고 부르는 미스터리한 질병을 만났지만, 그들이 육지에 도착했을 때 상황은 드라마틱하게 호전되었다. 아이들은 비타민 C의 결핍으로 질병이 발생한다는 것과 신선한 과일과 채소를 섭취하는 것이 '약' 이라는 것을 배웠을 때, 우리는 건강에서의 영양소의 역할을 검토해 보라고 할 것이다.

E–나의 새로운 수업이 수행 과제와 프로젝트를 위해서 학생들을 준비시킬 것이라고 생각한다. 그리고 수집할 필요가 있는 평가 준거와 바람직한 이해를 통해서 내가 생각해 온 것들에 더욱더 초점을 두고 가르쳐야 한다고 생각한다.

R–단원 설계의 다시 생각하기 부분은 아마도 가장 큰 노력을 필요로 할 것이다. 쓰기 과정의 일부분으로써 우리가 개정할 때보다, 나는 좀처럼 학생들이 우리가 토의한 아이디어를 형식적으로 재고하기를 요구하지 않았다. 그러나 나는 그것이 얼마나 중요한지를 깨닫기 시작했다. 두 가지 매우 흥미로운 질문은 다른 교사들과 함께 있었던 점심시간에 일어났다. 만약 아이들이 원하는 것을 먹도록 허락했다면 아이들은 균형 잡힌 식단을 먹을 수 있을까? 동물들은 영양적 요구를 위해 제공되는 음식을 먹을까? 하나 혹은 두 가지 질문은 영양적 식사에 관해서 학생들의 생각을 재정의하기 위해서 학생들이 도전할 수 있는 단원으로 가는 훌륭한 중간 단계다. 이러한 질문은 또 다른 본질적 질문을 제시한다. 어머니의 본성은 생물체가 영양적 식사를 할 수 있도록 인도하는가? 이러한 호기심을 유발하는 것은 토의와 재고를 자극하고 더 나은 조사를 위해서 흥미로운 질문을 유발한다.

E–수행 과제와 궁극의 캠프 메뉴 프로젝트는 학생들이 건강한 식사라고 이해하고 있는 것을 나에게 보여 주기 위해 여러 기회를 그들에게 제시할 것이다. 평가하기 전에 나는 학생들이 피드백을 받아들이도록 하기 위해서 협동학습 집단으로 캠프 메뉴에 대한 동료평가를 수업에 포함시킬 것이다. 그리고 최종 메뉴가 결정되기 전에 메뉴를 개정할 수 있는 시간을 학생들에게 허락할 것이다. 마지막으로 모든 학생이 두 가지 자기평가를 완수하도록 요구할 것이다. 한 가지는 그들 캠프 메뉴에 루브릭을 사용하는 것이고, 두 번째는 학생들이 이 단원을 학습하였기 때문에 개인적인 식습관이 변화했다는 반성에 관한 것이다. 이러한 활동은 이 단원의 결말을 효과적으로 이끌 것이다.

나는 WHERE가 확실히 영양 단원을 강화한다고 확신하고, 다른 단원을 계획할 때 그것을 사용할 것이다. 나는 학생들에게 좋은 결과가 있기를 갈망한다.

그림 15-1 〈워크시트 15-1〉에 해당하는 단계 3	WHERE를 사용하는 단원 설계 고려사항 영양 단원	백워드 설계 과정 1단계: 바라는 결과 확인하기 A ▸ 영속적인 이해 B ▸ 본질적 질문 C ▸ 지식과 기능	 2단계: 수용 가능한 증거 결정하기 D ▸ 수행 과제 ● 수행 과제 청사진(D) E ▸ 퀴즈, 테스트, 단서 F ▸ 자발적인 증거 G ▸ 자기평가 ● 다른 증거들을 위한 설계(E, F, G)	 3단계: 학습 경험과 수업 계획하기 H ▸ 학습 경험과 교수의 계열

	교사를 위한 질문	교사로부터의 반응
W	당신은 학생들이 어디로 향해야 할지, 그리고 그 이유(주요 과제, 수행 과제 그리고 그 작업이 판단될 준거 등)를 알도록 어떻게 도울 것인가?	• 본질적 질문을 게시판에 붙여라. • 캠프 메뉴 수행 과제를 위한 표제를 검토하고 이전 해의 간단한 메뉴를 평가하라. • 수행 요구, 마감 기한 날짜, 체크리스트, 루브릭 그리고 참고자료를 열거하는 유인물을 인쇄하라.
H	당신은 주요 아이디어, 본질적인 질문, 수행 과제를 가리키는 매력적이고 사고를 자극하는 경험들(이슈, 괴상함, 문제, 도전 등)을 어떻게 이용하여 학생들을 사로잡을 것인가?	• 단원을 문제중심학습 미스터리(신선한 야채와 과일, 그리고 이러한 것들을 먹게 되었을 때 사라진 선원들의 질병 등)로 시작하라. • '음식이 건강에 좋으면 맛이 없다.' 는 학생들의 편견에 도전하라.
E	학생들이 아이디어와 이슈를 실질적으로 만들기 위해 경험할 수 있는 실제 혹은 가상된 사건은 무엇인가? 주요 아이디어와 본질적 질문을 탐구하도록 학생들을 도울 학습활동은 무엇인가? 학생들의 최종 수행을 잘 준비시키기 위해 필요한 수업은 무엇인가?	• 각 아이디어를 다른 인종집단의 건전한 식사 습관을 조사하는 것으로 탐구하라. 영양 상의 충고를 위해 웹(Web)을 검색하라. 그리고 다이어트, 학교 결석과 학문적이고 체육 운동 수행 사이의 관련을 연구하라. • 학생들에게 인터넷 검색을 포함해서 쓰기, 구두 인터뷰, 연구를 조사하는 기능을 갖추게 하라.
R	당신은 학생들이 핵심 아이디어 속으로 더 깊게 파고들어가기 위해 반성하고 재사고하도록 어떻게 유도할 것인가? 당신은 피드백과 자기평가에 근거하여 학생들의 작업을 시연하고, 개정하고, 정련시키는데 학생들을 어떻게 안내할 것인가?	학생들에게 집단으로 연구하도록 다음의 사항을 물어보라. • 영양 균형을 위한 다양한 식단을 평가하라(가상 평균 식단과 예시 식단). • 자신과 가족들의 식사와 요리 습관에 반영하라. • 좋은 영양 요소에 관한 증가된 이해에 비추어(만약 필요하다면) 가족 식단에 변화를 제안하라.
E	학생들은 자신의 최종 수행과 결과물에 대해 어떻게 자신의 이해를 나타낼 것인가? 당신은 학생들의 작업에서 장점과 단점을 확인하고 미래의 목표 설정을 하는 자기평가에서 그들을 어떻게 안내할 것인가?	• 학생들은 핵심 수행 과제에 자신들의 작업을 스스로 평가한다(설명된 영양 브로셔와 캠프 메뉴). • 학생들은 건강한 식사를 증진시키기 위해 자신과 가족을 위한 영양 실천 계획을 만들어 낸다.

워크시트 15-1

[그림 15-1]에 해당하는

단계 3

WHERE를 사용하는 단원 설계 고려사항	백워드 설계 과정		
	1단계: 바라는 결과 확인하기	2단계: 수용 가능한 증거 결정하기	3단계: 학습 경험과 수업 계획하기
	A ▶ 영속적인 이해 B ▶ 본질적 질문 C ▶ 지식과 기능	D ▶ 수행 과제 ● 수행 과제 청사진(D) E ▶ 퀴즈, 테스트, 단서 F ▶ 자발적인 증거 G ▶ 자기평가 ● 다른 증거들을 위한 설계(E, F, G)	H ▶ 학습 경험과 교수의 계열

	교사를 위한 질문	교사로부터의 반응
W	당신은 학생들이 어디로 향해야 할지 그리고 그 이유(주요 과제, 수행 과제 그리고 그 작업이 판단될 준거 등)를 알도록 어떻게 도울 것인가?	• • • • •
H	당신은 주요 아이디어, 본질적인 질문, 수행 과제를 가리키는 매력적이고 사고를 자극하는 경험들(이슈, 괴상함, 문제, 도전 등)을 어떻게 이용하여 학생들을 사로잡을 것인가?	• • • • •
E	학생들이 아이디어와 이슈를 실질적으로 만들기 위해 경험할 수 있는 실제 혹은 가상된 사건은 무엇인가? 주요 아이디어와 본질적 질문을 탐구하도록 학생들을 도울 학습활동은 무엇인가? 학생들의 최종 수행을 잘 준비시키기 위해 필요한 수업은 무엇인가?	• • • • • •
R	당신은 학생들이 핵심 아이디어 속으로 더 깊게 파고들어가기 위해 반성하고 재사고하도록 어떻게 유도할 것인가? 당신은 피드백과 자기평가에 근거하여 학생들의 작업을 시연하고, 개정하고, 정련시키는데 학생들을 어떻게 안내할 것인가?	• • • • • •
E	학생들은 자신의 최종 수행과 결과물에 대해 어떻게 자신의 이해를 나타낼 것인가? 당신은 학생들의 작업에서 장점과 단점을 확인하고 미래의 목표를 설정하는 자기평가에서 그들을 어떻게 안내할 것인가?	• • • • •

MODULE 16 교수 안내 질문

반성을 길러 주는 일은 교육과정을 고안하는 데 우리가 직면하는 큰 숙제 중의 하나다.
즉, 아이들이 어떤 것을 되돌아 보게 하는 힘과 즐거움을 발견하도록 이끄는 방법.
그 [하나의 답]은 조직하는 [질문]을 사용하는 것이다.
그것들은 두 가지 기능을 수행하는데,
그중 하나는 관점을 특수한 사례로 되돌리는, 중요하지만 매우 분명한 질문이다.
두 번째는 덜 분명하며 상당히 놀라운 것이다.
질문들은 종종 학생들이 어디로 가고 있는지, 그들이 얼마만큼 잘 이해하고 있는지,
어떤 일이 일어나고 있는지의 여부를 결정하기 위한 준거로서 기능한다.
-Bruner, 1973, pp. 449-450

모듈 이용하기

모듈 6에서 우리는 단원 설정과 교수-학습의 초점에서 본질적 질문(중요하고 화젯거리가 되는)의 역할을 의논하였다. 우리는 이해를 가르치는 데 유용한 두 가지 다른 형태의 질문을 고려하고 있다.

워크시트 3-6

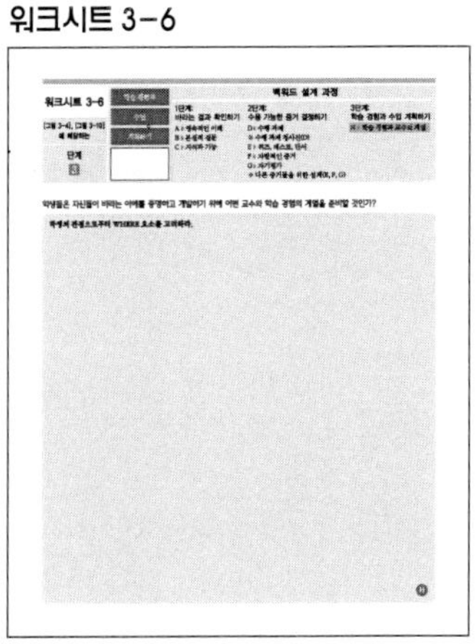

투입(출발) 질문

중요한 탐구라인을 제안해 주는 그것들의 자극적인 선동성과 능력에도 불구하고 본질적 질문은 항상 토픽으로 향하는 가장 유용한 입구로 기능하는 것은 아니다. 한 가지 질문은 단순히 너무 포괄적이고 난해하며 추상적이거나 학생들(생물학 운명인가 등)에게는 어려운 것으로 판명될지도 모른다. 그래서 각 단원을 형성하는 보다 구체적인 제한적 질문과 포괄적 질문은 가끔 교사들이 수업을 안내하고 학습에 초점을 맞추기 위하여 의존하는 것들이다.

그러나 제한적인 본질적 질문조차도 처음에는 학생들의 경험이나 관심과 관련되지 않을 수도 있다. 학생들은 그들이 학습하기로 기대되어 있는 사실들과 기술들이 하나의 본질적 질문에 어떻게 관

련되어 있는지 이해하는 데 어려운 시간을 보낼지도 모른다. 우리는 주요 아이디어 질문과 이슈를 그들에게 어떻게 소개할 것인가? 우리는 질문을 탐구와 수행이 구축될 수 있는 접근 가능하고 유용한 기초로 어떻게 만드는가? 단원을 도발적이고 구체적인 출발점 질문(그리고 그러한 질문을 만드는 활동들)으로 시작함으로써 우리는 더 많은 아이디어와 질문을 향하게 된다.

같은 또래의 학생들은 구체적이고 의미 있는 경험, 문제, 적용, 중요한 질문을 일으킬 수 있는 관점의 전환을 필요로 한다. 재산권에 관한 관념적인 논의는 학생들에게 '줍는 사람이 임자다.' 라는 격언이 도덕적 원리로 들리는지를 물음으로써, 그리고 아이디어를 중심으로 역할극을 준비함으로써 더욱 빨리 이해하기 쉽고 흥미를 자아내는 것이 된다. 연습을 논의하면서 당연히 재산권에 대한 더 많은 질문이 생겨난다. 유사하게도 한 가지는 롤러코스터가 어떻게 움직이는가를 질문함으로써 단원을 중력으로 시작했었다.

학생들은 실제 활동이 즐거운 경험이나 소풍을 포함하는 것이 아니라 중요한 질문이나 아이디어를 만들도록 설계되었다는 것을 알아야만 한다. 활동의 행위들은 늘 종결되지만, 지적 이슈들은 생겨나지 않는다. 교사들이 예비 질문과 활동 설계 작업을 잘한다면, 학생들은 더욱 중요하고 본질적 질문을 자발적으로 하게 되거나 더욱 빨리 중요성을 알게 된다. 사실 그러한 학생 질문들은 활동들이 성공하였고, 설계의 처음 부분이 이해와 관심을 개발할 수 있는 점에서 효과적인 핵심 척도가 된다.*

영양 단원에 대한 가능한 출발 질문의 예는 [그림 16-1]에 나타나 있다. 〈워크시트 16-1〉을 따르는 것은 단원에 가능한 출발 질문을 만드는 데 사용할 수 있다.

지속적인 질문하기와 탐색하기

이해를 위한 교수는 매일 학생들을 그들의 이해를 깊이 있게 도와주는 수단으로써 주요 아이디어에 대해 생각(재사고)하도록 자극하기 위해 질문을 전략적으로 사용한다. 여섯 가지 측면은 이들 지속적인 질문을 생성하는 중요한 틀을 제공한다. [그림 16-2]는 측면에 근거한 일련의 질문 출발자를 의미한다. 이러한 질문은 효과적으로 탐구조사를 통해 따르게 된다. 다음은 그 예들이다.

- 왜?
- 당신은 어떻게 아는가?
- 당신은 동의하는가?

---

* 일부 교육자들은 그런 출발 질문을 기술하기 위해 '비계' 혹은 '지침'이라는 용어를 사용하지만, 우리는 의미에서 미묘한 차이점이 있다고 생각한다. 확실히 출발 질문은 단원 과업의 발판으로 삼을 의도이고, 더욱 이해하기 쉬운 핵심 아이디어를 만든다. 그러나 발판의 질문들은 학생들의 이해, 지식 그리고 기능의 차이를 연결하도록 하는 데 사용된다. 다시 말하면 발판의 질문들은 토픽 내의 출발일 뿐만 아니라 학생들이 충분히 핵심 내용을 이해하지 못할 때 피드백과 안내 교사의 역할을 한다.

- 설명하라.
- 무슨 뜻인가?
- 예를 들 수 있는가?
- 좀 더 말해 보라.
- 이유를 말하라.
- ____________은 어떤가?
- 이 책에서 찾을 수 있는가?
- 당신의 입장을 지지하는 자료는 무엇인가?

사고를 유발하기 위한 가치 이외에 지속적인 질문은 또 하나의 목적—가능한 오해나 오개념을 찾아내기 위해—을 가진다. 단원 전체를 통해서 학생 아이디어, 이론, 해결 그리고 설명들을 이끌어 냄으로써 교사들은 더욱 쉽게 학생 이해나 오개념의 정도를 결정할 수 있고, 필요할 때 이를 조절할 수 있다.

오개념 주의 하기!

- 질문의 목적에 대한 오개념에서 기인하는 것으로써 질문하기에서의 흔한 교사의 실수는 단지 학생들이 명확하게 답할 수 있는 질문만이 수업 사용에 적절하다고 가정하는 것이다. 본질적 질문의 전체적인 관점은 단지 상황, 이슈 혹은 여러 사실을 바라보는 데에는 한 가지 답이나 방법밖에 없다고 생각하는 것에 도전하는 것이다. 또한 교사들은 그들이 분명하고 철저한 대답—질문이 생산적 사고와 학습의 깊이를 자극하는 한—을 가지지 못한 데 대한 질문을 피해서는 안 된다.
- 다른 한편으로 본질적 질문을 할 때 흔한 실수는 모든 답이 동등하게 타당하다는 견해를 전하는 실수를 범하는 것이다. 옛 격언은 여전히 쓰임새가 있다. 명확하게 옳은 답은 존재하지 않지만, 일부 어떤 답은 다른 것보다 논쟁, 증거 그리고 예측 가능성에서 보다 훌륭하다.

Bob James의 반성

내가 가르치기 시작했을 때 학생들에게 '너는 다른 ______의 예를 들 수 있는가? _____와 _____은 어떤 관계가 있는가? _____만약 ~라면 무엇이 일어났는가? 너는 _____에 동의하는가? 그리고 왜 그런가?' 와 같은 예리한 질문을 함으로써 그들의 사고를 확장시키기 위해 노력하였다. 이런 지속적인 질문을 하는 것이 참 좋다고 생각하지만 나는 결코 여기서 제안한 방법의 출발 질문을 사용하지는 않았다.

영양 단원에 관한 본질적 질문으로써 '건전한 식사는 무엇인가?' 라는 질문은 학생들을 사로잡지는 않는다. 아마도 더욱 자극적인 출발 질문은 '당신의 건강에 좋은 음식이 맛도 좋을 수 있는가?' 하는 것일 것이다. 나는 이 시기의 아이들이 군것질 음식을 좋아하고 많은 아이가 건강에 좋은 음식은 맛이 없다고 생각하기 때문에 이러한 질문이 효과가 있을 것이라고 생각한다. 나는 아이들에게 그들이 학습하게 될 것이라는 점에서 조언을 하려고 하였기 때문에 그들에게 식사와 건강에 관한 재미있는 질문을 할 것이다. 그들의 생각은 내가 앞으로 사용할 수 있는 다른 출발 질문을 이끌 수 있었다.

그림 16-1

〈워크시트 16-1〉에 해당하는

단계 3

출발 질문 생성하기	백워드 설계 과정		
	1단계: 바라는 결과 확인하기	2단계: 수용 가능한 증거 결정하기	3단계: 학습 경험과 수업 계획하기
영양 단원	A ▸ 영속적인 이해 B ▸ 본질적 질문 C ▸ 지식과 기능	D ▸ 수행 과제 ● 수행 과제 청사진(D) E ▸ 퀴즈, 테스트, 단서 F ▸ 자발적인 증거 G ▸ 자기평가 ● 다른 증거들을 위한 설계(E, F, G)	H ▸ 학습 경험과 교수의 계열

자극적인 질문들이 그 주요 토픽을 도입한다면 단원은 종종 보다 매력적으로 만들 수 있다. 학생들을 잡아 두고 유인하기 위해서 가능한 출발 질문을 일으키도록 다음 단서를 사용하라.

단원에서 다루어야 할 이해와 본질적 질문

- 균형 잡힌 식단은 신체와 정신 건강에 좋다.
  - 건전한 식사는 어떤 것인가?
- USDA 음식 피라미드의 장점은 건전한 식사를 위한 관련 있는 지침을 제공한다.
  - 한 사람을 위한 건전한 식단은 또 다른 사람에게 불건전할 수 있는가?

단원에 관한 출발 질문과 문제를 만들기 위해 다음을 고려하라.

- 기묘한 사실들, 모순된 사건들 그리고 이례적인 것들
- 학생들이 관계할 수 있고 본질적 질문을 일으킬 수 있는 이슈와 문제들
- 격언들, 금언들, 서민의 지혜
- 당신이 이 내용을 가르쳤거나 배웠을 때 생겨난 재미난 질문들

?

당신은 '당신은 당신이 먹는 바 대로다.'라는 말에 동의하는가?

당신이 정말 군것질 음식을 먹었다면 무슨 일이 벌어질 것인가?

당신의 건강에 좋은 음식들은 맛이 별로여야만 하는가?

매일 사과 하나를 먹는 것이 의사의 진찰을 필요로 하지 않을 만큼 건강하게 되는 것일까?

그림 16-2

이해를 / 위한 / 질문하기

단계 3

백워드 설계 과정

1단계: 바라는 결과 확인하기	2단계: 수용 가능한 증거 결정하기	3단계: 학습 경험과 수업 계획하기
A ▸ 영속적인 이해	D ▸ 수행 과제	H ▸ 학습 경험과 교수의 계열
B ▸ 본질적 질문	● 수행 과제 청사진(D)	
C ▸ 지식과 기능	E ▸ 퀴즈, 테스트, 단서	
	F ▸ 자발적인 증거	
	G ▸ 자기평가	
	● 다른 증거들을 위한 설계(E, F, G)	

설명

______에서 핵심 아이디어는 무엇인가?
______의 예는 무엇인가?
______의 특성/일부는 무엇인가?
이것은 어떤가? 왜 그러한가?
______의 원인은 무엇인가? ______의 결과는 무엇인가?
우리는 ______을 어떻게 증명/확신/정당화하는가?
______와 ______은 어떻게 연관되는가?
______면 무슨 일이 일어나는가?
______에 대한 흔한 오개념은 무엇인가?

해석

______의 의미는 무엇인가?
______의 암시는 무엇인가?
______에 대해 드러나는 것은 무엇인가?
______와 같은 것은 ______인가? (비유/은유)
______은 나/우리와 어떤 관계인가?
무엇인가? 왜 문제인가?

적용

우리는 이런 ________(지식/과정) 것을 언제 어떻게 사용할 수 있는가?
더 넓은 세상에서 ________은 어떻게 쓰이는가?
________은 ________을 위해 우리가 어떻게 도울 수 있는가?
우리는 ________을 극복하기 위해 ________을 어떻게 사용할 수 있는가?

관점

______에 대한 다른 관점은 무엇인가?
______의 관점에서 어떻게 보는가?
______와는 어떻게 유사/다른가?
______에 다른 가능한 반응은 무엇인가?
______의 장점과 단점은 무엇인가?
______의 한계는 무엇인가?
______을 위한 증거는 무엇인가?
믿을 수 있는 증거인가? 충분한가?

공감

______의 입장으로 이해하고 싶은가?
______은 ______에 대해 어떻게 느끼는가?
우리는 ______에 대한 이해에 어떻게 도달하는가?
우리가 느끼고/보도록 하려고 애쓰는 것은 무엇인가?

자기지식

나는 ______을 어떻게 아는가?
______에 관한 내 지식의 한계는 무엇인가?
______에 관한 나의 맹점은 무엇인가?
나는 ______을 어떻게 최고로 보여 줄 수 있는가?
______(경험, 습관, 선입견 혹은 스타일)으로 형성된 ______에 대한 나의 관점은 어떤가? ______에서 나의 장점과 단점은 무엇인가?

워크시트 16-1

[그림 16-1]에 해당하는

단계 3

출발

질문

생성하기

백워드 설계 과정

1단계: 바라는 결과 확인하기	2단계: 수용 가능한 증거 결정하기	3단계: 학습 경험과 수업 계획하기
A ▸ 영속적인 이해 B ▸ 본질적 질문 C ▸ 지식과 기능	D ▸ 수행 과제 ● 수행 과제 청사진(D) E ▸ 퀴즈, 테스트, 단서 F ▸ 자발적인 증거 G ▸ 자기평가 ● 다른 증거들을 위한 설계(E, F, G)	H ▸ 학습 경험과 교수의 계열

자극적인 질문들이 그 주요 토픽을 도입한다면 단원은 종종 보다 매력적으로 만들 수 있다. 학생들을 잡아 두고 유인하기 위해서 가능한 출발 질문을 일으키도록 다음 단서를 사용하라.

단원에서 다루어야 할 이해와 본질적 질문들

-
-
-
-

단원에 관한 출발 질문과 문제를 만들기 위해 다음을 고려하라.

- 기묘한 사실들, 모순된 사건들 그리고 이례적인 것들
- 학생들이 관계할 수 있고 본질적 질문을 일으킬 수 있는 이슈와 문제들
- 격언들, 금언들, 서민의 지혜
- 당신이 이 내용을 가르쳤거나 배웠을 때 생겨난 재미난 질문들

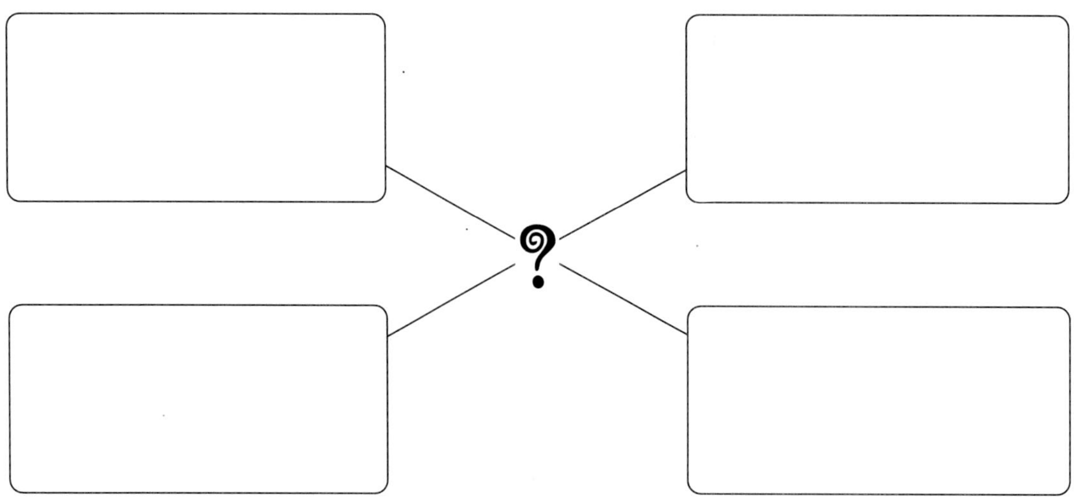

MODULE 17 교수접근법

가장 근본적으로 보면 이해를 위한 교수는 반어적으로 말해 덜 가르치는 것을 의미한다.
대부분 이해는 사려 깊고 신중한 것(thoughtfulness)에 관한 것인데,
이 사려 깊음이란 훈계가 아닌 설계에 의해 개발된 훈련된 것이라기보다 자각하고 깨닫는 것을 의미한다.
교사가 이해를 가르칠 때 학생들은 이해는 단순히 교사 설명을
기다리고 받아 적는 것이 아니라 자신이 어떤 것에 대해 사고하고 해결하는 것을
의미한다는 것을 알아야만 한다. 복잡한 아이디어를 이해하기 위해서
학습자—교사가 아닌—는 그것의 의미를 스스로 만들어야만 한다.

모듈 이용하기

워크시트 3-6

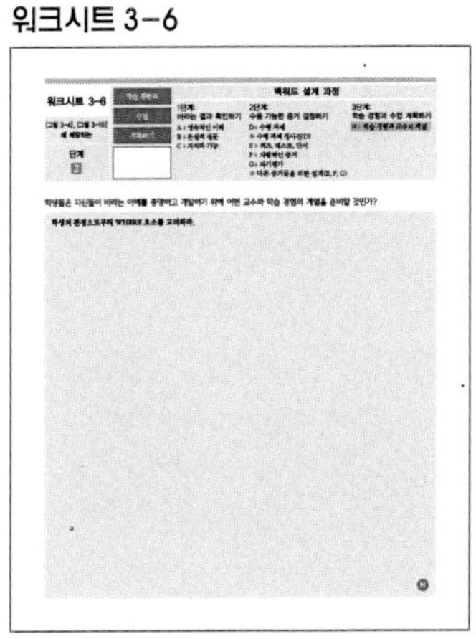

백워드 설계 접근법은 설계 과정의 마지막 단계까지 수업 계획—구체적인 단시 수업의 개발과 교수 전략의 선택—을 지연시킨다. 교사들이 목표로 삼은 이해를 구체화할 때까지 평가 과제, 그러한 과제를 숙달할 수 있는 필요한 지식과 기능, 이해 표현, 학습활동과 교수 전략의 논의는 시기상조다. 교수의 '진행(move)'은 설정된 목표와 목표가 요구하는 것에 따라 정해진다.

우리는 설계에서 함축된 수업상의 요구 조건을 고려함으로써 시작한다. 목표(평가 계획을 짤 때 체계화된 것처럼)와 교육과정 계획이 주어졌을 때 어떤 종류의 교수가 발생할 필요가 있는가? 첫째, 학생 이해의 목표가 부여된 모든 가능한 교수의 진행(추이)을 기록하자. 우리는 파이데이아 제안에서 Adler(1982)가 원래 제안한 세 가지 방대한 교수 형태의 범주 아래 그러한 움직임을 나열하는 것이 유용하다는 것을 알았다. [그림 17-1]에서 제시된 대로 교훈적인(직접적) 수업, 기능의 코칭, 용이성〔세 가지 교수 형태와 목표에 어울리는 최고의 교수에 관한 통찰을 위해 Adler(1984)를 참고하라〕이 그것이다.

어떤 한 가지 접근법도 이해를 가르치는 데 보다 낫거나 최상인 것은 없다. 특별한 수업 방법과 기술은 단원이나 과정에서 바라는 결과(이해의 증거)를 달성하기 위해 필요한 학습의 구체적인 형태에

기초하여 선택된다. 교사들은 일상적으로 세 가지 교수 형태를 사용해야 한다.

직접 교수법은 2류 교수 형태가 아니다. 그것은 능률적이고 효과적으로 기술과 지식을 개발하기 위해 필요한 것이다. 오로지 안내된 발견에만 전념하는 교육은 비능률적이고 비효과적일지도 모른다.

당신이 운전 중에 길을 잃고 가스충전소 직원에게 방향을 묻기 위해 차를 멈추었다고 가정해 보라. 당신은 Joe Socrates의 질문, 즉 '당신은 왜 다른 곳과 반대되는 곳으로 거기에 도달하려고 하는가? 당신이 운전하고 있다는 것은 무엇을 의미하는가? 당신이 길을 잃었다는 것에 대해 어떻게 생각하는가? 당신은 길을 잃지 않고 중요한 점을 찾았다는 것을 생각하였는가?'를 원하지 않는다. 당신은 Joe가 직접적으로 당신에게 메인 스트리트에 도달하는 방법을 가르쳐 주기를 원한다.

마찬가지로 당신이 초보 수준에서 컴퓨터 기능, 도서관 조사를 위한 절차 혹은 외국어를 배우고 있다면 아마도 단계적으로 안내된 수업 범위와 직접적인 기능 숙달 연습에 최선을 다 할 것이다. 그리고 점점 더 늘어나는 많은 법칙 중에서 학생들 자력으로 수행 법칙을 발견하도록 시도하는 것은 많은 시간과 노력을 허비하게 하는 것일 수 있다.

반대로 교훈적인 교수법을 지나치게 강조하는 것은 학생들이 자신이 배운 것을 이해하기 위해 해야 할 건설적 작업을 못하게 한다. 교사로서 직접 혹은 간접 교수 접근법에 대해 생각하거나 이 접근법에 굴복하기보다는 오히려 더욱 주의 깊게 전략과 선택의 이슈들을 생각할 필요가 있다. 우리는 알고 있는 것을 언제 가르쳐야 하고, 탐구와 건설적 이해를 일으키는 경험을 언제 구조화해야 하는가? 언제 피상적으로 혹은 심층적으로 가르쳐야 하는가? 이러한 것들은 교사들이 이해해야 하는 핵심 질문들이다.

우리는 직접 교수를 사용해야 하고, 단편적이고 문제가 되지 않는 지도에 초점을 두어야 하며, 지식과 기능을 사용해야 한다. 우리는 민감한 생각, 가장 오해하기 쉬운 생각, 그리고 개인 탐구, 검사, 입증을 필요로 하는 생각을 위해 심층적 교수-학습을 유지해야만 한다.

오개념 주의하기!

우리 모두는 "나는 그것을 가르쳤지만 그들은 배우지 않았다."라고 말하는 교사에 대해 농담을 하지만, 교실을 관찰해 보면 학생들이 우리가 가르친 것을 이해하지 못하였을 때, 그러한 생각을 하기 쉽다. 요령과 반복 암송을 통해 이해를 가르치는 것은 도움이 되지 않는다. 교사로서 우리가 우리의 장점과 편애에 맞추어 자연스럽게 놀지라도, 우리가 추구하는 이해의 서비스 속에서 새로운 교수 전략을 개발해야 한다. 즉, 의미 생성을 위한 많은 기회와 학생 반응에 대한 많은 평가가 요구된다. 아이러니한 것은 덜 가르치는 것이 우리의 과제와 평가가 잘 설계된다면—우리가 단지 그것을 넘겨 주려고 하기보다는 이해를 요구하고 일깨운다면—더 나은 학습을 낳을 수 있다는 것이다.

Bob James의 반성

세 가지 교수 형태의 관점에서 Bob James의 영양 단원을 생각해 보자.

- **교훈적인**–나는 학생의 독서와 이해에 대한 검토와 결합된 직접 교수법이 단백질, 지방, 탄수화물, 콜레스테롤, 음식 피라미드, 음식 소비와의 관계, 칼로리 주입, 그리고 에너지 소비에 대한 실제 지식을 가르치기 위한 효과적인 접근법이라고 생각한다.
- **코칭**–안내는 내가 피드백과 지침을 학생들이 자신의 과제와 프로젝트를 수행 과정에서 그들에게 제공할 때 역할을 하게 된다.
- **촉진적인**–단원은 본질적이고 기초적인 질문들(건강한 식단은 어떤 것인가 등)을 중심으로 안내된 질문과 토론을 위한 많은 기회를 제공한다. 학생들은 자신의 수행 과제를 행함에서 개별 연구와 집단 연구에 참여할 필요가 있다.

필수적인 지식과 기능을 개발하기 위해서 나는 직접 교수법, 귀납적(구성파) 방법, 그리고 협력집단을 포함해서 교수법의 통합하여 사용할 것이다.

그림 17-1

단계 3

교수 / 형태

백워드 설계 과정

1단계: 바라는 결과 확인하기	2단계: 수용 가능한 증거 결정하기	3단계: 학습 경험과 수업 계획하기
A ▸ 영속적인 이해 B ▸ 본질적 질문 C ▸ 지식과 기능	D ▸ 수행 과제 ● 수행 과제 청사진(D) E ▸ 퀴즈, 테스트, 단서 F ▸ 자발적인 증거 G ▸ 자기평가 ● 다른 증거들을 위한 설계(E, F, G)	H ▸ 학습 경험과 교수의 계열

교사가 사용하는 것	학생들이 필요로 하는 것
교훈적인 / 직접 교수법	**받다, 수용하다, 반응하다**
실연 / 모델링	관찰, 시도, 연습, 정련
강의	듣기, 보기, 적기, 질문
질문/수렴	대답, 반응하기
코칭	**기능을 정련하고 이해를 깊게 하기**
피드백 / 협의	듣기, 생각, 연습, 재시도, 정련
안내된 연습	개정, 반영, 정련, 순환
촉진적인 / 구성주의자 / 반성적인	**의미를 구성, 조사, 확장하기**
개념 획득	비교, 권유, 정의, 일반화
협동학습	협동, 타인 지지, 가르치기
논의	듣기, 질문, 생각, 설명
실험연구	가설, 자료 수집, 분석
그래픽 표현	시각화, 연결, 관계 짓기
안내된 탐구	질문, 연구, 결정, 지지
문제중심학습	문제 만들기 / 정의, 해결, 평가
질문(개방형)	대답과 설명, 반성, 재사고
상호간의 가르침	명료화, 질문, 예측, 가르치기
모의실험(실험 흉내 내기 등)	조사, 생각, 도전, 논쟁
소크라테스식 대화법	생각, 설명, 도전, 정당화
작문 과정	영감, 조직, 기초, 개정

출처: Wiggins & McTighe, 1998, p. 160.

MODULE 18 교육과정 설계를 위한 이야기 구조

모든 매력적인 이야기의 가장 기본적인 특징은
어떤 신비로운 요소와 딜레마가 있어야 한다는 점이다.
우리는 문제가 해결되고 이해되어야 하는 구체적인 세계로 빠져든다.
직접적인 사건의 계열을 나타내는 것 대신에
매력적인 이야기 작가들은 계획적으로 질문을 불러일으키고
그에 대한 답변을 지연시킨다.
—Wiggins & McTighe, 1998, p. 140

모듈 이용하기

워크시트 3-6

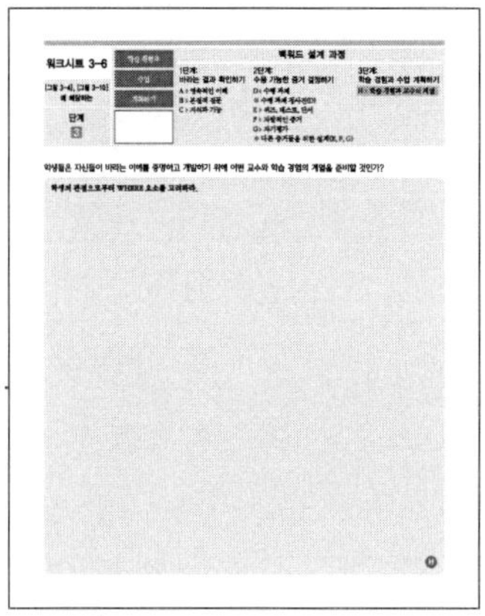

교육과정의 전형적인 조직—범위와 계열—은 내용 토픽을 통해 직선적인 접근 방식을 제공한다. 그것은 상세하고 인내심이 있는 설명(측면 1)의 논리다. 그러나 이해에 대한 우리의 이론은 적어도 두 가지 다른 종류의 논리가 학생들 작업을 보다 적절하게 조직한다는 것을 제안한다. 두 가지 논리는 내러티브 논리(측면 2)와 적용의 논리(측면 3)다.

두 가지 대안적 방법은 전통적인 교수의 방법이다. 그러나 그것들은 서로 다르게 토픽을 분석하고 설명한다. 이야기는 단계별 형태로 모든 사실과 생각을 늘어놓지 않는다. 그것들은 어떤 일의 가운데에서 시작하고, 종종 이야기가 진행될 때 사건과 인물을 다시 생각하게 한다. 표면상 비논리적이라 하더라도 이야기는 종종 전반적으로 교과서의 교훈적 목록에 제시된 내용보다는 보다 쉽게 이해하도록 해 주는 흐름, 드라마, 일관성을 가진다.

상식뿐만 아니라 측면 2(해석)는 이야기의 구조와 논리에 근거를 둔 교육과정이 설명의 논리를 유일하게 사용하는 것보다는 더 많이 매력적이고, 더욱 신중하게 다시 생각하기를 촉진시켜 주고(더 깊은 이해), 그리고 전반적으로 설계에서 보다 긴밀한 일관성을 위한 잠재 가능성을 제공한다. 당신의

교수 요목이 사고를 불러일으키고 질문을 해결하는 사이에서 앞뒤로 움직이도록 Stephen King 혹은 Steven Spielberg가 설계한 방법에 대해 생각해 보라. 어떤 과정은 이런 논리를 이행하기 위해 설계될 수 있다. 예를 들어, 우리는 화학 코스는 전적으로 토론 연습으로 가르칠 것으로 알고 있다. 보통의 화학 코스는 단서를 기획하는 교사와 상황을 해결하는 학생들과 함께 잘못된 일을 해결하도록 요구된다.

청중(대상)들에게 적용하기 위해서 이야기는 매력적이어야 하고 사용자에게 친숙한 것이어야 한다. 이야기는 일관성, 방향, 흐름을 필요로 하거나 혼란스럽고 매력적이지 못한 것으로 끝나고 마는 경우도 있다. 백워드 설계를 이야기로 생각해 봄으로써 교사들은 더욱 학교 수업의 지루함, 피상적 교수-학습의 임의성 혹은 우연성, 그리고 '나는 그것을 가르쳤지만 그들은 그것을 배우지 못했다.'는 증후군을 훨씬 잘 피할 수 있을 것 같다. 그 논리가 참여할 필요가 있는 수령인의 요구를 충족시키는 것으로 생각되기 때문에, 이해가 천천히 나타나도록 상이한 수준으로 유도하면, 교사들은 단시 수업과 그것의 관련성이 명확하거나 직선적이라는 생각을 덜하게 될 것이다. 이야기는 내러티브로 구조화될 때 더욱 기억이 잘되므로 더 쉽게 학습을 하게 된다(내러티브에 관한 더 많은 정보를 얻기 위해서 Schank, 1990; Bruner, 1990을 참고하라).

교육과정을 내러티브로 생각하는 것은 우리에게 문제중심학습(PBL)이 왜 매력적이고 효과적인 설계인지를 파악하는 데 도움을 준다. 심지어 화학과 미적분학과 같은 추상적인 학문에서조차 말이다. 실제 문제에서 몰입은 이야기의 전개와 관련된다. 참여하고 있는 학생들의 작업은 이야기를 결실의 기쁨이나 대단원으로 가져온다. 효과적으로 학생들은 이야기의 한 부분이 된다. 문제중심학습은 그 형태가 대상과 어울리기 때문에 심층적 교수-학습과 이해를 개발하기 위한 매개물로서 잘 작용한다. 우리는 가끔 이야기를 통해서 복잡한 문제를 이해하고, 우리가 유의미하지만 접근 가능한 이야기를 말하는 우리의 능력을 통해 우리가 이해한 것을 드러낸다.

그래서 지금까지 우리는 학생들의 관점에서 참여와 흐름을 고려하기 위해 하나의 이야기로서 단원에 대해 은유적으로 생각하는 가치를 제안하였다. 사실 일부 교사들은 실제로 단원 전개를 계획하기 위해 이야기 구조를 사용하는 것이 유익하다는 것을 알았다. 〈워크시트 18-1〉은 이러한 접근을 위한 틀을 제공한다. [그림 18-1]은 생태계 단원을 위해 '실천중인' 이야기 구조의 예다.

오개념 주의 하기!

모든 단원이 플롯, 인물, 서스펜스를 필요로 하는 것은 아니다. 교육과정은 은유적 의미를 제외하고 이야기가 아니다. 은유를 사용하는 데 있어 우리의 핵심은 설계자들에게 좋은 설계의 세 가지 요소를 생각해 보도록 격려하는 것이다.

- 작가 혹은 영화 제작자처럼 교육과정 설계자는 가능한 학생들을 흥미 있고 중요한 일에 몰두하게 하면서 참여시킬 필요가 있다. 설계자는 도전적인 생각, 복잡한 이슈, 도전적인 문제에 직면하기 전에 모든 사실을 가질 필요는 없다.
- 단원의 계열은 단순히 교과서의 논리가 아니라 학습의 논리를 반영해야 한다. 이해하게 된다는 것은 질문하기, 이론 구축, 시도하기, 점검하기, 그리고 다시 생각하는 것을 수반한다. 매력적인 미스테리를 선호하는 독자 혹은 관찰자를 고려하라. 무미건조한 단순한 참고 도서를 가지고 교수를 진행하는 것은 심층적 교수-학습을 위한 활동적 단서를 거의 일으키거나 지속하게 하지 않는다.
- 중요한 학습은 학생들이 중요한 것으로 파악해야 하는 것을 학생들에게 말하는 교사와는 반대되는 것으로, 작업을 통해 자신들을 드러내고 펼칠 수 있도록 가능한 언제든지 허용되어야 한다. 작가들이 이야기에서 매력적인 요소를 없애고 단순히 그 의미나 모랄을 말하는 경우를 상상해 보라.

Bob James의 반성

지금까지 나는 이야기로서 교육과정 단원을 생각하지 않았다 할지라도 나는 정말로 그 생각에 이끌렸다. 왜냐하면 아마도 내가 지독한 영화광이어서 좋은 영화가 어떻게 관람자를 매혹시키는지를 알기 때문일 것이다. 나는 나의 매혹점이 선원의 알 수 없는 질병에 관한 단원으로 시작되는 류의 이야기와 같은 것이라고 생각한다. 나는 이미 다음 번 사회과 단원으로 이러한 형태의 구성 틀에 적합하게 서부 개척을 다루기로 생각하고 있다.

그림 18-1

〈워크시트 18-1〉에 해당하는

단계 3

이야기	백워드 설계 과정		
구조	1단계: 바라는 결과 확인하기	2단계: 수용 가능한 증거 결정하기	3단계: 학습 경험과 수업 계획하기
사용하기	A ▸ 영속적인 이해 B ▸ 본질적 질문 C ▸ 지식과 기능	D ▸ 수행 과제 ● 수행 과제 청사진(D) E ▸ 퀴즈, 테스트, 단서 F ▸ 자발적인 증거 G ▸ 자기평가 ● 다른 증거들을 위한 설계(E, F, G)	**H ▸ 학습 경험과 교수의 계열**
생태계 단원			

상황(장면)	이야기는 언제, 어디서 일어나는가?	Chesapeake 만 영역: 첫째, 만을 내려다보는 음식점에서, 과학 연구실에서
인물	주연과 조연은 누구인가?	주 인물들은 가족 구성원이다(아버지, 할아버지 그리고 형제들). 부 인물들은 연구자와 정책 입안자들이다. 학생들은 모든 인물의 역할을 한다.
서두	학생들을 이야기 속으로 어떻게 끌어들일 것인가(독자, 관찰자, 청취자 등)?	가족은 음식점에서 저녁식사를 주문하고 있다. 할아버지는 해산물 요리(송어)가 메뉴판에 없어서 화가 나셨다.
장애 혹은 문제	해결되어야 할 문제는 무엇인가? 또한 극복해야 할 장애는 무엇인가?	지방 낚시꾼들은 송어가 만에서 죽어 가고 있다고 말한다. 원인은 무엇인가?
극적 긴장	작용하고 있는 반대 세력은 무엇인가(생각 혹은 인물 등)?	농림업 대 수산업. 농장으로부터 거름 유수가 만을 오염시키고 있다.
놀람과 예기치 않은 진전	어떤 놀람, 반어, 진전 그리고 예상치 못한 전환이 설정될 것인가?	학생들은 주 오염원이 무지한 농부들이 거름의 유수로 만을 오염시키고 있다고 배운다. 이들 농부들은 자신의 아버지이고 할아버지다.
해결 혹은 해답	장애를 어떻게 극복할 것인가? 그 문제는 어떻게 해결될 것인가? 그 이야기는 어떻게 끝날 것인가? 그 후속은 어떻게 될까?	원인과 결과가 알려져 있고, 연구자와 정책 입안자들은 오염시키지 않는 농사법을 개발하고 있다.

출처: 이 이야기는 미국 교육부 센터(1997)의 William과 Mary 대학에서 개발된 중학교 과학 단원에 나오는 것이다.

워크시트 18-1

[그림 18-1]에 해당하는

단계 3

이야기
구조
사용하기

백워드 설계 과정

1단계: 바라는 결과 확인하기	2단계: 수용 가능한 증거 결정하기	3단계: 학습 경험과 수업 계획하기
A ▸ 영속적인 이해 B ▸ 본질적 질문 C ▸ 지식과 기능	D ▸ 수행 과제 ● 수행 과제 청사진(D) E ▸ 퀴즈, 테스트, 단서 F ▸ 자발적인 증거 G ▸ 자기평가 ● 다른 증거들을 위한 설계(E, F, G)	H ▸ 학습 경험과 교수의 계열

상황(장면)	이야기는 언제, 어디서 일어나는가?	
인물	주연과 조연은 누구인가?	
서두	학생들을 이야기 속으로 어떻게 끌어들일 것인가(독자, 관찰자, 청취자 등)?	
장애 혹은 문제	해결되어야 할 문제는 무엇인가? 또한 극복해야할 장애는 무엇인가?	
극적 긴장	작용하고 있는 반대 세력은 무엇인가(생각 혹은 인물 등)?	
놀람과 예기치 않은 진전	어떤 놀람, 반어, 진전 그리고 예상치 못한 전환이 설정될 것인가?	
해결 혹은 해석	장애를 어떻게 극복할 것인가? 그 문제는 어떻게 해결될 것인가? 그 이야기는 어떻게 끝날 것인가? 결과는 어떻게 될 것인가?	

MODULE 19 과제 분석으로서의 교육과정

이해가 결국 지식을 만들고 수정하고 비판하며 적용하는 데서 생겨나는
수행과 통찰에 관한 것이라면, 학습의 논리는 수학반에서보다는 스키반에서
우리가 경험하는 계열과 같은 것이 될 필요가 있다.
처음부터 목표 수행에 초점을 두고,
가장 단순하고 쉬운 것부터 시작하여 차차 비계를 설정하면서 과제를 수행해 나가라.
그리고 핵심 질문과 수행 과제들을 다루는 지속적인
시도들을 해나가면서 점차 복잡한 과제들을 수행해 나가는 방식으로 진행하라.

모듈 이용하기

워크시트 3-6

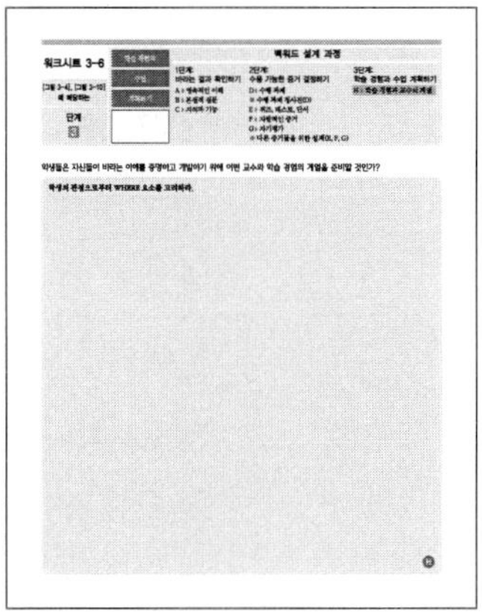

과제 분석은 구체적인 수행 기준과 요구에서 과제 분석의 계열을 이끌어 낸다. 안내자로서 우리는 구체적인 과제와 기준에서 백워드 계열을 조직화한다. 단시수업은 수행 기능과 지식 설정에 근거를 둔 바라는 결과에서 도출된다. 여기 '여러분의 지식을 얻어서 그것을 빨리 사용하라.' 라는 Whitehead (1929)의 격언이 적용된다. 우리는 과제 분석이 단순화 혹은 발판(6세를 위한 T-ball 등)이 되어야 한다고 하더라도 바라는 수행으로 권리를 행사한다. 우리는 진보적으로 수행을 만든다. 그리고 우리는 요구되는 기초를 재점검한다. 스키반은 초보자들에게 더 이상 제설기, stem christies* 그리고 수행을 확립하기 위한 다른 분석적 접근법을 배우도록 하지 않는다. 대신에 학습자들은 막대 없는 짧은 스키를 사용해서 평행 스키를 타려고 한다. 유사하게도 소프트웨어 제조업자들은 지금 토픽 내 분석적으로 조직된 완전한 참고 매뉴얼에서 분리된 간단한 매뉴얼에서 설명서와 용도를 제공한다.

코치들은 변함없이 늘 새로운 집단과 함께 기초를 재점검한다. 즉, 도구 잡는 방법, 통과와 진행 방법, 목에서가 아닌 횡격막에서 노래 부르는 방법 등 아무리 학생이 전문가라 할지라도 말이다. 그

*스키의 뒷부분을 넓혀 제동을 걸면서 회전하는 스키 기술.

들은 이것을 시간 낭비나 피상적 교수-학습의 희생으로 간주하지 않는다. 왜냐하면 더 좋은 결과를 얻을 것을 알고 있기 때문이다. 그리고 그들은 더 진보된 학생들과 함께 기초 영역으로 더 깊이 들어갈 것이다.

심지어 연습이 계열상에서 토픽에 몰두될 때 훌륭한 안내자는 연습이나 수행 전에 모든 중요한 정보를 초기 단계에 배분하지 않는다. 그들은 두 종류를 행함으로써 학습이 지속적으로 일어나야만 한다고 이해한다. 학생들은 간단한 훈련이나 연습으로 새로운 생각을 실습해야만 한다. 그러고 나서 더욱 복잡하고 유동적인 수행에서 그러한 단편적인 기능이나 움직임을 사용하는 연습을 해야만 한다. 교훈적인 가르침은 학생들이 실습하는 동안 일어나고, 가르침 뒤에 학생들은 더욱 자의식으로 알려진 것을 행함으로써 학습하는 하나의 방법을 실습한다. 안내자는 "우리는 작년에 방어를 했고, 올해는 공격을 할 것이다."라고 말하지는 않는다. 그 논리는 직선적이지 않고 반복적이며 피상적이지 않게 지식과 기능을 통합하는 구체적인 수행에 초점을 둔다.

단편적인 학습에서 전체 수행까지, 부분에서 전체로, 전체에서 부분까지, 그리고 다시 뒤에서 전체까지 앞뒤로의 움직임은 작문, 공연 예술 그리고 스포츠에서 모든 수행자에게 익숙한 것이다. 무대에 설 때, 우리는 짧은 대화를 연습하고, 그들을 2막 4장으로 되돌려 놓는다. 그리고 다시 요구될 때 연습한다. 집필에서, 우리는 이야기 소개의 도입 부분을 미세하게 조정하고 그것이 잘 되어 가는지를 알기 위해 전체 이야기를 읽는다. 그러고 나서 편집하고 수정한다. 소개는 독자들을 혼란에 빠뜨린다. 그래서 우리는 그것에 맞게 다시 연구한다. 농구에서 우리는 슛과 드리블 두 가지를 결합한 훈련을 하면서 외로이 연습한다. 그러고 나서 어떤 상황에서 모든 것을 함께할 수 있는지를 알아보기 위해 통제된 연습 경기를 가진다. 전체 수행에서 결과로부터 피드백에 기초하여 우리는 오해, 나쁜 습관 혹은 망각된 단시수업을 극복하기 위해 훈련으로 돌입한다. 구체적인 요소, 수행의 양 그리고 끊임없이 전체적인 순환으로서 수행에 관해 움직여라. 과업은 다양한 계열의 모형, 실습, 피드백, 연습, 수행, 피드백—각 연습의 복잡성이 전체 수행의 복잡성으로 증가하는 것과 같은 그러한 고리에 의해 따르게 되면서—으로 구조화되었다.

여러분 앞에 나타나는 설계는 과제 분석을 요구한다. 목표는 교실 수행으로 사용하기 위해 메워진 템플릿이다. 템플릿 요구를 염두에 두고서 교사 설계자는 목표에 도달하는 최선의 방법을 결정하기 위해 완전한 단원의 바라는 결과에서 다시 설계해 나간다. 이 과정은 직선적인 것이 아니라 반복적이다. 템플릿을 메우는 것은 맹목적으로 다음 방법을 따르는 것이 아니라 지속적인 분석을 요구한다.

순서도는 그러한 과제 분석을 수행하는 전통적인 도구다. 여기서는 두 가지 예가 최종 결과로부터 백워드 사고는 교사가 더 많은 논리적 계획을 개발하게 할 수 있는 방법을 보여 주기 위해 제공되었다. [그림 19-1]은 과제 분석표가 가족의 감사하는 식사를 준비하기 위해 사용되는 방법을 보여 준다. [그림 19-2]는 절정에 달하는 수행에 근거한 러시아 역사 단원을 계획하기 위한 것이다.

오개념 주의 하기!

'과제 분석'에서 과제는 반드시 수행 과제를 언급하는 것이 아니다. 우리는 최종 결과를 이룰 필요가 있는 단계들은 최종 결과에서 도출된다는 점에서 의사결정 과정을 의미하기 위해 그런 단어를 사용한다. 과제 분석으로 교육과정을 설계하기 위해서는 주어진 목표로부터 백워드 행위를 설계해야 한다. 그래서 단원이 일련의 시험 질문을 완결시킨다 할지라도 교사들은 여전히 '학생들이 최종 시험을 잘 치르게 할 수 있는 교수와 학습은 무엇이어야 하는가?' 라는 질문을 할 것이다.

관용구를 사용하는 목적은 교사들이 단순히 피상적 교수-학습과 활동을 넘어서서 생각하도록, 그리고 그들의 설계가 학생들을 어떤 중요한 행위—넓은 의미에서 과제—를 잘 수행하도록 이끄는 데 초점을 두도록 주의하는 것이다. 그러한 목표는 학습을 더욱 활동적이고 초점을 맞추도록 만들 뿐만 아니라 교수-학습 활동의 계열을 적절하게 조정한다. 학생들이 그러한 과제를 적절히 갖출 것을 확실히 하기 위해서다. 이런 의미로 사용될 때, 과제 분석은 팀 스포츠나 공연 예술에서 발견되는 교육과정의 종류를 의미한다.

Bob James의 반성

과제 분석은 나에게 의미가 크다. 나는 과제 분석으로 예전의 '행동 목표' 시절을 떠올리게 된다. 내가 과제 분석에 대해 나쁘게 생각하였던 한 가지—매우 낮은 수준과 단편적인 목표들—는 복잡한 수행 과제로부터 백워드 설계를 함으로써 해결되었다. 학생들이 수행할 필요가 있는 것으로부터 단시수업을 이끌어 내는 것이 의미가 있다(단순히 다음 교과서의 계열을 따르기보다는).

내 이웃은 지방 직업기술 고등학교에서 학생들을 가르친다. 그는 나에게 그들의 능력 중심 교육과정이 이런 방법으로 계획되었다고 말해 주었다. 교사들은 학생들에게 집 설계나 엔진 재설계 같은 수행 목표를 부여한다. 그리고 모든 교수와 학습 경험은 목표 과제를 달성하기 위해 구조화되고 계열화되었다. 그것은 내가 이미 소년 축구를 가르칠 때 하고 있던 것이었다. 나는 다가오는 경기와 이전 경기에서 수행을 위해 목표에 기초하여 연습한다.

과제 분석은 한때 내가 캠프 메뉴와 브로셔 과제의 세부사항을 구체화하였던 영양 단원의 계열과 내용을 확실하게 하도록 도울 것이다. 나는 최종 수행 요구에서 백워드 사고를 통해서라기보다는 교과서의 페이지 수를 따름으로써 단원을 가르칠 의도였음을 깨달았다.

그림 19-1

과제 분석을 위한 순서도 사용하기

감사의 식사

단계 3

백워드 설계 과정

1단계: 바라는 결과 확인하기	2단계: 수용 가능한 증거 결정하기	3단계: 학습 경험과 수업 계획하기
A ▸ 영속적인 이해 B ▸ 본질적인 질문 C ▸ 지식과 기능	D ▸ 수행 과제 ● 수행 과제 청사진(D) E ▸ 퀴즈, 테스트, 단서 F ▸ 자발적인 증거 G ▸ 자기평가 ● 다른 증거들을 위한 설계(E, F, G)	H ▸ 학습 경험과 교수의 계열

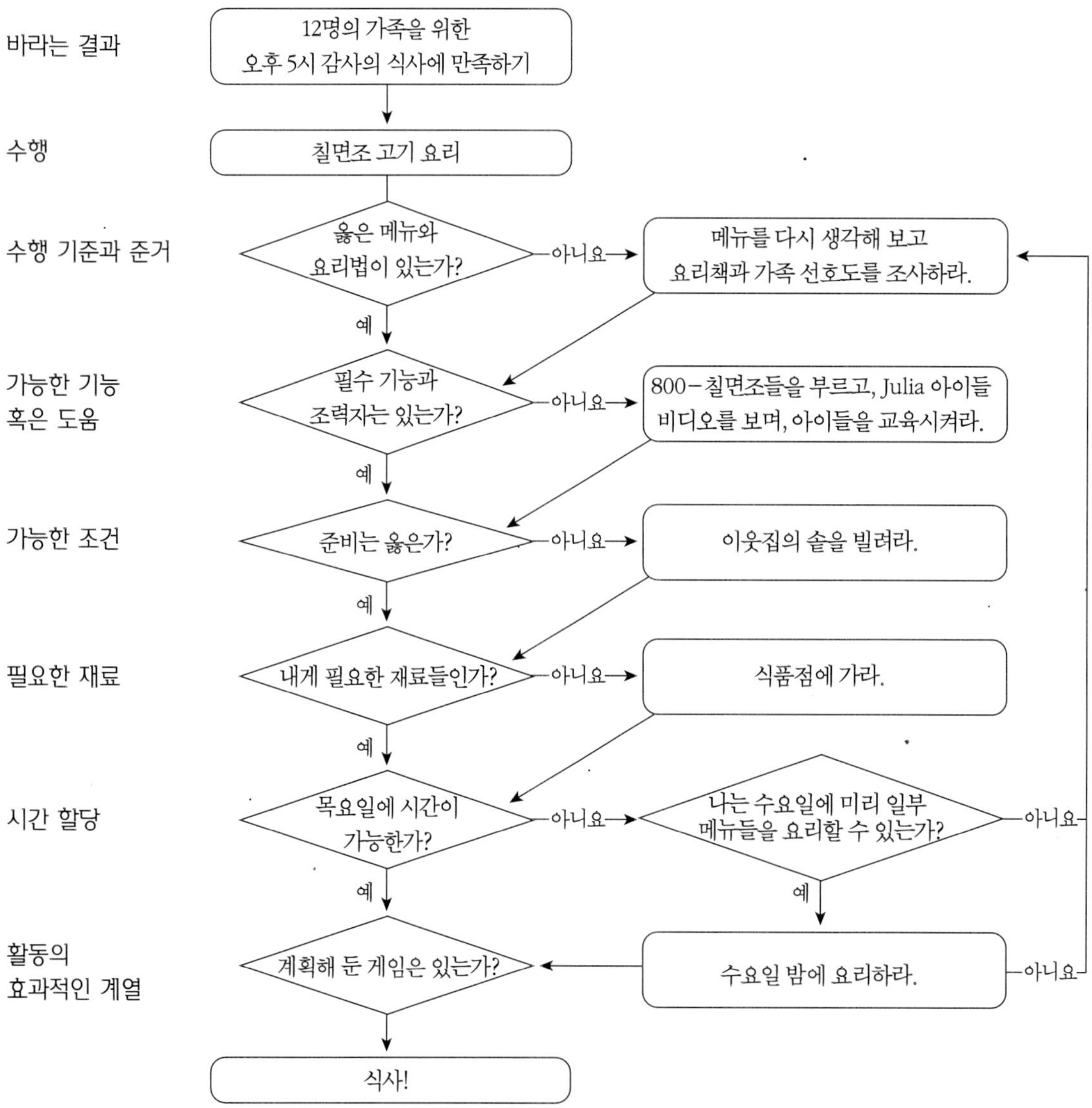

그림 19-2

과제 분석을 위한 순서도 사용하기

러시아 역사 단원

단계 3

백워드 설계 과정

1단계: 바라는 결과 확인하기	2단계: 수용 가능한 증거 결정하기	3단계: 학습 경험과 수업 계획하기
A ◗ 영속적인 이해 B ◗ 본질적 질문 C ◗ 지식과 기능	D◗ 수행 과제 ● 수행 과제 청사진(D) E ◗ 퀴즈, 테스트, 단서 F ◗ 자발적인 증거 G◗ 자기평가 ● 다른 증거들을 위한 설계(E, F, G)	H ◗ 학습 경험과 교수의 계열

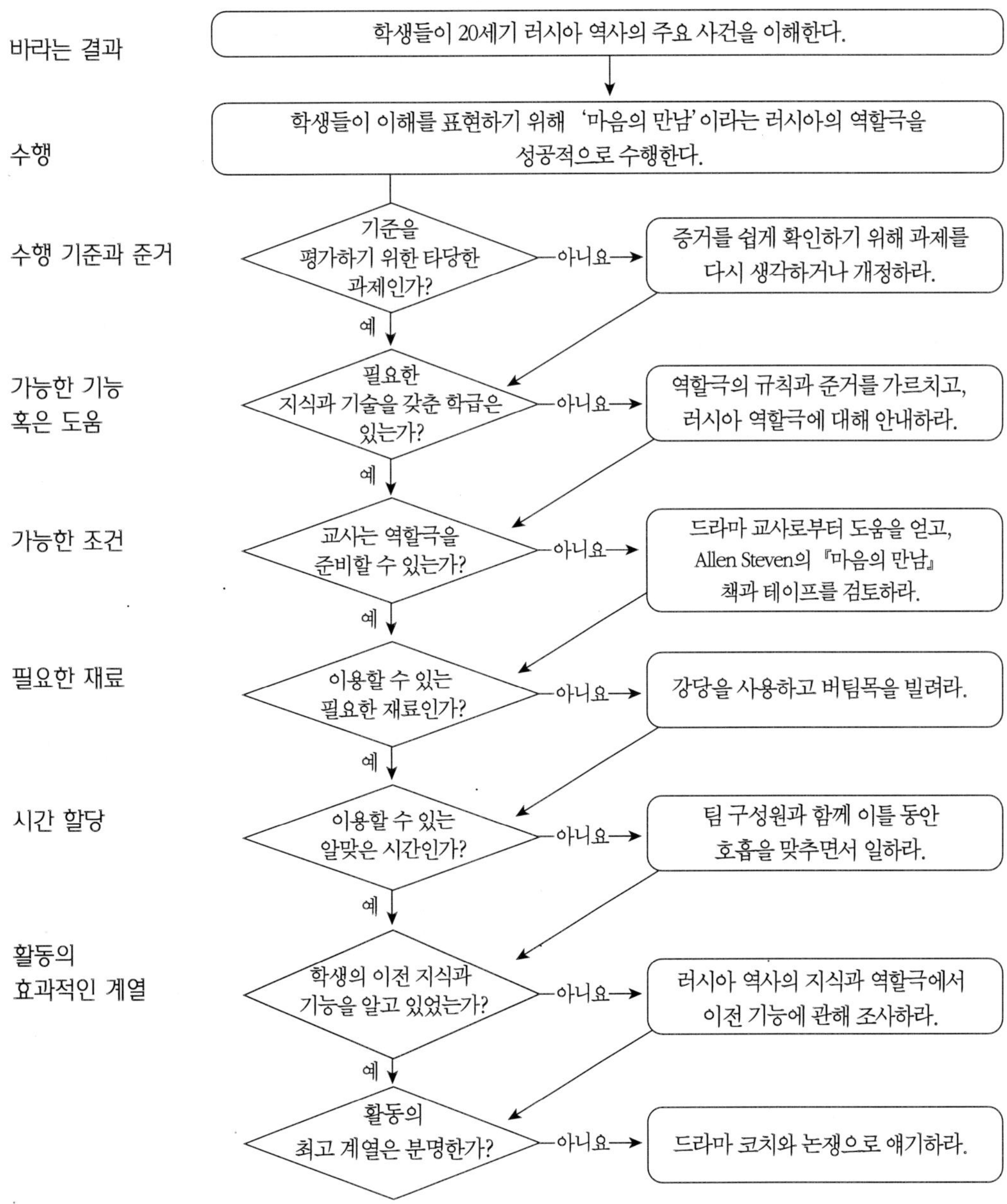

Understanding by Design *Handbook*

검사 그리고 동료평가
모듈 20~21

백워드 설계 과정

1단계: 바라는 결과 확인하기	2단계: 수용 가능한 증거 결정하기	3단계: 학습 경험과 수업 계획하기
A ▸ 영속적인 이해	D ▸ 수행 과제	H ▸ 학습 경험과 교수의 계열
B ▸ 본질적 질문	● 수행 과제 청사진(D)	
C ▸ 지식과 기능	E ▸ 퀴즈, 테스트, 단서	
	F ▸ 자발적인 증거	
	G ▸ 자기평가	
	● 다른 증거들을 위한 설계(E, F, G)	

MODULE 20 기준에 비추어 설계를 검사하기

설계 기준은 채점 루브릭이 학생들을 도와주는 것과 같은 방식으로
교육과정 설계자들을 도와준다. 학생들이 활동을 시작하기 전에 미리 루브릭이 제시된다면,
이 루브릭은 학생들에게 그들이 노력해야 하는 중요한 수행의 질을
확인시킴으로써 수행 목표가 된다. 이와 유사하게 설계 기준은
UbD 틀에 따라 설계하는 효과적인 단원의 질을 상세화해 준다.
−Wiggins & McTighe, 1998, p. 179

모듈 이용하기

설계 작업에서 교육자들은 학생들에게 설교하는 것을 실습해야만 한다. 그들의 작업 역시 기준에 따라 운영되고 근간이 되는 수행이다. 그들의 작업을 체크하고 개선하는 데 설계자들을 돕기 위해서 우리는 3단계 백워드 설계([그림 20-1] 참고)를 근간으로 하여 12단계 기준을 제안하였다. 이들 기준의 각각은 자기평가와 동료 관찰을 위해 루브릭 틀에 나타난 준거를 포함하는 자세한 검사가 따른다.

이 검사들은 세 가지 방법에서 설계 작업에 기여한다.

- **설계 과정에서 준거점으로서:** 예를 들어, 그들이 처음으로 제안한 확인된 이해가 진실로 크고 지속적인 아이디어라면 혹은 평가 증거가 충분하다면 교사들은 알려고 주기적으로 검토할 수 있다. 루브릭에 포함된 준거는 3단계에서 WHERE 요소에 초점을 두는 것과 같은 중요한 설계 요소의 잔여로 간주된다.
- **초안 설계의 자기평가와 동료 리뷰 시 사용하기 위해서:** 교사와 동료들은 평가 증거를 확장하거나 일치 정렬시키는 것과 같은 요구된 정련을 확인하기 위해 초안 단원을 조사하려는 준거를 사용할 수 있다.
- **완전한 설계에 관한 질적 수준을 통제(quality control)하기 위해서:** 테스트는 다른 교사들과 독

자적 검토자(예를 들어, 교육과정 위원회나 장학관)들이 다음의 교실 시도들로 사용할 수 있다. 이는 다른 교사들에게 나누어지기 전에 설계를 입증하기 위해서다.

검사 1~3은 백워드 설계의 1단계 요소를 평가한다.

- 검사 1은 제안된 이해가 지속적일 때 평가한다—학문의 핵심에서 주요 아이디어 혹은 핵심 과정([그림 20-2] 참고).
- 검사 2는 목표로 삼은 이해가 수업과 평가를 안내할 만큼 충분히 구체적이라면 평가한다([그림 20-3] 참고).
- 검사 3은 단원이 중요한 것에 초점을 두고 질문에 참여한다면 평가한다([그림 20-4] 참고).

오개념 주의하기!

기준을 충족하는 데 실패하는 것(검사에서 3단계 수준)은 반드시 이해나 무능력의 부족을 나타내는 것은 아니다. 오히려 검사는 백워드 설계가 되풀이되는 과정으로 간주한다. 교사들은 완벽한 단원, 수행 과제 혹은 그들의 초기 시도에 관한 채점 루브릭을 개발하지 않는다. 그들은 기준에 대한 자기평가와 동료평가에 이어지는 단원과 과정 설계를 개정하려고 기대해야 한다. 마치 작문에 대한 초안을 개정하고 기대하기 위해 학생 작가들에게 가르치는 것처럼.

1단계 검사 사용 후 Bob James의 반성

나는 목표 명료화의 중요성을 알기 위해 시작했다. 그리고 나의 본질적인 단원 질문들은 정말로 나를 그렇게 하도록 돕는다. 나는 그것들이 검사에 통과한다고 생각한다.

조금 실망을 했지만, 내가 첫째로 본래 이해 목표를 검사하였을 때 나는 그것이 3단계 수준보다는 오히려 루브릭 규모의 2단계 수준 준거를 반영하였다는 것을 알았다. 나는 지금 그러한 요소에 대한 구체적 일반화 대신에 이해되는('학생들이 좋은 영양의 요소를 이해할 것이다.' 등) 토픽으로서 나의 목표를 진술했다는 것을 깨달았다.

검사 준거를 명심할 때 나의 계획이 훨씬 뚜렷하게 될 것이라고 생각한다(나는 이미 내가 미래 단원을 만들려고 하는 약간의 변화를 안다).

■ ■ ■ ■ ■

검사 4~6은 2단계 백워드 설계 요소를 평가한다.

- 검사 4는 제안된 수행 과제가 목표로 삼은 이해의 타당한 측정 기준을 제공하는지를 평가한다([그림 20-5] 참고).
- 검사 5는 제안된 평가가 의미 있고 진실한 적용을 요구하는 수행 작업에 정착되는지를 평가한다([그림 20-6] 참고).
- 검사 6은 제안된 평가 증거가 학생 이해에 대해 타당한 추론을 지지하는 데 충분한지를 평가한다([그림 20-7] 참고).

단원을 위한 평가 계획 검사에서 큰 도전은 타당성을 검토하는 것이다. 평가가 타당한지를 묻는 것은 템플릿(〈워크시트 3-2〉)에 관한 상자 A에서 바라는 이해 혹은 상자 C에서 바라는 지식과 기능이 주어진 증거의 적절성에 대해서 질문을 하는 것이다. 교육자로서 우리는 평가에서 얻은 구체적인 대답 혹은 수행이 논리적으로 우리가 접근하는 더욱 일반적 이해와 연결되어 있다는 것을 확신하기를 원한다.

예를 들면, 우리가 학생들에게 법의 문서와 정신이 다르다는 것, 미국 연방이 법정에서 호소하는 것과 미국 대법원이 부분적으로 우리를 법의 정신을 영예롭게 하도록 돕는 것을 이해하기를 원한다고 가정해 보라. 이해의 증거로써 무엇을 설명할 것인가? 한 가지 방법은 학생들에게 대법원 결정을 해석하거나, 교실 규칙을 바꾸도록 요청하는 과제 혹은 글쓰기 시도가 될 것이다. 그러나 학생들에게 유명한 대법원 판례를 기억하고 회상하도록 요청한 평가는 우리에게 학생들이 문서와 정신 사이의 차이점을 이해하도록 추론하게 할 수 없을 것이다. 다른 한편으로 바라는 단원 목표가 중요한 대법원 결정의 지식이었다면 그러한 검사는 지식의 타당한 증거를 제공할 수 있다.

타당도는 또한 학생들이 알고 있는 것에 관하여 확신을 가지고 일반화할 수 있고, 기초로서 증거의 예를 사용하여 행할 수 있는 정도와 관련있다. 우리는 약간의 증거에서 학생의 이해에 대한 주장을 쓸어내릴 수 있기를 바란다. 우리가 질문하는 것은, 그것이 증거의 옳은 종류인가 하는 질문뿐만 아니라 이 특별한 과제에서부터 건전한 이해에 대한 보다 일반적인 진술로 가는 논리적 점프인가 하는 질문이다.

타당도의 문제에 대해 생각하는 실제적 방법은 제안된 수행 과제, 지필검사 혹은 구두퀴즈로 묻는 것이다. 학생은 성공적으로 과제를 잘 성취하지만 바라는 이해가 부족할 수 있는가? 그리고 학생은 서툴게 과제를 수행하지만 이해를 소유하는가? 목표는 항상 이들 질문이 아닌 것에 대해 대답하는 것이다. 그렇지 않으면 제안된 평가는 타당한 측정 기준을 제공하지 않을 것이다.

타당하고 신뢰할 수 있는 수행 과제를 개발하는 것은 가장 기술적으로 UbD의 부분을 요구하는 것 중 하나다. 교육자들은 적절하게 작용하는 타당성의 이해를 거의 가지지 않는다. 그리고 우리 대부분은 효과적인 실체험 학습활동을 타당한 수행검사와 쉽게 혼동한다.

실천에서 타당도의 문제를 살피고 학습의 증거([그림 20-8] 참고)를 낳기 위해 더욱 효과적으로 평가를 설계하는 방법을 이해하기 위한 완전한 수행 과제 청사진을 살펴보자. 미국 남북전쟁에 관한 단원에서 5학년 교사는 그녀가 주 내용 기준의 한 가지에 접근하기 위한 좋은 활동을 사용할 예정이라고 보고한다. 학생들은 남북전쟁의 원인과 결과를 이해할 것이다. 학생들은 남북전쟁에 대한 박물관 전시를 꾸미고 있다고 생각하도록 요구받는다. 그들은 큰 전투에 대한 디오라마를 구성할 것이고, 전쟁에 대한 자세한 정보를 포함하는 색인 카드를 만들 것이다.

초기에 언급된 두 가지 타당한 질문을 함으로써 이 수행평가 과제를 비평적으로 검토해 보자. 학생은 성공적으로 과제를 잘 성취할 수 있지만 바라는 이해는 부족할 수 있는가? 그리고 학생은 서툴게 과제를 수행하지만 이해를 가지게 되는가? 우리는 과제로부터의 증거가 남북전쟁의 원인과 결과에 대해 학생들이 제대로 이해하고 있는지에 대한 타당한 추론을 낳지 않을 것이라고 생각한다. 두 가지 문제가 있다. 디오라마 전시를 통해 획득된 증거는 정말로 전쟁의 원인과 결과를 이해하는 데 적절하지 않고, 설계와 전시 기술에 관한 중요한 강조는 단원 목표와 관계가 없다. 수행 과제 청사진을 매우는 것은, 특히 우리가 바라는 이해(남북전쟁의 주요 원인과 결과), 제안된 과제, 구체적 결과(디오라마), 그리고 디오라마를 위해 제안된 점수 준거 사이에서 부족한 일치도를 인식할 때 이런 의심을 확인한다.

바라는 이해가 우리의 접근 방법이 추천하듯이, 이해되어야 할 것을 완전한 문장의 일반화로서 아직은 진술되지 않는다는 것을 주시하라. 설계자는 완전한 단원 이해—학생들은 남북전쟁의 원인과 결과에 대해 무엇을 이해해야 하는가?—를 정교하게 만들었는가? 타당한 문제가 더욱 분명히 드러나곤 하였는가? 아무리 우아하게 설계되고 잘 설명된다 하더라도 전투에 대한 디오라마는 '남북전쟁이 남과 북 정부의 경제와 관점의 차이로 발생하였다.' 와 같은, 인과성에 관한 특정 이해와 관련이 없다.

타당도 검사를 '실패하는 것'은 교사가 결코 다시 디오라마를 사용할 수 없다는 것을 의미하는가? 아니다. 만약 그것이 참여적이고 효과적인 학습활동이라면 그것은 3단계에서 요약된 수업 계획의 일부가 될 수 있다. 예술 단원에서 그것은 구체적 설계와 전시 기술에 대한 타당한 평가가 될 수 있다. 혹은 그 과제는 남북전쟁의 원인과 결과를 드러내는 박물관 전시 계획에 관한 수업에서 큰 강조를 함으로써 변경될 수 있다. 다른 말로 과제는 일관성 있게 타당하거나 타당하지 않은 것이 아니다. 타당성은 증거에서 추론을 이끄는 기능이다. 그 증거는 기준과 관련한 학생들의 반응에서 나온다.

기준을 바꾸고 평가를 조정함으로써 증거는 다소 적절하게 만들 수 있다.

오개념 주의하기!

- 제안된 수행 과제의 내용과 학생 각자에 대한 충분한 증거 필요성과 혼동하지 않아야 한다. 일부 학생에게만 이해의 증거를 낳는 과제는 불충분하다. 과제는 모든 학생의 이해를 판단하기 위해 적절한 증거를 나타내야만 한다. 이 문제는 종종 협동적인 팀에서 일하는 학생이나 노동의 'Jigsaw' 구분을 포함하는 평가 과제에서 발견된다. 평가는 이해가 교실 전체에 걸쳐서 혹은 집단 내에서 퍼뜨려진다는 것을 증명하는 것 이상으로 해야 한다. 실제로 협동적인 프로젝트에 대한 부모의 흔한 반발은 협력적인 작업에 대한 반감과 관계가 없고, 평가와 등급이 개인의 공헌과 성취를 반영해야만 한다는 그들의 정확한 관점과 관계가 깊다.
- 참 과제는 넓은 의미에서 실체험 작업이나 수행과 혼동되어서는 안 된다. 진정한 작업은 수행의 부분 집합이다. 개방적 수행 과제나 글쓰기 시도는 진정한 작업이 아니다. 그것들은 현실적인 문제, 청중, 제한, 그리고 지식을 사용하는 목적에 근거를 두고 있지 않다. 그럼에도 불구하고 그것들은 성취의 중요한 증거를 제공할지도 모른다.
- 타당도는 신뢰도와 혼동되어서는 안 된다. 타당도는 증거의 적절성과 그 증거가 지지하는 추론과 관계가 있다. 신뢰도는 증거의 타당도이나 이 증거에 분명하고 방어적인 패턴이 존재하는지에 관계가 있다. 이 두 가지는 서로 독립적이다. 타당한 참 과제는 비신뢰적인 결과를 낳는다. 예를 들면, 당신이 선호하는 축구팀이 그 시기의 첫 경기를 이긴다. 분명히 그 경기는 타당하고 참 검사를 제공하지만, 우리는 그 팀이 그날 경기에서 승리한 한 가지 사례로부터 그 팀이 영원히 승리할 것이라고 추론하는 데 주저할 것이다. 패턴은 거의 나타나지 않는다. 첫날의 승리가 이례적이 될지도 모르며, 그 팀이 나머지 경기에서 패할지도 모른다. 반대로, 다지선다형 검사에서 일부 잘못 말한 것에 관해 동일한 질문을 학생들은 늘 받을지도 모른다. 그러나 이러한 '신뢰할 만한' 검사 점수들은 작문 에세이에서 수행에 대한 타당한 예언을 반드시 제공하지는 않을 것이다.

  비록 그것들이 중요한 성취 목적의 타당한 측정으로 가치가 있다 할지라도 수행검사는 비신뢰성으로 판명난다. 유사하게도 우리는 간접적 단답검사에 가치를 두는 것이 아니라 그것들의 결과가 종종 신뢰할 수 있다는 것에 가치를 둔다. 그리고 더욱 가치 있는 다른 수행과 관련시킬 수 있다. 평가에서 방법을 균형적으로 통합하는 것은 늘 좋다. 그러한 균형과 다양성은 증거([그림 20-7]을 보라)에 대한 충분한 검사에 통과되는 유일한 방법이다.

2단계 검사 사용 후 Bob James의 반성

2단계 검사에 대해 캠프 메뉴 계획을 위한 내 생각을 보였을 때 그 평가 계획에 두 가지 문제가 있다는 것을 알 수 있었다. 첫째, 나는 모든 그 목표로 삼은 이해에 충분한 정보를 가지고 있지 않다. 나는 학생들의 음식 선택이 음식 피라미드의 정확한 인지 혹은 순탄한 옛 상식을 반영하는 것이라면 메뉴 계획만으로는 실제로 알 수 없을 것이다. 나는 이해의 측면이 지니는 가치를 볼 수 있다. 학생들의 메뉴 선택을 설명하고 정당화하기 위해 혹은 다른 사람이 만든 선택을 분석하기 위해 측면을 필요로 한다.

또한 나는 본래 그들에게 캠프 메뉴 계획에 관한 집단에서 연구하도록 허락할 계획을 하였기 때문에 각 학생들로부터 충분한 증거를 가진다는 것을 확신할 필요가 있다. 나는 퀴즈로 만들었다. 이는 아마도 증거를 충분히 강화시키는 것이다. 그러나 나는 몇 부분으로 나뉜 계획이 개별 학생 과업으로 연결될 수 있는 것을 확신할 수 있다.

나의 과업은 확실히 참이지만 실제로 메뉴 계획자들은 예산 안에서 연구해야 한다. 그것은 확실히 그들의 선택에 영향을 미칠 것이다. 그리고 메뉴는 학생들이 단원의 모든 영양 수업을 이해하는지를 드러내지 못한다. 여기에 작은 방법으로 튀어나오는 타당한 질문이 있다. 아마도 나는 카페테리아 지배인에서 얻을 수 있는 일부 예산 제한과 도매 음식 가격 정보를 포함할 것이다. 그리고 특별한 영양 측면—아마도 글쓰기 시도나 또 다른 수행 과업—에 관해 더욱 초점을 맞춰 질문을 할 필요가 있다.

이것은 힘든 일이지만 나는 평가 계획을 더 잘 얻고 있다.

■ ■ ■ ■ ■

검사 7~12는 3단계 백워드 설계 내의 요소를 평가한다.

- 검사 7은 학생들이 단원의 전체적인 목표, 그 목표가 중요한 이유, 그리고 그 목표의 수행 요구 조건을 아는지를 평가한다([그림 20-9] 참고).
- 검사 8은 학생들이 단원에서 일찍이 자극적인 경험과 줄곧 유지된 그들의 관심과 흥미에 의해 사로잡히게 되는지를 평가한다([그림 20-10] 참고).
- 검사 9는 학생들이 그들의 최고점에 달하는 수행을 할 수 있도록 준비가 갖추어 질 수 있는지를 평가한다([그림 20-11] 참고).
- 검사 10은 학생들이 핵심 아이디어를 재고하고 피드백에 근거한 과업을 교정할 기회를 제공받는지를 평가한다([그림 20-12] 참고).
- 검사 11은 학생들이 그들의 과업을 평가하고 다음 단계를 고려할 기회를 제공받는지를 평가한다([그림 20-13] 참고).
- 검사 12는 만약 단원이 학생들의 인지와 일치하는지를 평가한다([그림 20-14] 참고).

오개념 주의하기!

WHERE가 단시수업의 적절한 계열을 상술하는 것이라고 가정하는 것은 오개념이다(첫 수업은 학생들의 의무를 세워야 하고, 다음 수업은 주의 집중과 흥미를 제공해야 한다 등등). WHERE은 단순히 교수 계열이 아닌 수업 계획을 판단하기 위한 일련의 준거를 세운다. 수필이 5문단 형태를 사용하는 것으로 구성되는 것과 관계없이 효과적인 것이 될 수 있는 것처럼 단원은 많은 다른 계열을 통해 설계 기준을 접할 수 있다. WHERE을 고려할 적절한 방법은 단원 계열이 어떻게 구성되는지에 관계없이 "WHERE로부터 각 요소가 마지막 설계에서 발견될 수 있는가?" 하고 질문하는 것이다. 그러나 만약 설계가 논리적 흐름이나 완전함이 부족한 것 같다면 그 검토자는 단원의 일관성에 대해 질문해야 한다([그림 20-14] 참고).

3단계 검사 사용 후 Bob James의 반성

나의 설계는 WHERE 검사를 매우 잘 통과했다고 생각한다. 나는 학생들의 흥미를 유발하고 공부할 준비를 하게 하는 계획을 계발하였다. 학생들은 최종 과제를 완성하기 위해 자신의 이해를 재고하고 평가해야만 한다. 학생들이 판단한 기준과 자료에 기초하여 미니 단시수업을 포함할 필요가 있다고 생각한다. 수업에서의 설계 원리와 전문적 자료를 공유하기 위해서, 그래픽 설계를 가르쳐 줄 Sue Haverford를 초대할 수 있다. 그녀의 작품을 접하는 것을 좋아하는 것을 알고 있다. 그녀는 학생들의 자료를 평가하는 데 사용하기 위해 루브릭을 만드는 일에 학생들을 안내할 수도 있다.

그림 20-1

설계	**백워드 설계 과정**		
기준	1단계: 바라는 결과 확인하기	2단계: 수용 가능한 증거 결정하기	3단계: 학습 경험과 수업 계획하기
	A ▸ 영속적인 이해 B ▸ 본질적 질문 C ▸ 지식과 기능	D ▸ 수행 과제 ● 수행 과제 청사진(D) E ▸ 퀴즈, 테스트, 단서 F ▸ 자발적인 증거 G ▸ 자기평가 ● 다른 증거들을 위한 설계(E, F, G)	H ▸ 학습 경험과 교수의 계열

우리는 우리의 단원 설계를 어떻게 판단할 것인가?

	최대	보통	최소
1단계: 바라는 결과 확인하기			
목표로 삼은 이해는 어느 정도로?			
1. 영속적이고(학문의 중심에 있는 전이 가능한 주요 아이디어) 심층적 학습이 필요한가?	❑	❑	❑
2. 교수와 평가를 안내할 만큼 충분히 구체적인, 그러나 전이를 가능하게 할 만큼 충분히 포괄적인 일반화로 구성되는가?	❑	❑	❑
3. 자극적인 본질적 질문에 의해 형성되는가?	❑	❑	❑
2단계: 수용 가능한 증거 결정하기			
평가는 어느 정도로 다음의 것들을 제공하는가?			
4. 목표로 삼은 이해의 타당하고 신뢰할 수 있는 측정 기준을 제공하는가?	❑	❑	❑
5. 참 수행 과제를 통해서 학생들이 그들의 이해를 나타낼 기회들을 제공하는가?	❑	❑	❑
6. 각 학생의 이해에 관한 추론을 지지할 충분하고 다양한 정보를 제공하는가?	❑	❑	❑
3단계: 학습 경험과 수업 계획하기			
학생들은 어느 정도로 ~할 것인가?			
W 7. 학생들은 그들이 어디로 가고 있는지 알고 있다. 왜(단원 내용을 학습하기 위한 이유), 그들은 이미 무엇을 아는가(지식 이전)? 그들은 어디에서 오해하는가? 그리고 그들에게 요구되는 것은 무엇인가? (단원 목표, 수행 요구 그리고 평가 준거)	❑	❑	❑
H 8. 학생들은 주요 아이디어(탐구, 연구, 문제 해결, 그리고 실험을 통해서)를 깊이 파고들어 가는 데 몰두하게 되어 마음을 사로잡히게 되는가?	❑	❑	❑
E 9. 학생들은 주요 아이디어를 연구하고 경험하며 그들에게 요구된 수행을 갖추도록 수업을 받는가?	❑	❑	❑
R 10. 학생들은 아이디어를 재고하려고 도전받고 시의 적절한 피드백에 근거하여 그들의 작업을 시연해 보고 개정해 보려는 기회를 가지는가?	❑	❑	❑
E 11. 학생들은 단원의 결론에 앞서서 평가(자기평가와 장래 목표 설정)하는가?	❑	❑	❑
12. 단원은 학생들과 일치된 상태로 나타나는가?	❑	❑	❑

그림 20-2

검사 1

1단계

백워드 설계 과정

1단계: 바라는 결과 확인하기	2단계: 수용 가능한 증거 결정하기	3단계: 학습 경험과 수업 계획하기
A ▶ 영속적인 이해 B ▶ 본질적 질문 C ▶ 지식과 기능	D ▶ 수행 과제 ● 수행 과제 청사진(D) E ▶ 퀴즈, 테스트, 단서 F ▶ 자발적인 증거 G ▶ 자기평가 ● 다른 증거들을 위한 설계(E, F, G)	H ▶ 학습 경험과 교수의 계열

제안된 이해는 진실로 영속적(학문의 중심부에 있는 주요 아이디어 혹은 핵심 과정)인가?

수준 3 이해는 학문의 중심에 있는 주요 아이디어 혹은 핵심 과정이다.

수준 2 이해는 중요하지만 가장 높은 우선순위는 아니다. 혹은 더욱 정확하게 중요한 지식과 기술(설계와 실험 방법을 이해한다 등)로서 묘사될지도 모른다. 혹은 둘 다.

수준 1 진술로서의 이해는 학문(친숙할 만한 가치가 있지만 전반적인 교수 요목에 대한 가장 중요성이 높은 것은 아니다)의 중심에 있는 주요 아이디어나 핵심 과정이 아니라 직접적 사실, 기술 혹은 태도다.

실례 1

수준 3 배를 항해 시키는 정확한 시간은 정확하게 경도를 측정하기 위해 안전한 바다 항해가 요구된다는 것을 이해하라.

수준 2 지도, 6분의 1, 시계를 사용하는 경도와 위도를 측정하기 위한 방법을 이해하라.

수준 1 위도와 경도의 선을 정의하고 정하라.

실례 2

수준 3 수필 쓰기는 선형적이 아니라 반복적인 점, 다양한 기술(독자의 반응과 이의, 개념망을 생각하기 등)이 작용하는 방법이나 이유, 초고와 비평의 이점 그리고 더욱 설득적 논의를 성취하기 위한 개정을 이해하라.

수준 2 5개 문단 수필을 쓰는 방법을 이해하라.

수준 1 수필과 내러티브 사이의 차이점을 이해(기술 혹은 정의)하라.

영속적 이해의 지표들

- 당신의 실러버스 혹은 프로그램의 길이가 반으로 된다면 당신은 여전히 학생들에게 약간 깊게 이해를 탐구할 것을 원할 것이다.
- 이해는 많은 분리된 지식을 연결하고 만드는 핵심이다.
- 이해는 다른 중요한 아이디어를 이해하는 핵심이다.
- 이해는 그것을 한 번에 연구함으로써 완전히 이해하게 될 것 같지는 않다.
- 이해는 교과서 설명을 통해 이해될 것 같지는 않다.
- 이해를 연구하고, 그것을 가르치고 적용하기 위한 다른 방법이 있다.
- 이해는 분명한 것이 아니고 종종 오해되지만 문제가 될 만한 가치가 있다.
- 이해는 문제와 도전의 종류, 그리고 성인이 하는 작업의 종류를 포함한다.

그림 20-3

검사 2

1단계

백워드 설계 과정

1단계: 바라는 결과 확인하기	2단계: 수용 가능한 증거 결정하기	3단계: 학습 경험과 수업 계획하기
A ▸ 영속적인 이해 B ▸ 본질적 질문 C ▸ 지식과 기능	D ▸ 수행 과제 ● 수행 과제 청사진(D) E ▸ 퀴즈, 테스트, 단서 F ▸ 자발적인 증거 G ▸ 자기평가 ● 다른 증거들을 위한 설계(E, F, G)	H ▸ 학습 경험과 교수의 계열

제안된 목표는 이해의 구체적인 문제인가?

수준 3 목표로 삼은 이해는 분명히 특별히 진술된다. 그것은 일반화('구체적 추상')로서 구성되며, 학생들이 이해해야 하는 주요 아이디어를 구체화한다.

수준 2 단원의 내용 초점은 분명하지만 목표로 삼은 이해는 모호하다. 연구나 일반적 이해의 영역은 주어져 있지만 특별한 이해는 학생들이 진술하지 않은 결과여야 한다.

수준 1 목표로 삼은 이해는 정확하게 그 토픽에 대해 이해하는 것을 진술하는 것 없이 일반적 토픽이나 연구 영역으로서 진술된다. 이해는 너무 모호하거나 일반적이어서 수업과 평가를 안내할 수 없다.

실례

수준 3 남북전쟁의 원인과 결과를 이해하라.

- 남북전쟁이 주권(단지 노예가 아닌)을 놓고 싸운 것이 오늘날(교육과 번영에서 연방 역할에 대해 논쟁하는 것 등등) 지속된다는 것을 이해하라.
- 충돌은 피할 수 없으며, 북쪽과 남쪽의 경제와 문화의 차이가 어떤지 이해하라.

수준 2 남북전쟁의 원인과 결과를 이해하라.

수준 1 남북전쟁을 이해하라.

목표로 삼은 이해가 충분히 구체적이지 않다는 지표들

- 교사들이, 단원에서 가르쳐야 할 것과 강조되어야 할 것이 무엇인지를 정확하게 동의할 수 없다면
- 교사들이 평가되어야 하는 것에 동의할 수 없다면
- 학생과 학부모가 학습한 것과 어떻게 성공이 결정되는지에 대해 코스나 단원에서 정확하게 기술할 수 없다면
- 학생들이 그들의 연구 혹은 그것을 연구 방법에 초점을 두는 것을 모른다면

그림 20-4

검사 3

1단계

백워드 설계 과정

1단계:
바라는 결과 확인하기
A ▸ 영속적인 이해
B ▸ 본질적 질문
C ▸ 지식과 기능

2단계:
수용 가능한 증거 결정하기
D ▸ 수행 과제
● 수행 과제 청사진(D)
E ▸ 퀴즈, 테스트, 단서
F ▸ 자발적인 증거
G ▸ 자기평가
● 다른 증거들을 위한 설계(E, F, G)

3단계:
학습 경험과 수업 계획하기
H ▸ 학습 경험과 교수의 계열

단원은 중요하고 매력적인 질문에 초점을 두는가?

수준 3 본질적 질문은 중요하며, 사고를 자극한다. 그것들은 정답 이상이고 회상보다는 조사를 요구한다. 그것들은 학생들을 참여시키는 데 큰 잠재력을 지니고 있다. 그것들은 교수와 학습을 안내하는 데 통합되는 초점을 제공한다.

수준 2 본질적 질문은 토픽에 적절하지만 가장 중요한 아이디어나 핵심 과정에 초점을 두지 않는다. 비록 그들이 한 가지 정답을 갖고 있지 않다 하더라도 그것들은 많은 조사를 요구하지 않는다. 그것들은 학생들을 참여시키지 못할 수도 있다.

수준 1 본질적 질문은 주요 아이디어나 핵심 과정에 초점을 두지 않는다. 그것들은 특히 사고를 자극하지 않고 학생들을 참여시킬 것 같지 않다. 그것들은 단지 한 가지 정답을 가질지도 모른다. 그리고 너무 협소해서 단원을 안내할 수 없을지도 모른다.

실례

수준 3 개인의 자유와 공공의 이익은 균형을 이룰 수 있는가?

수준 2 미국 위원회가 개인의 자유와 인권을 어떻게 보호하는가? 왜 그 위원회는 변화되었는가?

수준 1 미국 위원회에 첫 번째 10개의 개정은 무엇인가?

효과적인 본질적 질문의 지침들

- 질문은 가벼운 대답을 낳지 않는다. 오히려 그것들은 토픽의 자극적인 측면을 펼치고, 단원의 주요 아이디어로 조사를 안내한다.
- 질문은 순환한다. 그것들은 유익하게 묻고 반복해서 조사될 수 있다.
- 질문은 단원 토픽에 대해 다른 중요한 질문을 자극한다.
- 학생들은 질문에 대답하기 위해 시도한다.

그림 20-5

검사 4

2단계

백워드 설계 과정

1단계: 바라는 결과 확인하기	2단계: 수용 가능한 증거 결정하기	3단계: 학습 경험과 수업 계획하기
A ▸ 영속적인 이해 B ▸ 본질적 질문 C ▸ 지식과 기능	D ▸ 수행 과제 ● 수행 과제 청사진(D) E ▸ 퀴즈, 테스트, 단서 F ▸ 자발적인 증거 G ▸ 자기평가 ● 다른 증거들을 위한 설계(E, F, G)	H ▸ 학습 경험과 교수의 계열

제안된 수행 과제는 목표로 삼은 이해의 타당한 (측정) 기준을 제공할 것인가?

수준 3 과제는 분명히 목표로 삼은 이해의 타당한 기준을 제공한다. 학생들은 성공적으로 과제를 완성하기 위해 바라는 이해를 증명하라고 요구받는다.

수준 2 과제는 목표로 삼은 이해의 타당한 기준을 제공할 것 같다. 그러나 일부 학생들은 바라는 이해의 증명 없이 과제를 완성할 수 있을지도 모른다(예를 들면, 구두 표현을 포함하는 과제는 학생들에게 강한 공적 말하기 기능을 줄 수 있다).

수준 1 과제는 목표로 삼은 이해의 타당한 기준을 제공하지 않는다. 학생들은 성공적으로 과제를 완성하기 위해 바라는 이해를 증명하라고 요구받지 않는다.

세 가지 주제 영역에서의 실례

수준 3 마음속에서 시뮬레이션을 통해 러시아 지도자의 역할을 상상해 보라. 소련연방의 붕괴를 설명하는 교육적이고 새로운 기사를 쓰라(과제는 러시아 역사 20세기 후반의 이해를 평가한다).

수준 2 예산이 주어진다면, 학교로 돌아가 옷장 구매를 위한 옷 주문 목록 형태를 완성하라(과제는 평가를 평가한다).

수준 1 남북전쟁의 투시화를 세워라(과제는 남북전쟁의 원인과 결과의 이해를 평가한다).

타당한 수행 과제의 지표들

- 과제는 단지 일부 다른 수행 기술이 아니라 바라는 이해를 가진 학생들이 잘 성취할 수 있다.
- 과제는 바라는 이해가 부족한 학생들이 서툴게 수행할 것이다.
- 과제는 학생들에게 철저히 그들의 이해를 적용하도록 요청한다. 정보를 공식에 제한적으로 끼워맞추는 것이 아닌 융통성과 훌륭한 판단을 요구한다.

그림 20-6

검사 5

2단계

백워드 설계 과정

1단계: 바라는 결과 확인하기	2단계: 수용 가능한 증거 결정하기	3단계: 학습 경험과 수업 계획하기
A ▸ 영속적인 이해 B ▸ 본질적 질문 C ▸ 지식과 기능	D ▸ 수행 과제 ● 수행 과제 청사진(D) E ▸ 퀴즈, 테스트, 단서 F ▸ 자발적인 증거 G ▸ 자기평가 ● 다른 증거들을 위한 설계(E, F, G)	H ▸ 학습 경험과 교수의 계열

평가는 의미 있고 진실한 이해의 적용을 요구하는 수행 과제에 정착하였는가?

수준 3 과제는 주로 목표로 삼은 이해의 직접적이거나 모의실험 적용을 포함하는 진실된 것이다. 과제는 복잡하고 성인들이 교실을 넘어선 세계에서 직면하는 도전 혹은 제한의 형태를 포함한다. 학생들은 동일한 청중/클라이언트를 위해 실제 결과나 수행을 개발한다.

수준 2 과제는 목표로 삼은 이해를 적용할 것을 요청하지만 내용은 특별히 진실하지 않다. 학생들은 실제적 결과나 수행을 개발하지만 과제는 동일한 목적, 청중/클라이언트 혹은 실제적 제한이 부족하다.

수준 1 과제는 진실하지 않다. 그것은 성인이 직면하는 복잡성 혹은 도전의 종류를 나타내지 않으며 내용에서 벗어난 질문이나 문제를 나타낸다. 학생들은 질문에 반응할지도 모르지만 실제적 결과나 수행을 개발하지 않는다. 동일한 목적, 실제적 상황 혹은 청중/클라

참 수행 과제의 지표들

- 과제는 성인들이 교실을 넘어선 세계에서 도전의 종류를 나타낸다.
- 과제는 목표를 성취하거나 문제를 해결하기 위한 지식과 기술의 목록을 사용하는 것을 요구한다.
- 과제는 단순히 사실을 회상하거나 공식에서 연결하는 것보다 철저히 지식을 적용하는 것을 요구한다.
- 과제는 개방형이다. 그것은 한 가지 해답이나 해결 통로를 가지고 있지 않다.
- 과제는 명백한 결과나 수행을 개발할 것을 요구한다.
- 과제는 동일한 목적과 청중/클라이언트를 가지고 있다.
- 과제는 실제적인 시나리오를 포함한다.

그림 20-7

검사 6	백워드 설계 과정		
	1단계: 바라는 결과 확인하기	2단계: 수용 가능한 증거 결정하기	3단계: 학습 경험과 수업 계획하기
2단계	A ▸ 영속적인 이해 B ▸ 본질적 질문 C ▸ 지식과 기능	D ▸ 수행 과제 ● 수행 과제 청사진(D) E ▸ 퀴즈, 테스트, 단서 F ▸ 자발적인 증거 G ▸ 자기평가 ● 다른 증거들을 위한 설계(E, F, G)	H ▸ 학습 경험과 교수의 계열

제안된 평가 증거는 학생 이해에 대해 타당하고 신뢰할 수 있는 추론으로 충분한가?

수준 3 제안된 평가는 각 학생의 완전한 이해에 대해 확신하는 추론을 인정할 충분한 증거를 제공한다. 적절한 다양성은 평가 방법으로 명백하다. 학생들은 한때 한 가지 형태 검사나 수행 과제가 아닌, 그들의 이해의 깊이와 폭을 드러내기 위한 많은 기회가 있다.

수준 2 제안된 평가는 증거를 제공하지만 불완전하다. 한 가지 평가 방법(다중선택 등)이 일어난다. 또는 몇 가지 평가 방법이 사용되지만 그것들은 각 학생들의 완전한 이해에 대해 확신하는 추론을 인정할 만한 충분한 자료가 아니다.

수준 1 제안된 평가는 너무 제한적이거나 불완전해서 각 학생들의 완전한 이해에 대해 확신하는 추론을 인정할 수 없다.

불충분한 증거의 지표들

- 한 가지 수행 과제가 요구되고 그것은 조사되지 않은 다른 중요한 이해를 남기며 단지 토픽의 한 측면에 대한 증거만을 제공한다.
- 증거 형태는 불균형적이다(선택된 유일한 반응 등).
- 학생들이나 부모는 최종 평가가 단원에서 중요한 것을 정확하게 반영하지 않는다고 주장한다.
- 사실과 기능에 대한 질문에 있어 과도한 신뢰가 발생하고, 이해를 드러내는 지식과 기능이 주어진 것을 사용하는 데 충분한 증거는 없다.

그림 20-8 〈워크시트 3-4〉에 해당하는	수행 과제 청사진 타당성 문제의 예	**백워드 설계 과정**		
		1단계: 바라는 결과 확인하기 A ▸ 영속적인 이해 B ▸ 본질적 질문 C ▸ 지식과 기능	2단계: 수용 가능한 증거 결정하기 D ▸ 수행 과제 ● 수행 과제 청사진(D) E ▸ 퀴즈, 테스트, 단서 F ▸ 자발적인 증거 G ▸ 자기평가 ● 다른 증거들을 위한 설계(E, F, G)	3단계: 학습 경험과 수업 계획하기 H ▸ 학습 경험과 교수의 계열

과제 제목: 남북전쟁은 내란인가? 대략의 시간 프레임: two 피리어드(교실 밖 작업을 포함)

어떤 바라는 이해 / 내용 기준이 이 과제를 통해서 평가될 것인가?

사회과	사회과	
학생들은 남북전쟁의 원인과 결과를 이해할 것이다.	학생들은 지형상 지도와 지식을 증명할 것이다.	

이 평가 과제의 목적은 무엇인가? ☐ 형성 ☐ 총괄

참 수행 과제는 무엇을 통해서 학생들에게 이해를 증명할 것인가?

과제 검토(GRASPS: 목표, 역할, 청중, 상황, 결과 혹은 수행 그리고 기준)

당신은 남북전쟁에 관한 새로운 박물관을 개방하고 있다. 그 박물관은 젊은 사람들에게 알리고 참여하기 위해 설계되어 있다. 결정적인 남북전쟁을 선택하고, 전쟁을 연구하며, 전쟁 투시도를 구성하라. 양쪽의 부상자들의 수, 그리고 승리자, 적장의 이름, 전쟁 날짜를 기입하면서 투시도에 색인카드를 붙여라. 마지막으로, 전쟁터의 영역을 보여 주기 위해 지형도를 만들어라.

주의: 당신은 척도로 지도를 그려야 한다. 또한 깔끔한 설명도 덧붙여야 한다.

어떠한 학생 결과/수행이 바라는 이해의 증거를 제공할 것인가?

남북전쟁 투시화	전쟁터에 관한 지형도	

어떤 준거에 따라 학생의 산출/수행이 평가될 것인가?

- 실제적 남북전쟁이 묘사된다.
- 색인카드의 정보는 정확하다.
- 투시화는 깔끔하고 색감이 있다.
- 철자는 정확하다.
- 지형도는 정확하다.
- 지도는 척도로 그려진다.
- 지도는 나침도를 포함한다.
- 군대는 정확하게 배치되어 있다.

점수 도구의 어떤 형식이 평가를 위해 사용될 것인가? (점수 도구를 위해 분리된 답지를 사용하라)

☐ 분석적 루브릭 ☐ 총체적 루브릭 ☐ 준거(수행) 목록 ☐ 체크리스트

그림 20-9

검사 7

3단계

백워드 설계 과정

1단계: 바라는 결과 확인하기	2단계: 수용 가능한 증거 결정하기	3단계: 학습 경험과 수업 계획하기
A ▸ 영속적인 이해 B ▸ 본질적 질문 C ▸ 지식과 기능	D ▸ 수행 과제 ● 수행 과제 청사진(D) E ▸ 퀴즈, 테스트, 단서 F ▸ 자발적인 증거 G ▸ 자기평가 ● 다른 증거들을 위한 설계(E, F, G)	H ▸ 학습 경험과 교수의 계열

학생들은 전체적인 단원 목표가 무엇인지, 무엇이 가장 중요하고, 왜 그러한지, 수행 요구는 무엇인지, 그리고 어떤 준거나 기준들이 그들 과업을 평가하기 위해 사용되는지를 알고 있는가?

수준 3 첫째로 일부 단시수업의 전개는 단원이 지향하는 것을 드러내지 않는다. 학생들은 분명히 과제, 준거, 그들의 이해가 결정되는 것에 의한 기준뿐만 아니라 단원 목표를 안다. 그들은 완전히 우선순위—무엇이 가장 중요하고, 왜 그러한지—를 염두에 두고 있다.

수준 2 학생들은 단원 목표 혹은 과제, 그들의 이해가 결정되는 것으로의 기준에 대해 분명하지 않다. 그들은 다소 우선순위—무엇이 가장 중요하고, 왜 그러한지—를 염두에 두고 있다.

수준 1 학생들은 그들이 해야 하는 것과 이유에 대해 불분명하다. 그들은 거의 단원 우선순위에 대한 감각이 없다. 그들은 과제, 준거, 기준을 오랜 시간이 지나고 나서야 이해한다.

단원이 향하고 있는 곳을 이해할 가능성이 높은 지표들

- 학생들은 수업이 향하고 있는 곳에 대해 질문하지 않는다.
- 학생들은 단원 우선순위를 말할 수 있다—가장 중요한 것과 그 이유
- 학생들은 평가를 위해 어떻게 준비하는지, 그리고 무엇을 연구할지를 안다.
- 학생들은 그들의 이해를 증명할 대안적 방법을 제안한다.
- 동료 검토자들은 단원이 향하고 있는 곳을 알지 못한다.

단원이 향하고 있는 곳을 이해할 가능성이 낮은 지표들

- 학생들은 다음의 질문을 한다.
  - –우리는 이것을 왜 하고 있는가? 단원이 향하고 있는 곳은 어디인가?
  - –이것은 설명인가? 나는 어떻게 하는가? 이것은 ________와 어떻게 관계 있는가?
  - –이것은 옳은가? 이것은 당신이 원하는 것인가?
- 학생들은 최고의 평가에 달하기 위해 무엇을 해야 할지를 모른다.

그림 20-10

검사 8

3단계

백워드 설계 과정

1단계: 바라는 결과 확인하기	2단계: 수용 가능한 증거 결정하기	3단계: 학습 경험과 수업 계획하기
A ▸ 영속적인 이해 B ▸ 본질적 질문 C ▸ 지식과 기능	D ▸ 수행 과제 ● 수행 과제 청사진(D) E ▸ 퀴즈, 테스트, 단서 F ▸ 자발적인 증거 G ▸ 자기평가 ● 다른 증거들을 위한 설계(E, F, G)	H ▸ 학습 경험과 교수의 계열

촉진적이며 자극적인 서두의 경험들은 단원에 일찍 제공되는가?
그리고 학생 흥미는 단원이 전개되는 것처럼 유지되는가?

수준 3 그 단원은 일찍이 사고를 자극하는 경험에 의해 자극받은 강력한 힘을 가지고 있다. 학생들은 보통 때보다 더 주의를 기울이고, 복잡한 아이디어에서는 보통 때보다 더 큰 관심을 가질 것 같다. 그들은 그들이 단원의 주요 아이디어에 대해 더 알기를 원하는 개방 활동을 통해 참여하게(혹은 당황하게) 될 것 같다. 단원의 전개는 높은 관심을 유지한다.

수준 2 토픽에 사고를 자극하는 것과 접근하는 입장으로 학생들을 고정시키려는 시도는 명백하지만, 그 시도는 너무 성인 흥미를 지향하거나 그 힘은 단원의 주요 아이디어에 너무 접해 있다. 혹은 개방적 힘은 창의적이고 자극적이지만, 그 단원은 학생 흥미를 유지할 것 같지 않다. 혹은 둘 다.

수준 1 첫 단시수업은 거의 학생들의 흥미를 유발하지 못한다. 학생들은 단원의 아이디어에서 높은 흥미를 나타내지 못한다. 단원은 전형적으로 직선형이고 예언할 수 있는 방법으로 펼쳐져 있다.

단원이 학생들에게 갖는 강력한 힘과 그들의 흥미를 끌 만한 지표들

- 단원은 이슈, 문제 혹은 이 시대 학생들을 위한 퍼즐을 설명한다.
- 단원은 그것이 개방적이고 펼쳐지는 것처럼 부족한 예언 능력을 새롭게 하고 있다.
- 단원의 연구는 처음의 궁금함과 지속적인 협상을 일으키기 위한 자극적인 신비 혹은 반직관적인 요소를 제공한다.
- 단원은 보통 때보다 학생들로부터 더욱 토의, 논쟁, 제안된 조사를 일으킬 것 같다.

단원이 학생들에 대한 매력적인 힘을 가지고 있지 않은 지표들

- 너무 많은 정보는 수수료를 지불하게 된다.
- 그 단원은 주제에 대한 매우 학문적인 출발점을 가진다. 그리고 매우 예측 가능한 전개를 가진다(교과서 내 다음 장을 가지고 시작하는 것처럼).
- 단원은 학생들을 더욱 주의 깊게 만들기 위해 명쾌한 시도나 엉뚱한 속임수로 나타나는 것으로 시작한다.

그림 20-11

검사 9	백워드 설계 과정		
	1단계: 바라는 결과 확인하기	2단계: 수용 가능한 증거 결정하기	3단계: 학습 경험과 수업 계획하기
	A ▸ 영속적인 이해 B ▸ 본질적 질문 C ▸ 지식과 기능	D ▸ 수행 과제 ● 수행 과제 청사진(D) E ▸ 퀴즈, 테스트, 단서 F ▸ 자발적인 증거 G ▸ 자기평가 ● 다른 증거들을 위한 설계(E, F, G)	H ▸ 학습 경험과 교수의 계열
3단계			

학생들은 자신들의 최고조의 수행을 통해 이해를 증명할 수 있도록 준비되어 있는가?
학생들이 핵심 아이디어를 탐색하는 것을 도와주기 위해 경험이 제공되고 있는가?

수준 3 단원은 설명적인 경험을 통해 핵심 아이디어를 충분히 탐색하기 위해 사실을 넘어서서 움직인다. 단시수업과 활동들은 목표된 이해를 증명하기 위해 학생들에게 최종 수행 과제를 효과적으로 준비시킨다.

수준 2 단원의 핵심 아이디어는 다소 피상적으로(교과서에서 나오는 방법 등) 다루어진다. 혹은 단시수업과 활동은 최종 수행 과제가 요구하는 모든 것을 위해 학생들을 철저히 준비시키지 않는다. 혹은 둘 다.

수준 1 단원은 토픽의 피상적이거나 추상적 취급을 넘어서지 않는다. 그것은 단지 회상(recall)에 대한 평가만을 충족시킨다. 혹은 단원은 학생들을 최종 수행 과제를 위해 적절하게 준비시키지 않는다. 혹은 둘 다.

단원이 적절하게 학생들을 준비시키는 지표들

- 교과서는 완전한 실러버스가 아닌 조사를 위한 자원으로써 다루어진다.
- 학생들은 수행 과제(학급 논의 전에 기본적 논의 기술에서 수업과 지도 등)를 완성하는 것에 따라 요구된 중요한 절차와 전략적 능력에서 가르쳐지고 안내된다.
- 학생들은 최종 수행을 위한 연습이나 실습할 기회가 주어진다.

단원이 적절하게 학생들을 준비시키거나 주요 아이디어의 심층적 조사를 허락하지 않는 지표들

- 교과서는 단지 이해될 내용의 원천이 될 것 같다. 단원 설계는 조사, 연구 혹은 질문을 거의 참조하지 않는다.
- 단원 설계는 학생들이 모든 필요한 수행 기술을 가질 것을 상상한다.
- 학생들은 연습이나 실습을 할 적절한 시간을 갖고 있지 않다.

그림 20-12

검사 10	**백워드 설계 과정**		
	1단계: 바라는 결과 확인하기	2단계: 수용 가능한 증거 결정하기	3단계: 학습 경험과 수업 계획하기
	A ▸ 영속적인 이해 B ▸ 본질적 질문 C ▸ 지식과 기능	D ▸ 수행 과제 ● 수행 과제 청사진(D) E ▸ 퀴즈, 테스트, 단서 F ▸ 자발적인 증거 G ▸ 자기평가 ● 다른 증거들을 위한 설계(E, F, G)	H ▸ 학습 경험과 교수의 계열
3단계			

피드백에 근거하여 학생들에게 핵심 아이디어를 재사고 하고, 학생들의 작업을 개정할 수 있는 기회를 제공하고 있는가?

수준 3 단원은 분명히 반복적 방법으로 학생들에게 학습과 조사가 일어나는 것처럼 핵심 아이디어를 재사고하도록 설계된다. 단원은 피드백이나 예상치 못한 결과에 기초하여 작업이나 수행을 개정할 기회를 세우게 된다. 결과와 수행을 성취하는 것은 재사고와 개정의 결과로서 더 깊은 이해를 드러낸다.

수준 2 단원은 학생들에게 다른 관점 혹은 수행의 전략을 고려하도록 물을지도 모르지만, 단원은 많은 재사고와 개정을 요구하지 않는다. 재사고하고 개정하기 위해 피드백을 얻고 사용하는 기회는 일어날지 모르지만, 그것들은 단원 설계에 통합적인 것이 아니라 개념적이다.

수준 1 단원은 단지 학생들에게 배운 것을 되돌려주기 위해 요구하는 내용을 통해 선형적 진보를 제공한다. 주요 아이디어는 직선적이고 문제 없는 것으로 이루어진다. 그러므로 재사고가 요구되지 않는다. 과업을 개정할 기회들은 부적절하거나 존재하지 않는다.

단원이 적절한 재사고, 연습 혹은 개정을 요구하는 지표들

- 나중의 활동과 탐구는 교사가 그렇게 하라고 말하지 않아도 재고하고 교정할 필요가 있는 관점이 있다는 것을 학생들이 인식하도록 일깨울 것이다.
- 단원 설계는 학생들에게 다른 인식에서 같은 아이디어를 검토하도록 허락한다.
- 학생들은 귀납적으로 몇 가지 핵심 이론이나 답을 구성하고 검토해야 한다.
- 학생들이 그들 과업의 자기접근이나 동료 과업 접근, 그리고 자기조절은 최종 수행 전에 요구된다.
- 학생들은 그들의 과업에서 같은 질문을 직면해야 한다.

단원이 많은 사고, 연습 혹은 개정을 요구하지 않는 지표들

- 단시수업과 그것의 계열은 교과서의 쪽수를 반영한다.
- 과업은 주로 학습된 것의 질문에 반대되는 것으로 지식과 기술의 연결을 요구한다.
- 단원은 자기평가와 자기조절을 지속할 기회를 제공하지 않는다.

그림 20-13

검사 11	백워드 설계 과정		
	1단계: 바라는 결과 확인하기	2단계: 수용 가능한 증거 결정하기	3단계: 학습 경험과 수업 계획하기
3단계	A ▶ 영속적인 이해 B ▶ 본질적 질문 C ▶ 지식과 기능	D ▶ 수행 과제 ● 수행 과제 청사진(D) E ▶ 퀴즈, 테스트, 단서 F ▶ 자발적인 증거 G ▶ 자기평가 ● 다른 증거들을 위한 설계(E, F, G)	H ▶ 학습 경험과 교수의 계열

학생들은 그들의 과업을 평가하고 다음 단계를 고려할 기회를 가지고 있는가?

수준 3 단원은 학생들에게 그들 작업의 질, 단원의 가치와 의미, 논리적인 다음 단계(단원에서 드러난 이슈를 추구하거나 필요한 기술 개발을 확인하는 것 등)를 위한 계획을 고려할 기회를 제공함으로써 절정을 이룬다.

수준 2 단원은 학생들에게 최종적인 자기평가를 할 기회를 제공함으로써 절정에 이른다. 그러나 작업의 의미에 대한 보다 큰 질문과 미래의 탐구와 기술 개발에 대한 가능한 계획은 다루지 않는다.

수준 1 단원은 자기평가와 장래 계획을 위한 비형식적 기회로 끝난다.

단원이 자기평가를 위한 적절한 기회를 제공하는 지표들

- 적어도 '전체 수업은 그래서 무엇인가?', '지금 무엇인가?'와 같은 질문을 제기하고 다룬다.
- 학생들은 단원의 결과로써 개선 계획을 하도록 요구받고, 교육과정은 그들에게 그 계획을 실천하도록 허락한다.

단원이 자기평가를 위해 적절한 기회를 제공하지 않는 지표들

- 단원은 그 검사의 날에 끝난다.
- 학생들은 단원에서 공식적으로 그들의 작업에 대해 자기평가할 것을 요구받지 않는다.
- 결과에 관계없이 그 코스는 계속하여 움직인다.

그림 20-14

검사 12	백워드 설계 과정		
	1단계: 바라는 결과 확인하기	2단계: 수용 가능한 증거 결정하기	3단계: 학습 경험과 수업 계획하기
3단계	A ▸ 영속적인 이해 B ▸ 본질적 질문 C ▸ 지식과 기능	D ▸ 수행 과제 ● 수행 과제 청사진(D) E ▸ 퀴즈, 테스트, 단서 F ▸ 자발적인 증거 G ▸ 자기평가 ● 다른 증거들을 위한 설계(E, F, G)	H ▸ 학습 경험과 교수의 계열

단원은 논리적인가, 그리고 학생들의 관점과 일치하는가?

수준 3 학생들은 단원의 논리성을 본다—수업과 활동들이 어떻게 연결되고 함께 흐르는지. 그들은 단원이 질문을 그리고 수행 과제를 적절히 성취하는 주요 아이디어에 초점을 둔다는 것을 이해한다. 대부분 학생은 분명히 가장 중요한 것이 무엇인지, 그리고 수업과 활동은 중요한 아이디어나 수행 과제를 성취하는 방향으로 어떻게 지도되는지를 안다.

수준 2 수업과 활동의 계열은 비록 그 계열이 성인의 관점에서 의미 있다고 할지라도 학생들에게는 비논리적이 될 수 있다. 그 수업은 논리적으로 계열화되지만, 이해 그리고 수행 과제를 성취하는 것과 관련해서 분명한 것은 어떤 것도 없다. 학생들은 가장 중요한 것이 무엇인지 혹은 그들이 왜 하고 있는지, 그들이 무엇을 하고 있는지에 대해 반드시 분명하지 않다.

수준 1 수업과 활동의 계열은 학생들에게 혼란스럽고, 불완전하며, 비논리적이 될 것 같다. 수업과 활동은 연결되지 않은 모양으로 함께 엮어지는 것 같다—주요한 아이디어의 총괄이나 수행 과제를 성취하는 방향으로 나아가지 않고서 대부분 학생은 가장 중요한 것이 무엇인지 혹은 그들이 왜 하고 있는지, 그들이 무엇을 하는지에 대해 분명한 생각을 가지고 있지 않다.

단원 설계가 학생들의 관점과의 일치성을 결여하고 있다는 지표들

- 대부분 학생은 수동적이거나 목적 없는 행동을 보여 준다.
- 교사는 규정적으로 왜 이것을 하고 있는지를 듣는다.
- 학생들은 최종 수행 과제로 준비되지 않거나 놀라게 된다.
- 단원의 논리는 개방적 이야기를 말할 것 같지 않거나 학생들을 유능하게 느끼게 하고 목표 지향적으로 만들기 위한 필요성에 유의할 것 같지 않다.
- 단원은 유의미한 방식으로 내용을 의미 있게 만들고 사용하기 위한 학생들의 요구에 의한 것보다 피상적 학습의 목표에 따라 운영된다.

MODULE 21 동료평가

교수활동을 전문으로 하는 우리 분야에서는 교사가 설계한 단원과 평가에 대해
이러한 비판적 수준의 검토를 해야 한다고 좀처럼 생각하지 않는다.
그럼에도 불구하고 우리는 설계 기준에 의해 안내되고 구조화된 동료평가가
교사들과 자신들의 설계에 모두 유익하다는 것을 발견하였다.
-Wiggins & McTighe, 1998, p. 179

모듈 이용하기

동료평가의 주된 목적은 그들의 단원 설계를 개선시키는 것을 돕기 위해 설계자들에게 피드백을 제공하는 것이다. 또한 다른 이익도 있다. 동료평가 세션에 참여한 사람은 규칙적으로 동료와 함께 교육과정과 평가 설계를 공유하고 토의하는 기회의 가치에 대해 코멘트한다. 우리는 그러한 세션이 전문성 개발에 강한 접근을 제공한다고 믿는다. 왜냐하면 그 세션은 교수와 학습의 핵심에 초점을 두기 때문이다. 이 단원에서 무엇이 이해할 만한 가치가 있는가? 학생들이 정말로 이해하고 배운 것을 사용할 수 있는 증거로서 무엇이 중요한 것인가? 어떤 지식과 기술이 의미 있는 방법으로 그들의 이해를 성취하고 적용하도록 교수되어야 하는가? 과정의 이익에 더하여 생산의 질은 교사가 개선을 위한 그들의 설계와 제안의 장점에 대한 지침과 피드백을 사용하는 단원 설계를 개정할 수 있을 때 확장된다. 동료평가는 대안 설계 모델— '아이고! 나는 결코 문제를 가진 이 단원을 시작하는 것에 대해 생각해 보지 않았다. 나는 다음 번에 내가 이 단원을 가르치려고 노력할 거야' —을 알 수 있는 기회를 제공한다.

동료평가 과정

이 부분에서 우리는 그들의 단원 설계에 대한 동료평가에 교사를 포함시키는 과정을 기술한다. 이 평가는 설계 기준과 거기에 동반되는 검사에 근거를 두고 있다(설계 기준과 검사를 위한 모듈 20을 보라).

활동 1: 설계자 없는 평가

① 설계자는 단원의 간단한 개관을 평가집단에게 제공하고, 설계자가 피드백 활동에서 강조되기를 바라는 이슈를 설명한다(활동 2). 그러고 나서 설계자는 평가집단을 떠난다.

② 평가자는 백워드 설계의 단계에 따른 구체적인 검사와 설계 기준을 위한 단원 설계 준거를 평가하고 토의한다.

③ 평가자는 개별적으로 단원을 읽고 단원 자료를 검토한다(템플릿, 루브릭, 광고 등).

④ 평가자는 조용히 설계의 장점을 평가하고, 그런 뒤에 개선—평가자 취향이 아닌 특별한 설계 준거와 관련하여—을 요구하는 영역을 평가한다.

⑤ 각 평가자는 전체 평가집단이 설계를 토의하기 전에 개선을 요구하는 설계의 장점과 영역을 요약하면서 단원 설계(〈워크시트 21-1〉)를 위한 개별 검토 형태를 완성한다.

⑥ 평가집단은 개별 반응을 토의한다.

⑦ 평가집단은 집단의 핵심 피드백과 지침을 요약하면서 단원 설계(〈워크시트 21-2〉)를 위한 집단 평가 형태를 완성한다. 평가자는 적절히 검사나 설계 기준을 사용한다며 단원을 평가한다.

활동 2: 설계자와 함께하는 평가

① 평가집단은 역할(계시원과 중재자)을 확립하고 집단 피드백과 안내를 위한 구체적인 시간 틀을 설정한다. 중재자의 핵심 임무는 우아한 것이지만, 설계자가 주의 깊게 듣는(방어 대신에) 것을 확실히 해야 한다.

② 설계자는 논거를 정교하게 하거나 의도, 역사, 선택에 대한 이유를 정당화함이 없이 단지 요청된 것처럼 기술적이거나 논리적인 이슈를 분명히 한다. 그 설계는 가능한 많은 것을 스스로 세워야 한다.

③ 평가자는 참고로 설계 기준을 사용하면서 표적 성취, 평가, 학습과 교수의 설계 사이의 조화(부조화)에서 그들의 코멘트에 대한 기초를 분명히 하고 피드백을 준다. 질문이나 잠정적 형태로 가능한 조화에 대한 피드백을 말로 표현하는 것은 적절할지 모른다. 예를 들면, '우리는 특정 목표에 따라 평가 과제의 타당성에 대해 궁금해하거나' '만약 당신의 목적이 비판적 사고라면 평가는 회상 이상을 요구하지 않는 것 같다.'

④ 평가자는 그들이 의도와 효과 사이에서의 차이 혹은 설계의 목적이나 실행에 대한 혼동을 인식

하는 각 영역에서 지침을 제공한다. 지침은 평가자의 취향이나 단원에 대한 목표를 대체하는 것이 아니라 설계자의 의도를 개선해야 한다.

⑤ 설계자는 주목하면서 기록하고 명료화하는 질문을 하며, 가능한 암시에 대해 생각하면서 혼자 중얼거린다.

⑥ 피드백과 가이던스 세션 이후에 집단과 설계자는 평가가 제기하는 일반적 설계 수업과 질문을 토의하기 위해 디브리핑 세션을 갖기를 원한다. 피드백과 가이던스 세션 동안 일반적 설계 질문, 이슈 그리고 딜레마는 디브리핑 토론을 위해 언급되어야 한다.

효과적인 동료평가를 위한 팁

평가자는 우호적으로 설계자를 정직한 상담자(비평적 친구)로 간주해야 한다. 평가자의 임무는 두 가지다. 첫째는 유용한 피드백을 부여하는 것이다—효과는 의도와 연결되는가? 둘째는 유용한 지침을 부여하는 것이다—의도와 효과의 차이는 어떻게 제거되는가? 설계는 어떻게 개선되는가?

설계자의 의도는 검토에 기초한다. 목적은 그것을 평가자의 교수 우선순위, 스타일 혹은 선호하는 설계 활동으로 대체하는 것이 아니라 설계자의 아이디어를 개선하는 것이다. 평가자의 성공을 판단할 핵심 준거는 설계를 동료가 이해하고 비평과 토의를 통해 개선(타당성)하도록 하는 것을 설계자가 느끼는 것이다.

동료평가를 계획하고 수행할 때 다음 지침을 고려하라.

① 평가자는 설계자의 진술된 의도를 설명하거나 요약함으로써 시작해야 한다.

② 최고의 피드백은 단원의 요소가 어떻게 만들어졌는지 혹은 설계 준거와 맞서지 않는지 자세하게 기술한다. 글과 구두의 피드백은 검사나 설계 기준(모듈 20 참고)에 근거해야 한다.
- 평가 계획은 목표로 삼은 이해의 타당한 증거를 제공할 것인가?
- 단원 질문은 적절하게 활동과 평가의 설계로 통합되는가?
- 제안된 단시수업이 성공적인 수행을 위한 모든 학생, 특히 연약한 학생에게 학문이나 소양을 갖추게 할 것인가?

③ 설계자들은 전형적으로 설계가 정말로 그러한 것보다 더욱 자명하다는 것을 인정한다.
- 당신은 무엇을 할지 아는가?
- 단원의 흐름은 명백한가?
- 당신은 어떻게 평가되고 당신의 수행은 어떻게 판단되는지 명확한가?
- 당신은 과업의 목적을 아는가?

④ 평가자는 설계가 설계 준거를 가장 잘 준수하는 곳을 강조하고, 그 설계가 그러한 기준을 어떻

게, 어디서 충족시키는지를 자세하게 기술함으로써 피드백 세션을 시작해야 한다.

- '당신의 과제는 진실하다. 이것은 과학자가 일상적으로 하는 작업의 종류다. 제한은 현실적이다.'
- '단원은 WHERE 내의 W를 효과적으로 존중한다. 이전 학생 과업의 분석으로 시작하고 루브릭을 함께 개발함으로써 당신의 설계는 학생들이 단원에서 그들에게 기대하는 것을 알도록 하는 것을 분명히 한다.'

⑤ 설계 내의 문제에 대해 피드백을 제공하는 것은 항상 어려운 일이지만 확고한 선언보다는 질문이나 조건적 반응으로써 그것을 캐스팅함으로 보다 쉽게 이루어진다. 비평적 코멘트를 시작하기 위한 유용한 문구는 다음을 포함한다.

- '우리는 ~의 타당성에 대해 약간의 질문이 있다.'
- '나는 ~사이의 연결을 찾는 데 힘들었다.'
- '우리는 ~의 목적에 대해 확실하지 않다.'
- '당신의 목적이 ~하다면 나는 학생들이 아는 것에 대해 관심이 있다.'

다음 형태의 문구를 사용하는 것을 피하라.

- '우리에게 ~은 명확하지 않다.'
- '당신의 평가는 ~을 의미 없게 한다.'
- '아이들은 결코 ~아닐 것이다.'

⑥ 동료평가 토론 중에 설계자의 역할은 일차적으로 청취자와 노트 기록자의 역할임을 기억하라. 설계자는 자신의 단원 설계를 설명하고, 방어하고 정당화하는 것을 피해야 한다.

오개념 주의 하기!

동료평가의 목적은 동료의 작업에 대해 가치를 판단하는 것이 아니라, 유용한 피드백과 지침을 제공하는 것이다. 일반적으로 피드백과 지침 사이의 구분을 오해하고 있다. 흔한 말투에도 불구하고 피드백은 거의 누군가가 그것에 대해 어떻게 느끼는지 혹은 변화되는 것이 무엇인지가 아니라 일어난 것을 묘사한다.

이런 오개념의 결과로 동료평가에서 흔한 실수는 동료평가 과정이 다르게 수행해야 할 것에 관한 충고를 제안하는 것을 의미한다는 점을 가정하는 것이다. 그러한 충고는 설계자가 왜 충고가 제공되는지를 이해하도록 하기 위해서 정확하게 설계의 장점과 단점—설계 기준에 근거한—을 기술하는 것보다 훨씬 덜 중요하다.

Bob James의 반성

이것은 동료평가에 대한 나의 첫 경험이고, 나는 그것이 매우 유익하다는 것을 알았다. 나는 영양 단원에서 유익한 피드백을 받았고, 그것을 개정할 많은 특별한 아이디어를 받았다. 예를 들면, 한 교사는 나의 이해를 위해 잘 운영할 수행 과제를 제안했다—USDA 음식 피라미드는 관련 있는 지침을 제공하지만, 음식 요구는 개별 요구에 따라 다양하다. 과제는 학생들에게 그들 음식(특히 Ms. Spratt' s)의 잠정적 건강 위험을 설명하고, 각 사람들의 요구에 근거한 더욱 균형 잡힌 식단(1주 동안)을 제안하면서 Mr. and Ms. Jack Spratt에게 한 통의 편지를 쓰도록 요구한다. 나는 그 검토에서 이익을 얻었을 뿐만 아니라 내 친구 교사에게 유익한 피드백과 지침을 제공받았다고 믿는다.

검토 후에 우리 몇몇은, 만약 우리가 동료와 함께 그러한 풍부한 토의를 위한 기회를 많이 가질 수 있다면 우리가 근무해야 하는 시간은 더욱 소중할 수 있다는 것을 설명하고 있었다.

워크시트 21-1

단원 설계에 대한
개별 평가
양식

백워드 설계 과정

1단계: 바라는 결과 확인하기	2단계: 수용 가능한 증거 결정하기	3단계: 학습 경험과 수업 계획하기
A ▸ 영속적인 이해 B ▸ 본질적 질문 C ▸ 지식과 기능	D ▸ 수행 과제 ● 수행 과제 청사진(D) E ▸ 퀴즈, 테스트, 단서 F ▸ 자발적인 증거 G ▸ 자기평가 ● 다른 증거들을 위한 설계(E, F, G)	H ▸ 학습 경험과 교수의 계열

평가자: 단원 제목: 날짜:

장점(설계 준거에서 참조)

-
-
-
-
-

개선이 요구되는 영역(설계 준거에서 참조)

-
-
-
-
-

워크시트 21-2

단원 설계에 대한 개별 평가 양식	백워드 설계 과정		
	1단계: 바라는 결과 확인하기	2단계: 수용 가능한 증거 결정하기	3단계: 학습 경험과 수업 계획하기
	A ▸ 영속적인 이해 B ▸ 본질적 질문 C ▸ 지식과 기능	D ▸ 수행 과제 ● 수행 과제 청사진(D) E ▸ 퀴즈, 테스트, 단서 F ▸ 자발적인 증거 G ▸ 자기평가 ● 다른 증거들을 위한 설계(E, F, G)	H ▸ 학습 경험과 교수의 계열

평가자: 단원 제목: 날짜:

피드백: 설계의 의도 대 설계 효과 및 평가 준거에 관한 코멘트

-
-
-
-
-

가이던스: 피드백에 근거한 충고, 즉 어떤 개정이 준거를 충족시키는 설계를 가능하게 할 것인가?

-
-
-
-
-

| 용어 해설 |

간접적 검사(indirect test) 규범적인 맥락 이외에서 수행을 측정하는 검사. 정의에 따르면, 어떤 복잡한 수행(읽기, 쓰기, 문제 해결)의 다지선다형 검사는 간접적이다. ACT와 SAT의 결과는 신입생 성적의 평균과 관련되어 있기 때문에 대학에서 시험 합격자에게 적당한 간접적인 평가 방식이다. 정의에 따르면, 간접적 검사는 직접적 검사보다 신빙성이 적다. 그러나 수행의 간접적 검사는 만약 정의에 따라서 그 검사가 타당하다고 하였을 때 그 결과는 직접적 검사 결과와 관련하여 타당하게 될 수 있다.

개념(concept) 정신적인 구조나 범주는 단어나 구문에 따라서 기술된다. 개념은 실체적인 사물(예를 들어, 의자, 토끼) 및 추상적인 아이디어(예를 들어, 민주주의, 용기)를 모두 포함한다. 무엇보다도 중요한 이해는 개념에서 나온다.

개방적 질문(open-ended question) 과제나 질문을 기술하기 위해 사용한 용어는 유일한 옳은 대답을 유도하지는 않는다. 이것은 모든 대답이 동일한 가치를 가지고 있다는 것을 함의하지는 않는다. 오히려 수용 가능한 많은 차별적인 대답이 가능하다는 것을 함의한다. 그래서 그러한 대답은 '정당화'되거나 '그럴듯한' 것이나 '잘 정의된' 것으로 '올바른' 것과 대비를 이룬다. 예를 들어, 에세이 검사 질문은 개방형인 반면, 선다형 검사는 설계되지 않는다.

결과(result), 바라는(desired) **바라는 결과**를 참고하라.

결과로서 생기는 지식과 기능(resultant knowledge and skill) 지식과 기능은 학습 단원의 결과를 의미하는 것이다. 목표로 정해진 이해 위에 교사들은 다른 바라는 산출을 확인한다(예를 들어, '듣기에서 기능'). 결과로 생기는 지식과 기능은 **선수 지식 및 기능**과 차이가 있으며, 단원으로 목표를 삼고 있다. 선수 지식은 '단원의 목표를 달성하기 위해서 필요로 하는 것이 무엇인가?'가 된다. 예를 들어, 역사적인 역할연기에서 절정에 달하는 단원의 선수 지식은 사람들을 기술한 생물학적인 사실을 포함하고, 선수 기능은 역할연기를 할 수 있는 능력이다. 설계자는 UbD를 이용하여 1단계에서 결과로 생기는 지식과 기능을 확인하고, 학습 계획에서 3단계로 선수 지식을 만든다.

공감(empathy) 이해의 여섯 **측면** 중 하나. 공감이란 '다른 사람의 입장에서' 이해하는 능력으로, 타인의 감정을 파악하는데 자신만의 감정적 반응을 피하기 위한 것이며, 이해라는 용어의 가장 공통적인 구어체적 사용의 핵심이다. 다른 사람, 민족 혹은 문화를 '이해하고자' 할 때, 우리는 공감하고자 애쓴다. 공감은 단순한 감정적 반응이 아니고, 연민이나 동정이 아니다. 누군가의 관점으로부터 세상(혹은 텍스트)을 이해하기 위한 학습된 능력이다. 다른 사람들이 보고 느끼는 것처럼 보고 느끼기 위해서 자신의 상상력을 이용하는 훈련으로, 다른 어떤 것이 가능하도록, 더욱이 바라는 것으로 상상하는 것이다. 공감은 **관점**(perspective)과 동일한 용어가 아니다. 관점으로 어떤 것을 보는 것은 보다 더 객관적으로 보기 위해서 자기 자신을 분리하여 거리를 두고 비평적으로 보는 것을 포함한다. 공감은 통찰, 경험, 그리고 주관적이거나 미적인 실제를 기초로 한 감정을 포함한 다른 사람의 세계관 안에서 보는 것을 포함한다. 이 용어는 청중이 연구나 예술의 수행을 이해하기 위해 해야 하는 것을 기술한 독일 학자 Theodor Lipps가 만들었다. 공감은, 비록 그들이 당혹스럽거나 어리둥절하게 보일지라도, 다른 사람의 아이디어나 행동을 그럴듯하고 분별 있거나 의미 있는 것으로 발견하는 신중한 행동이다. **적용**, **설명**, **해석**, **관점**, **자기지식**을 참고하라.

과정(process) 평가의 맥락에서 학생들이 최종 수행에 도달하는 중에 밟게 되는 중간 단계이거나 평가를 통해 구체화된 최종 결과물이다. 그러므로 과정은 주어진 과제를 완전하게 하는 데 이용되는 모든 전략, 결정, 부가적인 기능, 미완성된 초안, 그리고 리허설을 포함한다. 최종 수행이나 산출을 유도하는 과정을 평가하도록 요청받았을 때 평가자는 때때로 학생들의 중간 단계나 최종 결과로부터 그들의 과정에 대해서 나타낼 수 있는 독립된 것을 분명하게 판단하도록 요청한다. 예를 들어, 집단 내에서 활동하기 위한 학생들의 능력을 평가하거나, 집단이나 개인적인 집필자의 결과물을 산출하는, 최대한 독립적인 연구 프로젝트의 선수 집필의 요소로써 개요를 준비하는 것이다. 강조할 점은 어떻게 학생들이 거기에 도달하는지는 고려하지 않고 최종 산출이나 수행이 설정된 기준에 맞아야 한다는 것에 있다.

관점(perspective) 이해의 여섯 **측면** 중 하나. 그럴듯한 관점을 가지고 다른 사람을 보는 능력이다. 이것은 이해가 그 순간의 관점과 열정에 사로잡혀 가질 수 있는 회피로, '무엇을 알고 있는가?'로부터 멀어지도록 하는 것을 함의한다. **적용**, **공감**, **설명**, **해석**, **자기지식**을 참고하라.

교육과정(curriculum) 문자 그대로 '달리기 위한 코스'다. UbD에서 이 용어는 분명하고 포괄적인 계획이 내용과 수행 기준에 기초한 프레임워크를 경이롭게 발전시킨다는 것을 언급한다.

기준(standard) '기준은 무엇인가?'의 물음은 숙달되거나 효과적인 것으로 간주되어야 하는 내용을 기초로 한 과제의 종류에서 학생들이 어떻게 잘 수행해야 하는지를 질문하는 것이다. 이런 식으로 상이한 질문을 각각 기술하는 세 가지 종류의 기준이 있다. 내용 기준은 '학생들이 알아야 하고.할 수 있는 것은 무엇인가?'라는 질문에 대한 대답이고, 수행 기준은 '어떻게 학생들이 그들의 활동을 잘하는가?'라는 질문에 대한 대답이며, 설계 기준은 '학생들은 어떤 가치 있는 활동과 직면하게 되는가?'라는 질문에 대한 대답이다. 대부분의 주의 문서는 단지 내용 기준만을 확인하였다. 또한 몇몇 주에서는 모범적이거나 적절한 것(전형적으로 표준화 검사를 통해서 측정되는)으로 간주되는 성취 단계나 구체적인 결과로 수행 기준을 확인한다. 또한 UbD는 교사가 확실한 단원과 불확실한 단원을 구별하는 것으로 기준과 준거로, 과제 자체의 질과 관련된 **설계 기준**을 확인하고 강조한다. 혼돈은 기준의 다양한 종류 때문에 풍부해진다. 더욱 혼돈스러운 것은 기준이라는 단어는 때때로 높은 기대의 동의어로 사용된다는 것이다. 다른 경우에는 어떤 사람이 성취할 수 있는 최상의 수행이나 산출로, 벤치마크를 위한 동의어로 사용된다. 그리고 대규모 검사에서 기준은 종종 암암리에 최저의 합격선을 말하는 최소한의 기준을 의미한다. 또한 우리가 종종 듣는 기준은 마치 그들이 일반적인 지침이나 원리인 것처럼 논의된다. 마지막으로 기준은 일상적으로 수행을 판단하기 위한 준거와 혼동된다(많은 사람은 루브릭이 평가를 위해 충분하다고 그릇되게 믿고 있다. 그러나 종종 모범 작품이나 보기에 따라서 실제적으로 만들어지는 분명한 수행 기준은 필수적이다).
기준 중심의 교육에 관해서 이야기할 때 교사들은 관점의 수를 고려해야 한다. 첫째, 일반적인 의미에서 그들은 기대와 기준이 혼동되지 않도록 주의해야 한다. 수행 기준은 시도하는 모든 사람과 잘 훈련된 모든 사람이 도달할 수 있는 필수적인 것을 뜻하지는 않는다. 수행 기준은 기대(expectation)로 간주되는 경우가 더 낫다. 기준은 극소수의 사람이나 어떤 사람이 그것을 충족시키든 그렇지 않든 간에 가치 있는 것으로 남겨진다. 그것은 만약 그들이 교사(높은 기대를 가지고 있는)로부터 훌륭한 교수를 지속하고 가지게 된다면, 훌륭한 구성원의 학생들이 그것을 충족할 수 있을 뿐만 아니라 충족해야 한다는 것으로, 높아지거나 '도달하는' 것이 일어나는 기대와는 매우 다르다. 둘째, 평가에서 수행 기준은 '전형적인(exemplary)' 모범적 수행이나 일부 상세화된 혹은 분리된 채점에 따라서 대체로 설정된다. 4분 마일, Malcolm Baldrige Award winning compaies, Hemingway의 작품, Peter Jenning의 구두 발표인 광범위한 세상의 벤치마크를 고려하라. 비록 적은 수의 학생 수행자들이 그러한 기준을 충족하게 되겠지만, 그들은 여전히 프로그램과 평가를 계획하는 가치 있는 목적이다.

학교 검사는 좀처럼 그러한 전문적인 벤치마크를 사용한 수행 기준을 설정하지 않는다(비록 그러한 보기가 **루브릭**을 위한 **준거**의 자원으로서, 교수 모델로서 제공되더라도). 전형적으로 학교 기준은 '이정표'나 '시대에 적절한' 기준으로 불리는 수행의 보기나 동료 중심의 모범 작품의 선택을 통해서 설정된다. 그러한 활동 샘플들의 보기를 선택하는 것은 사실상 기준을 설정하는 것이다. 그래서 주요한 평가의 질문이 생긴다. 어디에서 학생 활동의 샘플이 생겨야 하는가? 무엇이 타당한 선정이 되도록 하는가? 그리고 어떻게 교사들이 광범위한 세상에 대한 학교의 기준과 성인의 기준을 관련짓는가? 전형적으로 어떤 교사들이 총괄적으로 학생집단이 검사되는 것으로부터 이용할 수 있는 최상의 활동을 선택하는가? (그러나 UbD의 제안자들은 유용하고 광범위한 목표로 제공되고 지속적인 피드백을 안내하기 위해, 보다 향상되고 경험 있는 학생들로부터 발생한 모범 작품이 학생들에게 제공될 필요가 있다고 믿는다.)

세 번째 기준은 수행을 판단하기 위해서 사용된 준거와는 다르다. 높이뛰기나 설득적인 에세이를 위한 준거는 학생의 나이나 능력을 문제시하지 않고 다소 고정되어 있다. 성공적이도록 하기 위한 모든 높이뛰기는 바가 높여야 하는 동일한 준거에 충족해야 한다. 쓰기에서, 모든 설득적인 에세이는 적절한 증거와 효과적인 이유를 사용해야 한다. 그러나 바가 얼마나 높이 있어야 하는가? 얼마나 정교하고 엄격하게 논쟁이 이루어져야 하는가? 그것은 기준에 관한 질문에 있다(전형적으로 루브릭에서 상이한 단계를 위한 기술은 준거와 기준 둘 다를 포함하고 있다). 그러나 기준은 비록 규준들이 시대에 적절한 기준을 결정하기 위해서 사용되더라도 규준이 아니다. 전통적으로 수행 기준은 소위 채점을 구분하거나 분리하는 것으로 부르는 것을 통해서 최소한으로 수용 가능한 수행 단계로 결정하여 실행되어 왔다.

전형적으로 교실에서의 등급 매기기와 주에서 실시하는 검사들에서 60점은 수행의 최소한의 기준으로 간주된다. 그러나 검사 설계자들은 방어할 수 있는 통과 점수(defensible cut score)를 설정하도록 좀처럼 요구받지는 않는다. 최초에 60은 통과이고 59는 실패하는 것으로 지정하는 것은 임의적인 것으로, 소수의 검사들은 59와 61은 중요하고 질적인 차이가 나타나도록 하기 위해서 설계되었다. 그래서 기준을 구분점(cutoff point)으로 생각할 때, 그것은 너무나 쉬워서 준거-참조 채점 시스템인 것이 규준-참고 채점 시스템으로 변화될 수는 없다. 그래서 내용 기준을 개선하는 것은 수행 기준을 필수적으로 끌어올리지 못한다. 내용은 투입을 의미하고 수행은 산출을 의미한다.

내용 기준은 학생들이 마스터해야 하는 특정한 지식을 진술한 것이다. 수많은 현재의 개혁은 투입이 산출을 필수적으로 개선시키게 될 것이라는 것을, 개선을 가정하고 있다. 그러나 이것은 분명한 거짓이다. 우리는 요구되는 교수요목에서 학생들로부터 여전히 형편없는 수준의 작품을 받을 수 있다. 사실, 단기간에 내용 기준만을 제안함으로써 더 형편없는 수행을 획득하기를 기대하는 것은 합당한 것이다. 학습한 것에 대한 어려움에 관해 단지 상위 수준의 기준만을 설정하는 것은, 만약 다른 요소들(작업에 소요되는 교수와 시간)이 일관되게 남겨진다면, 학생들로부터 더 많은 좌절을 야기할 것이다. 타당하고 유용한 수행 기준을 설정하는 것에서 요구되는 주요 질문은 학생들이 어떤 수준의 수행에서든지 '적절하게 자격이 주어지거나 증명되는가?'임에 틀림없다. 그래서 기준을 적용하고 시행하는 것에 관한 효과적인 해결책은 내부 교사와 학교 기준을 외부 세계, 즉 폭넓은 벤치마크에서 어느 정도 동등하고 가치 있는 성취 수준과 동일하다고 보는 것이다. 따라서 채점을 하는데 실질적인 내용과 안정성, 신뢰성을 제공하게 된다. 이것은 직업, 음악, 운동에 관련된 공통된 특징이고 학습의 다른 수행을 기초로 한 형태들이다.

내용 기준(content standard) **기준**을 보라.

단서(prompt) **학술적 단서**를 참고하라.

단원(unit) 간략하게 말하자면, '학습 단원(unit of study)'이다. 단원은 날이나 주를 교차하여 코스나 스트랜드에서 통일된 활동의 덩어리를 나타내는 것이다. 한 가지 예로, 살아 있는 생물의 일생(코스), 3학년 과학(교과), 과학(프로그램)에 해당하는 것으로 이것들은 자연환경과 적응에 관한 단원이다. 비록 무엇이 하나의 단원인지를 의미하는 정확하고 고정된 준거가 없지만, 교사들은 일반적으로 단시수업과 전체적인 학습 단원 사이의 범위에서 대략 전체 주제로 단원을 생각하고 있다. 즉, 주요한 주제(예를 들어, 미국의 독립전쟁)나 과정(예를 들어, 과정 연구)에 중심을 두고 적어도 며칠이나 몇 주 사이에 지속되는 것이다.

루브릭(rubric) 준거에 기초한 채점 가이드는 학생들의 활동에 관해서 신뢰할 만한 판단을 하기 위해서 판단할 수 있게 하고 학생들이 자기평가를 할 수 있게 한다. 루브릭은 수행의 한 가지나 그 이상의 특성을 평가하며, '확인된 결과를 위한 이해나 숙달은 무엇처럼 보이는가?'에 대한 질문에 대답한다. **분석적 특성의 채점**을 참고하라.

명제(proposition) 개념 사이나 개념 간에 관련성을 기술하는 문장이다. UbD는 이해의 목표가 단지 주제나 내용 기준을 언급하는 말이 아니라 이해되어야 하는 구체적인 명제로서 구성되어야 한다는 것을 제시하고 있다. 명제는 원리, 일반화, 원칙, 그리고 법칙을 포함한다.

모범 작품(anchors) 연구나 수행의 예시들은 루브릭의 각 단계를 위한 구체적인 수행 기준을 설정하는 데 이용된다. 예를 들어, 쓰기에서 6단계의 수행을 기술하는 단락에 첨부된 것은 두 개 혹은 세 개의 6단계 수행을 묘사하는 쓰기의 예시가 된다(상위 채점을 위한 '실례'로 불리기도 한다). 모범 작품은 신뢰도를 채점하는 데 중요한 기여를 한다. 모범 작품이 없는 루브릭은 전형적으로 너무 애매해서, 판단과 수행자같이 분명한 기준을 설정할 수가 없다. '정교하고 설득적인'이나, '통찰력 있는 수학적인 결론'의 의미는 만약 교사를 명확하고 안정된 정의를 제공하는 연구의 사례들을 가지고 있지 않다면 빈약한 의미를 가진다. 모범 작품은 또한 질적인 연구의 실제적인 모델을 제공함으로써 학생들을 지지한다.

목표(target), 성취(achievement) **성취 목표**를 참고하라.

바라는 결과(desired result) 구체적인 교육 목표와 성취 목표. UbD에서 1단계는 모든 바라는 결과로 요약된다. 공통된 동의어로 표적(target), 목표(goal), 명세 목표(objectives)와 의도된 결과(intended outcome)를 포함한다. 교육에서 바라는 결과는 일반적으로 다섯 가지가 있다. 첫째, 사실적이고 규칙에 기초한 서술적인 지식(예를 들어, 명사는 사람, 장소 혹은 사물의 명칭이다), 둘째 기능과 과정(예를 들어, 원근법을 표현하고 주제를 연구하는 것), 셋째 아이디어, 사람, 상황 그리고 과정 속에서의 추론으로부터 도출된 통찰, 이해(예를 들어, 가시광선은 전자 스펙트럼 안에서 매우 작은 선으로 보인다), 넷째 성질(예를 들어, 내구성, 애매함에 대한 내성), 다섯째 태도(예를 들어, 가치 있는 여가시간을 추구하는 것과 같은 읽기의 감상)이다. 비록 그들이 복잡한 학습을 포함하고 있지만, 바라는 결과는 측정 가능한 용어로 역할을 하고 있음이 틀림없다. 다시 말해서 타당한 평가는 학습자의 활동이 그 목표를 도달하는지에 대한 정도를 측정하기 위해서 설계된다. **성취 목표**를 참고하라.

반복적인(iterative) 앞선 연구는 지속적인 개정을 필요로 한다. 그래서 반복적인 접근은 직선이나 단계적인(step-by-step) 과정과 반대된다. 반복상의 동의어로는 순환적인, 순회하는, 연속적인 것이 있다. 교육과정의 설계 과정이 항상 반복적이라는 것은 설계자가 설계의 각 요소로 활동을 하면서 그들이 후에 무엇을 할지, 어떻게 그것을 평가할지, 그리고 어떻게 그들이 그것을 가르칠지에 관해서 그들의 처음 아이디어를 개정하는 것을 계속하는 것이다. 그들은 학습에서 발생하는(혹은 발생하지 않는) 최근의 설계와 결과의 관점에서 앞선 단원과 수업을 재고하는 것이다.

백워드 설계 혹은 역방향 설계(backward design) 백워드 설계란 마지막을 염두에 두고 시작해서 결과를 향해 설계하는 것으로 교육과정이나 단원을 설계하는 접근이다. 비록 이러한 접근방식이 논리적인 듯하지만, 많은 교사가 최종 목적(내용 기준이나 이해 등과 같은 목표된 결과)으로부터 단원 설계를 하는 것보다는 교과서나 좋아하는 수업 방식, 그리고 전통적 활동 등과 같은 수단으로 단원 설계를 하기 때문에 백워드로 간주되는 것이다. 우리는 끝(바라는 결과)에서 시작해서 그 결과가 성취되었다는 것을 결정하기 위해 필요한 증거를 확인하는 방식으로 기존의 관습을 바꿀 것을 주장한다. 분명하게 구체화된 결과와 평가에서, 설계자는 필수적인 지식과 기능 그리고 학생이 수행을 위해 갖출 필요가 있는 교수만을 결정하게 된다. 이러한 입장은 새로운 것이 아니다. Ralph Tyler(1949)는 50년 전에 분명하고 간명하게 백워드 설계의 논리를 기술하였다.

> 교육 목표는 선정된 자료, 개략적인 내용, 발전된 수업 절차와 준비된 테스트와 시험에 따른 준거들이다. ……목표의 진술 의도란 수업활동이 이러한 목표를 획득하는 것과 유사한 방식으로 계획되고 발전되기 위해 유도된 일종의 변화를 학생들에게 지시하는 것이다(pp. 1, 45).

벤치마크(benchmark) 평가 시스템에서, 발전적으로 적절한 기준, 때때로 '이정표(milepost)' 기준으로 불린다. 예를 들어, 많은 지역 범위의 시스템에서 4, 8, 10 그리고 12등급으로 벤치마크를 설정하였다. 많은 주의 내용 기준에서 벤치마크는 기준에 대한 보다 구체적인 지표를 제공한다.

벤치마크는 하부 기준으로 작용한다. 운동경기와 산업에서, 그 용어는 종종 수행의 가장 높은 단계의 사례로 기술된다. 동사로 사용된 벤치마크는 특정 목표를 위한 최상의 수행이나 성취에 대한 설명서를 찾아내는 것을 의미한다. 결과적으로 벤치마크(명사)는 최상의 가능한 수행 기준, 궁극적인 목표를 설정하는 것이다. 이러한 의미로 벤치마크는 교사들이 평가를 최상의 가능한 사례들로(일반적인 학구에서 나오는 예시들에 부합하는 것에 비교하여), 또다른 의미로, 벤치마크에 부합하는 평가는 결과에 대한 예측 가능한 상대평가를 양상한다고 기대되지는 않는다. 기준은 적당한 기대와는 다르다(기준을 참고하라). 극소수의 산출이나 수행 혹은 산출이나 수행이 전혀 없는 것이 벤치마크 수행과 조화를 이룰 것이다.

분석적 특성 채점(analytic-trait scoring) 채점의 유형은 학생의 산물과 수행을 평가하기 위한 몇 가지 특징적인 준거를 사용한다. 사실상 수행은 매번 분리된 준거의 렌즈를 이용하여 여러 번 평가된다. 예를 들어, 에세이의 분석적인 채점에서 우리는 조직, 세목의 사용, 청중에 대한 주의, 설득력 그리고 규약의 다섯 가지 특징을 평가한다. 분석적인 채점은 단일한 것으로 구조를 판단하는 **총체적인 채점**(holistic scoring)과 대조를 이루는 것으로, 수행에 관한 총괄적인 인상이다. **루브릭**을 참고하라.

본질적 질문(essential question) 교과나 교육과정(사소하거나 선동적인 것 둘 다에 반대되는 것으로서)의 중심에 놓이거나 교과에서의 탐구와 **심층적 학습**을 향상시키는 질문이다. 그래서 본질적 질문은 사고가 풍부하고 지식이 식견이 있는 사람들이 동의하지 않는 것에 관한 상이한 그럴듯한 대답을 제시하는 것 외에는 단일한, 똑바른 대답(주된 질문으로서)을 유도하지 않는다. 본질적 질문은 범교과적이거나 주제적인(특정 단원) 것을 범위로 한다(이것이 보다 앞서 있는 UbD 자료로부터 언어의 사용에서의 변화를 제시하고 있다는 것을 주목하라. UbD의 첫 번째 판에서 본질적 질문은 단지 범교과적이었다).

블룸의 분류학(Bloom's Taxonomy) 가능한 지적 목표의 범위를 분류하고 명료화한 시스템에 대한 일반적 명칭이다. 이는 인지작용에서 쉬운 것부터 어려운 것에 이르기까지, 특히 이해에 대한 정도를 분류해 놓은 것이다. 40년 전 Benjamin Bloom과 그의 동료들은 검사와 측정에서 이러한 도식을 개발하였다. 이는 학생들의 평가를 설계하면서 가장 정교한 지식의 이용에서부터 가장 단순한 회상(recall)의 형식에 이르기까지 이 과정을 구별 짓기 위한 것이었다. 이들의 연구는 『교육목표 분류학: 인지적 영역』이라는 제목으로 도처에 널려 있는 교재에 요약되어 있다. 저자들이 주로 언급하듯이, 이 책의 집필은 테스트에 대한 지속적인 문제에서 도출되었다. 테스트 개발자들이 전형적으로 사용하는 문구인 '비평적 이해에 대한 것' 그리고 '완전한 지식에 대한 것'과 같은 목표의 의미에 관한 분명한 동의가 없다고 가정한다면 교육자들은 교육 목표나 교사 목표가 어떤 식으로 측정되어야 하는지 알 필요가 있었다. 분류학의 도입 부분에서, Bloom과 동료들은(1956) 공통적으로 추구하는 것이지만 잘 정의되지 않은 목표로써 '이해'를 언급하였다.

> 예를 들어, 몇몇 교사들은 그들의 학생들이 '실제로 이해해야' 한다고 믿고, 다른 사람들은 그들의 학생들이 '지식을 내면화' 하기를 희망하며, 여전히 다른 사람들은 그들의 학생들이 '핵심적이거나 필수적인 것을 이해' 하기를 원한다. 그들은 이 모든 것을 동일한 것으로 의미하는가? 구체적으로 학생들이 '실제로 이해하면' 무엇을 하고, 그들이 이해하지 못하였을 때 어떤 것을 할 수 없는가? 분류학의 참조를 통하여…… 교사들은 그러한 불투명한 용어를 정의할 수 있게 될 것이다(p. 1).

그들은 여섯 개의 인지적 단계를 확인하였다. 지식, 이해, 적용, 분석, 총괄 그리고 평가로 공통적으로 마지막 세 개는 '높은 차원'으로 언급된다. 이러한 구조에서 주목할 만한 것은 높은 차원의 사고는 그것이 정의하듯이 적용을 포함하지 않는다. 학생들이 더 효과적으로 지식을 활용하게 하는 것에 관한 참 평가를 지지하는 많은 옹호자가 표현하는 관심과 겉으로 나타나는 적용에 대한 복합적인 요구가 주어진다면 이것은 이상하게 들릴 것이다. 그러나 이것은 Bloom과 동료들이 적용에 관해 의미하는 것은 아니다. 문장을 구성하거나 수학 단어 문제를 해결하는 것처럼 학생들이 시험 환경에서 단편적 지식과 기능을 사용해야만 한다는 더욱 협소한 사례에 관하여 언급하였던 것이다. 즉, 복잡하고 다양한 측면을 가지며 맥락화된 문제를 해결하기 위한 레퍼토리에 의존하여 보다 정교하게 도출된 행동을 언급하지는 않았다. 총괄(synthesis)한 저자의 기술은, 목표가 '학생들의 유일한 산출'을 요구하는 것에 대해서 강조하기 때문에, 특히 UbD에서 사용되는 적용의 의미와 일반적으로 수행평가의 동향에 보다 적합하다.

비구조화된(ill-structured) 질문, 문제 혹은 과제는 그것을 답하거나 해결하기 위한 비법이나 분명한 방법이 부족한 것을 기술한 용어다. 비구조화된 과제나 문제는 성공을 유도하기 위해 보장된 구체적인 전략이나 접근방식을 제시하거나 함의하지 않는다. 종종 그 문제는 희미해서 해결책이 제공되기 전에 보다 더 정의되거나 분명하게 될 필요가 있다. 그래서 그러한 질문이나 문제는 그들이 훌륭한 판단과 상상을 요구하는 지식보다 많은 것을 요구한다. 모든 훌륭한 시험의 질문, 과학적인 문제 혹은 설계 도전은 비구조화되어 있다. 비록 목표가 이해되거나 기대가 분명할 때 절차는 그 방식에 따라서 개발되어야 하는 것이 틀림없다. 변함없이 비구조화된 과제들은 단지 단순한 지식 전이의 적용이 아니라 성실한 자기평가와 개정을 필요로 한다. 삶에서 대부분의 실제적인 문제는 비구조화되어 있다. 대부분의 검사 항목은 그렇지 않다. 검사 질문은 단일하고 애매하지 않은 옳은 대답이나 분명한 해결 절차를 가지는 것에서 잘 구조화되어 있다. 그러한 항목들은 학생들이 지식을 이용하기 위한 능력을 판단하기에는 적절하지 않지만, 지식의 요소를 타당하게 평가하는 것에는 적합하다. 다시 말해서, 지식과 기능을 사용하기 위한 것이 언제인지를 어떻게 판단할 것인지다(야구에 유추하는 것은 그 특징을 분명하게 한다. 야구에서 각각의 기능을 '검사'하는 것은 수행에서 게임이 잘되는지를 '검사'하는 것과는 다르다. 그 기능은 예측 가능하게 구조화되어 있다. 게임은 예측 불가능하고 활자로 쓸 수 없다).

산출(product) 실체적(tangible)이고 지속성 있는 수행 결과와 그 결과를 이끌어 내는 과정들이다. 산출을 일으키는 데 성공하거나 실패하는 학생들의 지식 범위를 평가하기 위해 타당한 산출은, 첫째 교수되고 평가된 지식을 반영하고, 둘째 코스에서 자료의 상대적으로 중요한 전체 교육과정에서 적절한 샘플이 된다.

선도 질문(leading question) 지식을 가르치고, 명확하게 하며, 평가하는 데 사용되는 질문이다. **본질적 질문**(essential questions)과 달리, 선도 질문은 옳고 즉시적인 대답을 가진다. '선도' 질문으로 일컫는 것은 선도 질문이 이해를 위한 교수와 체크에서 유용한 역할을 가진다는 것을 비난하기 위한 것은 아니다. 그러나 그들의 목적은 본질적 질문의 목적과 매우 다르다.

설계(design) 어떤 것의 구조나 체제를 계획하거나, 패턴이나 예술 작품의 모티브다. 교육에서 교사들은 두 가지 의미에서 설계자다. 첫째, 의도적이고 일관성 있으며, 효과적이고 참여적인 단시수업, 단원 그리고 교수 요목을 개발하는 것을 목표로 하고 있기 때문이며, 둘째 확인된 결과를 성취하기 위해 평가를 수반하기 때문이다. 어떤 것이 설계에 따라서 일어난다는 것을 말하는 것은 우연에 따라서나 '즉흥적인 연기'에 따른 것과 반대되는 신중한 계획을 통해서 일어나는 것을 말하는 것이다. UbD의 실제에서 보면, 설계란 교사가 교실에서 성취하기 전에 발생한 것이 교실 내부에서 진행되는 교수만큼 중요하거나 더 중요하다는 아이디어다.

설계 기준(design standards) 단원 설계의 질을 평가하는 구체적 기준이다. 단지 훌륭한 의도의 기능과 어려운 활동으로써 설계를 다루는 것보다는, 오히려 학생들의 활동이 루브릭과 모범 작품(anchors)에 대해서 평가되는 동일한 방식으로 교사의 활동이 평가되는 방식의 기준과 동료 검토 과정을 제공한다. 설계 기준은 이중의 목표를 가지고 있다. 첫째, 설계의 장점과 부족한 개선을 확인하여 자기평가와 동료 검토에 지침을 주는 것과, 둘째 교육과정 설계의 타당성을 인정하는 의미로, 질적인 제어를 위한 메커니즘을 제공하는 것이다.

설명(explanation) 이해의 여섯 **측면** 중 하나. 이해는 정보를 단지 알고 있는 것보다 많은 것을 포함하고 있다. 이해를 하고 있는 사람은 단순히 그 사실을 진술하는 것이 아니라 그것이 왜인지에 대해서 설명할 수 있다. 그러한 이해는 잘 개발되고 뒷받침된 이론과 자료, 현상, 아이디어 혹은 감정의 의미를 만드는 설명으로 나타난다. 이해는 그것이 어떻게 활동하는지, 그들이 무엇을 함의하고 있는지, 그들이 어디에 관련되고 그들이 왜 일어났는지를 분명하고 철저하게, 그리고 교육적으로 설명하는 수행과 결과물을 통해서 보여 주게 된다. 이러한 의미에서 이해는 단지 정당한 의견(어떻게 학생들이 거기로 가고, 왜 그것이 옳은지를 정당화하기 위한)을 제공하기 위한 '옳은' 대답으로 되돌려지는 것을 초월한다. 정당화하다, 일반화하다, 지지하다, 증명하다, 입증하다, 그리고 성립시키다와 같은 용어는 무엇이 필요한지를 확인하는 것이다. 내용이나 학생의 나이나 지적으로 세련된 것에도 불구하고 이러한 의미에서 이해는 '당신의 활동을 보여 주기' 위해서, 왜 대답이 옳은지를 설명하기 위해서, 보다 일반적이고 강력한 원리 아래에 놓인 현재의 활동을 포함하기 위해서, 관점에 대한 논의와 타당한 증거를 포함시키기 위해서, 그리고 그러한 관점을 지지하기 위해서 그 자체의 능력으로 나타낸다. **적용**, **공감**, **해석**, **관점**, **자기지식**을 참고하라.

성과(outcome) 교육에서 '수업의 의도된 성과들'을 위한 약칭이다. 의도된 성과는 교사들이 범하게 되는 구체적인 목표인 **바라는 결과**다. UbD는 성취 목표와 목표라는 용어를 사용하여 그러한 의도를 기술한다. 만약 성과들이 획득되었다는 것을 결정하기 위해서는 평가과제, 준거 그리고 기준인 구체적인 측정에 대한 동의를 요구한다. 성과에 기초한 교육에 대해 지난 수년간의 논쟁에도 불구하고 성과라는 단어는 특정한 종류의 목표나 교육적인 철학을 함의하지 않는 불분명한 것이다. 그것은 교육과정이나 교육적인 프로그램의 우선권을 언급한다. 성과에 기초한 접근법은 투입(내용이나 방법)이 아니라 바라는 산출에 초점을 둔다. 주요한 질문은 투입(우리는 어떤 수업 방법과 자료를 이용할 것인가?)에 기초하기보다는 결과에 귀착하는(학생들이 수업의 결과로서 무엇을 알아야 하고 무엇을 알 수 있는가?) 것이다.

수행(performance) **수행 과제**를 참고하라.

수행 과제(performance task) 소위 '수행'이라고 부른다. 효과적으로 작용하기 위해서 지식을 이용하거나 복잡한 산출을 실현하기 위해 이용된 과제는 지식과 전문적인 기술을 보여 준다. 음악 독창회, 구두 발표, 미술 작품 전시, 그리고 자동차 정비사 경쟁은 동일한 의미에서 수행이다. 수많은 교사는 그들이 실제로 '수행검사'(**평가하다**, **평가**를 보라)를 의미하고자 할 때 '수행평가'라는 용어를 잘못 사용한다. 수행평가는 수행의 단일한 검사보다 많은 것을 포함하고 있고, 평가의 다른 형태로 이용될 수 있다(조사, 수행자의 인터뷰, 관찰 그리고 퀴즈).

수행의 검사는 참이거나 그렇지 않건 간에 다중선다형이거나 짧은 검사와는 다른 것이다. 수행의 검사에서 학생들은 비구조화된 맥락인, 일상의 판에 박힌 것이거나 예측 불가능한 문제나 도전에 모든 것을 함께 놓아 두어야 한다. 대조적으로 대부분의 형식적인 짧은 대답이나 다중선택 검사는 수행의 검사보다는 스포츠에서의 기술에 더 가깝다. 실제적인 수행자들은(운동선수, 토론자, 댄서, 과학자 그리고 배우들) 그들의 지식뿐만 아니라 그들의 판단을 받아들이고 사용하여 배운다. 대조적으로 다중선택형 검사 항목은 단지 학생들이 한 번에 하나씩 지식이나 기술을 재생하고, 인지하거나 독립된 '제한적인 관련짓기'나 구별하는 것을 요청하지 않는다. 수많은 수행의 유형은 하루밖에 못 가는 행동이기 때문에 공정하고 기술적으로 좋은 평가는 전형적으로 산출물의 창안을 포함한다. 이러한 것은 수행을 채점하는 것에서 적절한 문서화와 적합한 재검토와 감독의 가능성을 보장한다. **수행**을 참고하라.

수행하다(perform) 실천하고 일을 완성하는 것이다. **수행 과제**를 참고하라.

선수 요건 지식과 기능(prerequisite knowledge and skill) 지식과 기능은 성공적으로 궁극적인 수행 과제를 수행하거나 이해의 목표를 달성하는 것을 요구한다. 전형적으로 지식과 노하우를 보다 잘 구분하여 확인하는 선수 조건은 모든 것을 함께 의미 있는 최종 수행으로 두는 것을 요구한다. 예를 들어, USDA 음식 피라미드 지침의 지식은 한 주 동안 건강하고 균형 맞춘 식사 계획의 과제에 필수적으로 고려되어야 한다. **결과로서 생기는 지식과 기능**을 참고하라.

성취 목표(achievement target) 바라는 결과, 학습 성과, 그리고 교육적으로 최종적으로 추구하는 것과 관련된 유사한 용어들과 동의어다. **바라는 결과**를 참고하라.

수행의 장르(genre of performance) 지적인 수행이나 산출의 유형이나 범주다. 예를 들어, 공통적으로 사람들이 쓰기나(내러티브, 에세이, 편지) 말하기(세미나 토론, 공식적인 연설, 지시하기)의 장르를 말하는 것이다. 그래서 장르는 구두, 필기, 전시인 지적인 수행의 세 가지 주요한 형태의 부분집합이다.

신뢰도(reliability) 측정이나 검사에서 채점의 정확도다. 이것은 오류에서 충분히 벗어났는가? 만약 그 검사가 다시 이루어지거나 동일한 수행을 그 밖의 다른 사람이 재채점한다면 채점이나 등급이 불변하다는 가능성은 무엇인가? 오류는 피할 수 없는 것이고, 최상의 다중선택 검사를 포함한 모든 검사는 100퍼센트 신뢰도가 부족하다. 목적은 참을 수 있는 단계까지 오류를 최소한으로 하는 것이다.

수행평가에서의 신뢰도 문제는 전형적으로 두 가지 형식으로 나타난다. 첫째, 일반적으로 학생들이 수행할 수 있을 것 같은 한 개나 작은 수의 수행을 어느 정도까지 우리는 일반화할 수 있는가? 둘째, 상이한 판단이 똑같은 방식에서 똑같은 수행을 볼 수 있다는 가능성은 무엇인가? 두 번째 질문은 '내적(inter-rater) 신뢰도'라고 부르는 것을 포함한다.

채점 오류는 검사를 만드는 사람의 방법에서 결점은 필수적인 것이 아니라 통계학상 사실은, 어떻게 외적인 요소가 불가피하게 검사자에게 영향을 미치거나 판단을 내리는가? 혹은 한 번에 질문이나 과제의 소규모 샘플을 사용하는 제한점과 관련되어 있다. 학생들이 단지 하나의 과제가 아니라 수많은 과제를 가졌을 때 보다 많은 신뢰도를 획득할 수 있다는 것으로, 동일한 산출을 위한 여러 과제가 있다는 것을 보장함으로써 신뢰도를 충분히 획득하는 것이 가능하다. 또한 채점 신뢰도는 분명한 루브릭과 구체적인 모범 작품 페이퍼나 수행의 활동으로, 사정이 잘 교육받고 지도받은 판단에 따라서 수행되었을 때 개선된다(이러한 절차는 대규모 쓰기평가와 고등 직업 프로그램에서 오랫동안 이용되어 왔다).

심층적(uncoverage) 교수-학습 이해와 관련한 모든 문제를 위해 요구되는 교수 접근법이다. 어떤 주제(subject)를 '심층적'으로 다룬다는 것은 그것을 '피상적'으로 다루는 것과 반대가 되는 것으로, 보다 깊이 있게 나아간다는 것이다. 전형적으로 내용의 세 가지 유형은 그러한 심층적인 것을 요구한다. 그러한 내용은 만약 그것들이 감지할 수 있고 그럴듯한 것으로 유일하게 학생이 의미를 가지기 쉬운 원리, 법칙, 이론 혹은 개념이 될 수 있다. 즉, 학생들은 연구와 구조를 통해서 그러한 내용을 증명하고, 유도하고 정당화한다. 그 내용은 직관에 반하고, 뉘앙스를 띠고, 미묘할 수 있고, 그렇지 않으면 중대함, 전개, 상상의 수, 아이러니, 텍스트, 공식, 이론이나 개념처럼 아이디어를 쉽게 오해하게 된다. 내용은 어떤 기능(예를 들어, 글쓰기에서 설득력이나 축구에서 '공간을 만들기'), 개념적이고 전략적인 요소가 될 수 있다. 그러한 심층적인 것은 효과적이고 효율적인 의미를 분명하게 하는 것, 주어진 기능의 목적, 아주 의미심장한 것과 기술의 사용에서 덜 부주의함을 유도하는 것을 포함한다. **피상적**인 것과 대조를 이룬다.

영속적인 이해(enduring understandings) **주요 아이디어**에 기초하고 있고, 교실을 초월하여 가치를 지속시키는 구체적 추론이다. UbD에서 설계자는 특히 학생들이 주제에 관해서 이해해야만 하는 것을 기술하는 완전한 문장으로써 영속적 이해를 쓰도록 장려된다. '학생들은 ……이해하게 될 것이다.'라는 문장은 이해를 확인하기 위한 실제적인 도구를 제공한다. 단원이나 코스를 위한 영속적인 이해에 관한 사고에서, 교사들은 '학생들이 세부 사항을 잊어버린 후에, 지금부터 수년간 이해하고 사용할 수 있기를 바라는 것이 무엇인가?'를 질문하도록 격려되었다. 영속적인 이해는 훈련의 중심이 되고 새로운 상황에서 전이 가능한 것이다. 예를 들어, 법률의 법칙에 관해서 학습하는 것에서 학생들은 '성문법은 합법적 절차로 정부의 권력의 제한점을 구체화하고 개인의 권리를 분명히 말한다.'는 것을 이해하게 된다. '권리'와 '합법적 절차'와 같은 주요 아이디어를 기초로 한 사실로부터 이러한 추론은 개발도상국에서 Magna Carta의 중요성을 인식하는 것뿐만 아니라 민주주의의 출현을 검토하는 것을 통해서 개념적으로 하나로 통합되는 렌즈를 제공한다. 그러한 이해가 일반적으로 추상적이고 분명하지 않기 때문에, 그들은 단 한 번만으로 완전히 **피상적**인 것보다는 계속적으로 유지되는 질문을 통한 **심층적**인 것을 필요로 한다. 학생들은 연구의 결과로서 아이디어를 이해해야 하거나 아이디어를 파악하는 데 도움을 받아야만 한다. 만약 교사들이 사실처럼 이해를 다룬다면 학생들은 그것을 이해할 것 같지 않다.

오디트 테스트(audit test) 이 용어는 주나 국가 수준의 표준화 검사에 사용되는 것이다. 회계감사나 의사의 신체검사와 같은 것은, 중요하고 복잡한 것을 더 단순한 지표를 사용함으로써 평가하는 간단한 검사다. 테스트의 질문은 보다 중요한 목표와 기준을 위한 대표의 성질을 띤다. 이것은 혈압측정기가 전반적 건강에 대한 즉각적인 진단을 주는 것과 동일한 방식이다. 표준화 검사에 대한 목표와 조망이 더욱 직접적인 평가에 대한 목표와 조망과는 많이 달라서, 오디트 테스트에만 집중하는 것이 의미가 별로 없음을 독자에게 상기시키는 것이 중요하다. 오히려 오디트(audit)는 '건강'이 지엽적으로 수반되는 정도까지 진행될 것이다. **직접적 검사**(direct test)와 대조해 보라.

이해(understanding) 다양하고 적절한 수행에서 명백하게 명료화된 아이디어, 민족, 상황, 그리고 과정 속의 통찰을 말한다. 이해한다는 것은 무엇을 알고 있는지 뜻을 이해하고, 왜 그것이 그런지 알 수 있고, 다양한 상황과 맥락에서 그것을 사용할 수 있는 능력을 가지는 것이다.

자기지식(self-knowledge) 이해의 여섯 **측면** 중 하나. 측면 이론의 맥락에서 논의된 것으로, 자기지식은 선호하는 탐구양식, 습관적 사고방식, 검증되지 않은 신념 때문에 자신의 이해에서 편견의 인식과 자기평가의 정확성에 대해 언급하는 것이다. 이러한 경우에 자기평가의 정확성은 학습자가 정확성과 구체성으로 이해하지 못하는 것이 무엇인지를 이해하는 것을 의미한다(소크라테스는 이러한 능력을 '지혜'라고 얘기하였다). 또한 자기지식은 편견의 인식도와 그 주제가 어떻게 이해되어야 하는지에 관한 사고, 인식 그리고 신념에 영향을 주는지를 포함하고 있다. 사람은 이해를 받아들이지 않는다, 다시 말해서 사고와 범주의 방식은 이해가 불가피하게 형성되는 방식의 상황으로 투영된다. **적용**, **공감**, **설명**, **해석** 그리고 **관점**을 참고하라.

적용(application) 이해의 여섯 개 측면 중 하나. 이해에 대한 유서 깊은 척도다. 다양한 상황에서 지식과 기능을 적용하기 위한 능력은 학습자 이해에 대한 중요한 증거를 제공한다. 이 아이디어가 UbD에서는 새롭거나 구체적이지 않다. Bloom과 동료들(1956)은 적용을 이해(understanding)의 중심으로 보았고, 수많은 교실에서 발견할 수 있는 제한적으로 관련짓기(plugging-in)나 빈칸 메우기식의 활동과는 다른 것으로 간주하였다. "교사들이 흔히 이야기하는, 만약 학생들이 어떤 것을 실제로 이해한다면 그는 그것을 적용할 수 있다. ……적용은 지식과 단순한 이해(comprehension)의 두 가지 방식에서 차이를 가진다. 학생들에게 구체적인 문제나 시대에 뒤떨어진 문제를 주어서 자극할 수 없다." **공감**, **설명**, **해석**, **관점**, **자기지식**을 참고하라.

전이 가능성(transferability) 최초로 배운 것에서 새롭거나 상이한 맥락에서 적절하고 효과적으로 지식을 이용하기 위한 능력이다. 예를 들어, '균형 잡힌 식단'의 개념을 이해하는 학생은 그들의 영양 가치에 대한 가상적인 식단을 평가하고 음식 피라미드의 장점을 충족하는 영양적인 메뉴를 짜는 것을 통해서 이해하는 것으로 전이를 한다.

주요 아이디어(big idea) UbD에서 교육과정, 수업 그리고 평가의 초점으로 제공되어야 하는 핵심 개념, 원리, 이론, 그리고 과정들이다. 정의에 따르면, 주요 아이디어는 중요하고 영속적인 것이다. 주요 아이디어는 특정한 단원의 스코프를 초월하여 전이 가능한 것이다(예를 들어, 적용, 비유, 미국인의 꿈, 중요한 인물). 주요 아이디어는 이해라는 건축물의 재료가 되며, 하나의 지식을 다른 단편적 지식과 연결할 수 있게 하는 의미 있는 패턴이다. 이러한 아이디어는 광범위한 개념, 원리 혹은 과정에 초점을 두기 위해서 단편적 사실이나 기능을 초월한다. 이러한 것은 새로운 상황이나 그 주제를 초월하여 적용할 수 있다. 예를 들어, 주요 아이디어와 법칙의 중요성 때문에 학생들이 구체적 역사 사건으로 Magna Carta 법칙을 학습한다. 그리하여 쓰인 법들은 정당한 법 절차와 같은 정부의 권력과 개인의 권리의 한계를 구체화한다. 이러한 주요 아이디어는 13세기 영국의 법의 원류로 거슬러 올라가고, 현대 민주주의 사회의 초석이 된다. 주요 아이디어는 또한 '요긴한(linchpin)'[1] 아이디어로 기술할 수 있다. 그래서 요긴한 아이디어는 이해를 위한 필수적인 것이다. 이는 학생들이 어디에도 갈 수 없다는 것이 아니다. 예를 들어, 법률의 문자와 정신 사이의 특징을 파악하지 않고서는, 학생들은 비록 그들이 역사의 사실에 관해서 식견이 있고 유기적으로 관련시키더라도 미국의 헌법과 법률 체제를 이해할 수 없다. 지속적인 가치를 가지고 있는 요체 아이디어에 초점을 두지 않고서 학생들은 쉽게 지식의 부분을 잊어버리게 될지도 모른다.

준거(criteria) 기준에 맞추어 측정하기 위해 특정 작업이나 활동이 충족되어야 하는 (질적) 특성이다. '준거란 무엇인가?'라고 질문하는 것은 '학생들의 결과물이나 수행이 성공적이라는 것을 알기 위해 우리가 무엇을 요구해야만 하는가? 우리가 수용 가능한 작업을 어떻게 결정할 수 있는가?'를 묻는 것과 동일하다. 준거는 구체적인 수행 과제를 설계하기 전에 고려되어야 한다(비록 이것이 신임 설계자에게 이상할지 모르지만). 비평적 사고를 측정하는 과제를 설계한다는 것은 그러한 사고의 지표가 학생들이 수행을 통해 특성을 증명하기 위해, 그 과제를 설계하고 있다는 것을 미리 알도록 요구하는 것이다. 평가는 또한 각각의 준거가 얼마나 많은 비중으로 다른 준거를 상대적으로 받아들여야 하는지를 결정해야 한다. 그래서 교사들이 철자법, 구조, 아이디어의 발전이 작문을 판단하는 데 모두 중요한 것이라고 동의한다면, '동일하게 중요한 것인가?'를 질문해야만 한다. 만약 그렇지 않다면, '우리는 몇 퍼센트를 각각에 할당해야 하는가?'를 질문해야 한다. 테스트 그 자체와 유사하게, 수행을 판단하는 데 사용된 준거는 타당하거나 타당하지 않을 수 있고, 참되거나 참되지 않을 수 있다. 예를 들어, 교사는 학생들에게 근본적인 역사 연구(참 과제)를 부여할 수 있지만, 단지 네 가지 자원이 사용되었다거나 보고서가 5페이지 분량이라는 것만을 등급 매길 수 있다. 그러한 역사 연구에 대한 작품이 그러한 두 가지 준거를 쉽게 충족할 수 없기 때문에 그러한 준거는 타당하지 않겠지만 여전히 훌륭한 연구일 수는 있다. 준거는 솜씨가 능숙한 수행의 질에 해당한다. 많은 수행평가는 소위 순간적인(impact) 준거로 가치절하된다(준거의 이러한 유형에 관하여 더 자세한 것은 Wiggins(1998, 5장과 6장을 참고하라).

종단적 평가(longitudinal assessment) 고정된 채점 연속체를 사용함으로써 기준을 향하여 나아가면서 진보와 향상을 나타내기 위해, 수많은 시간을 거쳐서 비슷한 수행에 대한 평가를 말한다. '개발적 평가'라 부르기도 한다. 예를 들어, 교육 절차의 국가적 평가(NAEP)는 4, 8, 12학년을 넘어서 수학적인 수행에서 증가를 측정하기 위해서 고정된 등급을 사용한다. 유사하게 외국어 교수에 대한 미국 위원회(ACTFL)는 학생들이 모든 언어의 절차를 수년을 걸쳐서 차트로 만들기 위한 비전문가의 연속체를 이용한다. 지역적으로나 주 범위에서 이루어지는 대부분의 학교 검사는, 그 검사가 일회성 채점 시스템으로 된 일회적인 사건으로 되어 있기 때문에 종단적이 아니다. 평가 체제를 제안한 UbD는 등급과 과제를 채점하는 데 이용되고, 종단적 평가를 제공하기 위한 수많은 등급을 교차하여 이용할 수 있다.

지능적 도구(intelligent tool) 추상적인 아이디어나 과정을 실체적이고 명백한(tangible) 형태로 두는 도구다. 지적인 도구는 학습 단원의 설계하는 것과 같이 인지적인 과제에 대한 수행을 향상시킨다. 예를 들어, 효과적인 그래픽 조직자는 학생들이 스토리를 읽고 쓸 수 있도록 강화하는 방식으로 스토리의 요소를 내면화하도록 돕는 스토리 맵을 선호한다. 마찬가지로 일상적으로 이용되는 지적인 도구는 사용자가 UbD의 핵심 아이디어의 지능적인 템플릿을 개발하도록 도울 수 있는 단원 계획 템플릿과 UbD 도구를 선호한다. **템플릿**을 참고하라.

직접적 검사(direct test) 수행이 이루어질 것이라고 기대되는 맥락에서 목표로 하는 수행의 성취를 측정하는 테스트다(예를 들어, 도로 주행 테스트에서의 평행 주차). 비교하자면, **간접적 검사**는 맥락의 외부에서 동일한 수행을 측정하는 것으로 의도적으로 단순화된 방식을 사용한다(예를 들어, 운전자 검사에서의 필기시험). 직접적 테스트는 정의에 따르면 간접적 테스트보다 참된 것이다. **오디트 테스트**와 대조해 보라.

질문(question) **출발점 질문**, **본질적 질문**, **선도 질문**, **개방형 질문**을 참고하라.

참 평가(authentic assessment), 참 과제(authentic task) 중요한 실제 세계의 도전을 흉내 내거나 모방하기 위해 설계된 수행 과제와 활동으로 구성된 평가다. 참 평가의 정신은 학생들이 진정한 의도, 청취한 내용, 그리고 상황적 다양성으로 실제 세상의 방식대로 지식을 이용할 수 있도록 학생들에게 요청하는 실제적인 수행을 기초로 한 검사다. 그러므로 평가의 맥락은 그 과제 자체만이 아니라 수행을 기초로 하거나 직접적 수행이든가 간에 그러한 작업과 활동을 참되게 만드는 것이다(예를 들어, 문제의 '번잡함', 피드백과 교정을 추구하는 능력, 적절한 자원에 접근하는 것). 참 평가는 단순한 '테스트'보다도 많은 것을 의미한다. 즉, 주제를 '실제로 행하는 것이' 어떠한 것이며, 어떤 종류의 수행적 도전이 현장이나 직장에서 가장 중요하게 고려되는지를 학생과 교사에게 지도해야 한다. 과제는 현장에서의 실무자들이 직면하게 될 본질적 질문과 도전을 대표하기 때문에 선택된다.

참 테스트(authentic test)는 가치 있는 수행에 기초하여 학생들을 직접적으로 측정한다. 대조적으로 다시선다형 검사는 수행에 대한 간접적 측정이다(예를 들어, 운전면허증을 얻기 위해 이루어지는 도로주행시험 대 필기시험이다). 측정의 분야에서, 참 테스트(authentic test)는 '직접적' 검사라고도 부른다.

채점 지침(scoring guide) **루브릭**을 참고하라.

채점 척도(scoring scale) 수행을 사정하는 데 이용되는 동일하게 나누어진 연속체(number line)다. 스케일(scale)은 얼마나 수많은 상이한 채점이 이용될 것인지를 확인한다. 전형적으로 수행평가는 표준화 검사보다 채점에서 더 작은 스케일을 이용한다. 오히려 100이나 그 이상의 스케일보다 대부분의 수행은 4 혹은 6포인트 스케일을 사용한다. 두 가지 관련되는 이유는 이것이 채점 포인트의 작은 수를 사용하고 있는 것을 설명하고 있기 때문이다. 그 척도에 놓여 있는 각각은 임의적인 것이 아니라(규준 참조 채점처럼) 구체적인 준거나 활동의 질에 해당된다는 것을 의미한다. 두 번째 이유는 실제적인 것으로, 단편적인 수많은 척도를 사용하는 것은 채점 신뢰도를 줄이는 것이기 때문이다.

출발점 질문(entry question) 단시수업이나 단원을 시작할 때 간단하게 제시되는 사고 촉진적 질문이다. 그것은 종종 접근하기 쉬운 방식으로 핵심 아이디어나 이해를 소개한다. 효과적인 출발점 질문은 단원과 본질적 질문을 끌어들이는 것으로써 공통된 경험, 호기심을 유발하는 이슈나 복잡한 문제에 관한 토론을 불러일으킨다. 출발점 질문은 최대한 단순하게 구성되어야 하고, 학생들에게 친숙한 언어로 말하여야 한다. 출발점 질문은 호기심을 불러일으키는 가치를 지니고, 보다 광범위한 단원과 본질적 질문에 초점을 둔다. 설계 도전은 출발점 질문, 문제, 그리고 활동으로부터 자연스럽게 발생하는 본질적 질문과 단원 질문을 가능하게 한다.

총체적인 채점(holistic scoring) 수행이나 산출의 질의 총괄적인 인상을 제시하는 것이다. 총체적인 채점은 각각 분리된 준거에 사용된 분리된 루브릭에서 **분석적인 특성의 채점**과 구별되는 수행의 양상을 결정한다. 그러나 다양한 총체적인 채점은 몇 가지 기준이 포함된 다양한 측면의 수행 과제를 위해서 가능하다. 예를 들어, 분리된 총체적인 채점은 이러한 채점을 각각의 방식으로 분석적인 요소를 분류하는 것 없이 동일한 과제의 부분이 되는 구두로 제시하는 것과 필기 보고서로 응용할 수 있다(예를 들어, 구두 수행의 조직과 명확성).

측면(facet), 이해의 측면 사람들의 이해의 방식을 그 자체로 명백하게 목록화한 방식이다. UbD가 확인한 이해의 여섯 가지 측면은 **적용**, **공감**, **설명**, **해석**, **관점** 그리고 **자기지식**이다. 그러므로 진실한 이해는 다음의 능력에 따라서 드러난다.

- 설명: 현상, 사실 그리고 데이터의 전체적이고, 지지하고 정당화할 수 있는 설명을 제공한다.
- 이해: 의미 있는 이야기를 말하고, 적절한 번역을 제공하고, 역사적이나 개인적인 측면을 아이디어와 사건으로 보여 주는 것을 제공하고, 이미지, 일화, 유추나 모델을 통해서 어떤 개인적인 것이나 접근 가능한 것을 만든다.
- 적용: 다양한 맥락에서 지식을 효과적으로 이용하고 적합하게 한다.
- 관점: 비평적인 눈과 귀로 관점을 가지고 바라보며, 복잡한 문제에 대한 전체상을 가진다.
- 공감: 안쪽으로 들어가서 이해하고, 다른 사람들이 발견할 수 있는 이질적이고 이상한 것에서 가치를 발견하고, 앞선 직접적인 경험에 기초하여 감각적으로 지각한다.
- 자기지식: 개인적 양식, 편견, 투영 그리고 이해를 형성하고 방해하는 마음의 습성을 지각한다. 무엇이 이해되지 않고 왜 그것이 이해하기 어려운 것인지 알아차린다.

이해의 측면을 이야기하는 것은 이해(혹은 이해의 부족)가 그 자체로 상이하게 서로 강화하는 방식으로 나타나는 것을 함의한다. 다시 말해서, 학생들이 동일한 아이디어에서 다양한 관점을 설명하고 적용하고 제공할수록 학생들이 그 아이디어를 이해하는 것은 더욱 수월해진다. 그래서 측면은 학습 양식보다는 수행평가에서 준거와 보다 유사하다. 이것은 학습자의 능력이나 선호도에 호소하기 위한 그들의 필요보다 이해가 제시되는 것을 교사가 어떻게 판단하는지에 대해 더 언급하고 있다. 동일한 방식으로 에세이는 효과적이고, 납득되고 논리적인 것이 되기 위해서(사람이 그들의 특성이나 가치를 가지는지 어떤지 간에), 그리고 측면들이 학생이 가지고 있는 이해를 그들이 결론짓는다는 것을 교사들이 볼 필요가 있다는 것을 제시하였다. 이것은 여섯 개의 모든 국면이 항상 어떤 특정한 이해의 문제에 포함된다는 것을 함의한다는 것을 뜻하지는 않는다. 예를 들어, 자기지식과 공감은 종종 학생의 수많은 수학적인 개념의 이해 증거를 추구하는 것이 문제가 되지는 않는다. 측면은 할당된 몫을 제시하는 것이 아니라 이해를 더 잘 개발하고 측정하는 단시 수업과 평가를 설계하기 위해 준거나 프레임워크를 제시하는 것이다.

퀴즈(quiz) 단편적인 지식과 기능을 평가하기 위한 단일한 목적의 선택된 반응이나 단답형 검사(구두나 필기)다. **학문적인 단서**와 **참 평가**와 대조된다.

타당도(validity) 평가 결과에 기초한 학생의 학습에 대해 우리가 확실하게 도출해 낼 수 있는 추론들이다. 그 테스트는 그것이 측정하고자 하는 것이 무엇인지를 측정하는가? 그 검사 결과는 교사들이 타당한 것을 고려하는지를 다른 수행의 결과와 관련짓고 있는가? 질문이나 과제의 사례(sample)가 만약 배운 모든 것에 대해서 테스트된다면 학생들이 무엇을 하였는지와 정확하게 관련짓고 있는가? 그 결과는 예측 가능한 가치를 가지는가? 다시 말해서 그들은 질문 안에 그 주제에서 미래의 좋은 결과와 유사하게 관련짓고 있는가? 만약 이러한 질문은 몇몇이나 전체가 '네'라는 대답을 가진다면 테스트는 타당하다. 대부분의 테스트가 학생들의 수행의 표본을 제공하기 때문에 스코프와 표본의 성질은 타당한 결론을 이끌어 낼 수 있는 것에 대한 범위에까지 영향을 미친다. 학생들이 전체적인 영역을 제어하는 구체적인 과제에 대한 수행에서 정확하고 신뢰할 수 있는 예측이 가능한가? 과제의 한 유형은 과제의 다른 유형에 대한 추론을 가능하게 하는가? (말하자면 쓰기의 한 장르를 다른 모든 장르로) 아니다. 그래서 전형적으로 적은 수의 과제는 일반화하기 위한 부적합한 기본 원리를 종종 제공하는 수행평가에 사용된다. 한 결론은 총괄평가의 한 부분으로, 일 년 넘게 수집된, 비슷한 유형이나 장르의 다양한 학생 활동을 이용하는 것이다. 정확하게 하기 위해서는 테스트 자체가 타당하지 않지만 교사들이 그 테스트의 결과로 만들 수 있도록 요구할 수 있는 추론이어야 한다. 그래서 그 테스트의 목적은 타당도를 평가했을 때 고려할 수 있음에 틀림없다.

다중선택 읽기 테스트는 만약 그들이 다른 거대 모집단에 비교하여 학생들의 이해 능력을 테스트하거나, 지역 모집단의 학년별 읽기 능력을 모니터하는 데 이용된다면 타당할지도 모른다. 그들은 제자의 읽기 전략의 레퍼토리와 텍스트에 대한 적절하고 통찰력 있게 구성하는 능력을 측정하는 것으로 타당해지지 않는다. 그 테스트의 포맷은 판단을 그르치게 할 수 있다. 즉, 신뢰성이 없는 테스트는 기술적으로 여전히 타당할 수 있다. 그것은 비록 하찮은 과제라도 신뢰할 만한 평가를 기초로 하고 있지 않음에도 불구하고 주제 영역에서 적절한 샘플을 조사하고 정확하게 미래의 수행을 예상한다. 대학 입학 테스트인 SAT와 Otis-Lennon School Ability Test 같은 것은 이러한 보다 한정된 의미에서 테스트를 만든 사람들이 이야기한다. 그들은 유용한 예언자로서 제공되는 효율적인 대용물들이다. 반대로 참 평가의 과제는 타당하지 않을지도 모른다. 채점 체제는 타당도에 대한 다른 질문을 만들어 낸다. 수행 과제가 타당한지 어떤지를 질문하기 위해서는, 가령 그 채점이 대부분 용이하게 채점되는 것과 대조적으로 수행의 가장 중요한 면을 목표로 하고 있지만, 실행 가능한 한도 내에서 질문해야 한다. 가장 적절한 준거가 인정되고, 그 루브릭이 질적인 면에서 가장 적절한 차별성 위에 만들어졌는가? 혹은 단지 쉽게 계산되고 채점되는 것에만 초점을 두어 채점되었는가? 다른 의미로 신뢰도를 위해서 타당도를 단념해 왔는가?

템플릿(template) 설계자를 위한 지침이나 틀 구조를 말한다. 일반적으로 구조를 언급하는 용어로 종이, 나무 또는 철판으로 만든 어떠한 구조를 언급한다. 그것의 가장자리는 특정한 모양을 자르는 데 지침을 제공한다. UbD에서 단시수업을 계획하는 템플릿은 학습 단원을 개발하고 개선하는 데 **백워드 설계**의 다양한 요소를 적용하기 위한 개념적인 지침을 제공한다. 그 템플릿의 각 페이지는 주요한 질문을 담고 있는데, 그 질문은 사용자가 백워드 설계의 특정 요소를 고려하도록 하고, 그래픽 조직자가 설계의 아이디어를 기록하기 위한 구조를 포함하도록 촉진한다. **지적인 도구**를 참조하라.

평가(assessment) 구체적인 목표와 준거에 대한 학생의 성취도를 분석하기 위해 사용된 기술이다. 테스트는 평가의 한 가지 유형이다. 다른 것들은 임상적인 인터뷰(피아제의 연구에서처럼), 관찰, 자기평가 그리고 조사를 포함한다. 훌륭한 평가는 한정되고 오류가 발생하기 쉬운 각각의 기술 때문에 기술의 균형을 맞추는 것이 필요하다. 단지 '테스트' 대신에 '평가'에 대해서 언급하는 것은, assess라는 단어의 라틴어원이 함의하고 있는 것처럼 학생과 '회담하는' 것 같은 방법과 태도의 특징(distinction)이다. 그 함의는 평가에서 교사가 사려 깊은 관찰과 공평한 판단을 하게 하고, 분명하고 유용한 피드백을 제공한다는 것이다. 비록 일반적 용도가 다르더라도 평가(assess)는 때때로 평가(evaluation)와 동의어로 간주된다. 교사는 수행에 가치나 등급을 두는 것 없이 학생의 장점과 단점을 평가할 수 있어야 한다. **수행 과제**, **표준화**를 참고하라.

평가하다(assess) 구체적인 목표와 준거에 대한 학생들의 성취도를 철저하고 방법적으로 분석하는 것이다. 라틴어의 assidere에서 온 이 단어는 '비교하여 두다'는 의미를 가진다. **수행 과제**를 참고하라.

포트폴리오(portfolio) 활동을 드러내는 수집물을 말한다. 단어의 어원이 제시하듯이(그리고 예술에서의 샘플처럼) 활동의 샘플은 특정한 목적에 맞추고 열람이나 전시를 위해서 다양한 곳에서 실행된다. 학문적인 교과 영역에서 포트폴리오는 종종 뚜렷한 두 가지 목적을 제공한다. 학생들의 활동 증거 자료를 제공하고, 장시간의 과정이나 활동에서 활동을 평가하기 위한 기초적인 요구를 채워 준다.

증거 자료는 전형적으로 세 가지 기능을 만족시킨다. 모든 주요한 영역, 기술, 장르 그리고 코스나 프로그램의 주제를 걸쳐서 학생들의 제어를 보여 주고, 학생들이 그들의 최상의 활동을 반성하고 드러내 보이는 것을 허용하고, 어떻게 활동이 전개되고 정련되는지에 대한 증거를 제공한다.

표준화(standardized) 행정 조건과 프로토콜(규약 사항)이 모든 학생에게 획일적으로 일정하다는 검사나 평가를 기술하는 데 사용된 용어다. 다시 말해서, 학생들이 논리적, 시간적, 자료적인 유사성과 피드백의 지침과 강제에 직면하게 된다면 그 검사는 표준화된 것이다. 표준화 검사는 다음과 같은 세 가지 공통된 오류를 유발한다.

- '선다형 검사'와 '표준화 검사'는 동의어다. 예를 들어, 운전면허시험이나 올림픽을 위한 자격을 충족하는 검사로서 행정적으로 획일적인 수행 과제는 표준화 검사다.
- 표준화 검사는 항상 객관적으로 (다시 말해서 도구) 채점된다. 심사원들이 채점에 앞서 실시된 에세이 시험과 모든 주의 쓰기 검사는 그들 행정당국 내에서 표준이 된다.
- 유일하게 국가의 규준참조검사나 준거참조검사(SAT와 같은)는 표준화될 수 있다. 고등학교에서 실시하는 일부 시험 또한 표준화 검사다.

그런데 중요한 함의점은 모든 형식적인 검사는 표준화 검사다. 그러나 이것은 진정한 사정이 아니다. 사정에서 관리자들은 그 결과가 공정하고 타당하고 신뢰할 수 있다는 확신이 들게 하는 데 있어서 질문, 과제, 과제의 배열 그리고 시간의 할당을 다양하게 할 여지를 준다. 이것은 Binet의 '검사 방법'에 반대되는 것으로, Piaget의 '처방적인 방법'으로 만들어진 논의다. **평가**를 참고하라.

표집(sampling) 모든 단원과 검사 설계는 가능한 지식, 기능, 그리고 과제의 방대한 영역으로부터 표집한 행동을 포함한다. 갤럽 조사처럼 표집은 평가자가 만약 활동이나 대답의 샘플이 적절하고 정당화된다면 한정된 질문에서 타당한 참조를 이끌어 내는 것이 가능해진다. 단원과 검사 설계는 두 가지 상이한 종류의 샘플을 이용한다. 모든 가능한 교육과정의 질문, 주제 그리고 과제의 보다 폭넓은 것으로부터 표집과 모든 사람을 검사하는 대신에 전체 학생 집단의 일부분을 평가하는 것을 포함하는 표집이다. 이 두 가지 종류의 표집은 매트릭스 표집을 구성하기 위한 대규모 검사 시스템을 결합하는 것으로, 가능한 지식의 영역만큼을 망라하기 위한 상이한 검사를 사용하여 수많은, 혹은 모든 학생을 검사할 수 있다. 구체적인 과제를 통한 단원에서 교과 내용 영역을 표집하기 위한 교사들의 시도는 과제나 질문의 어떤 실행 가능하고 효과적인 샘플이 우리가 학생들의 최종적인 수행에 관해서 타당한 참조를 만들도록 가능하게 할 것인가를 요구해야 하는가? (왜냐하면 우리는 가르치고 배운 모든 것에 대해서 학생을 가능하게 검사할 수 없다.) 교사들이 검사에 대해서 보다 효과적이고 비용 효율이 높은 방법으로·구성하기 위해서 집단의 일부분을 이용하고자 할 때, 그들이 여론 조사원에게 질문하고 있는 것은 무엇이 우리가 모든 학생이 샘플로부터 결과를 이용하는 모든 학생의 전반적 수행(systemwide performance)에 관한 결론을 타당하게 추론하기 위해서 어떤 학생의 소규모 샘플을 구성하여야 하는가에 대한 물음이다.

프로젝트(project) 오랜 기간 동안에 걸쳐 일어나는 것으로, 일련의 복잡한 지적인 도전이다. 전형적으로 프로젝트는 학생의 산출과 수행에서 궁극적인 것인 광범위한 학생의 질문을 포함한다. 단원은 다른 형식의 평가 증거(퀴즈, 검사, 관찰)를 그런 식으로 포함하는 것이 아닌, 단일한 프로젝트로 구성된다.

피상적(coverage) 교수-학습 학생들이 이해하고 관여하고 있는 것과 관계없는 내용 지식을 표면적으로 가르치고 테스트하는 교수 방법이다. 일반적으로 이 용어는 부정적인 것을 함축하고 있다. 그 목적이 구체적인 시간의 구조 내에서 교재의(종종 교과서)의 전체를 다루는 것을 목표로 진행된다는 것을 함의한다. (반어적으로 피상적이라는 용어는 '모호한' 것이다.) 교사들은 종종 교육과정 프레임워크('나는 우리가 내용을 피상적으로 다루는 것은 아니지만 보다 심도 있게 나아가고자 한다.')나 외적인 테스트('그러나 학생들은 ……에 테스트될 것이고, 그 결과는 페이퍼로 출판되어야 한다.')의 요구에 관련된 변명에 이 용어를 연결한다. **심층적**(uncoverage)인 것과 대조해 보라.

학술적 단서(academic prompt) 참 수행 과제 그리고 단답형 검사나 퀴즈 사이에 놓여 있는 평가의 형식이다. 학술적인 단서들은 개방형 쓰기 수행 검사들이다. 학술적이라는 단어가 제시하는 것은, 학교나 시험 상황에서 발생하는 것만을 검사한다는 의미다. 검사자는 특정한 인용, 아이디어 혹은 수행을 위한 요구에 대한 반응을 유발한다. 그러한 단서들은 전형적인 학교의 제약들이 과제, 자료, 시간 할당에 대한 접근, 다른 사람들과 이야기하기 위한 기회에 놓여 있기 때문에 참된 것이 되지 않는다(비록 그들이 수행을 유발하더라도). **참 평가**, **퀴즈**와 대조해 보라.

해석(interpretation) 이해의 여섯 **측면** 중 하나. 해석하는 것은 인간의 경험, 데이터 그리고 텍스트에서 의미, 의의, 뜻 혹은 가치를 발견하는 것이다. 훌륭한 이야기는 사설을 통해서 강력한 은유나 또렷한 아이디어를 제공하는 것을 말한다. 그래서 해석은 **설명**에 포함된 이론화나 분석보다 본래 가지고 있는 주관적이고 임시적인 것들로 가득 차 있다. 그것이 질문할 필요가 있는 관련된 사실들과 이론적인 원리를 알고 있다면 그것은 모두 무엇을 의미하는가? 그것의 중요성은 무엇인가?—사실상 이해(understand)라는 용어의 사전적인 정의는 '……대한 중요성을 아는 것'이다.—아이들이 오용하는 것을 이해하기 위한 심사는 이론적으로 과학적인 것에서 정확한 일반화가 아니라 의미와 의도를 추구한다. 이론가들은 소설가들이 유일한 사람의 정신적인 삶으로 질문을 통해서 많은 혹은 더 많은 통찰을 제공하는 것이 아니라 오용이라고 부르는 그 현상에 관한 객관적인 지식을 구성한다고 주장한다. 이러한 내러티브를 구성하는 것은 구성주의의 참된 의미다. 교사가 '그들 자신의 의미를 만들어야' 한다고 말하였을 때, 그들은 학생들이 다른 사람들보다 보다 타당한 것으로써 설명과 해석을 통해서 그것을 연구하고 보게 되는 것 없이, 학생들이 의미의 해석이나 관념을 미리 포장하는 것은 허의적인 이해(understanding)를 유도하는 것을 의미한다. 순수하게 해석을 가르치기 위한 설교식(didactic) 교수는 피상적인 것을 유도하기 쉽고 지식을 쉽게 잊어버리고, 본래부터 가지고 있는 모든 해석 논의의 여지가 있는 것에 관해서 학생들을 그릇되게 인도할 수 있다. **적용**, **공감**, **설명**, **관점**, **자기지식**을 참고하라.

확실한(secure) 준비하기 위한 목적으로 교사나 학생들에게 접근할 수 없는 질문으로 구성된 테스트를 기술하는 데 사용된 용어다. 대부분의 다지선다형 검사는 확실해야 하거나 그것의 타당도가 절충되어야 한다. 왜냐하면 그것들은 적은 수의 단순한 질문에 달려 있기 때문이다. 그러나 수많은 타당한 수행평가는 확실하지 않다. 예를 들어, 야구 경기나 운전면허증을 얻기 위한 도로주행시험이 있다. 평가 받아야 하는 학생들은 사전에 음악 작품, 토론 주제, 구두시험 질문 혹은 학기시험 주제를 종종 알고 있고, 교사들은 적절하게 수행에 대해서 검사해야 할 것을 가르친다.

WHERETO **어디**(Where)로 나아가고 있는가? 학생들의 **주의를 환기**(hook)시키고 **탐구**(explore)하고 갖추어라. **재고**(rethink)하고 개정하라. **전시**(exhibit)하고 평가하라. 학생들의 요구, 흥미 그리고 스타일에 **맞추어라**(tailor). 최적의 참여와 효과성을 위해서 **조직하라**(organize)에 대한 약어다. WHERETO를 구성하는 다음의 성분이 상세한 부분에서 고려되어야 한다.

- W. 그 활동이 추구하는 곳은 어디인가? 왜 그것으로 향해야 하는가? 학생이 목표 도달 기준으로 충족해야 할 최종 수행은 무엇인가? 학생의 수행이 적합한지를 평가하는 모범 기준은 무엇인가? 학생의 활동이 이해에 대해서 판가름하게 되는 준거는 무엇인가? (이것은 학생이 질문한다. 학생이 이러한 질문에 앞선 대답을 알도록 도움을 주어라.)
- H. 학생은 도입부에서 매력적이고 자극적인 것을 통해서 주의를 환기시켜라. 사고를 자극하고 경험, 이슈, 기이한 이야기, 문제 그리고 도전의 초점은 본질적 질문, 핵심 아이디어, 그리고 최종적인 수행 과제를 향해 있다.
- E. 탐구하고 갖추어라. 학생들이 주요한 아이디어와 본질적 질문을 탐구하도록 허용하는 학습 경험에 참여하게 하라. 그것은 학생들이 본보기나 모범 사항을 추구하도록 야기하고, 아이디어를 연구하고 테스트하며, 일을 끝까지 해내도록 하는 것을 야기하는 것이다. 학생의 수업에 지침을 제공하고 필요한 기능이나 지식을 코치하는 것으로 최종 수행을 갖추어라. 그들이 그 아이디어를 실제로 만들기 위한 경험을 하도록 하라.
- R. 재고하고와 개정하라. 이슈(이해의 사실을 통한)에 있는 아이디어로 더 깊이 파고들어라. 필요에 따라서 개정하고, 연습하며, 세련되게 하라. 자기평가와 자기적응에서 학생을 가이드 하는 것은 탐구, 결과 그리고 토의로부터의 피드백을 기초로 한다.
- E. 이해를 평가하라. 최종 수행과 결과물을 통해서 무엇이 이해되었는지를 드러내라. 남은 질문을 확인하고, 미래의 목표를 설정하고, 새로운 단원과 단시수업을 향해 있는 최종 자기평가에 학생을 포함시켜라.
- T. 최적의 흥미와 성취를 확실하게 하는 활동에 (개인별적으로) 맞추어라. 사용되는 방법을 차별화하고, 모든 학생이 참여하고 효과적으로 되는 것처럼 최대한 만들 수 있도록 충분한 옵션과 (절충하는 목표 없이) 종류를 제공하라.
- O. 최적의 참여와 효과성, 바라는 결과를 위해서 학습을 조직하고 계열화하라.

| 참고문헌 |

Adler, M. (1982). *The Paideia proposal: An educational manifesto.* New York: Macmillan.

Adler, M. (1984). *The Paideia program: An educational syllabus.* New York: Macmillan.

American Association for the Advancement of Science. (1993). *Benchmarks for science literary.* New York: Oxford University Press.

Bacon, F. (1620/1960). In F. Anderson (Ed.), *The new organon* (Book Ⅰ). New York: Bobbs-Merrill. (Original work published 1620)

Bernstein, R. (1983). *Beyond objectivism and relativism: Science, hermeneutics, and praxis.* Philadelphia: University of Pennsylvania Press.

Bloom, B. S. (Ed.) (1956). *Taxonomy of educational objectives: Classification of educational goals. Handbook Ⅰ: Cognitive domain.* New York: Longman, Green & Co.

Bloom, B., Madaus, G., & Hastings, J. T. (1981). *Evaluation to improve learning.* New York: McGraw-Hill.

Blythe, T., & Associates. (1998). *The teaching for understanding guide.* San Francisco: Jossey-Bass.

Bruner, J. (1960). *The process of education.* Cambridge, MA: Havard University Press.

Bruner, J. (1973). In J. Anglin (Ed.), *Beyond the information given: Studies in the psychology of knowing.* New York: W. W. Norton.

Bruner, J. (1990). *Acts of Meaning.* Cambridge. MA: Harvard University Press.

Bruner, J. (1996). *The culture of education.* Cambridge, MA: Harvard University Press.

College of William and Mary. Center for Gifted Education (1997). *The Chesapeake Bay: A problem-based unit.* Dubuque, IA: Kendall Hunt.

Darwin, C. (1958). *The autobiography of Charles Darwin.* New York: W. W. Norton.

Delisle, R. (1997). *How to use problem-based learning in the classroom.* Alexandria, VA: Association for Supervision and Curriculum Development.

Dewey, J. (1993). *How we think: A restatement of the relation of reflective thinking to the educative process.* Boston: Henry Holt.

Egan, K. (1986). *Teaching as story-telling: An alternative approach to teach and curriculum in the elementary school.* Chicago: University of Chicago Press.

Egan, K. (1997). *The educated mind: How cognitive tools shape our understanding.* Chicago: University of Chicago Press.

Erickson, L. (1998). *Concept-based curriculum and instruction: Teaching beyond the facts.* Thousand Oaks, CA: Corwin Press.

Freedman, R. L. H. (1994). *Open-ended questioning: A handbook for educators.* Menlo Park, CA: Addison-wesley.

Gadamer, H. (1978). *Reason in the age of science.* Cambridge, MA: MIT Press.

Gadamer, H. (1994). *Truth and method.* New York: Continuum.

Gagnon, P. (Ed.) (1989). *Historical literacy: The case for history in American education.* Boston: Houghton-Mifflin.

Gardner, H. (1991). *The unschooled mind: How children think and how schools should teach.* New York: Basic Books.

Gould, S. J. (1980). Wide hats and narrow minds. In S. J. Gould (Ed.), *The panda's thumb.* New York: W. W. Norton.

Gould, S. J. (1996). *Full house: The spread of excellence from plato to Darwin.* New York: Three Rivers Press.

James, W. (1899/1958). *Talks to teachers on psychology and to students on some of life's ideals.* New York: W. W. Norton. (Original work published 1899)

Johnson, A. H. (Ed.). (1949). *The wit and wisdom of John Dewey.* Boston: Beacon Press.

Kierkegaard, S. (1959). *Journals.* (A. Dru, Trans.) New York: Harper.

Kiernan, L. J. (Producer). (1988). *Planning integrated units: A concept-based aprroach* [Videotape]. Alexandria, VA: Association for Supervision and Curriculum Development.

Kiernan, L. J.(Producer). (1998). *Understanding by Design: What is understanding?* [Videotape]. Alexandria, VA: Association for Supervision and Curriculum Development.

Kuhn, T. (1970). *The structure of scientific revolutions* (2nd ed.). Chicago: University of Chicago Press.

Kuhn, T. (1977). *The essential tension: Selected studies in scientific tradition and change.* Chicago: University of Chicago Press.

Mansilla. V. B., & Gardner, H. (1997). Of kinds of disciplines and kinds of understanding. *Phi Delta Kappan, 78*(5), 381-386.

Marzano, R., & Pickering, D. (1997). *Dimensions of learning teacher's manual* (2nd ed.). Alexandria, VA: Association for Supervision and Curriculum Development.

Marzano, R., Pickering, D., & McTighe, J. (1993). *Assessing student outcomes: Performance assessment using the Dimensions of Learning Model.* Alexandria, VA: Association for Supervision and Curriculum Development.

McTighe, J (1996, December-1997, January). What happens between assessments? *Educational Leadership, 54*(4), 6-12.

McTighe, J., & Ferrera, S. (1998). *Assessing learning in the classroom.* Washington, DC: National Education Association.

McTighe, J., & Lyman, F. (1988). Cueing thinking in the classroom: The promise of theory-embedded tools. *Educational Leadership, 45*(7), 18-24.

National Assessment of Educational Progress. (1988). *The mathematics report card, are we measuring up?*

Trends and achievement based on the 1986 national assessment. Washington, DC: U.S. Department of Education (pp. 31-32).

Newmann, F. N., & Associates. (1997). *Authentic achievement: Restructuring schools for intellectual quality.* San Francisco: Jossey-Bass.

Newmann, F. N., Secada, W., & Wehlage, G. (1995). *A guide to authentic instruction and assessment: Vision, standards and scoring.* Madison: Wisconsin Center for Education Research.

New York Times. (1997, May 4). p. 19.

New York Times Sunday Magazine. (1997, January 6). The soulman of suburbia, Sec. 6, p. 22.

Passmore, J. (1982). *The philosophy of teaching.* Cambridge, MA: Harvard University Press.

Perkins, D. (1991, October). Education for insight. *Educational Leadership, 49*(2), 4-8.

Perkins, D. (1992). *Smart schools: From training memories to education minds.* New York: Free Press.

Piaget, J (1973/1977). Comments on mathematical education. In H. Gruber, & J. Voneche (Eds.), *The essential Piaget.* New York: Basic Books. (Original work published 1973)

Poincar, H. (1913/1982). *Science and method. In The foundations of science* (G. B. Halstead, Tran.). Washington, DC: University Press of America. 9Original work published 1913)

Salinger, J. D. (1951). *The catcher in the rye.* Boston: Little Brow.

Schank, R. (1990). *Tell me a story: Narrative and intelligence.* Evanston, IL: Northwestern University Press.

Schneps, M. (1989). *"A private universe" teacher's guide* [videotape]. Washington, DC: The Corporation for Public Broadcasting.

Schwab, J. (1978). The practical: Arts of eclectic. *In Science, Curriculum, and liberal education: Selected essays.* Chicago: University of Chicago Press.

Stepien, W., & Gallagher, S. (1997). *Problem-based learning across the curriculum: An ASCD professional inquiry kit.* Alexandria. VA: Association for Supervision and Curriculum Development.

Stepien, W., & Pyke, S. (1997). Designing problem-based learning units. *Journal for the Education of the Gifted, 20*(4), 380-400.

Stigler, J., & Hiebert, J. (1997, September). Understanding and improving classroom mathematics instruction. *Phidelta Kappan, 79*(1), 14-21.

Sulloway, F. (1996). *Born to rebel: Birth order, Family dynamics, and creative lives.* New York: Pantheon Press.

Traver, R. (1998, March). What is a good guiding question? *Educational Leadership, 55*(6), 70-73.

Trenton Times. (1997, April 27). Who tops world education heap? International math and science study tests 41 nations.

Tyler, R. W. (1949). *Basic principles of curriculum and instruction.* Chicago: University of Chicago Press.

USA Today. (1997, November 13). Simon's capeman cometh. Sec. D. P. 1.

Washington Post. (1997, December 23). Japanese director commits suicide. p. A1.

White, O., & Gunstone, R. (1992). *Probing understanding.* London: The Falmer Press.

Whitehead, A. N. (1929). The aims of education and other essays. New York: Redd Press.

Wiggins, G. (1987, Winter). Creating thought-provoking curriculum: Lessons from whodunits and other. *American Educator, 11*(4), 10-17.

Wiggins, G. (1898, November). The futility of trying to

teach everything of importance. *Educational Leadership, 47*(3), 44-59.

Wiggins, G. (1996, December-1997, January). Practicing what we preach in designing authentic assessments. *Educational leadership, 54*(4), 18-25.

Wiggins, G. (1997, September). Work standards: Why we need standards for instructional and assessment design. *NASSP Bulletin, 81*(590), 56-64.

Wiggins, G. (1998). *Educative assessment: Designing assessments to inform and improve performance.* San Francisco: Jossey-Bass.

Wiggins, G., & McTighe, J. (1998). *Understanding by Design.* Alexandria, VA: Association for supervision and curriculum Development.

Wiske, M. S. (1997). *Teaching for understanding: Linking research with practice.* San Francisco: Jossey-Bass.

Wittgenstein, L. (1953). *Philosophical investigations* (Aphorism 125). New York: Macmillan.

Woolf, V. (1929). *A room of one's own.* New York: Harcourt Brace and World.

저자 소개

Jay McTighe는 수행평가를 만들고 공유하며 전문성 개발을 제공하기 위해 주(州)의 학교들이 함께 협동하여 작업하는, 메릴랜드 평가 컨소시엄의 회장으로 활동하였다. 그리고 메릴랜드 주 교육청에서 학교 향상 프로젝트에 참여하는 등 교사, 자원 전문가, 그리고 주 정부의 기숙학교 강화 프로그램의 지도자로 일해 왔다. 교육적 저널과 책을 이끄는 수많은 논문을 출판하였고, 『교실에서의 학습평가(Assessing Learning in the Classroom)』의 공동 저자이기도 하다(McTighe & Ferrera, 1998).

Grant Wiggins는 뉴저지에 있는 비영리 목적의 교육 조직인 학습, 평가 그리고 학교 구조를 위한 연구회(CLASS)의 회장이다. CLASS는 학교, 지역, 주 교육부의 다양한 개혁 이슈에 대해 상담하고, 국제적 회의와 워크숍을 조직하며, 비디오, 소프트웨어를 개발하고, 평가와 교육과정의 변화에 대한 자료를 인쇄하여 배부한다. 『교육적 평가(Educative Assessment)』, 『학생 수행평가(Assessing Student Performance)』를 저술하였다. 그의 많은 논문은 『교육적 리더십(Educational Leadership)』, 『파이 델타 카펜(Phi Delta Kappan)』 등의 저널에 소개되었다.

역자 소개

강현석
경북대학교 사범대학 교육학과 졸업
경북대학교 대학원 졸업(교육학 석 · 박사)
Univ. of Wisconsin-Madison 박사후 연구원
한국대학교육협의회 선임연구원 역임
순천대학교 교수 역임
현재 경북대학교 교육학과 교수

이원희
경북대학교 사범대학 교육학과 졸업
경북대학교 대학원 졸업(교육학 석 · 박사)
Univ. of Wisconsin-Eau Claire 연구교수
현재 대구교육대학교 초등교육과 교수

박영무
경북대학교 대학원 졸업(교육학 석 · 박사)
한국교총 연구위원 역임
현재 청주교육대학교 초등교육과 교수

최호성
경북대학교 사범대학 교육학과 졸업
경북대학교 대학원 졸업(교육학 석 · 박사)
Univ. of Wisconsin-Madison 교육연구소 연구원
University of Oregon 연구교수
현재 경남대학교 교육학과 교수

박창언
경북대학교 사범대학 교육학과 졸업
경북대학교 대학원 졸업(교육학 석 · 박사)
한국대학교육협의회 연구원 역임
프랑스 푸아티에 대학교 사회학과 박사과정(Doctorat)
현재 부산대학교 교육학과 교수

경북대학교 교육과정연구팀
이자현(경북대학교 박사과정 수료, 대구봉덕초등학교 교사)
유제순(경북대학교 박사과정 수료, 진천삼수초등학교 교사)
김무정(경북대학교 박사, 대구태현초등학교 교사)
이순옥(경북대학교 박사과정 수료, 대구도남초등학교 교사)

거꾸로 생각하는 교육과정 개발 - 핸드북
Understanding by Design: Handbook

2008년 10월 30일 1판 1쇄 발행
2024년 8월 20일 1판 3쇄 발행

지은이 • Jay McTighe & Grant Wiggins
옮긴이 • 강현석 · 이원희 · 박영무 · 최호성 · 박창언 · 경북대학교 교육과정연구팀
펴낸이 • 김 진 환
펴낸곳 • (주) 학지사
04031 서울특별시 마포구 양화로 15길 20 마인드월드빌딩 5층
대표전화 • 02) 330-5114 팩스 • 02) 324-2345
등록번호 • 제313-2006-000265호
홈페이지 • http://www.hakjisa.co.kr
인스타그램 • https://www.instagram.com/hakjisabook

ISBN 978-89-93510-12-6 94370
978-89-93510-10-2 (set)

정가 15,000원